Max Jansen, Ludwig Schmitz-Kallenberg

Historiographie und Quellen der deutschen Geschichte bis 1500

Max Jansen, Ludwig Schmitz-Kallenberg

Historiographie und Quellen der deutschen Geschichte bis 1500

ISBN/EAN: 9783955642426

Auflage: 1

Erscheinungsjahr: 2013

Erscheinungsort: Bremen, Deutschland

@ EHV-History in Access Verlag GmbH, Fahrenheitstr. 1, 28359 Bremen. Alle Rechte beim Verlag und bei den jeweiligen Lizenzgebern.

GRUNDRISS DER GESCHICHTSWISSENSCHAFT

ZUR EINFÜHRUNG IN DAS STUDIUM DER DEUTSCHEN
GESCHICHTE DES MITTELALTERS UND DER NEUZEIT

HERAUSGEGEBEN VON ALOYS MEISTER

REIHE I · ABTEILUNG 7

HISTORIOGRAPHIE UND QUELLEN DER DEUTSCHEN GESCHICHTE BIS 1500

VON

M. JANSEN † UND L. SCHMITZ-KALLENBERG

ZWEITE AUFLAGE

VERZEICHNIS DER ABKÜRZUNGEN IM GRUNDRISS DER GESCHICHTSWISSENSCHAFT.

A.	Archiv	KG.	Kirchengeschichte
Abh.	Abhandlung	KR.	Kirchenrecht
Abh.BAk.	Abhandlungen der Bayerischen Akademie	KUiA.	Kaiserurkunden in Abbildungen
AdB.	Allg. deutsche Bibliographie	Lbl.	Literaturblatt
Ak.	Akademie	LCbl. (LZbl.)	Literarisches Centralblatt
AkathKR.	Archiv f. kath. Kirchenrecht	LR.	Literarische Rundschau
ALitKgMA.	Archiv f. Literatur und Kirchengesch. d. Mittelalters	M.	Mitteilungen
Ann.	Annalen	MHL.	Mitteilungen aus d. Hist. Literatur
AU.	Archiv f. Urkundenforschung	MIÖG.	Mitteilungen des Instituts für österreichische Geschichtswissenschaft
AZ.	Archivalische Zeitschrift		
B.	Bibliothek	MA.	Mittelalter
BÉCh.	Bibliothèque de l'École de Chartes	MGH. (MG.)	Monumenta Germaniae historica
Ber.	Bericht	MHV.	Mitteilungen des Histor. Vereins
Bl.	Blatt (Bll.: Blätter)	NA.	Neues Archiv
Cbl.	Centralblatt	NF.	Neue Folge
Chr.	Chronik		
CIL.	Corpus Inscriptionum Latinarum	PrJbb.	Preußische Jahrbücher
D.	Deutsch	QE.	Quellen und Erörterungen
DG.	Deutsche Geschichtsquellen	QF.	Quellen und Forschungen
DLbl.	Deutsches Literaturblatt	R.	Revue, Rivista
DLZ.	Deutsche Literaturzeitung	RE.	Realenzyklopädie
DWG.	Deutsche Wirtschaftsgeschichte	Rg.	Rechtsgeschichte
DWL.	Deutsches Wirtschaftsleben	RH.	Revue historique
DZG	Deutsche Zeitschrift f. Geschichtswissenschaft	RQH.	Revue des questions historiques
DZKR.	Deutsche Zeitschrift f. Kirchenrecht	RQSchr.	Römische Quartalschrift
F.	Forschungen	SB.	Sitzungsberichte
FDG.	Forschungen zur Deutschen Geschichte	SBAk.	Sitzungsberichte der Akademie
		St.	Studien
FBPrG.	Forschungen zur Brandenburg. Preußisch. Gesch.	ThJb.	Theologisches Jahrbuch
		ThJB.	Theologischer Jahresbericht
G.	Geschichte	ThQ.	Theologische Quartalschrift
GBll.	Geschichtsblätter	ThZ.	Theologische Zeitschrift
GGA.	Göttinger Gelehrte Anzeigen		
GVer.	Geschichtsverein	Ub.	Urkundenbuch
Gw.	Geschichtswissenschaft	VSozWG.	Vierteljahrsschrift f. Sozial- und Wirtschaftsgesch.
H.	Historisch		
Hb. (Hdb.)	Handbuch	Vfg.	Verfassungsgeschichte
HdWbStW.	Handwörterbuch der Staatswissenschaften	WbVW.	Wörterbuch der Volkswirtschaft
		WZ.	Westdeutsche Zeitschrift
HJb. (HJ.)	Historisches Jahrbuch		
HTb.	Historisches Taschenbuch	Z.	Zeitschrift
HVSchr.	Historische Vierteljahrsschrift	ZA.	Zeitalter
HZ.	Historische Zeitschrift	Zbl.	Zentralblatt
		ZblB.	Zentralblatt für Bibliothekswesen
Jb.	Jahrbuch	ZDA.	Zeitschrift für deutsches Altertum
JB.	Jahresbericht	ZGORh.	Zeitschrift für Geschichte des Oberrheins
JBG.	Jahresbericht der Geschichtswissenschaft	ZKG.	Zeitschrift für Kirchengeschichte
		ZKR.	Zeitschrift für Kirchenrecht
JbGesVV.	Jahrbuch für Gesetzgebung, Verwaltung und Volkswirtschaft	ZSavStRgGA.	Zeitschrift der Savigny-Stiftung für Rechtsgeschichte, Germanistische Abteilung
JbbNSt.	Jahrbücher der Nationalökonomie u Statistik		
		ZSozWG.	Zeitschrift für Sozial- und Wirtschaftsgeschichte
Kbl.	Korrespondenzblatt		
KblGV.	Korrespondenzblatt des Gesamtvereins	ZVerG	Zeitschrift des Vereins für Geschichte

Vorwort zur zweiten Auflage.

Die zweite Auflage ist eine völlige Umarbeitung der ersten. Die Grundzüge der Neubearbeitung sind in einer persönlichen Zusammenkunft mit dem Herausgeber Prof. MEISTER vereinbart worden.

Die Abfassung gerade eines kurzen Abrisses der Quellenkunde hat ihre besonderen Schwierigkeiten. Das Büchlein soll dem Studierenden dienen, das Wichtige stark und etwas ausführlicher hervorheben, aber es soll auch dem bereits Fertigen den Stand der Forschung kurz anzeigen, muß demnach auf möglichste Vollständigkeit sehen. Ich habe nun die Sache so zu lösen versucht, daß ich die führenden Geschichtswerke ihrer Anlage und ihrem Inhalte nach etwas breiter charakterisierte, aber die anderen in kleinerem Druck mit einem Schlagwort oder mit einem Hinweis auf die jüngste Literatur erwähnte. Der Anfänger wird also das Großgedruckte zuerst sich anzueignen suchen, dann allmählich auf die weiteren Angaben eingehen können. Wenn LUDWIG TRAUBE in dem Vorwort zur 7. Aufl. von WATTENBACHS Quellenkunde als die in Zukunft allein mögliche Quellenkunde eine bibliographische Zusammenstellung aller Quellen ansah, so war das von seinem Standpunkt aus voll berechtigt. Aber das Bessere würde der Feind des Guten sein. Um den Zweck zu erreichen, besonders die akademische Jugend nicht durch die Langweiligkeit einer bloßen Nomenklatur abzustoßen, muß der Autor Zugeständnisse an die Praxis machen. Wie weit mir das bei dieser 2. Auflage gelungen ist, muß ich dem Urteil Berufener überlassen. Auch in Zukunft bin ich der Belehrung gern zugänglich.

München, im April 1912.   M. Jansen.

Nachschrift. Die letzten Worte sind vom Schicksal überholt. Der sie schrieb, konnte nicht ahnen, daß er wenige Wochen darauf aus diesem Leben abberufen werden sollte. So wurde die Historiographie in der neuen Gestalt sein letztes Vermächtnis. Viel Mühe hat er darauf verwandt; — dafür sei ihm übers Grab gedankt!

A. Meister.

Das Manuskript der vorliegenden zweiten Auflage der „Historiographie und Quellen der deutschen Geschichte bis 1500" hatte M. JANSEN bis auf den letzten Abschnitt (S. 93 ff.) über die Geschichtschreibung nach Stämmen und Territorien fertiggestellt. Es lag mir deshalb die Aufgabe ob, diesen Teil noch hinzuzufügen. Ich habe mich dabei möglichst an das Vorbild JANSENS angeschlossen. Im übrigen habe ich mich in der Hauptsache darauf beschränkt, nicht nur die Literaturangaben auf ihre Richtigkeit zu prüfen, sondern auch die von JANSEN nicht mehr verwerteten neueren literarischen Erscheinungen nachzutragen.

Münster i. W., 15. Dezember 1913.   L. Schmitz-Kallenberg.

Inhaltsverzeichnis.

	Seite
Einführung	1
Erstes Kapitel: Die ältere Geschichte der Germanen	7
Zweites Kapitel: Die Zeit der Merowinger und Karolinger	17
Drittes Kapitel: Die Zeit der Ottonen	38
Viertes Kapitel: Die Zeit der Salier	46
Fünftes Kapitel: Die Zeit der Staufer	57
Sechstes Kapitel: Die Zeit der Habsburger und Luxemburger bis 1500	76
Geschichtschreibung nach Stämmen und Territorien	93
Register	125

HISTORIOGRAPHIE UND QUELLEN DER DEUTSCHEN GESCHICHTE BIS 1500.

Von Max Jansen †.

Nach dem hinterlassenen Manuskript des Verfassers besorgt durch
Ludwig Schmitz-Kallenberg.

Einführung.

Die Geschichtschreibung ist von der Kulturhöhe eines Volkes abhängig; je niedriger der Bildungsgrad eines Volkes, um so dürftiger ist seine Historiographie. Die Ansätze zur Geschichtschreibung aber finden sich bei allen Völkern: sie haben auf der einen Seite ihren Grund in dem tiefinnerlichen Drange, sich Rechenschaft zu geben über das Woher der Menschen. Leicht verknüpft dann die Phantasie, nach Mommsens Wort die Mutter der Geschichte, Götter- und Heldensage mit den in der Erinnerung fortlebenden Großtaten des Volkes zu einem Gewebe von Wahrheit und Dichtung, und nur der kundige Forscher vermag mit einiger Sicherheit die Fäden wieder zu entwirren und festzustellen, was in der Volkssage an wirklichem Niederschlag geschichtlicher Vorgänge enthalten ist. Daneben hält auch die angesehene Familie gern und pietätvoll die Erinnerung an die bedeutenden Vorfahren fest; die Geschlechterreihen der Könige und Adeligen gehören zur Gattung ältester geschichtlicher Aufzeichnungen.

Doch auch das praktische Bedürfnis veranlaßte Aufzeichnungen, die sich zu Erzeugnissen der Geschichtschreibung auswachsen konnten. Wichtige, von Jahr zu Jahr oder nach einer Reihe von Jahren wiederkehrende Tage, an denen das Volk Beratungen pflegte oder Feste feierte, mußten bestimmt aufgezeichnet werden. Da war es nur selbstverständlich, daß man das Ergebnis der Beratungen solcher Feiertage, meist gesetzgeberischer Art, zu dauerndem Gedächtnis mit eintrug. Die Feier der olympischen Spiele in Griechenland bildet die Grundlage der griechischen Zeitrechnung. So luden auch die Listen der römischen Konsuln und in christlicher Zeit die fortlaufenden Verzeichnisse der Osterfeste (cycli paschales) zur Eintragung geschichtlicher Nachrichten ein.

Vgl. Theodor Mommsen, Römische Geschichte V, 5. — A. Wirth, Volkstum und Weltmacht in der Geschichte. 2. Auf. (1904) 1.

Inhalt und Form. Wenn die Phantasie in freiem Spiele geschichtliche Vorgänge umgestaltet, so liegt in der Regel ein poetischer Zauber über der Erzählung, doch entsprechen Zeitangaben und Schilderung der Ereignisse nur entfernt der Wirklichkeit. Dagegen bietet die fast geschäftsmäßige Eintragung in vorhandene Listen meist recht genaue Daten, aber der Inhalt solcher Aufzeichnungen ist gewöhnlich kraft- und farblos.

Das erste Entstehen einer wirklichen Geschichtschreibung weist in der Regel beide Ansätze — Sage und exakte Nachricht — in losem Nebeneinander auf. Wohl sind die

Ströme zusammengeflossen, doch kann man noch eine gute Strecke Weges das verschiedene Wasser erkennen. So benutzt HERODOT, der erste in der Reihe der Geschichtschreiber, bei der Abfassung seines Werkes gleich unbefangen die Angaben der Dichter und bestbeglaubigtes historisches Material. Ja er wirft den Lakedämoniern einmal vor, daß sie von sich etwas behaupteten, was im Widerspruche mit den Angaben der Dichter stehe (VI 52). Ähnlich ist es in der Geschichtschreibung aller jungen Völker; nur daß sie in der Regel sehr viel langsamer als die Griechen die Kinderkrankheit der Geschichtschreibung überwinden. Der Römer LIVIUS, der Franke GREGOR von Tours, der Langobarde PAULUS DIACONUS, der Mönch von St. Gallen und viele andere lassen deutlich das Nebeneinander von Dichtung und unanfechtbarer Wahrheit erkennen. Erst mit der steigenden Bildung werden auch die Ansprüche höher gespannt, die Kritik setzt ein; auf der ersten Stufe scheidet sie unnachsichtlich die sagenhaften Bestandteile der Überlieferung von den überkommenen exakten Aufzeichnungen, auf der zweiten erkennt sie auch in der Sage den historischen Kern und ergänzt durch so gewonnene Ergebnisse das Bild, das wir auf Grund erstklassigen Quellenmaterials uns machen können. Die zweite Stufe der Kritik liegt dem MA. und dem Altertum fern.

Die Form, in welcher die Erzeugnisse der Historiographie auf uns gekommen sind, unterscheidet sich hauptsächlich danach, ob der Schreiber einen ganzen Komplex zusammenhängender Ereignisse rückblickend überschaut und nach Ursache und Wirkung zur Darstellung bringt oder ob er, mit den Ereignissen voranschreitend, kurz nur das berichtet, was geschehen ist. Die letzterwähnte Art der Geschichtschreibung, die referierende, ist vorherrschend in der Jugendzeit der Historiographie, kommt aber auch in Zeiten hoher Kultur, z. B. heute noch zur Anwendung, um kurz über den Gang der Ereignisse zu orientieren. Es sei hier nur an den „Europäischen Geschichtskalender" (seit 1860) von SCHULTHESS und DELBRÜCK (seit Bd. 50 herausgegeben von L. RIESS) erinnert. Auch die Geschichtschreibung, die den hinter ihr liegenden historischen Stoff tiefer durchdringt, ihn nach Ursache und Wirkung gruppiert, wohl gar das Walten einer bestimmten Ordnung in der Folge der Ereignisse zu erkennen glaubt und deshalb gelegentlich aus der Vergangenheit Lehren für die Gegenwart ableitet, ist uralt. Sie gehört schon der Zeit an, in der die Sage allein Geschichterzählung ist; sie begegnet uns wieder bei HERODOT, bei THUKYDIDES, bei LIVIUS, TACITUS, GREGOR von Tours und OTTO von Freising; und es wäre zu begrüßen, wenn die alte Scheidung, als ob HERODOT, weil er der ältere, und THUKYDIDES, weil er der jüngere Geschichtschreiber ist, nun auch den Gegensatz von referierender und pragmatischer Form der Darstellung bedeuteten, aus den Literaturgeschichten verschwinden würde. So reinliche Scheidung gibt es nirgends. Nur faßt die Geschichtschreibung, je mehr die Lebensverhältnisse in ihrer Kompliziertheit zutage treten, auch die Ursachen, die das geschichtliche Leben bedingen, um so tiefer auf.

G. WAITZ, Über die Entwickelung der deutschen Historiographie im MA. in SCHMIDTS Z. f. Gw. II (1844) 39. Mit guten Werturteilen, doch in den sachlichen Angaben vielfach überholt. MAX JANSEN, Die Geschichtsauffassung im Wandel der Zeit. HJb. XXVII (1906) 1—33. MARIE SCHULZ, Die Lehre von der hist. Methode bei den Geschichtsschreibern des MA. (Abh. zur mittl. und neueren Gesch. 13) Berlin 1909.

Gattungen der mittelalterlichen Geschichtschreibung. Werfen wir noch einen Blick auf die Gattungen der mittelalterlichen Historiographie, so begegnen wir namentlich annalistischen, chronikalischen und biographischen Werken. Die Annalistik berichtet von Jahr zu Jahr oder von Jahrzehnt zu Jahrzehnt fortlaufend, was sich zugetragen hat. Die Chronik dagegen verarbeitet, rückwärts blickend, den Stoff systematisch. Die Chronik erhält daher oft eine gewisse Tendenz. Infolgedessen ist die annalistische Geschichtschreibung vorwiegend referierend, die chronikalische aber pragmatisch. Doch gehen auch hier die Grenzen leicht ineinander über. Sehr oft finden wir, daß der mittelalterliche Geschichtschreiber die Masse historischen Stoffes, auf die er zurückblickt, zur Chronik verarbeitet und an die Chronik dann die Geschichte seiner Zeit in Annalenform anschließt. Der westfälische Geschichtschreiber GOBELINUS PERSON schreibt bis 1406 Chronik, an diese knüpft er Annalen und verarbeitet diese schließlich wieder zur Chronik.

Als dritte Gattung der mittelalterlichen Historiographie findet sich die Biographie. Schon das Altertum hatte diesen Zweig gepflegt. Wir erinnern an die Lebensbeschreibungen des PLUTARCH; der Römer SUETON gab mit seinen Kaiserbiographien geradezu den Anstoß zu jenem biographischen Denkmal, das EINHARD seinem kaiserlichen Herrn, Karl dem Großen, setzte. Hierher zu rechnen sind auch die Heiligenlegenden, die namentlich für die Kulturgeschichte des Frühmittelalters sehr in Betracht kommen. Aber nirgends kennt das MA. scharfe Scheidung; so wissen wir nicht, ob nicht manche Werke, die als Biographie eines Herrschers gedacht sind, ebensogut der Annalistik oder der Chronik zugewiesen werden könnten und umgekehrt. Das wird auch bei der Scheidung der Quellen, die auf den folgenden Blättern vorgenommen ist, stets zu berücksichtigen sein.

Überreste: Zu bemerken ist noch, daß neben den erzählenden Geschichtsquellen, die wir als Tradition zu bezeichnen pflegen, Überreste aus der Vergangenheit, wie Bauten, Briefe, Urkunden erhalten sind und wichtige Mittel zur tieferen Erkenntnis jener Zeiten werden, mit denen wir uns bekannt machen wollen. Doch ist für die früheren Jahrhunderte des MA. nur wenig hiervon erhalten; erst später erweitert sich die Masse dieses Materials ganz bedeutend, so daß es die Historiographie fast in Schatten stellt. Die Überreste sind im folgenden am Schluß der einzelnen Abschnitte zusammengestellt.

Sammlung und Publikation der Quellen. In der Zeit, da der Humanismus in der Renaissance seinen Höhepunkt erreichte (1500), wurden weite Kreise von dem Verlangen ergriffen, das Altertum in seinen ureigensten Erzeugnissen, den alten Aufzeichnungen und Überresten, wieder auferstehen zu lassen. JOHANNES AVENTINUS († 1534) hat uns am lebhaftesten das Bild gemalt, wie er bei Wind und Wetter durch das Bayerland gezogen sei und in Klöstern und Schlössern nach Schriften und Denkmälern gesucht habe. Bald traten denn auch einzelne alte Schriftsteller ans Licht. Angeregt wurde die Sammeltätigkeit dann noch durch die bald folgenden konfessionellen Streitigkeiten; jeder suchte sein Recht aus Bibliotheken und Archiven darzutun. Rechtsstreitigkeiten zwischen Reichsständen wirkten in gleicher Weise. Um in den mit Urkunden geführten Kriegen (bella diplomatica) vor der Öffentlichkeit Recht zu behalten, mußte man die Urkunden hüben und drüben veröffentlichen. Das 17. Jh. ist besonders reich an Sammlungen historischen Materials; auch systematisch suchte man an umfassende Publikationen heranzutreten. 1687 dachte man in gelehrten Kreisen an die Gründung eines „historischen Reichskollegs", dessen Mitglieder Annalen der deutschen Geschichte und auch urkundliches Material zusammentragen sollten. LEIBNIZ († 1716), der das Unternehmen mit Rat und Tat förderte, hat bei der Sammlung mittelalterlicher Quellen, die er in den Accessiones historicae 1698f. herausgab, ausdrücklich auf die Zwecke des Reichskollegs Rücksicht genommen. Schon vorher hatte er in der Vorrede seines Codex juris gentium diplomaticus (1693) auf die Wichtigkeit der Heranziehung der Urkunden und Akten für die Geschichtschreibung hingewiesen. Als der Plan der korporativen Zentralisierung gescheitert war, sind auch weiter noch stattliche Quellensammlungen zutage getreten. Aber meist veröffentlichte man doch ohne Plan, was man gerade gefunden hatte, und auch nur auf Grund der Handschrift, die gerade vorlag. Ähnlich verfuhr man im 16., 17. und 18. Jh. in den uns benachbarten Ländern, deren Sammlungen auch manches für das Deutsche Reich Bedeutsame enthalten. Das Wichtigste ist folgendes:

Deutschland. 1501 das Gedicht der HROTSVITH von Gandersheim über Otto I. von KONRAD CELTIS hrsg. mit 8 Holzschnitten von A. Dürer. 1507 LIGURINUS, 1515 Chronicon Urspergense und

OTTO VON FREISING. 1521 EINHARDS Leben Karls des Großen und die Annalen hrsg. von HERMANN VON NEUENAHR. Geschichtsmaterial in den Magdeburger Centurien (Flacius Illyricus) seit 1559 und in den Annales ecclesiastici des BARONIUS, später RAYNALD und LADERCHI (erschienen seit 1588). Für diese Sammlung wurde besonders das Vatikanische Archiv ausgebeutet. Deutsche Geschichtsquellen bei SCHARDIUS, Historicum opus seu scriptores rerum Germanicarum, 4 Bde. 1574. — PISTORIUS, Rerum germanicarum scriptores, 3 Bde. 1583—1607. — REUBER, Veterum scriptorum t. 1. 1584. — URSTISIUS, Germaniae historicorum t. 1. 2. 1585. — FREHER, Germanicarum rerum scriptores, 3 t. 1600ff. — GOLDAST, Alamannicarum rerum scriptores. 1606. — MEIBOM, Rerum Germanicarum, 3 t. 1688. — LEIBNIZ s. o. S. 3 und Scriptores rerum Brunsvicensium. 1707f. 3 Bde. — LÜNIG, Teutsches Reichsarchiv. 1710ff. 24 Bde. — ECCARD, Corpus historicum medii aevi, 2 Bde. 1723. — SCHANNAT, Vindemiae literariae. 1723. — MENCKE, Scriptores rerum Germ. praecipue Saxonicarum. 3 Bde. 1728ff. Ähnliche Sammlungen von S. F. HAHN, H. CHR. v. SENCKENBERG, H. PEZ, v. GUDEN, HEINECCIUS und LEUCKFELD, C. W. WALCH u. a.

In Frankreich sammelte als erster PETR. PITHOEUS (PITHOU) historiae Francorum scriptores veteres 1588. — Dann ANDR. DUCHESNE, Histor. Franc. script. coetanei 5 t. seit 1636 und hist. Normannorum script. ant. 1619. — BALUZE, Capitularia reg. Francorum 1677. In der Folgezeit zeichnen sich besonders die Benediktiner von St. Maur (1621 gestiftete Kongregation) durch Edition aus. — MABILLON, De re diplomatica 1681; LUC. D'ACHÉRY und MABILLON, Acta Sanct. ord. s. Benedicti seit 1668. — MARTÈNE und DURAND, Thesaurus novus anecdotorum. 5 Bde. 1717ff. und Veterum scriptorum et monumentorum . . . amplissima collectio. 9 Bde. seit 1724. — MARTIN BOUQUET, Recueil des historiens du Gaules et de la France, seit 1738; Neudruck unter Leitung von DELISLE seit 1869. — J. MANSI, Sacrorum conciliorum nova et amplissima collectio. 31 Bde. 1759—1798. Neuausgabe und Fortsetzung bei H. Welter in Paris. Erschienen bisher 47 t. — Im Auftrage der Académie des Inscriptions et Belles-Lettres gab BRÉQUIGNY Table chronologique des diplomes, chartes, titres et actes imprimés concernant l'histoire de France 1769ff. heraus. — Für die Kirchengeschichte Frankreichs sehr wichtig die Gallia christiana. 16 Bde. 1715—1865. (Auch die deutschen Bistümer Köln, Mecheln, Mainz, Trier behandelnd.) — Collection de documents inédits sur l'histoire de France; seit 1835 110 Werke in 260 Bdn. — BUCHON, Collection des chroniques nationales françaises (13.—16. Jh.). 47 Bde. 1824—1829. — Chartes et diplômes relatifs à l'histoire de France publiés par les soins de l'Académie des Inscriptions et Belles-Lettres seit 1908.

In Italien wurden die Geschichtsquellen von 500—1500 durch L. A. MURATORI in seinen 25 (28) Bänden Scriptores rerum Italicarum (1723—1751) und in 6 Bänden Antiquitates (1738 bis 1742) herausgegeben. Neuausgabe von G. CARDUCCI und V. FIORINI (bisher 119 Faszikel). Città di Castello 1900ff. Dazu Archivio Muratoriano, bisher 12 Hefte. — Monumenta historiae patriae edita jussu Caroli Alberti. Turin 1836ff. — Fonti per la storia d'Italia, Rom 1887ff., bisher 50 Bde.

In Brüssel erscheint noch das 1643 von dem Jesuiten J. BOLLAND begründete Sammelwerk der Heiligenleben, die Acta Sanctorum Bollandiana, nach Kalendertagen geordnet und bis zum Anfang November fertiggestellt. Dazu neuerdings Supplément . . . pour les vies des saints de l'époque Mérovingienne, bisher 2 Bde., Paris 1899/1912.

In Belgien: Publications de la Commission royale d'histoire de Belgique (gewöhnlich, doch irreführend mit dem Titel Collection de chroniques Belges) seit 1836 über 120 Bde.

In Spanien: Colección de documentos inéditos; seit 1842 112 Bde. — Colección de documentos para el estudio de la historia de Aragon. 3 Bde.

In England veröffentlicht mit Staatsunterstützung THOM. RYMER die Foedera, conventiones, litterae et cuiuscunque generis acta publica, 1704f. Seit 1805 auf Veranlassung des Staates Veröffentlichung von Akten und Urkunden durch die Commissioners on the Public Records. Dann die Calendars of State Papers. Ferner die große Sammlung Rerum Britannicarum medii aevi scriptores; seit 1858 etwa 300 Bde.

Für Polen gab A. BIELOWSKI die Monumenta Poloniae historica 1—3, andere die Bde. 4—6 heraus, Lemberg seit 1864. Dann Scriptores rerum Polonicarum 1—20. Krakau 1873ff.

Als Deutschland in den Freiheitskriegen die Fremdherrschaft abgeschüttelt hatte, führte der politische Aufschwung dazu, daß der Plan zur Gründung einer Gesellschaft für die Erforschung der nationalen Geschichte, der längst in der Luft lag, endlich verwirklicht wurde. Auf Anregung des Freiherrn v. Stein trat am 20. Januar 1819 zu Frankfurt, dem Sitze des Bundestages, die Gesellschaft für ältere deutsche Geschichtskunde ins Leben. Dort erschien auch 1820 als Organ der jungen Gesellschaft der 1. Band des Archivs der Gesellschaft für ältere deutsche Geschichtskunde, herausgegeben von B. BÜCHLER und G. DÜMGE. Er enthielt an erster Stelle den Plan des Unternehmens und dann eine Geschichte der Entstehung der Gesellschaft. Der Plan ist dann öfter umgearbeitet worden, und die Gesellschaft hatte manche Schwierigkeit auch materieller Art zu überwinden. Da war es nicht hoch genug anzuschlagen, daß eines Mannes Energie dem Unternehmen den Fortgang sicherte. GEORG HEINRICH PERTZ, geb. 1795 zu Hannover, machte im Dienste der Gesellschaft von 1820 bis 1823 eine Forschungsreise durch Deutschland und Italien und übernahm bald darauf die Direktion der Monumenta Germaniae, in denen die Quellen auf Grund besten Handschriftenmaterials veröffentlicht werden sollten. Im J. 1826 erschien der erste Band, enthaltend die Karolinger Annalen. Noch 20 Bände Geschichtschreiber und 4 Bände Gesetze sind unter PERTZ' Leitung bis zum J. 1874 veröffentlicht. Andere waren bereits begonnen. Am 9. Januar 1875 trat dann ein neues Statut für die Fortführung der Monumenta Germaniae in Kraft; auch stellten die Regierungen des Deutschen Reiches und Österreichs erhöhte Geldmittel zur Verfügung. Von 1875 bis 1886 leitete G. WAITZ, von 1886 bis 1888 interimistisch W. WATTENBACH, von 1888 bis 1902 E. DÜMMLER die Geschäfte der Zentraldirektion. Im Frühjahr 1905 trat dann R. KOSER an die Spitze, unterstützt von dem verdienstvollen Mitarbeiter O. HOLDER-EGGER. Seit 1876 heißt die Dritteljahrsschrift des Unternehmens „Neues Archiv" der Gesellschaft für ältere deutsche Geschichtskunde (bisher 38 Bde.). Sie ist bis vor kurzem von HARRY BRESSLAU redigiert worden, seit dem 29. Bande (1904) hat E. STEINMEYER und dann wieder O. HOLDER-EGGER die Redaktionsgeschäfte übernommen. Leider hat auch diesen ein allzu früher Tod Ende 1911 seiner erfolgreichen Tätigkeit entrissen, infolgedessen die Redaktion an M. TANGL und K. ZEUMER übergegangen ist.

Für die Monumenta Germaniae historica ist heute folgender Plan maßgebend. Die Editionen erfolgen in 5 Hauptabteilungen:
I. Scriptores, zerfallend in Auctores antiquissimi, Scriptores rerum Merovingicarum, Script. rer. Langobardicarum et Italicarum und Script. rer. Germanicarum im engeren Sinn. Dieser Abteilung sind angereiht die libelli de lite imperatorum et pontificum saeculis XI et XII conscripti, sowie die deutschen Chroniken.
II. Leges. Die ältere Serie in fol. umfaßt 5 Bde. Die jüngere in quarto gliedert sich in folgende Sektionen: 1. Leges nationum Germanicarum, 2. Capitularia regum Francorum, 3. Concilia, 4. Constitutiones et acta publica imperatorum et regum, 5. Formulae Merovingici et Karolini aevi.
III. Diplomata.
IV. Epistolae.
V. Antiquitates (Poetae latini medii aevi, Libri confraternitatum, Necrologia etc.).

Ein Vorzug der Editionsweise der Mon. Germ. ist, daß aus dem Druck sofort erkenntlich ist, ob die Nachricht eines Autors ursprünglich oder anderswoher entnommen ist. Originalnachrichten sind in Normaldruck, wörtliche Entlehnungen in Petit, freiere Entlehnungen in gesperrter Petit wiedergegeben. Am Rande ist dann jedesmal die Herkunft der entlehnten Stelle vermerkt. Unter dem Text sind die Varianten, unter diesen die sachlich-kritischen Noten abgedruckt. — General-Index zu den Mon. Germ. von HOLDER-EGGER und ZEUMER 1890.

Ein Teil der in den Mon. Germ. veröffentlichten Quellen ist auch unter dem Titel Scriptores rer. Germ. in usum scholarum in bequemem Oktavformat ediert. Einzelne dieser Schulausgaben, z. B. Vita Bennonis ed BRESSLAU, sind besser als die entsprechenden Editionen in dem Hauptwerke. Auch sind die wichtigsten Geschichtsquellen des deutschen Altertums und MA., darunter solche, die in den Mon. Germ. noch nicht publiziert sind, als „Geschichtschreiber der deutschen Vorzeit" in Übersetzung erschienen.

Selbständig machten sich um die Veröffentlichung von Quellen zur deutschen Geschichte verdient namentlich J. FR. BÖHMER und PH. JAFFÉ.

JOH. FRIEDR. BÖHMER († 1863) gab die Fontes rer. Germanicarum in 3 Bänden heraus mit Quellen aus dem 12.—14. Jh. Aus BÖHMERS Nachlaß veröffentlichte ALF. HUBER den 4. Bd. Stuttgart 1843—1868. Das größte Unternehmen aber, das mit dem Namen BÖHMERS verbunden ist, bleibt die Herausgabe der Regesta Imperii. Vgl in diesem Grundriß: MEISTER, Methodik, den Abschnitt über Heuristik S. 9.

PHILIPP JAFFÉ († 1870) gab eine Bibliotheca rer. Germanicarum in 6 Bänden, Berlin 1864—1873, heraus. Den 6. Bd. ließen WATTENBACH und DÜMMLER nach JAFFÉS Vorarbeiten erscheinen. I. Monumenta Corbejensia. II. Monumenta Gregoriana (Gregor VII.). III. Monumenta Moguntina. IV. Monumenta Carolina. V. Monumenta Bambergensia. VI. Monumenta Alcuiniana. Ferner veröffentlichte JAFFÉ nach BÖHMERS Vorbild die Regesta pontificum Romanorum. Siehe MEISTER a. a. O.

Zu erwähnen ist noch, daß auch verschiedene Einzelstaaten und Provinzen durch Publikationen nach dem Muster der Monumenta Germaniae die landes- und provinzialgeschichtliche Forschung mit Erfolg zu heben versucht haben.

Besonders umfassend ist die Tätigkeit der historischen Kommission (gestiftet 1858) bei der K. bayer. Akademie der Wissenschaften (gegründet 1759) in München. Sie pflegt sowohl die landesgeschichtliche Forschung als auch die Förderung der Reichsgeschichte durch die Herausgabe der Chroniken der deutschen Städte und die Bearbeitung der deutschen Reichstagsakten, die in ihrer älteren Serie mit der Regierung König Wenzels beginnen, in ihrer jüngeren Reihe aber mit Karl V.; ferner gibt sie die auch für die Quellenkunde wichtigen Jahrbücher der deutschen Geschichte heraus. Die Jahrbücher sollen eine möglichst nach Jahren geordnete, unter genauester Angabe der Quellen gearbeitete Geschichte des Reiches und seiner Teile bilden. Weniger in Betracht kommt hier die Allgemeine deutsche Biographie, d. h. eine alphabetisch geordnete Sammlung von Biographien der in der Entwickelung Deutschlands nur irgendwie hervortretenden Personen (seit 1912 abgeschlossen in 56 Bdn.). Eine eigene Kommission bei der Akademie leitet das Erscheinen der Monumenta Boica, seit 1763 53 Bde. — Sehr wichtig sind auch die Publikationen aus den K. Preußischen Staatsarchiven: sie umfassen die verschiedensten Gegenstände, z. B. Preußen und die katholische Kirche, Preußens Könige in ihrer Tätigkeit für die Landeskultur, Hessisches Urkundenbuch, Memoiren der Kurfürstin Sophie, Westfalen und Rheinland im 15. Jh., Urkundenbuch des Hochstifts Hildesheim und seiner Bischöfe usw. — Im Auftrage der K. sächsischen Staatsregierung erschien der Codex diplomaticus Saxoniae regiae, hrsg. von GERSDORF, POSERN-KLETT, POSSE und ERMISCH; in seinem 1. Hauptteile enthält er die Urkunden der Markgrafen von Meißen und Landgrafen von Thüringen, im 2. Hauptteile die Urkunden einzelner Bezirke (Bistum Meißen) und Städte (Meißen, Dresden, Leipzig). — Württembergische Geschichtsquellen hat das K. Statistische Landesamt Stuttgart 1887—1891 und die württembergische Kommission für Landesgeschichte seit 1894 herausgegeben (15 Bde. bis 1913). Vom Württembergischen Urkundenbuch, das vom K. Staatsarchiv in Stuttgart bearbeitet wird, liegt (seit 1849) der 11. Bd. (1913) vor. — Die Badische Historische Kommission veröffentlichte die Regesten der Markgrafen von Baden und Hachberg (1050—1515), der Pfalzgrafen bei Rhein (1214—1508) und der Bischöfe von Konstanz (517—1496). — Da bis zur Mitte des vorigen Jahrhunderts auch Österreich mit einem Teile seiner Länder zum Deutschen Reich gehörte, so muß hier auch auf die große Sammlung hingewiesen werden, die unter dem Titel Fontes Rerum Austriacarum — Österreichische Geschichtsquellen — von der Historischen Kommission der K. K. Akademie der Wissenschaften in Wien seit 1855 herausgegeben wird. (I. Abt.: Scriptores. II. Abt.: Diplomataria et Acta.)

Unter den Provinzen hat bisher Sachsen eine hervorragende Tätigkeit entfaltet. Seine Historische Kommission trat mit gutem Erfolge das Erbe der geschichtlichen Vereine an. Die Geschichtsquellen der Provinz Sachsen und angrenzender Gebiete umfassen auch historiographische Erzeugnisse, meist aber Urkundensammlungen, Protokolle und Briefschaften. Sie sind in Halle seit 1870 veröffentlicht. Heute regen sich fast in allen Provinzen Vereine oder Kommissionen. Der Verein für die Geschichte und Altertumskunde Westfalens läßt seit langem das Westfälische Urkundenbuch (anfangs 1847 Regesten) erscheinen, und die Historische Kommission dieser Provinz hat ebenso wie schon früher die Gesellschaft für rheinische Geschichtskunde die Veröffentlichung von Geschichtsquellen mit gutem Erfolge in die Hand genommen. Der Historische Verein für Niedersachsen ist mit seinen Quellen und Darstellungen bereits zur 28. Publikation gediehen. Auch der Verein für Geschichte und Altertum Schlesiens hat seit 1846 eine bemerkenswerte Tätigkeit entfaltet. In den Hansestädten ist auch mancherlei geschehen. Doch würde eine namentliche Aufzählung hier zu weit führen, und so sei nur verwiesen auf JOH. MÜLLER, Die wissenschaftlichen Vereine und Gesellschaften Deutschlands im 19. Jh. Bibliographie ihrer Veröffentlichungen seit ihrer Begründung bis zur Gegenwart. Berlin 1883—1887. Ein gemeinsames Organ der Landesvereine erscheint in dem „Korrespondenzblatt der deutschen Geschichts- und Altertumsvereine" seit 1853. Siehe auch DAHLMANN-WAITZ, Quellenkunde S. 63ff.

Noch sei mit einem Worte hingewiesen auf die Publikationsinstitute Deutschlands und Österreichs in Rom, das preußische Historische Institut, das Historische Institut der Görresgesellschaft und das Österreichische Institut, die das im Vatikan und in den italienischen Archiven und Bibliotheken auf Deutschland bezügliche Material nutzbar machen. S. auch MEISTER a. a. O. S. 11.

Betreffs der Bibliographie zur Quellenkunde verweisen wir auf den Abschnitt Heuristik in MEISTERS Methodik S. 17ff.

Anordnung des Stoffes. Als Abgrenzung des Stoffes für den folgenden Überblick ergab sich einmal die Zeit um 1500. Den Anfangstermin festzustellen aber ist deshalb schwierig, weil gegen Ende des 5. Jhs. ein Abschnitt nicht zu machen ist. Die Übergänge sind hier vollständig verwischt. Es wurde deshalb, zumal da nicht viel Raum dafür nötig, die Historiographie auch für das deutsche Altertum mit einbezogen. Die Historiographie dieser Zeit ist nicht bodenständig, nicht Deutsche berichten über Deutsche, sondern Römer und Griechen. Von dem Auftreten der Merowinger an läßt sich die Geschichtschreibung am besten im Anschluß an die großen Dynastien behandeln. Denn das Herrscherhaus tritt so sehr in den Vordergrund der Ereignisse, fesselt so sehr die Aufmerksamkeit, daß von seinem Glanze und Niedergang auch die Historiographie berührt wird. In den Zeiten eines glanzvollen Herrschers berichtet auch der Klostergeistliche zuerst von den Großtaten im Reich, um daran die Begebenheiten in der näheren Umgebung zu knüpfen. Von der Zeit des Interregnums an verliert die Geschichtschreibung diesen Mittelpunkt. Das Königtum ist nicht mehr die alles belebende Quelle des öffentlichen Rechtes, sondern geht mehr oder weniger in der Territorialpolitik unter. Zwar gibt es noch eine Reihe von Geschichtschreibern, die im Anschluß an die Regierung der Kaiser und Päpste von den Begebenheiten im Reich erzählen, doch sind das kaum noch wie früher die wichtigeren Quellen. Am liebsten berichtet jetzt der Mönch oder der Stadtschreiber zuerst, was in seiner Nähe vorgeht, und knüpft daran, was er vom Reiche gehört hat. Daher wird auch die Geschichtschreibung dieser Zeit am besten nicht nur im Anschluß an die Dynastien, sondern auch nach Territorien zu behandeln sein.

Erstes Kapitel: Die ältere Geschichte der Germanen.

Die älteste Geschichte der germanischen Völkerschaften ist trotz der Bemühungen der Archäologen, Ethnologen und Sprachforscher nur schwach erhellt worden. Selbst über die Lage der Wohnsitze unserer Vorfahren gehen die Ansichten noch weit auseinander. Die Historiker werden diesen Streit mit Interesse verfolgen, aber sie werden sich an der Forschung erst von der Zeit an beteiligen, da eigentlich historische Dokumente die Möglichkeit zur Aufklärung gewähren. Es hat nun, wenn wir von der Urzeit absehen, ein günstiger Stern über den Germanen geleuchtet; sie traten frühzeitig in den Gesichtskreis von Kulturvölkern, die den jungen Nachbarn an Wissen unendlich überlegen waren und sie in ihrer Eigenart erfassen konnten, aber nicht so stark waren, um sie zu vernichten oder aufzusaugen. So lebte das Volk fort bis zur Gegenwart und darf sich jetzt der Schriften erfreuen, die ihm von den Nachbarn vor beinahe 2000 Jahren gewidmet wurden.

Die erste zuverlässige Kunde von zwei germanischen Völkerschaften verdanken wir einem unternehmenden Kaufmann aus Massilia, namens **Pytheas,** der zur Zeit Alexanders des Großen um 330 v. Chr. um Spanien herumfuhr und durch den Kanal zwischen England und dem Festland in die Nordsee zur Emsmündung gelangte. Dort traf er die Goten (?) und die Teutonen. Er erzählt nichts weiter von ihnen, als daß die Goten den an die Insel Abalus angeschwemmten Bernstein zum Brennen verwenden und auch noch davon an die benachbarten Teutonen verkaufen. Die Schrift des PYTHEAS selbst ist nicht auf uns gekommen, doch haben mehrere griechische und lateinische Schriftsteller des Altertums das Werk stark ausgebeutet, und trotz gelegentlicher Verdächtigung der Wahrheitsliebe des PYTHEAS zeugt doch eben die starke Benutzung dafür, daß er im allgemeinen sehr ernst genommen wurde.

Die für uns in Betracht kommende Stelle findet sich in der Naturgeschichte des 79 n. Chr. umgekommenen PLINIUS d. Ä.: lib. XXXVII c. 35: PYTHEAS (narrat) Gutonibus Germaniae genti adeoli aestuarium Me(n)tonomon nomine ab oceano spacio stadiorum sex milium, ab hoc diei navigacione abesse insulam Abalum, illo per ver fluctibus (sucinam) advehi et esse concreti maris purgamentum, incolas pro ligno ad ignem uti eo proxumisque Teutonis vendere. Über dieses Bruchstück aus PYTHEAS, das in der Überlieferung sehr verderbt ist, vgl. K. MÜLLENHOFF, Deutsche Altertumskunde I, S. 476, der das Germaniae genti richtig für einen Zusatz des PLINIUS, irrig aber das Mentonomon für die Nordsee hält und D. DETLEFSEN, Die Entdeckung des germanischen Nordens im Altertum, Berlin 1904, S. 4ff. FRANZ MATTHIAS, Über Pytheas von Massilia (Wiss. Beilage z. Jahresbericht des K Luisengymnasiums zu Berlin, 1901 und 1902) nimmt Mentonomon für die Bucht an der Emsmündung und Abalus für die Insel Ameland. Nach DETLEFSEN ist Abalus = Helgoland und statt Gutonibus ist Guionibus - Ingejänonen zu lesen; Mentonomon =Wattenmeer.

Die Griechen und Römer haben die Germanen nicht sofort als eine besondere Rasse erkannt. Sie haben alle die Gegner, die gegen ihre Provinzen heranzogen, als Barbaren für wesensverwandt gehalten. Die Geschichte der Skythen, Gallier und Germanen ist ihnen lange in eins verflossen, und noch in den letzten Jahrzehnten haben eben wegen der ungenauen Angaben die Gelehrten über die Zugehörigkeit dieses oder jenes Stammes zu den Galliern oder den Germanen gestritten. Die Bastarner, die 182 v. Chr. zuerst in den Gesichtskreis der griechischen Kulturwelt traten, sind als deutsche Völkerschaft lange Zeit ebensowenig scharf gefaßt worden wie später die Goten.[1])

Der erste Vorstoß germanischer Völker, der Cimbern und Teutonen, erfolgte in den Jahren 113—101 v. Chr. Das Ziel des Angriffes war das reichkultivierte Italien. Wieder, wie in den Tagen des Brennus und des Hannibal, geriet Rom in die größte Gefahr. Mehrere römische Heere erlagen dem Ungestüm der Germanen. Endlich erschien in Marius dem römischen Volke der Retter. Er vernichtete in den beiden Schlachten bei Aquae Sextiae und Vercelli die Teutonen und Cimbern. Rom war zwar gerettet, aber der Angriff hatte doch tiefen Eindruck gemacht. Er wirkte mit einer gewissen Ursprünglichkeit noch auf CAESAR nach.[2]) Leider sind die gleichzeitigen Berichte uns verloren gegangen. So auch die ergiebigste Darstellung durch Posidonius von Apamea (um 100 v. Chr.) im 30. Buche seiner großen Geschichte, die als Fortsetzung des Werkes von Polybius gedacht war und bis 96 oder 86 v. Chr. reichte.[3]) Ihn haben Livius (59 v. bis 17 n. Chr.) im 67. und 68. Buch der römischen Geschichte, Plutarch von Chäronea (geb. um die Mitte des 1. Jhs. n. Chr.) in den $Βίοι\ παράλληλοι$ ($Μάριος$ c. 11—27) und der späte Paulus Orosius (Anfang des 5. Jhs.) in seinen Historiae adversus paganos V, 16 ausgebeutet. Ob Posidonius selbst schon die Cimbern und Teutonen als germanische Völkerschaften bezeichnete, muß dahin gestellt bleiben. Jedenfalls spricht Plutarch, der sonst auf Posidonius zurückgeht, in der genannten Biographie des Marius es aus, daß sie am meisten Ähnlichkeit gehabt hätten mit den am nördlichen Meere sitzenden germanischen Völkerschaften.

Fast ein halbes Jahrhundert lang hatten die Römer nichts mit den Germanen zu schaffen, sie verloren sie deshalb etwas aus den Augen. Erst als **C. J. Caesar** (geb. 100, gest. 44 v. Chr.), der als Prokonsul des römischen Gallien seit 58 die Entwickelung in dem unabhängigen Gallien genau verfolgte, gewahr wurde, wie dies Land eine Beute der eindringenden Germanen zu werden drohte, fand er unter dem Vorwande, es zu schützen, die erwünschte Gelegenheit, selbst die Hand auf Gallien zu legen. Er leitete damit den Kampf gegen die Germanen ein, der vorerst für ihn und die Römer siegreich verlief. Ein halbes Jahrtausend noch mußten die Germanen stürmen und wieder stürmen, bis sie endgültig die Herrschaft des Römertums auf gallischem Boden brachen. Die Kämpfe der Römer mit den Germanen gaben der Geschichte der folgenden Jahrhunderte einen reichen Inhalt, und die Vertreter griechischer und römischer Bildung, die in den Grenzbezirken des römischen Reiches für die Ausbreitung der Kultur tätig waren, werden oft genug sich Aufzeichnungen gemacht haben, aber unsere rauhen Vorfahren haben einen großen Teil dieser schriftlichen Denkmäler vernichtet und so es selbst mit verschuldet, wenn wir über ihre Geschichte während der folgenden Jahrhunderte nur lückenhaft unterrichtet sind. Nur gelegentlich fällt helles Licht auf sie. Der Feder des Mannes, der die Germanen mit dem Schwerte so scharf schlug, verdanken wir die erste lichtvolle Schilderung unserer Vorfahren. In seinen Kommentarien über den gallischen Krieg widmete er den Germanen, deren Verschiedenheit von den Galliern er deutlich erkannte, mehrere Seiten. Zweimal ist CAESAR über den Rhein gegangen, und wenn er auch nicht tief in das Land vorgedrungen ist, so wird er mit dem Scharf-

---

1) Über die Bastarnae, die an der unteren Donau saßen und von den Germanen abgesondert, manche Eigenheiten entwickelten, s. den Bericht bei den Historikern, die noch aus POLYBIUS 26, 9 schöpfen konnten, wie LIVIUS, PLUTARCH u. a., und die Kritik bei MÜLLENHOFF, Deutsche Altertumskunde II 104ff. JOH. HOOPS, Reallexikon der Germanischen Altertumskunde I S. 177.
2) Bell. Gall. I 33; II 4 und 29.
3) Vgl. K. MÜLLENHOFF, Deutsche Altertumskunde II 126. Über POSIDONIUS vgl. CHRIST, Gesch. der griech. Literatur 4. Aufl. 589 f., 5. Aufl. II 268.

blick des Feldherrn doch so viel erfaßt haben, um unter Zuhilfenahme von Kundschafterberichten eine im ganzen richtige Darstellung geben zu können. Freilich war er dadurch auch der Möglichkeit ausgesetzt, Dinge, die er nicht selbst gesehen hatte, mißverstanden zu haben. Mag sein, daß CAESAR als Feldherr seinem Gegner Ariovist nicht voll gerecht wird; bei der Beschreibung germanischer Sitten hatte er keinen Anlaß zu täuschen.[1])

Für die Geschichte der Germanen ist heranzuziehen Bell. Gall. I 31. Grund zum Zusammenstoß zwischen Römer- und Germanentum: Ariovist, der König der Germanen, habe, nachdem er schon den dritten Teil des Landes der Sequaner innehabe, nun auch das zweite Drittel gefordert. Die folgenden Kapitel bis 54 erzählen die Verhandlungen Caesars mit Ariovist und den Kampf (58 v. Chr.), in welchem die Germanen unterliegen. II 29—35 Kampf Caesars mit den in Gallien ansässigen Aduatukern, Abkommen der Cimbern und Teutonen. IV 1—19 Kampf mit den Usipetern und Tenchterern und erster Rheinübergang. V und VI bieten für die Geschichte der Germanen reiches Material. IV 1 und VI 21—28 kultur- und verfassungsgeschichtlich von hoher Bedeutung: Schilderung der Sueven, sowie des Kultus, der Lebensweise, Wirtschaftsform und kriegerischen Tüchtigkeit der Germanen. CAESAR hebt den Gegensatz zwischen Kelten und Germanen scharf hervor: Germani multum ab hoc consuetudine differunt, nam neque druides habent, qui rebus divinis praesint, neque sacrificiis student. Dann Beschreibung des Landes, die zum guten Teil auf Hörensagen gegründet ist. Zur Beurteilung des Vorgehens Caesars in Gallien ist auch der später (um 155—235 n. Chr.) lebende CASSIUS DIO heranzuziehen, der für seine groß angelegte Ῥωμαικὴ ἱστορία neben CAESARS Kommentarien für den Gallier- und Germanenkrieg (XXXVIII 48—50) auch andere Quellen benutzte. Vgl. JOHANNES WILLS Dissertation: Quae ratio intercedat inter Dionis Cassii de Caesaris belli Gallici narrationem et commentarios Caesaris de bello Gallico, Bamberg 1901.

Durch Caesar war die Angriffsbewegung gegen die Germanen eröffnet worden, durch Kaiser Augustus wurde sie seit 15 v. Chr. energisch, wenn auch mit wechselndem Erfolge fortgesetzt. Seine Stiefsöhne Tiberius und Drusus leiteten die Unternehmungen an der Donau und am Rhein. Südlich der Donau entstanden die Provinzen Raetia, Noricum und Pannonia. Das linke Rheinufer wurde gleichfalls unter römische Verwaltung genommen, eine Reihe von Städten wie Augsburg, Straßburg, Mainz, Koblenz und Köln wurden Sitze römischer Kultur, aber auch Ausgangspunkte für Angriffe auf das innere Germanien. Bei dem energischen Vorstoß, den Drusus in den Jahren 12 bis 9 v. Chr. unternahm, gelangte er bis in die Nähe der Elbe. Dann machte ein früher Tod seiner Tatenlust ein Ende. Alle diese Vorgänge hat **Titus Livius** (59 v. bis 17 n. Chr.) als reifer Mann miterlebt; er erkannte auch die Bedeutung der Germanen für die römische Welt und widmete ihrem Lande im 104. Buche seiner römischen Geschichte eine besondere Darstellung; weiter erzählt er auch eingehend vom 137. Buche an die Kämpfe in Germanien bis zum Tode des Drusus. Aber das alles ist leider verloren gegangen, nur aus den Inhaltsangaben (Periochae) des Epitomators wissen wir davon. Wenn der Epitomator von Buch 104 sagt: Prima pars libri situm Germaniae moresque continet, so befällt uns schmerzliches Bedauern, daß gerade diese Darstellung, die mitten zwischen der CAESARS und des TACITUS läge, verloren gegangen ist. So müssen wir uns mit dem begnügen, was **Cassius Dio**, der allerdings viel später (155—235 n. Chr.) lebte, auf Grund der ihm noch vorliegenden, uns aber nicht erhaltenen Quellen von jenen Kämpfen erzählt. CASSIUS schildert uns auch den weiteren Verlauf des Kampfes, am eingehendsten im 56. Buch Kap. 18—22 seiner römischen Geschichte die Niederlage des Varus 9 n. Chr. Als Zeitgenosse berichtet ferner noch VELLEJUS PATERCULUS, der unter Augustus und Tiberius diente, in seinem Bande römischer Geschichte (—30 n. Chr.) über die Dinge in Germanien, die Varusschlacht, den Kampf um Aliso, besonders über die Kämpfe des Tiberius in Dalmatien und Pannonien (6—9 n. Chr.).

Die Germanen sind von da an die Hauptsorge der Römer geworden. Hin und her flutete der Kampf. Um ihre Grenzen und ihre Kultur gegen das ungestüme Volk decken

---

1) Charakteristik Caesars bei MOMMSEN, Röm. G. III 615f. Vgl. sonst M. SCHANZ, Geschichte der römischen Literatur I 2³ S. 123ff.

zu können, mußten die Römer an der Donau und am Rhein stets kampfbereite Legionen unterhalten. Dieses Ringen am Rhein und an der Weser hat vom Tode des Augustus an die Hand des **Tacitus** aufgezeichnet. Geboren um 55, gestorben nach 117 n. Chr., schrieb er zuerst eine Geschichte der Zeit, die er selbst beobachtend durchlebt hatte, vom J. 69 bis 96 n. Chr. Dann drängte es ihn, die Darstellung nach vorn hin zu erweitern; so kam er zur Abfassung der Bücher ab excessu divi Augusti. Das erste Werk wird gewöhnlich als Historiae, das zweite als Annales bezeichnet. Die Gesamtzahl der Bücher ist 30. Wieviel von ihnen (ob 16 oder 18) den Annalen, wieviel den Historien zuzuweisen seien, ist mit Sicherheit nicht festzustellen.[1])

Von den Annalen ist Buch 1—4, Anfang von 5, Schluß von 6, dann, jedoch nicht vollständig, 11 bis 16 erhalten. I 31—52 erzählt den Aufstand der germanischen Legionen beim Tode des Augustus. Germanicus fordert Treue gegen Tiberius. Es folgt der Kampf gegen die Marser, deren Heiligtum Tanfanae zerstört wird. 55—71 Caecina zieht im Auftrage des Germanicus gegen die Chatten. Die Gemahlin des Arminius wird gefangen genommen. Arminius ruft zum Kampf auf. Zug des Germanicus über den Zuydersee ins Bruktererland. Besuch des Schlachtfeldes von 9 n. Chr. II 5—26 Schlacht bei Idistaviso 16 n. Chr. Rückkehr des Germanicus nach Rom. 41—42. Sein Triumph über die Germanen in Rom (17 n. Chr.). 44—47. Kampf der Cherusker unter Armin gegen den Markomannenkönig Marbod. 62—63. Catualdas Kampf gegen Marbod, dessen Königsburg erobert wird. Dort finden sich auch römische Kaufleute. Marbod flieht zu den Römern und endet in Ravenna. 88 Tod des Arminius liberator haud dubie Germaniae et qui non primordia populi Romani, sed florentissimum imperium lacessierit, proeliis ambiguus, bello non victus. IV 72 bis 72. Aufstand der Friesen. Schwere Verluste der Römer. XI 16—20: Corbulos Erfolge gegen die Germanen. Kaiser Claudius gebietet ihm Einhalt. Auffindung von Silber in agro Mattiaco. XII 27—30. Erfolgreiche Kämpfe der Römer mit den Chatten. Die Sueven vertreiben den ihnen von den Römern gegebenen König Vannius. XIII 53—57. Der römische Feldherr Paulinus Pompeius plant die Durchführung von Kanälen und Kanalisationen, um über Rhone, Mosel und Rhein vom mittelländischen Meer bis zur Nordsee eine Verbindung herzustellen. Landstreitigkeiten der Frisier und Ampsivarier mit den Römern. Kampf zwischen Chatten und Hermunduren um die Salzquelle. Außerdem erscheinen die Germanen noch gelegentlich (XIII 18 und XV 58) als Leibwächter der Caesaren in Rom. — Von den Historien sind nur die ersten 4 Bücher ganz erhalten, das 5. zum Teil. Doch sind sie gerade für die deutsche Geschichte wichtig, weil sie von dem Bataveraufstand der Jahre 69 und 70 n. Chr. erzählen.

Dem Germanentum hatte TACITUS, noch bevor er sich an die Ausarbeitung der Geschichtswerke machte, ein herrliches Denkmal in seiner Germania gesetzt. Es war das ein Buch, das einfach als eine Schilderung des Landes und der Leute in Germanien gedacht war. Aber indem der Römer von der Sittenreinheit, der Tapferkeit und Treue, der ungebrochenen Kraft des jugendfrischen Gegners sprach, konnte er leicht den Verdacht erwecken, als ob er absichtlich zu hell male, um den Römern die Gefahr zu zeigen, die ihnen, den durch Schlemmerei und Sittenlosigkeit Ausgemergelten, von dieser überströmenden Volkskraft drohe. Zu der Annahme, daß TACITUS das Leben unserer Vorfahren aus eigener Anschauung kennen gelernt habe, nötigt nichts. Er konnte leicht aus älteren Quellen schöpfen; und dann gingen römische Händler bei den Germanen ein und aus; außerdem lebten viele deutsche Kriegsgefangene und Geiseln in Rom, die alle gute Kunde geben konnten. Jedenfalls dürfen wir das Werk des TACITUS als eine im allgemeinen zuverlässige Quelle hinnehmen. Vor den deutschen Nationalfehlern, der Trinklust und der Streitsucht, verschließt er nicht die Augen. Fast wie ein Prophet erhofft er schließlich von der Uneinigkeit des Germanentums die Rettung der römischen Welt.[2])

Die Schrift ist im J. 98 n. Chr. abgefaßt worden. Der Titel ursprünglich wohl vierteilig: De origine situ moribus ac populis Germaniae.[3]) Die Echtheit ist ganz grundlos angefochten worden.

---

1) Vgl. im allgemeinen M. SCHANZ II 2², 309ff.
2) Ebda. S. 301ff.
3) Für den Titel vgl. C. WEYMAN, der ihn nach Analogie einer Schrift SENECAS De primordiis, situ, moribus et sacris Aegyptiorum gestaltet annimmt. DZG. XI (1894) 151ff. Über den Charakter der Germania als einer geographisch-ethnologischen Beschreibung M. SCHANZ II 2², S. 306ff. Zur Erläuterung K. MÜLLENHOFF, D.A. IV 1. G. MARINA, Romania e Germania. Studio storico-etnografico sul mondo germanico secondo le relazioni di Tacito. 3. Aufl. Triest 1895. Übersetzt von E. MÜLLER-RÖDER, Jena 1900. WIESSNER in DZG. XII (1896) 312—339.

TACITUS hält die Germanen für Ureinwohner (c. 2) innerhalb der Grenzen, die er (c. 1) angibt. Ihm erscheinen die Germanen nach ihrer geistigen und körperlichen Beschaffenheit durchaus als eine Eigenart und Einheit (c. 4), doch nicht so, daß eine allgemeine Verflachung eingetreten sei. Sie wissen, wenn sie auch ihre Könige aus adeligem Geblüte nehmen, doch die Talente zu unterscheiden: duces ex virtute sumunt (c. 7). Feigheit macht den Germanen ehrlos (c. 6). Dagegen lebt die Tapferkeit im Liede fort.[1]) Denn das Lied bildet bei ihnen die einzige Geschichtsquelle (c. 2: carminibus antiquis, quod unum apud illos memoriae et annalium genus est). Vor den Frauen haben die Germanen eine ehrfurchtsvolle Scheu (c. 8), sie halten die Ehen heilig und begnügen sich mit einer Frau (c. 17). Da Jünglinge und Mädchen die Keuschheit möglichst lange bewahren, so treten sie mit ungebrochener Kraft in die Ehe; und gesunde Kinder zeugen von der Gesundheit der Eltern (c. 20). Die ganze Erziehung und Lebensweise, ihr kriegerisches Spiel (c. 24) zielt auf die Heranbildung eines körperlich und geistig tüchtigen Geschlechtes. Der einzelne, auf sich selbst gestellt, verschmäht das Zusammenleben in den Städten (c. 16); nicht in festgemauerten Tempeln, sondern in heiligen Hainen verehren sie ihre Gottheiten (c. 9). Auch ihre staatliche Verfassung ist auf die freie Persönlichkeit zugeschnitten; denn die Macht der Könige ist nicht unbegrenzt. Wer bei ihnen einflußreich sein will, muß sich weniger auf die Macht seiner Stellung als seiner Persönlichkeit stützen (c. 7). Die Kultur hat ihren Einzug noch nicht gehalten: extensive Wirtschaft auf dem Lande; keine Städte, kein Handel, keine Wissenschaft (c. 26, c. 16, c. 19). Dem vielen Lichte fehlt der Schatten nicht: die Germanen haben damals so wenig wie heute etwas Schlimmes darin gefunden, die Nächte zu durchzechen. Von c. 28 an gibt TACITUS eine Beschreibung der germanischen Völkerschaften und ihrer besonderen Eigenschaften. Daß er die Germanen, wenn er ihnen die Achtung nicht versagen kann, doch keineswegs liebt, dafür spricht (c. 33) sein Wunsch, daß die einzelnen Stämme auch weiterhin sich in blutigem Hader aufreiben möchten.

Einen geringen Ersatz für das, was uns bei TACITUS verloren gegangen ist, bieten des C. SUETONIUS TRANQUILLUS (70—150 n. Chr.) Kaiserbiographien von C. Julius Caesar bis auf Domitian, denen wir auch für die deutsche Geschichte einiges entnehmen können. (Ausgabe von M. IHM. De vita Caesarum libri VIII. Leipzig 1907.)

Keine hervorragenden Geschichtschreiber sind es, aus deren Werken, die noch dazu meist verstümmelt sind, wir uns die Geschehnisse bei den Germanen im 2., 3. und 4. Jh. n. Chr. zusammensuchen müssen.[2]) Wir können ihnen entnehmen, wie es in dem Hexenkessel Germanien brodelt, aber wie z. B. der Zusammenschluß der einzelnen Völkerschaften zu den großen Stämmen der Franken, Bajuvaren, Alemannen und Sachsen erfolgt ist, werden wir aus ihnen nicht gewahr. Den schweren Markomannenkrieg (166 bis 175 und 178—180), den Mark Aurel durchzukämpfen hatte, erzählt uns **Cassius Dio** als Zeitgenosse. Er darf als der bedeutendste griechische Geschichtschreiber der römischen Kaiserzeit gelten. Denn hohe Staatsstellungen und wichtige Aufträge weiteten ihm den Blick. 222 und 229 war er Konsul. Seine bereits (S. 9) erwähnte Römische Geschichte reicht vom Anbeginn bis 229. Doch ist nur die Zeit von 68 vor bis 47 nach Chr. in ursprünglicher Gestalt erhalten, das andere ist durch Auszüge des JOH. XIPHILINOS und des ZONARAS (11. bzw. 12. Jh. n. Chr.) bekannt.[3]) Des ZONARAS Ἐπιτομὴ ἱστοριῶν, die diese Auszüge bringt, bietet auf Grund anderer Quellen noch weitere Nachrichten zur Geschichte der Germanen. Über das Vordringen der Goten zur Zeit des Kaisers Decius (249—251), über die Kämpfe des Claudius II. (268—270) gegen die Alemannen (Schlacht am Gardasee) und die Goten bei Naissus, weiter über des Aurelianus Frieden mit den Goten hat der um 500 lebende Geschichtschreiber ZOSIMUS gute, auf verlorene Quellen zurückgehende Nachrichten.[4]) Für die Geschichte des 4. Jhs. ist auch des EUTROPIUS (gegen Ende des 4. Jhs.) Abriß der römischen Geschichte (bis 364): Breviarium ab urbe condita heranzuziehen.[5]) Wichtiger aber ist **Ammianus Marcellinus**: denn er begleitet uns mit seiner Darstellung in die Völkerwanderung hinein. AMMIANUS M., von Geburt Grieche, der schon früh in Berührung mit Personen trat, die enge Be-

---

1) Vgl. Annalen II 88: (Arminius) canitur adhuc barbaras apud gentes.
2) Vgl. THEOD. MOMMSEN in der Einleitung S. 5 zum 5. Bande seiner Römischen Geschichte.
3) Vgl. CHRIST, Gesch. d. griech. Lit.⁴, 701ff.
4) Ed. LUDOV. MENDELSSOHN. Leipzig 1887.
5) Vgl. M. SCHANZ IV 1, 69ff.

ziehungen zum Kaiserhofe hatten, war, als er Ende des 4. Jhs. unter die Geschichtschreiber ging, wenigstens in die Zeitgeschichte gut eingeweiht.[1]) Es ist deshalb ein glücklicher Zufall, daß von den 31 Büchern seiner „Res gestae", in denen er die Ereignisse von Nerva bis zum Tode des Valens (378) erzählte, gerade die letzten 18 (mit der Geschichte von 353 an) erhalten sind. AMMIANUS ist die beste Quelle für die Kämpfe Iulians mit den Alemannen (357) und für die Kämpfe zwischen Römern und Goten, mit denen wir gewöhnlich die Völkerwanderung beginnen lassen.[2]) Wichtige Quellen für die folgenden Jahrzehnte sind dann die Historien der bereits erwähnten Geschichtschreiber ZOSIMUS und OROSIUS. Der letztere führt sein Geschichtswerk bis in die Zeit des Walja, Königs des tolosanischen Westgotenreiches.

Mit dem Zusammenbruch des römischen Reiches unter den Schlägen der Germanen tritt auch eine Verflachung der Geschichtschreibung ein. Von jetzt an müssen wir aus zum Teil recht dürftigen Annalen die Notizen zur deutschen Geschichte zusammensuchen. Die Römer, die in Italien, Afrika, Spanien und Gallien lebten, sahen den Einbruch germanischer Völkerschaften, besonders der Goten und Vandalen, und mußten, wenn auch widerwillig, in ihren kurzen Merktafeln auf sie Rücksicht nehmen. Die äußere Form solcher geschichtlichen Aufzeichnungen war im römischen Reiche durch einzelne verbreitete Publikationen gegeben, an erster Stelle den Staatskalender.

Im römischen Reiche erschienen von Zeit zu Zeit Staatskalender, die über Feste, Amtsjahre der Konsuln, Geburt der Cäsaren Aufschluß gaben und wohl auch kurze historische Rückblicke enthielten, sich also in etwa unseren heutigen Kalendern vergleichen lassen. Hatte aber eine wohlhabende Familie oder eine Körperschaft einen solchen Kalender erworben, so führte sie ihn wohl selbst weiter, d. h. sie trug Konsulnamen, wichtige Geschehnisse nach. Jedenfalls waren solche Kalender weit verbreitet. Den Typus eines derartigen Sammelwerkes besitzen wir in dem sogenannten Chronographus von 354, der in einer vollständigen Handschrift leider nicht mehr vorliegt, aber aus mehreren rekonstruiert worden ist. Diese Arbeit hat TH. MOMMSEN für die MG. Auct. ant. IX 13 bis 196 geleistet.[3]) Inhalt: 1) ein Kalender mit Angabe der öffentlichen Spiele, Senatstage und Geburtstage der Cäsaren; 2) Konsulfasten bis 354; 3) Ostertafeln von 312 bis 411[4]); 4) ein Verzeichnis der Stadtpräfekten von 258 bis 354; 5) Verzeichnis der Todestage der römischen Bischöfe; 6) Festkalender der römischen Kirche; 7) Verzeichnis der Päpste bis auf Liberius (352—366); 8) Topographie von Rom; 9) eine Weltchronik bis 334; 10) Stadtchronik von Rom bis 325. Vgl. M. SCHANZ IV 1, 56 f. WATTENBACH, DG. 1⁷ 60. Von diesen einzelnen Abteilungen wuchsen sich die Konsulfasten und die Osterverzeichnisse bald zu annalistischen Aufzeichnungen aus, während der Märtyrerverzeichnisse den Anstoß zur Herstellung der für die mittelalterliche Geschichte wichtigen Nekrologien gaben. Eine Fortsetzung der Fasti Consulares und Erweiterung des Inhaltes ist in erster Linie für Ravenna erwiesen. Ausgabe in MG. Auct. ant. IV 263 ff. Eine umfassendere Ravennater Annalistik und ihre weitgehende Benutzung durch andere Schriftsteller, aus denen sie er rekonstruiert, nimmt O. HOLDEREGGER an. NA. I 215—368. Kritisch und ablehnend gegen dieses Resultat verhält sich G. KAUFMANN im Philologus XLII 471—510. Auf das dürre Verzeichnis der Päpste bauen sich im Laufe der Zeit ausführlichere Darstellungen des Lebens und der Tätigkeit der Päpste auf. Schon im 6. Jh. war eine Sammlung von Papstleben, ein Teil des Pontificale Romanum vorhanden, auf welches die mittelalterlichen Historiographen gern zurückgreifen. Das wenigstens ist die Ansicht von DUCHESNE, der den Liber Pontificalis in 2 Bänden Paris 1884—1892 herausgegeben hat. MOMMSEN dagegen setzt die erste Sammlung der Papstleben erst ins 7. Jh.: Libri pontificalis pars 1. in Mon. Germ. Die Papstleben sind dann in offiziöser Form fortgeführt worden bis auf Stephan V. (885). Dann sinkt die päpstliche Historiographie während 10. und 11. Jhs. von ihrer Höhe herab.

Das andere Werk, das auch nur des Einflusses wegen hier zu nennen ist, den es auf die eben erwähnte Annalistik geübt hat, ist die Chronik des HIERONYMUS. Sie beruht vornehmlich auf der griechischen Chronographie (bis 325) des Bischofs EUSEBIUS von Caesarea († 340 n. Chr.); hinzugefügt wurden namentlich selbständige Nachrichten aus der römischen Geschichte und dann eine Fortsetzung bis 378. Tendenz dieser Literaturgattung war, das Vorherrschen der heidnischen Zeitrech-

---

1) Vgl. M. SCHANZ IV 1, 85 ff. — Ausgabe von L. TRAUBE u. a. Berlin 1910.
2) Eine gute Quelle könnten für uns die um 300 n. Chr. zusammengestellten Kaiserbiographien (von Hadrian bis Carus 284) sein, wenn sie nicht so unglaublich schlecht gearbeitet, unzuverlässig und durch Fälschungen entstellt wären. Es genüge deshalb der Hinweis auf dieses gewöhnlich Historia Augusta genannte Werk. Vgl. M. SCHANZ IV 1, 47 ff.
3) Vgl. außerdem seine Abhandlung in K. Sächs. Ges. d. Wiss. zu Leipzig I 1850, 547—668.
4) Von 355 bis 411 nachgetragen mit zum Teil falscher Berechnung.

nung zu beseitigen und die Zeitangaben nach Altem und Neuem Testament als führend neben die bisherigen Ären zu stellen. Dieses Hervorkehren christlicher Gesichtspunkte sicherte der Arbeit nach dem vollständigen Siege des Christentums dauernde Beachtung. Außerdem wurde die Auslegung, die HIERONYMUS dem Propheten Daniel gab, für die Geschichtschreibung bedeutungsvoll; von nun an wußte man es bestimmt, daß das letzte Reich dieser Welt, das Daniel prophezeit hatte, das römische sei. Der Umsturz, den die Germanen brachten, verschwand gegenüber solcher Autorität.¹)

Auf dieser Grundlage bauen sich meist die Chroniken und Annalen auf, die im 5. und 6. Jh. verfaßt worden sind. So schloß der Spanier IDACIUS²), der weitgereist war und persönlich noch den hl. HIERONYMUS gesehen hatte, an dessen Werk seine Aufzeichnungen bis zum J. 468. Er war Bischof und kam mit den Sueven, die in Spanien eindrangen, in mannigfache Berührung, wurde sogar eine Zeitlang von ihnen gefangen gehalten. 150 Jahre später schrieb dann gleichfalls in Spanien der bedeutendere Bischof **Isidor von Sevilla** (geb. um 560) seine Geschichte der Goten, Vandalen und Sueben, die bis 624 reicht. ISIDORS Werk ist in seinen früheren Teilen auf den bereits erwähnten Chroniken aufgebaut, bringt aber von des Gotenkönigs Eurich Zeiten an (466) eigene Nachrichten. Für die von ihm selbst miterlebte Zeit (seit 590) ist er die beste Quelle für die Geschichte der Goten in Spanien. Obgleich Romane von Geburt, hat ISIDOR volles Verständnis für die Tüchtigkeit der Goten, deren Reich „unter Gottes gnädigem Beistand" nunmehr 256 Jahre gedauert habe. Kürzer ist die Geschichte der Vandalen, die seit 406 über Spanien verheerend dahinbrausten, dann 429 nach Afrika übersetzten und ein Reich gründeten, dessen Geschichte für den Mann Gottes ein Greuel war, so daß er wohl nicht ohne Freude anmerkt, daß „es 534 mit Stumpf und Stil" ausgerottet worden sei. Noch kürzer erzählt er von den Taten der Sueven in Spanien. Ihr Reich ging 585 in dem der Goten auf.³)

Außer diesem Werke hat ISIDOR noch eine Chronik und ein Kompendium des allgemeinen Wissens, die sog. Etymologien oder Origines (Ausgabe von LINDSAY, Oxonii 1911, 2 Bde.) verfaßt. Gern wurden die Etymologien von den Historiographen des MA. ausgebeutet, um mit historischen, naturwissenschaftlichen oder sprachlichen Kenntnissen zu glänzen. Sie trugen namentlich zur Popularisierung der Zeiteinteilung bei, die der hl. AUGUSTINUS († 430) in seiner Schrift De civitate Dei XXII 30 vorgenommen hatte. Danach verläuft die Weltgeschichte, analog dem Sechstagewerk Gottes, in sechs Zeitabschnitten (Aetates): prima est aetas ab Adam usque ad Noe, secunda a Noe usque ad Abraham, tertia ab Abraham usque ad David, quarta a David usque ad transmigrationem Iudae in Babyloniam, quinta deinde usque ad adventum Salvatoris in carne, sexta quae nunc agitur usque quo mundus iste finiatur. Diese Einteilung wurde ebenso beliebt wie die auf Grund der Prophezeiung des Daniel. Beide kommen auch nebeneinander vor. Die eine wie die andere verschuldete es, daß man mit dem endgültigen Eintritt der Germanen in die Weltgeschichte keinen Abschnitt machte.

Von den kurzgefaßten Chroniken sind noch zu erwähnen die des TIRO PROSPER, die vom Anbeginn zur Zeit in einer ersten Redaktion bis 445 und in einer zweiten bis 455 reicht. Sie enthält manche Nachricht über die Westgoten. Ausgabe mit dem Titel Pr. T. epitoma chronicon in MG. Auct. ant. IX 485—485. Vgl. HOLDER-EGGER, N.A. I (1876), 15ff. Quellenwert für ihre Zeit haben noch die Fortsetzung des PROSPER von 444 bis 567 durch den afrikanischen Bischof VICTOR VON TUNNUNA (Tonnenna) und die hieran knüpfende Chronik des Abtes JOHANN VON BICLARO bis 590. Ausgabe in MG. Auct. ant. XI 184—206 bzw. 211—220. Auf Burgund bezügliche Nachrichten bietet der Bischof MARIUS VON AVENCHES in seiner bis 581 reichenden Fortsetzung des TIRO. MG. Auct. ant. XI 232—239.

Nicht viel länger als in Spanien hielt die römische Herrschaft den Germanen in Italien stand. Immer stärker fluteten diese über die Donau, wurden von den Römern wohl in Sold genommen; in Wirklichkeit aber waren sie um die Mitte des 5. Jhs. schon die Herren in Rom. Den allmächtigen Sueven Ricimer löste Odoaker ab. In das Durch-

---

1) Ausgabe der Chronik bei A. SCHOENE, Eusebii chronicorum libri duo 1. Bd. 1875, 2. Bd. 1866. Im 2. Bde. die Bearbeitung des HIERONYMUS. Dazu A. SCHOENE, Die Weltchronik des EUSEBIUS in ihrer Bearbeitung durch HIERONYMUS. 1900. Ausgabe des Danielkommentars bei MIGNE, Patrol. lat. 25 Sp. 495ff. Vgl. AD. BOEHM, Über Periodisierungen der Weltgeschichte, Jahrb. d. K. kath. Gymn. zu Sagan 1888. Im allg. über HIERONYMUS siehe SCHANZ a. a. O. S. 387ff.
2) MG. Auct. ant. XI 13—36.
3) Alles MG. Auct. ant. XI 268—481. Übers. in der Gesch. d. d. Vorzeit. 3. Aufl. 1920. Vgl. MANITIUS, Gesch. der lat. Literatur des MA. I S. 52ff.

einander, dem das sich mehr und mehr auflösende Reich verfiel, führt uns die Lebensbeschreibung des hl. **Severin**. Dieser zieht in der zweiten Hälfte des 5. Jhs. durch Pannonien und Ufernorikum, die beide durch die Scharen plündernder Germanen schwer bedrängt waren; er richtet die Mißhandelten mit christlichem Zuspruch auf, bringt den Verzweifelnden Hilfe und mildert den harten Sinn der Germanen. In seine Hütte trat einst auch Odoaker ein, im Begriff nach Italien zu ziehen. Da soll Severinus ihn mit den prophetischen Worten begrüßt haben: „Ziehe nur nach Italien, zieh', jetzt noch mit geringen Fellen bedeckt, wirst du bald vielen die reichsten Gaben spenden können." Das alles erzählt uns um 510 EUGIPPIUS, Abt des Klosters Lucullanum bei Neapel, ein Schüler des Heiligen. Die Schrift ist für die Zeit, da Odoaker nach Italien vordrang, kultur- und kirchengeschichtlich von der größten Bedeutung.

Die Vita S. Severini, abgedr. in MG. Auct. ant. I, 2, auch SS. in us. schol. 1898, umfaßt 46 Kapitel. Übers. in Gesch. d. d. Vorzeit, 3. Aufl. 1912. Vorgesetzt sind ihr zwei Briefe, einer des EUGIPPIUS, der den römischen Diakon Paschasius unter Übersendung eines Entwurfes zur Bearbeitung der Vita auffordert, und dann die Antwort des Paschasius, daß nichts hinzuzusetzen sei. Zeit der Abfassung zu bestimmen durch die im ersten Briefe enthaltene Angabe ante hoc fere biennium consulatu scilicet Importuni. Das Wirken des hl. Severin ist der Zeit nach bestimmt durch c. 1: In tempore, quo Attila rex Hunnorum defunctus est, utraque Pannonia ceteraque confinia Danubii rebus turbabantur ambiguis. Severinus starb nach c. 43 VI Id. Ian. (482?). Sein Leichnam wurde in das Kloster Lucullanum gebracht. WATTENBACH, DG.⁷ 50ff.

In der Vita S. Severini werden viele geographische Bezeichnungen für Orte und Flüsse gebraucht, deren Umdeutung in der Gegenwart manche Kontroversen hervorgerufen hat. Vgl. MAYER, Tiburnia (als metropolis bei SEVERIN bezeichnet) oder Regensburg und die ältesten Bischöfe von Bayern 1833. BLUMBERGER, Bedenken gegen die gewöhnliche Ansicht von Wiens Identität mit Faviana. Arch. f. Kunde österr. Gesch.-Quellen 1849, II 356ff. ASCHBACH, Über die römischen Militärstationen im Ufer-Noricum zwischen Lauriacum und Vindobona, nebst einer Untersuchung über die Lage der norischen Stadt Faviana in W. SB. Phil. Hist. XXXV (1860) 1. Über die Bedeutung des hl. Severin für die Kirchengeschichte im allgemeinen HAUCK, Kirchengeschichte Deutschlands I (1887) 328—331, 3. Aufl. (1904) 361—364; für die Kulturgeschichte TH. SOMMERLAD in Wirtschaftsgeschichtl. Untersuchungen Heft 2. Leipzig 1903.

Für das ehemalige Norikum selbst hatte die Vita sti Severini eine nicht beabsichtigte Wirkung. Die Angabe, daß Lauriacum einst einen Pontifex gehabt habe (c. 30), veranlaßte den Bischof Pilgrim von Passau, der sich als Rechtsnachfolger des in seinem Sprengel belegenen Lorch fühlte, in der zweiten Hälfte des 10. Jhs., einen ganzen Urkundenkomplex zu fälschen, der das hohe Alter seines Bistums beweisen sollte. Mit solchen Waffen ist es im 17. Jh. dem Bistum Passau gelungen, die Befreiung von der Metropolitangewalt des jüngeren Salzburg durchzusetzen. Vgl. DÜMMLER, Piligrim von Passau und das Erzbistum Lorch, 1854 und UHLIRZ, Die Urkundenfälschung zu Passau im 10. Jh., MIÖG. III 177—228. DÜMMLER, Die Entstehung der Lorcher Fälschungen. B. S. B. 1898, 758—775. G. RATZINGER, F. z. bayr. Gesch. 1898, 339ff. setzt die Fälschung später an. LEHR, Pilgrim, Bischof von Passau und die Lorcher Fälschungen. Diss. Berlin 1909.

Fast gleichzeitig mit Severinus wirkte im Westen an der Grenze des römischen Reiches der Priester SALVIAN. In seinen 8 Büchern „vom wahren Gericht und der Vorsehung Gottes" gibt er eine ergreifende Schilderung von dem Sittenverfall der Römer, die sich trotz der Angriffe des Germanentums nicht zur Einkehr und zu energischer Tat aufraffen können.

Salvian geht ähnlich wie der hl. Augustinus von dem Vorwurfe aus, der gegen Gott zu seiner Zeit erhoben wurde, weshalb er denn zulasse, daß die Christen von den Gottlosen, den Barbaren, so bedrängt werden, und führt nun aus, daß es fast nur Namenschristen im römischen Reiche gebe. Die sittliche Zucht, das Wirtschaftsleben, die Pflege der Wissenschaft, alles ist verrottet. Habgier hat hoch und niedrig ergriffen und einen Kampf aller gegen alle entfesselt. Wie sittenrein stehen aber die Barbaren da! Salvian liebt sie nicht, aber er sucht ihnen gerecht zu werden. Sie mußten in der Hand Gottes zu einer Zuchtrute für die entarteten Römer werden, das beweisen namentlich die Leiden, die über Trier hereingebrochen sind. Besonders wichtig für die Geschichte der Germanen sind IV 12, 13, 14; V 4 und VI 15. Ausgabe von HALM in MG. Auct. ant. I 1. Übersetzung von P. CAFFER 1858 und A. HELF 1877. Vgl. ZSCHIMMER, Salvianus, der Presbyter von Massilia und seine Schriften 1875. HAEMMERLE, Studien zu Salvian, Priester von Massilia, 1. Teil Programm, Landshut 1893, 2. und 3. Teil desgl. Neuburg a. D. 1897 und 1899.

Endlich sind die Germanen im Besitze der, wie es schien, festgefügten Herrschaft auf römischem Boden. Erst die Westgoten, dann die Ostgoten unter dem gewaltigen

Dietrich. Nunmehr schützten die Germanen mit dem Schwerte die Ruhe, und diejenigen Römer, welche das Gefühl geistiger Überlegenheit als Ersatz für den Verlust politischer Unabhängigkeit ansahen, mochten diesen Zustand erträglich finden. In die Zeit der werdenden Gotenherrschaft und weiter in die Tage Theoderichs führt uns als gleichzeitiger Berichterstatter ein der oströmische Beamte und spätere Mönch MARCELLINUS COMES mit seiner Chronik bis zum Jahre 518. (Fortsetzung von anderer Hand bis 548.) Ebenso der Anonymus VALESIANUS[1]), wohl das Fragment einer verlorenen Chronik des Ravennater Bischofs MAXIMIAN († 556). Die Tendenz, Römer und Germanen einander erträglich zu machen, leitete damals einem Manne wie CASSIODORUS SENATOR die Feder, als er, der stolze Römer, sich herbeiließ, in einer Untersuchung über die Geschichte der Goten deren hohes Alter nachzuweisen. Unter diesen Umständen brauchte ihre Herrschaft für die Römer ja nicht mehr so drückend zu sein. Die Geschichte des CASSIODOR ist nicht mehr erhalten. Doch ist es durch MOMMSEN wahrscheinlich gemacht, daß die auf uns gekommene Gotengeschichte des Iordanes nicht viel mehr als eine oberflächliche Bearbeitung des CASSIODOR ist.

IORDANES ist der erste Deutsche, der Geschichte schreibt. Um 550, als die Goten den Todeskampf gegen Ostrom kämpften, ging er an seine Aufgabe. Er selbst, an sich stark unter römischem Einfluß stehend und noch dazu durch das athanasianische Bekenntnis von den arianischen Goten getrennt, hält es für das richtigste, wenn sich die Germanen freiwillig der römischen Herrschaft beugen wollten. Sein tapferes Volk hat ein Recht fortzubestehen, aber nur in Freundschaft mit den Römern.

CASSIODORS Autorschaft für eine Gotengeschichte in 12 Büchern wird durch Stellen aus seiner Briefsammlung (Vorrede: duodecim libris Gothorum historiam . . . condidisti) gesichert; der König Athalarich gab in einem offiziellen Schreiben von 533 seinem Dank Ausdruck, daß er die Geschichte der Gotenkönige, die lange in Vergessenheit geraten sei, aus dem Dunkel der Vergangenheit wieder ans Licht gezogen habe.[2]) Ein Fragment aus einer anderen Schrift CASSIODORS beweist, daß er noch von Theoderich zur Abfassung der Chronik bewogen wurde. Die Vollendung aber fällt erst in die Zeit nach seinem Tode, jedenfalls aber vor 534 (s. den Brief Athalarichs). Als Quelle lag dem CASSIODOR die Gotengeschichte eines gewissen ABLAVIUS vor, der, selbst Gote, wohl zu Theoderichs Zeit eine Übersicht über die Geschichte seines Volkes geschrieben hatte. CASSIODOR warf Sage und Geschichte arg durcheinander, namentlich die Zusammenhänge, die er zwischen den Goten, Geten und Skythen herstellte, wurden für lange hinaus verhängnisvoll. Und doch war seine Geschichte ein kostbares Werk, als Quelle wirklichen Geschehens in der näher liegenden Vergangenheit und dann als Fundgrube für die alten Stammessagen.

Für IORDANES gilt dieses Lob nicht wegen der geleisteten eigenen Arbeit, sondern weil er uns das meiste von dem Werke des CASSIODOR gerettet hat. Er hatte die Schrift angeblich drei Tage lang zur Lektüre gehabt, und als dann die Aufforderung an ihn erging, gleichfalls eine Gotengeschichte zu schreiben, stellte er sie nach seiner Vorbemerkung aus dem Gedächtnis zusammen und fügte aus Eigenem manches hinzu. Hauptsächlich dürfte hierbei an die Weiterführung der Gotengeschichte bis 540 zu denken sein, für die ihm MARCELLINUS COMES Führer wurde. Über das größere oder geringere Maß selbständiger Quellenbenutzung bei IORDANES ist vielfach gestritten worden. Die größten eigenen Verdienste weist dem IORDANES noch C. CIPOLLA zu: Considerazioni sulla Getica di IORDANES e sulle loro relazioni colla Hist. Getarum di Cassiodoro, Memorie della R. Ac. delle Scienze di Torino (1893) serie II vol. XLIII. Geringere SCHIRREN, De ratione, quae inter Iordanem et Cassiodorum intercedat, commentatio. 1858. KÖPKE, Deutsche Forschungen, die Anfänge des Königtums bei den Gothen, 1859. G. KAUFMANN, Kritische Untersuchungen zur Gesch. Ulfilas in Zeitschrift f. d. Altertum XXVII (1883) 193ff., speziell 243. Die Tendenz des IORDANES spricht sich wohl am besten mit den Worten aus, die er Theoderich zu seinen Goten sprechen läßt: ut regem colerent, senatum populumque Romanum amarent principemque orientalem placatum semper propitiumque haberent post deum (c. 59).

Über IORDANES selbst, der trotz des geringen eigenen Verdienstes als erster germanischer Geschichtsschreiber unser Interesse doch in hohem Maße fesselt, wissen wir nur wenig Sicheres. Ob er wirklich Geistlicher war und als Mönch in einem Kloster Mösiens oder Thraciens gelebt hat (MOMMSEN) oder ob er mit einem Bischof Iordanes von Croton, der um 550 lebte, identisch ist, bleibt fraglich. Letztere Annahme von WATTENBACH, DG. 1⁷, 85f. vertreten. Hiernach soll dieser IORDANES in Konstantinopel 551 die Gotengeschichte abgefaßt haben. B. v. SIMSON (NA. XXII (1896) 741 ff.)

---

1) So genannt nach dem ersten Herausgeber VALESIUS 1636.
2) In der Briefsammlung des CASSIODOR, die unter dem Namen Variae in den MG. veröffentlicht ist (s. S. 17), IX 25.

stellte die These auf, IORDANES könne auch afrikanischer Bischof gewesen sein, weil er für Afrika großes Interesse zeige. Ganz neue Aufstellungen bei J. FRIEDRICH, Über die kontroversen Fragen im Leben des gotischen Geschichtsschreibers Iordanes in SB. Münchener Akad. 907, S. 379—442. Über CASSIODORUS und IORDANES im allgemeinen vgl. WATTENBACH, DG. 1⁷ 72—87. Der Ausgabe MOMMSENS mit dem Titel De origine actibusque Getarum in MG. Auct. ant. V 53—138 ist eine instruktive Einleitung vorausgeschickt.

Sowohl von CASSIODOR als auch von IORDANES liegen ganz unbedeutende Abrisse der römischen Geschichte vor. Ausgabe des Chronicon breve seu consulare des Cass. (— 519) in MG. Auct. ant. XI 120—161, der Summa temporum vel de origine actibusque gentis Romanorum des IORDANES in MG. Auct. ant. V 1, 1—52.

Den Kampf der Ostgoten mit den Byzantinern, der schließlich zum Untergang des Ostgotenreiches führte, schildert **Prokopius von Caesarea,** um 500 geboren, ein Mann von vorzüglicher Bildung, und was seinen historischen Arbeiten noch mehr zustatten kam, mitten in die Kämpfe hineingestellt. Denn seit 527 war er Ratgeber des oströmischen Feldherrn Belisar, der nacheinander die Perser, die Vandalen und die Ostgoten überwand. Auch an den kriegerischen Operationen nahm PROKOPIUS, obschon kein **Kriegsmann,** gelegentlich verdienstvollen Anteil. Sein Werk Zeitgeschichte (Τῶν καθ' αὑτὸν ἱστοριῶν βίβλια ὀκτώ) umfaßt 8 Bücher. Die ersten 7 erzählen rückschauend die Ereignisse nach den einzelnen Kriegsschauplätzen, 1 und 2 den Perserkrieg, 3 und 4 den Vandalenkrieg, 5, 6 und 7 den Ostgotenkrieg. Buch 8 führt dann in bunter Mischung die Ereignisse aus dem Osten und Westen bis 533 vor.

PROKOPIUS ist ein vorzüglicher Erzähler. In großen Zügen schreibt er einleitend die Geschichte der Völker, bis sie Zeitgeschichte wird. Dann wird er eingehend. Er legt auch Wert darauf unterhaltend zu sein, Anekdoten einzuflechten, die er in dieser Form wohl selbst nicht glaubte, die ihm aber zur Charakteristik einer Persönlichkeit von Wert zu sein schienen, wie etwa die Romageschichte des Kaisers Honorius (Vand. I 2). Auch Briefe und Reden hat PROKOPIUS nach dem Beispiel klassischer Geschichtschreiber wohl frei erfunden, sie aber trefflich der Situation angepaßt. Fesselnd sind vor allem die Schlachtberichte. Der Leser folgt ihnen nicht ungern. Obschon PROKOPIUS Byzantiner und Römer ist, hat er für die Schwächen seines Reiches und seines Kaisers wohl ein Auge, und wenn nicht offen, so geißelt er sie versteckt in fingierten Reden der Feinde. Auch der Größe der Barbaren wird er gelegentlich gerecht, für Theodorichs Herrschaft hat er sogar Anerkennung. Aber das letzte Recht ist natürlich auf seiten der Oströmer, die den Germanen als Usurpatoren wieder den Willen der in Byzanz verkörperten römischen Weltmacht auferlegen. Die Wahrheitsliebe des PROKOP ist verschieden bewertet worden. M. BRÜCKNER, Zur Beurteilung des Geschichtsschreibers Pr. v. C. (Progr. Ansbach 1896) steht ihm sehr kritisch gegenüber, während HAURY, der letzte Herausgeber — Procopii Caesariensis opera omnia, Leipzig, Teubner 1905 — Zur Beurt. des Geschichtsschreibers Pr. v. C. (Progr. München 1896) ihn im allgemeinen für glaubwürdig hält.

Aus der Zeit der Kämpfe zwischen Germanen und Römern, des Vordringens der Römer auf germanischem Boden und aus der Zeit der großen germanischen Wanderung besitzen wir eine Reihe von Überresten teils körperlicher teils geistiger Art, die für die Erkenntnis der Verwaltung, der Kultur und des Rechtslebens von höchster Bedeutung sind. Die wichtigsten seien hier genannt:
Römische Inschriften auf deutschem Boden: Corpus Inscriptionum Latinarum Vol. 13 in 3 Bdn.: Inscriptiones trium Galliarum et Germaniarum Latinae von HIRSCHFELD, ZANGEMEISTER usw. 1899—1907. F. OHLENSCHLAGER, Römische Inschriften aus Bayern, S. B. Ak. München 1887. F. HAUG und G. SIXT, Die römischen Inschriften und Bildwerke Württembergs, Stuttg. 1900. G. BRAMBACH, Corpus Inscriptionum Rhenanarum 1867. K. BAUMANN, Römische Denksteine und Inschriften der vereinigten Altertumssammlungen in Mannheim 1890. Inschriften, Denkmäler und Abbildungen bei L. LINDENSCHMIDT, Das Römisch-Germanische Zentralmuseum in Mainz in bildlichen Darstellungen aus seinen Sammlungen. 1889. F. HETTNER, Die Römischen Steindenkmäler des Provinzialmuseums zu Trier 1893. Sehr wichtig sind die Reliefs auf der Trajans- und der Markussäule zu Rom. CICHORIUS, Die Reliefs der Trajanssäule. 1896. PETERSEN, v. DOMASZEWSKI und CALDERINI, Die Markussäule auf Piazza Colonna in Rom. 1897. Der römische Grenzwall (Limes): Der Obergermanisch-Raetische Limes des Römerreiches. Im Auftrage der Reichs-Limeskommission hrsg. von O. v. SARWEY, E. FABRICIUS und F. HETTNER, Lfg. 1—37. 1894—1912. Limesblatt. Mitteilungen der Streckenkommissare bei der Reichslimeskommission hrsg. von F. HETTNER, Jahrg. 1—7. 1892—1903. Berichte der Römisch-Germ. Kommiss. des Kais. Archäolog. Instit. über die Fortschritte der römisch-germ. Forschung seit 1904. Römisch-germ. Korrespondenzblatt seit 1908. Der Römische Limes in Österreich, H. 1—11. 1900/10. A. v. COHAUSEN, Der römische Grenzwall in Deutschland. 1884. G. LACHENMAIER, Die Okkupation des Limesgebietes in Württ. Schr. N. F. XV (1906) 187ff. K. MILLER, Zur Topographie der römischen Kastelle am Limes und Neckar in Württemberg. 1892. W. D. Z. VI 46ff. L. JACOBI, Das Römerkastell Saalburg bei Homburg v. d. Höhe. 1897. Saalburg-Jahrbuch 1910 u. 1911. C. v. VEITH, Vetera Castra 1881. Ders., Castra Bonnensia. Festschrift für WINCKELMANN. (In Verb. mit SCHAAFHAUSEN und KLEIN.) 1888. Ders., Das

römische Köln. 1885. F. HETTNER, Das römische Trier. (Monatsschr. für die Gesch. Westdtschl. 6, 343.)
F. v. APELL, Argentoratum. 1884. KLEIN, Das römische Mainz. 1869. H. NISSEN, Novaesium. 1904
(Bonner Jahrbücher Bd. 111/112). Über Haltern und die Altertumsforschung an der Lippe in Mitt.
d. Altertums-Kommission für Westfalen Bd. 1—6. Münster 1901/12. Straßen: Es gibt eine Straßen-
karte aus dem 3. Jh. n. Chr., die in einer Abschrift des 13. Jhs. erhalten ist. Sie wurde von K. CELTIS
(Anfang 16. Jhs.) aufgefunden, von ihm K. PEUTINGER vermacht und wird deshalb gewöhnlich Tabula
Peutingeriana genannt. Sie befindet sich im Besitz der k. k. Hofbibliothek zu Wien und ist von
E. DESJARDINS, La table de PEUTINGER, Paris 1869—1876 und von K. MILLER, Ravensburg 1888 ver-
öffentlicht. Kultur: K. G. STEPHANI, Der älteste deutsche Wohnbau und seine Einrichtung I, 1906.
RIEGL, Die spätrömische Kunst-Industrie nach den Funden in Österreich-Ungarn. 1. T., Wien 1901.
E. PERNICE und F. WINTER, Der Hildesheimer Silberfund. 1901. SALIN, Die altgerm. Tierornamentik,
Stockholm 1904. A. HAUPT. Die älteste Kunst, insbesondere die Baukunst der Germanen von der
Völkerwanderung bis zu Karl d. Gr. Leipzig 1909. Literaturnachweise im einzelnen bei DAHLMANN-
WAITZ, Quellenkunde. 8. Aufl. von P. HERRE, Leipzig 1912.

Für die Verwaltung des Ostgotenreiches ist heranzuziehen die Briefsammlung des oben-
erwähnten CASSIODOR, gewöhnlich als Variae zitiert (über eine bisher unbeachtete Handschrift vgl. die
Notiz in NA. 38 S. 327 Nr. 33), Ausgabe von MOMMSEN, MG. Auct. ant. XII. Dazu als Anhang
CASSIODORI orationum reliquiae ed. L. TRAUBE ebd. 459ff. Des APPOLLINARIS SIDONIUS Gedichte
und Briefe (geschrieben um 430—485) enthalten manches auch geschichtlich Beachtenswerte
für die Zeit, da die Franken Gallien bereits durchsetzen. Ausgabe in MG. Auct. ant. VIII
1887—1896, bei Teubner von MOHR 1895.

Zweites Kapitel: Die Zeit der Merowinger und Karolinger.

Das Zeitalter Chodwechs und seiner Söhne, ja das ganze erste Jahrhundert fränki-
scher Geschichte findet einen vorzüglichen Geschichtschreiber in **Gregor von Tours**.
GREGOR wurde um 540 als Sprößling einer vornehmen römischen Familie zu Clermont
geboren, 563 wurde er Diakon, 575 Bischof von Tours. Als solcher ist er am 17. Nov.
594 gestorben. Im Besitze eines der angesehensten Bistümer der Landes wurde er natürlich in die politischen Kämpfe des Frankenreiches und die Familienhändel des königlichen Hauses hineingezogen. Jedenfalls war er der geeignete Mann, uns die Geschichte
seiner Zeit zu erzählen. Seine formale Bildung war freilich nicht groß, sein Latein außerordentlich mangelhaft. Aber wie kaum einer hat er die Gabe packender Darstellung und, was man auch dagegen hat vorbringen wollen, er ist im großen und ganzen
wahrheitsliebend und gut unterrichtet. Ganz ein Kind seiner Zeit, hat er sich trotz
seines Römerstolzes in seinem Empfinden den Barbaren, so nennt er gelegentlich die
Franken, genähert. die wie alle jugendlichen Völker auch vor blutigsten Greueln keine
Abscheu hegen. Als vorzüglicher Berichterstatter und für weite Zeiträume die einzige
Quelle, hat GREGOR von Tours mit seiner Frankengeschichte immer eine hervorragende
Stellung unter den Geschichtschreibern eingenommen.

Der Titel des Werkes ist nicht sichergestellt. Historia ecclesiastica Francorum heißt es in
der Ausgabe von RUINART 1699 und MIGNE, Patrol. lat. LXXI 161—572. Doch entspricht der
Titel nicht dem Inhalt; das Werk behandelt, wenn auch eingehend die Kirchengeschichte, doch die
Geschichte des ganzen Reiches. Besser ist der Titel Gesta Francorum oder am wahrscheinlichsten
der in den Mon. Germ. SS. rer. Merov. I gewählte Historia Francorum. GREGOR schickt dem Werke
eine Vorrede voraus, in der er es Danieder liegen der schönen Wissenschaften beklagt, daß niemand
sich finde, der, was zu seinen Zeiten geschehen sei, aufzeichne. Er selbst nahm daraus den Mut,
sich dieser Aufgabe in schlichter, kunstloser Weise zu unterziehen. Denn viele hätten erklärt, daß
nur wenige einen gelehrten Schriftsteller verstehen könnten. In der Einleitung zum ersten Buch
bittet GREGOR wegen vorkommender grammatischer Schnitzer im voraus um Verzeihung, da er in
der Grammatik nicht sehr bewandert sei. Er fürchtete offenbar auch, daß Gegner, die in seinem
Werke übel mitgenommen würden, ihm Schlingen legen möchten, und so versichert er durch Ab-
legung des Glaubensbekenntnis seine Rechtgläubigkeit im Sinne des hl. Athanasius. Dann tritt er
in die Darstellung ein, die er von Erschaffung der Welt in 10 Büchern bis zum Jahre 591 führt. Das
erste Buch gelangt im Anschluß an EUSEBIUS von Cäsarea und HIERONYMUS (bis Kap. 41) sowie
OROSIUS bis auf den hl. Martin von Tours, den gefeierten Nationalheiligen der Franken, der um
400 starb. Im zweiten Buch erzählt GREGOR einige legendäre Züge vom Nachfolger des Martin auf
dem bischöflichen Stuhle zu Tours, geht dann auf die Geschichte der arianischen Vandalen und
Sueven ein und berichtet besonders von der Verfolgung der rechtgläubigen Christen. Dann folgt die
Erzählung von dem Einfalle der Hunnen unter Attila und ihrer Niederlage auf dem Campus Mauri-
acus (gewöhnlich katalaunisches Gefilde). Bei dieser Gelegenheit kommt GREGOR auch auf ein für
uns verlorenes Geschichtswerk des RENATUS PROFUTURUS FRIGIREDUS zu sprechen, dem er Nachrichten über den römischen Feldherrn Aetius entnimmt. Mit Kap. 9 beginnt er dann die Franken-

geschichte. Die ersten Nachrichten entnimmt er wieder zum Teil wörtlich einem nicht erhaltenen Geschichtswerke des SULPICIUS ALEXANDER. Mit Kap. 27 setzt die Erzählung bei Chlodovech und seiner Eroberung Galliens ein. Eine charakteristische Erzählung, wie Chlodovech beim'Märzfeld einem mißliebigen Krieger das Haupt abschlägt, zeigt uns den im Kriege bereits unbeschränkten Herrn über Leben und Tod. Chlodovech, selbst noch Heide, nimmt eine Christin, die Chrodichilde aus dem burgundischen Königshause zur Frau und wird von ihr bestürmt Christ zu werden. „Aber auf keine Weise konnte er (Kap. 30) zum Glauben bekehrt werden, bis er endlich einst mit den Alemannen in einen Krieg geriet; da zwang ihn die Not zu bekennen, was sein Herz vordem verleugnet hatte." Darauf folgt die Taufe durch den Erzbischof von Reims (Kap. 31) unter den denkwürdigen Worten: „Beuge still deinen Nacken, Sicamber, verehre, was du verfolgtest, verfolge, was du verehrtest." Bis zum Schluß des zweiten Buches (Kap. 43) werden dann die Siege Chlodovechs über die Burgunder und Westgoten erzählt. Das dritte Buch wird mit einer Einleitung eröffnet zum Preise des wahren Glaubens gegenüber dem Irrwahne der Arianer. Gott habe die wahren Christen und unter ihm den Chlodovech von Sieg zu Sieg geführt. Mit der Teilung des Reiches unter Chlodovechs Söhne Theoderich, Chlodomer, Childebert und Chlotar beginnt das Buch, erzählt ein Stück Kirchengeschichte, dann von einem räuberischen Einfall der Dänen in Theoderichs Reich, weiter die Kämpfe der Frankenkönige gegen Burgund und Thüringen. Dann folgen die ersten schweren Greuel im Königshause der Merovinger: Childebert und Chlotar morden ihre Neffen, des Chlodomer Söhne (Kap. 18). Der Tod des Königs Theodebert (548) beschließt das Buch. Über die sittlichen Begriffe, welche um die Mitte des 6. Jhs. im Frankenreiche herrschten (Bruch der ehelichen Treue im Königshause, Habgier und Verruchtheit bei Bischöfen), erfahren wir im vierten Buch interessante Einzelheiten. Nach dem Tode seines Neffen Theodebald übernimmt Chlotar wieder die Herrschaft auch in dessen Reich, läßt sich zum Kriege gegen die bereits tributpflichtigen Sachsen drängen und wird von ihnen aufs Haupt geschlagen. Auch des Childebert Reich nimmt er nach dessen Tode in Besitz, kämpft gegen seinen eigenen Sohn Chramn und läßt ihn mit Frau und Töchtern verbrennen. Darob kein gerades Wort des Unmuts bei GREGOR! Denn die GREGOR noch vielen Gaben zum Grabe des heiligen Martin, wo er seine Sünden bereute. Daß er dann genau ein Jahr nach Chramns Tode gestorben sei, erzählt GREGOR wohl nicht ohne Absicht (Kap. 21). Wieder folgt Kampf im Königshause um das Erbe, das dann unter die vier Söhne geteilt wird. Die Eheirrungen, die GREGOR nun erzählt, bilden tieftraurige Kapitel der Sittengeschichte. Der König Chilperich läßt seinem Kebsweibe Fredegunde zuliebe seine Gemahlin Chalsvintha aus königlichem Geblüte erdrosseln (Kap. 28). Bruderkriege, bei deren Erzählung den GREGOR Schmerz ergreift, beschließen das inhaltsreiche Buch. Bis hierher (575) hat GREGOR die Geschichte wohl in einem Zuge etwa 576 geschrieben, dann ruht sein Griffel eine Weile. 584 hat er wahrscheinlich wohl die Ereignisse der letzten 9 Jahre nachgetragen, dann erzählt er gleichzeitig in breiter Darstellung die Ereignisse bis 591. Hier führt GREGOR sich auch selbst handelnd ein. Er als Anhänger des Königs Sigibert und der Brunichilde hatte Mühe, sich gegen die Anfeindungen Chilperichs und seiner Gemahlin Fredegunde zu schützen. Die Wirren im Reiche, die Greuel, die sich daraus ergaben, erzählt er in anschaulicher Weise. Im Sommer 591 brach er ab X 30. Er hatte gerade von einer Seuche in Tours und Nantes, von einer Bestrafung der Einwohner von Limoges, die den Sonntag entweiht hatten, dann von der Dürre des Jahres nach Art der gewissenhaften Annalisten berichtet. Dann ließ er die Bischöfe von Tours noch einmal im Zusammenhang folgen. Der 19. ist er selber und bemerkt über seine literarischen Arbeiten: Decem libros Historiarum, septem miraculorum, unum de vita Patrum scripsi, in psalterii tractatu librum unum commentatus sum, de cursibus etiam ecclesiasticis unum librum condidi. — Von GREGOR von Tours bietet SIEGM. HELLMANN eine neue Übersetzung in Gesch. d. d. Vorz. 1911. Sie hat auch neben den lat. Ausgaben ihren eigenen Wert. Aus Besonderheiten in der Form und Widersprüchen im Text nahm man wohl verschiedene Verfasser an. Doch ist nur so viel richtig, daß das Werk in drei Absätzen entstanden ist, I—IV um 576, V—VI 584—591, VII—X gleichzeitig. Die Widersprüche ergaben sich aus der oft unkritischen Benutzung der GREGOR vorliegenden Quellen. Vgl. G. KURTH, Saint Grégoire de Tours et les études classiques au 6. siècle in Rev. des quest. hist. XXII (1878) 586—593. Ders., Les sources de l'histoire de Clovis dans Grégoire de Tours ebd. XLIV (1888) 385 bis 447. HOLDER-EGGER, Gregor v. Tours in NA. I (1876) 268—276. Über GREGORS Bildung, der etwas höher einschätzt, vgl. MANITIUS, Zur Frankengeschichte Gregors v. T. in NA. XXI (1896) 549—557. GREGOR von Tours ist sehr auf die Betonung seiner Rechtgläubigkeit bedacht. In der Einleitung zu seiner Frankengeschichte erklärt er, da er von den Kämpfen der Könige mit den Widersachern, der Märtyrer mit den Heiden, der Kirchen mit den Häretikern zu schreiben habe, so halte er es, um keinen Zweifel an seiner Rechtgläubigkeit aufkommen zu lassen, für nötig, vorerst sein Glaubensbekenntnis abzulegen: Credo ergo in patrem omnipotentem etc. Über die sittlichen Begriffe in GREGORS von Tours Historia Francor. vgl. R. WEIMANN, Leipz. Diss. 1900. Das Latein GREGORS ist durch die Schilderung der Taufe Chlodwigs charakterisiert II 31; Rex ergo prior poposcit se a pontifeci baptizare. Vgl. BONNET, Le latin de Gr. d. T. 1890. Über GREGOR im allgemeinen vgl. WATTENBACH, DG. I⁷, 103ff. und MOLINIER, Les sources de l'histoire de France. I 1. 50ff., MONOD, Etudes critiques sur les sources de l'histoire Mérovingienne I Introduction: Grégoire de Tours, Marius d'Avenches 1872, HELLMANN, Studien zur ma. Geschichtsschreibung. I Gregor von Tours, in HZ. 107 S. 1ff.

Trotz der Schwächen, welche GREGOR als Geschichtschreiber unleugbar hat, bedauern wir es doch, daß er nach 591 nicht mehr unser Führer durch die Frankengeschichte ist. Wir haben Zeugnisse dafür, daß auch in der folgenden barbarischen Zeit viel geschrieben ist, daß freimütig Kritik auch an den Regierenden geübt wurde, aber nur weniges ist auf uns gekommen und das wenige in zum Teil monströser Form. Um aber gerecht zu sein, müssen wir doch auch wieder den Männern danken, die, so gut sie konnten, in selbstloser Weise die Geschichte aufzeichneten. Denn sie waren so wenig ruhmbegierig, daß sie nicht einmal ihren Namen nannten. Wer hat die Frankengeschichte geschrieben, aus der wir für die 50 auf GREGOR folgenden Jahre unser Wissen schöpfen? Man hat ihn viele Jahrhunderte — wir wissen nicht, auf welchen Titel hin — **Fredegar** genannt. Denn keine Handschrift nennt ihn so, und die eingehende Kritik hat sogar ergeben, daß nicht einer, sondern drei an dem Werke gearbeitet haben: der erste stellte eine Weltchronik zusammen aus EUSEBIUS, HIERONYMUS, IDACIUS und erzählte dann die Geschichte seiner Zeit bis 613 (im wesentlichen das erste, zweite und der erste Teil des 4. Buches bis cap. 39). Dann glaubte ein neuer Arbeiter noch einen Auszug aus GREGOR (Buch 3) hineinstellen zu sollen und schrieb an dem Werke bis 642. Ein dritter hat dann schließlich (nach dem Jahre 658) eine Reihe von Zusätzen gemacht. In dieser Chronik, die heute wohl der Bequemlichkeit wegen als „der sogenannte Fredegar" bezeichnet wird, ist der Mittelpunkt des Geschehens aus Neustrien, wo er für GREGOR lag, nach Burgund verschoben. Der Verfasser rechnet die Zeit nach den Jahren der burgundischen Könige, er hat besonders für die Stadt Avenches Interesse, so daß wohl anzunehmen ist, daß er dort geschrieben hat. Der Verfasser des zweiten Teils lebte ebenfalls in Burgund, erst der dritte gehörte Austrasien an. Auch an dieser Chronik sehen wir, daß vorzüglich das Selbsterleben den Geschichtschreiber macht. Was gelehrt an dem Werke sein soll, ist fast ungenießbar, die eigenen Berichte aber sind, wenn wir über das schreckliche Latein hinwegsehen, ziemlich lebhaft. Für die Geschichte der Bruderkriege im Frankenreiche, die zweite Wiedervereinigung aller fränkischen Teilreiche, verdanken wir Fredegar unschätzbare Nachrichten. In das Dunkel der Handelsgeschichte wirft er mit seiner Erzählung vom fränkischen Händler Samo, der ins Slavenland zieht, einiges Licht, das Emporkommen des Hausmeiertums tritt bei ihm zuerst hervor. Er hat allerdings auch die Fabel erfunden von der trojanischen Abkunft der Franken.[1]) Die Chronik des Fredegar hat drei Fortsetzungen erhalten bis 734, 751 und und 768. Fast eine Hausgeschichte der Pippiniden, leiten sie zur Herrschaft dieser Hausmeierfamilie über. Dagegen ist ein „Buch Frankengeschichte", 727 geschrieben, noch im Sinne des absterbenden Hauses der Merowinger gehalten. Reich an Sagen, darf es wohl für die dem Verfasser näher liegende Zeit als Quelle benutzt werden.[2])

---

1) Vgl. KRUSCH, Die Chronicae des sogenannten Fredegar NA. VII (1882) 247—351 u. 421 bis 516 und Einleitung zur Ausgabe in den MG. SS. Rer. Merov. II. — G. SCHNÜRER hat KRUSCHs Untersuchungen fortgeführt, namentlich dem ersten Bearbeiter (nach 624) ein größeres Stück der Chronik bis c. 44 zugewiesen. Auch schreibt er ihm eine weitergehende Quellenbenutzung zu als KR. SCHNÜRER sucht schließlich auch die Namen der Verfasser und ihre Stellung zu erweisen. Alle drei sind königliche Notare. Der erste ist AGRESTIUS, anfangs Freund, dann Gegner des hl. Eustasius, Abtes von Luxeuil. G. SCHNÜRER, Die Verfasser der sogenannten Fredegar-Chronik (Collectanea Friburgensia) 1900. Über die barbarische Form und Latinität des FREDEGAR vgl. KRUSCH NA. VII (1882) 486ff. O. HAAG, Die Latinität Fredegars (Rom. Forsch. X) 1898, 835f. Über die durch FREDEGAR veranlaßte Sagenbildung KRUSCH ebd. 73ff. Danach ist die ganze Erzählung von den Trojaner = Franken keine Volkssage, sondern im Anschluß an HIERONYMUS hergestellte freie Erfindung. G. HEEGER, Über die Trojanersage der Franken und Normannen. 1890.
2) Über die Fortsetzungen FREDEGARS, zu denen der Oheim Pippins Childebrand die Anregung gab, vgl. B. KRUSCH in NA. VIII (1883) 495—515, auch MONOD. Études crit. sur les sources de l'histoire Carolingienne. 1898. Ausgabe als Anhang zur Chronik des FREDEGAR von KRUSCH (s. o.). — Die Gesta regum Francorum sind als Liber historiae Francorum von KRUSCH in MG. SS. rer. Merov. II 238—328 herausgegeben. Vgl. die Einleitung S. 215—238. G. MONOD, Les origines de l'historiographie à Paris (Mém. de la soc. de l'histoire de Paris et de l'Ile de France 3) 1876. G. KURTH, Étude critique sur les Gesta regum Francorum (Bull. de l'acad. royale de Belgique 59) 1890, 5—79. Die Gesta regum Francorum sind bereits in der Fortsetzung FREDEGARS benutzt worden.

Durch die erwähnten Annalen und Chroniken werden wir notdürftig über den äußeren Gang der Geschichte der Merowingerzeit unterrichtet; aus GREGORS von Tours Erzählungen fällt vieles auch für die Kulturgeschichte ab. Aber gerade für dieses Gebiet möchten wir nicht die vielen **Biographien** von Heiligen missen, die aus der Merowingerzeit auf uns gekommen sind. Beruht schon unsere Kenntnis des Kulturzustandes des Frankenreiches zum guten Teil auf den Lebensbeschreibungen der Bischöfe und Heiligen, die an einzelnen Kirchen des Landes gewirkt haben, so sind die Berichte über das Eindringen fremder Missionare in das noch heidnische oder wieder dem Heidentum verfallene innere Germanien oft geradezu grundlegend für die Forschung. Freilich haben wir es hier mit einem, vom rein historischen Standpunkt aus betrachtet, nur minderwertigen Materiale zu tun, da der erbauliche Teil in dergleichen Arbeiten, die meist von asketischen Mönchen in dankbarer Erinnerung dem Wirken des Meisters gewidmet sind, außerordentlich den geschichtlichen Kern überwuchert hat. Auch rühren viele der Lebensbeschreibungen aus einer den erzählten Ereignissen schon sehr fern liegenden Zeit her. Es braucht freilich in solchen Vitae nicht immer eine Fälschung niedergelegt zu sein; oft wird es sich um das Wiedererzählen von Sagen handeln, die von Mund zu Mund gegangen, aber immer mehr ausgeschmückt sind.[1]) Die Bollandisten haben in ihren Acta Sanctorum für die Sichtung des Materials viel getan; die für die Geschichte der Germanen wertvollen Vitae sind in kritischer Bearbeitung auch in die Monumenta Germaniae übergegangen.

Die kritische Sichtung der Vitae und Passiones heiligmäßig lebender Männer aus der Zeit der Merowinger war vielleicht eine der mühseligsten Arbeiten, die ein Mitarbeiter der Mon. Germaniae zu leisten hatte. Nachdem nun die Aufgabe gelöst ist, sind wir meist in der Lage, ein abschließendes Urteil über Wert oder Unwert der überlieferten Legenden abzugeben; die Antwort hängt davon ab, ob der Schreiber gleich oder bald nach dem Tode des Verherrlichten die Aufzeichnungen gemacht oder doch wenigstens gute Quellen benutzt hat. Wohl zeigt sich nun ein großer Wust von die Merowingerzeit betreffenden, wertlosen Legenden; aber trotz des vielen Wertlosen sind wir dankbar, daß uns neben ihm doch auch eine reiche Fülle vorzüglichen Geschichtsmaterials in den Heiligenleben überliefert ist. Sehr wertvoll ist die Lebensbeschreibung, die dem hl. **Kolumban** gewidmet ist. Er war der erste Irenmönch, der (um 610) das südliche Deutschland betrat, um hier wieder zu christianisieren. Nachdem er um Bregenz zwei Jahre gewirkt hatte, zog er in die Lombardei und starb dort 615 in dem von ihm gestifteten Kloster Bobbio. Sein Leben beschrieb um 640 der Mönch JONAS, der 618 ins Kloster Bobbio eingetreten war und dann ins Frankenreich kam. — Als KOLUMBAN sich nach dem Süden wandte, blieb am Bodensee zurück sein Schüler Gallus, der hier die nachmals so berühmte Abtei St. Gallen stiftete. Sein Leben scheint in der zweiten Hälfte des 8. Jhs. aufgezeichnet zu sein. Doch ist es nicht erhalten, nur Bruchstücke, die EGLI (s. NA. XXI [1896] 361—371) auffand, weisen darauf hin. Ein Alemanne, WETTI, hat das ältere Leben überarbeitet um 820.

Ausgabe von KOLUMBANS Leben SS. rer. Merov. IV 1—152; in us. schol. 1905. (Übers. in Gesch. d. d. Vorz.) Das Leben des hl. Gallus. Ebd. 256—280. Die Bruchstücke der älteren Vita ebd. 251—256. Eine metrische, nur teilweise erhaltene Vita s. Galli von NOTKER herausg. von K. STRECKER in NA. XXXVIII 58ff. Über die Heiligenleben im allgemeinen WATTENBACH, DG. I⁷ 124ff.

Von den anderen Heiligenlegenden hebe ich die am meisten erwähnten heraus. Die besseren sind durch Sperrdruck ausgezeichnet.

Heilige aus königlichem Geblüt: Passio sancti Sigismundi regis (Burgundionum, † 523) von KRUSCH in den Beginn des 8. Jhs. gesetzt. MG. SS. rer. Merov II 329—340. — Vita sanctae Chrothildis (reginae Francorum, † 548). Abfassung nach KRUSCH erst im 10. Jh. Ebd. 341—348. — Vita

---

[1] MARIGNAN, Etudes sur la civilisation française II 1899. H. GÜNTER, Legendenstudien 1906. Ders., Die christliche Legende des Abendlandes, Heidelberg 1911 (= Religionswiss. Bibl., hrsgg. von STREITBERG u. WÜNSCH II). MENGE, Haben die Legendenschreiber des MA. Kritik geübt? Münster 1908.

sancti Chlodovaldi (filii Chlodomeris regis 6. Jh.), lange als wertvolle Quelle angesehen, doch nach KRUSCH erst dem 9. oder 10. Jh. angehörend. Ebd. 349—357. — Vita s. Radegundis (filiae Berthacharii regis Thuringorum, postea Chlotharii regis uxoris, † 587). Besteht aus zwei Büchern, das eine von VENANTIUS FORTUNATUS, das andere von der Nonne BAUDONIVIA (nicht lange nach 600) geschrieben. Ebd. 358—395. — Gesta Dagoberti I (regis Francorum, † 662), erst im 9. Jh. im Kloster St. Denis geschrieben. Ebd. 396—425. — Vita s. Arnulfi (episcopi Mettensis, † 640?). Die erste Lebensbeschreibung fast gleichzeitig. Ebd. 432—446. PAULUS DIACONUS hat diese Lebensbeschreibung ergänzt und in die Gesta episcoporum Mettensium aufgenommen. Eine dritte Lebensbeschreibung von UMNO[1] erst im 9. Jh. entstanden. AA. SS. Boll. 18. Juli IV 440—445. — Vita s. Geretrudis (filiae Pippini I maiorisdomus, † 659) nach KRUSCH von einem Zeitgenossen geschrieben. Ebd. 447—464. Erst lange nachher sind die auch in den Mon. Germ. angehängten Virtutes, quae facta sunt post discessum beate Geretrudis abbatisse, nebst ihrer Fortsetzung entstanden. Ebd. 464—474. — Vita s. Balthildis (Chlodovei II uxoris, † um 680). Die erste Bearbeitung von einem Gleichzeitigen, später überarbeitet im 9. Jh. Die Rezensionen nebeneinander gedruckt. Ebd. 482—508. — Vita Dagoberti III regis († 716). Der Vita, die im 9. Jh. geschrieben ist, liegt die Verwechslung des II. und III. Dagobert zugrunde. Wertlos. Ebd. 510—524.

Von anderen Vitae hebe ich hervor Vita Eptadii presbyteri Cervidunensis (6. Jh.), die früher als gute Quelle von BINDING[2] und G. KAUFMANN[3] benutzt wurde, jetzt aber als eine Fälschung aus dem Ende des 8. Jhs. von BR. KRUSCH nachgewiesen ist, SS. rer. Merov. III 184—194. — Auch die Vita Apollinaris episcopi Valentinensis († um 520) ist nach KRUSCHS kritischer Untersuchung, obschon sie sich als das Werk eines coaevus ausgibt, erst als die Schrift eines der Karolingerzeit angehörenden Verfassers anzusehen. Ebd. 194—203.?) — Auch die Vita Genovefae virginis Parisiensis († um 520) ist nach KRUSCH wertlos. Ebd. 204—238. KÜNSTLE dagegen, Ausgabe bei Teubner, Leipzig 1911, verteidigt sie. — Wir besitzen von dem Reimser Bischof REMIGIUS, dem Apostel der Franken († 532), eine alte Vita, wenig substantiiert und gewöhnlich dem VENANTIUS FORTUNATUS zugeschrieben (Abdruck von BRUNO KRUSCH in MG. Auct. ant. IV 2, 64ff.). Die größere Vita, welche von HINCMAR von Reims herrührt, hält KRUSCH für das Werk eines frechen Fälschers. Ebd. 239—349.*) — Die Vita s. Fridolini abbatis Seckingensis († um 535) hat nach KRUSCH BALTHER im Beginn des 11. Jhs. erdichtet. Ebd. 350—369. — Die Vita Melanii episcopi Redonici (erste Hälfte 6. Jhs.) ist erst im 9. Jh. geschrieben worden. Bruchstücke. Ebd. 370—376. — Wertlos sind auch die Vitae Juniani confessoris Commodoliacensis, Aviti confessoris Aurelianensis, Carileffi abbatis Anisolensis und Leonardi confessoris Nobiliacensis. Ebd. 376—399. — Auch die Vita Vedastis episcopi Atrebatensis († 540), die für einige Tatsachen aus der Geschichte Chlodwigs geradezu als grundlegend galt, weil sie noch im 6. Jh. abgefaßt sein sollte, ist nach KRUSCHS Untersuchung erst unter dem Einfluß der Vita Columbani, wahrscheinlich von JONAS selbst im 7. Jh. verfaßt worden. Ebd. 406—413. Eine zweite Vita Vedastis geht aus der Feder ALCUINS im 8. Jh. hervor. Ebd. 414—427. — Die Vita Fidoli abbatis Trecensis († um 540) ist nicht vor dem 8. Jh. entstanden. Ebd. 427—432. — Eines der besten historiographischen Denkmäler aus der ersten Hälfte des 6. Jhs. ist die Vita Caesarii episcopi Arelatensis in zwei Büchern. Caesarius, um 469/70 in Burgund geboren, gestorben 542, ist mit allen bedeutenden Persönlichkeiten seiner Zeit in Berührung getreten. Das bald nach seinem Tode geschriebene Leben muß daher reiche Ausbeute gewähren. Ebd. 433—501. — Wert hat auch die Vita Johannis abbatis Reomaensis († 543), die nach einer älteren Vita JONAS um die Mitte des 7. Jhs. schrieb. Ebd. 502—517. — Die Vita Nicetii episcopi Lugdunensis († 573) ist wohl bald nach dessen Tode geschrieben, jedoch nicht sehr ergiebig für die Geschichte. Ebd. 518—524. — Die Vita Theudarii abbatis Viennensis († 575), vom Erzbischof ADO (85°—871) geschrieben, ist wertlos. Ebd. 525—530, ebenso die der Tigris virginis Mauriennensis. Ebd. 530—534. — Die Vita Droctovei abbatis Parisiensis († um 580) ist erst 300 Jahre später von dem Mönche GISELMAR in St. Germain-des-Prés geschrieben worden. Ebd. 535—543. — Die Vita Dalmatii episcopi Rutcni († um 580) ist nicht vor dem 8. Jh. entstanden. Ebd. 543—549. Die Vita et Virtutes Eparchii reclusi Ecolismensis († 581) erst in 9. Jh Ebd. 550—564, die Miracula Martini abbatis Vertavensis († 601) gleichfalls im 9. Jh. Ebd. 564—575. Die Vita Aridii abbatis Lemovicini († 591), die früher sehr geschätzt wurde, weist KRUSCH erst der Karolingerzeit zu. Ebd. 576—612. — Die Vita Betharii episcopi Carnoteni (Beginn des 7. Jhs.) ist erst zur Zeit Ludwigs des Frommen geschrieben worden. Ebd. 612—619. — Demgegenüber darf die Vita Desiderii episcopi Viennensis († 606/07), verfaßt von dem Westgotenkönige SISEBUT 612—620, als vollgültige historische Quelle genommen werden. Ebd. 620—645. — Ebenso ist das Leben Gaugerici episcopi Camaracensis († um 625) noch im 7. Jh. aufgezeichnet worden. Ebd. 649—658. — Vita Walarici abbatis Leuconaensis (Anfang 7. Jh.) erst im 11 Jh. abgefaßt, wertlos; SS. rer. Merov. IV 157—175; ebenso stammt die Vita Lupi episcopi Senonici (Anfang 7. Jh.) erst aus dem 9. Jh. Ebd. 176—187. — Die Vita Austrigisili episcopi Biturigi († 624) gehört der Karolingerzeit an. Ebd. 188—208. — Auch die Vitae Amati, Romarici, Adelphii abbatum Habendensium sind erst lange nach dem Tode der Äbte (7. Jh.) geschrieben worden. Ebd. 208—228. — Die Vita Rusticulae sive Marciae abbatissae Arelatensis († um 632) ist nicht vor Ludwigs des Frommen Zeit entstanden. Ebd. 337—351. Auch die Passio Thrudperti martyris Brisgoviensis († um 643) ist ein Produkt viel späterer Zeit. Ebd. 352—363. — Besser ist die Vita Sulpicii episcopi Biturigi

---

1) Oder ist dieser angebliche Name nur Lesefehler für immo? 2) Gesch. des Burg.-rom Königreichs 188ff. 3) Kritische Erörterungen zur Gesch. der Burgunder in Gallien, FDG. X 391 ff 4) Vgl. GHESQUIERI comm. praev. in AA. SS. Boll. 5 Oct. III 45—58. 5 Vgl. KRUSCH, Reimser Remigiusfälschungen N.A. XX (1895) 511 ff.

(† 646), d. h. der nicht erhaltene Text, aus dem die beiden vorliegenden Rezensionen flossen. Ebd. 364—380. — Die Vita Richarii (621—639) confessoris Centulensis auctore Alcuino beruht kaum auf einer sehr alten Vorlage. Ebd. 381—401. — Die Vita Goaris confessoris Rhenani (6. Jh.) ist nicht wegen der Fabeln merkwürdig, die sie von den Heiligen bringt, sondern wegen kulturgeschichtlich interessanter Züge. Geschrieben wohl im 8. Jh. Ebd. 402—423. — Bedeutsam, weil gleichzeitig, jedoch nicht sehr substantiiert, ist die Vita (virtutesque) Fursei abbatis Latiniacensis († um 650). Ebd. 423—451. — Die Passio Haimhrammi episcopi et martyris Ratisbonnensis († 652) ist ein Jahrhundert später vom Freisinger Bischof ARBEO (764—783) geschrieben. Eine zuverlässige Quelle ist sie nicht. Ebd. 452—524. — Die Vita Bavonis confessoris Gandavensis († 653) gehört erst der zweiten Hälfte des 9. Jhs. an. Ebd. 527—546. — Die Vita Desiderii Cadurcae urbis episcopi († 655) ist erst am Ausgange des 8. Jhs. entstanden, jedoch durch die eingestreuten Urkunden wertvoll. Ebd. 547—602. — Dem Bearbeiter der Vita Sigiramni abbatis Longoretensis († 657) lag ein alter wertvoller Text vor, den er entstellte. Ebd. 603—625. — Vita Geremari abbatis Flaviacensis († 658) als Geschichtsquelle minderwertig. Ebd. 626—633. — Die Vita Eligii episcopi Noviomagensis († 660), die von seinem Zeitgenossen und Freunde AUDOIN verfaßt sein will, ist eine Fälschung der Karolingerzeit. Ebd. 634—741. — Das Leben des Begründers und ersten Abtes von Fontenay, der zur Zeit des Königs Dagobert (625—638) wirkte, die Vita Wandregiseli rührt wohl von einem Zeitgenossen her, ist aber sehr dürftig. Ebd. V 13—24. Eine 2. Vita aus dem 9. Jh. — Wie sich die Lehren des hl. Columban vom Kloster Luxeuil aus durch Neugründungen von Klöstern verbreiteten, zeigt des Germanus, ersten Abtes von Moutier in der Schweiz (abbas Grandivallensis), Leben (um 650), das fast gleichzeitig vom Presbyter BOBOLENUS geschrieben wurde. Ebd. 24—40. — In dieselbe Zeit führt uns die gleichfalls gute aus dem 9. Jh. stammende Vita Sadalbergae, der Begründerin und Äbtissin des Klosters St. Jean in Laon. Ebd. 40—66. — Das Leben des Frodobert, Begründers des Klosters Montier-la-Celle (um 650) ist erst 300 Jahre später geschrieben und auch dem Inhalt nach verdächtig. Ebd. 77—88. — Des Abtes Remaclus von Stablo, früheren Bischofs von Maastricht, † c. 670, Lebensbeschreibung gehört gleichfalls einer viel späteren Zeit (9. Jh.) an. Ebd. 88—111. — Die Vita Vincentiani confessoris Avolcensis (Avolca zwischen Limoges und Cahors) aus der zweiten Hälfte des 6. Jhs. von PSEUDO-HERMENBART ist spätere Fälschung. Ebd. 112—128. — Ebenso die Vita Menelei abbatis Menatensis. Ebd. 129—157. — Auch die Vita Nivardi episcopi Remensis (zweite Hälfte des 7. Jhs.), die aus dem 9. Jh. stammt, hat nur wegen der Benutzung von Urkunden einigen Wert. Ebd. 157—171. — Die Vita Faronis episcopi Meldensis (Meaux 7. Jh.) ist im 9. Jh. geschrieben und enthält für die Zeit um 869 einiges Bemerkenswerte. Ebd. 171—203. — Ohne Wert auch die Passio Ragneberti martyris Bebronensis († um 675). Ebd. 207—211. — Dagegen ist die Passio Praeiecti episcopi et martyris Arverni (Auvergne) ein vorzügliches zeitgenössisches Dokument des ausgehenden 7. Jahrhunderts. Ebd. 212—248. — Noch wertvoller, ja beinahe einzigartig sind die Passiones **Leudegarii** episcopi et martyris Augustodunensis († 678). Die Geschichte des Königs Childerich († 675) und des Hausmeiers Ebroin erhält durch diese Vita das meiste Licht. Ebd. 249—362. — Dem ausgehenden 7. Jh. gehört die Inventio Memmii episcopi Catalaunensis (4. Jh.) an. Ebd. 363—367. — Kulturgeschichtlich interessant für das ausgehende 7. Jh. die Visio Baronti monachi Longoretensis (St. Cyran). Ebd. 368—394. — Die Lebensbeschreibungen des Bischofs Amandus, der sich um die zweite Hälfte des 7. Jhs. um die Missionierung der Niederlande verdient machte, halten einer strengen Kritik nicht stand. Ebd. 395—485. — Wichtig für die Geschichte der ausgehenden Gotenherrschaft in Gallien ist die Vita Wambae regis vom Bischof JULIAN VON TOLEDO, der als Zeitgenosse geschrieben hat, allerdings auch mit den Mitteln der Rhetorik. Ebd. 486—535. — Die Vita Audoini episcopi Rotomagensis (Rouen, 7. Jh.) ist, obschon nicht allzu lange nach dem Tode des Bischofs geschrieben, doch nur dürftig. Ebd. 536—567. — Unzuverlässig ist die Vita Filiberti abbatis Gemeticensis et Heriensis (Jumièges u. Noirmoutier). Ebd. 568—606. — Die Vita Lantberti abbatis Fontanellensis et episcopi Lugdunensis (Ende des 7. Jhs.) ist zwar erst im Anfang des 9. Jhs. entstanden, aber auf gute Grundlagen gestützt. Ebd. 606—612. — Ebenso die Vita Ansberti, des Nachfolgers des Lantbert in der Abtei Fontenay und dann Bischofs von Rouen († nach 690). Ebd. 613—641. — Die Vita Condedi anachoretae Belcinnacensis (7. Jh.) gehört erst dem 9. Jh. an. Ebd. 643—651. — Die dürftige Vita Eremberti episcopi Tolosani (Ende des 7. Jhs.) ist erst zu Anfang des 9. Jhs. verfaßt. Ebd. 652—656. — Die Vita Vulframni episcopi Senonici (Sens, Ende 7. Jh.) ist das Werk eines späteren Fälschers. Ebd. 657—673. — Die Vita Ermenlandi abbatis Antrensis (Indre, 7. Jh.) auctore Donato ist erst später geschrieben und tendenziös. Ebd. 674—710. — Die Passio Kiliani martyris Wizziburgensis, des Missionars bei den Franken, ist erst um 840 verfaßt und daher nicht sehr vertrauenswürdig. Ebd. 711—728. — Die Lebensbeschreibungen der Äbte von Sithiu (St. Omer und St. Bertin) Audomar, Bertin und Winnocus (7. Jh.) sind kurz vor 820 verfaßt. Ebd. 729—786. — Band VI der Script. rer. Merov. erschienen 1913; Bd. VII wird die Edition der Heiligenleben der Merowingerzeit in den MGH. abschließen.

Die Vita S. Corbiniani episcopi Frisingensis († um 730) rührt wie die des hl. Emmeram (s. o.) von ARBEO her, der den erzählten Ereignissen ziemlich nahe stand. Doch ist auch sie nur mit Vorsicht zu gebrauchen. Ausgabe der älteren Fassung von S. RIEZLER, Abh.BAk. HistKl. XVIII (1888). Auch Separatdruck. Die zweite Fassung in AA. SS. Boll. 8. Sept. III 281—296. Beide jetzt Script. rer. Merov. VI 497—635. — Die Vita s. Ruperti (700) Salisburgensis episcopi, 1882 von F. M. MAYER in Graz aufgefunden, stammt der Schrift und dem Stil nach aus der Zeit 816—885, ist daher eine mittelmäßige Quelle. Dagegen gehört das, was über Rupert am Anfang der Schrift

über die Bekehrung der Bayern steht, erst dem Ende des 9. Jhs an. Ausgabe der Vita von F. M. MAYER in Arch. f. öst. Gesch. LXIII (1882), der Conversio MG. SS. XI 4/5. Vgl. W. LEVISON, Die älteste Lebensbeschreibung Ruperts von Salzburg in NA. XXVIII (1903) 286ff. und ebd. 611ff.
    Die scharfe Kritik, die KRUSCH an den Vitae und Passiones übte, hat scharfe Abwehr hervorgerufen.[1]) Vgl. DUCHESNE im Bulletin critique 1897 Nr. 12ff., 20, 1899 Nr. 33, ferner B. SEPP, Beilage zur Augsb. Postzeitung 1897 Nr. 59, 1898 Nr. 20, 1899 Nr. 68, 69, 71—73, 1900 47 bis 49, 1901 37—38, Erwiderung KRUSCHs im NA. XXVIII (1903) 339ff., 567ff. und XXIX (1904) 335ff., XXX (1905) 451.
    Zusammengefaßt wurden schon in der Merowingerzeit ganz kurze Angaben aus den Märtyrer- und Heiligenleben in den Martyrologien, die hier und da im Anschluß an das sogenannte Martyrologium Hieronymianum entstanden. Die erste Redaktion eines solchen Martyrologiums sollte nämlich auf den hl. Hieronymus zurückgehen. Doch gehört die uns vorliegende Bearbeitung nach DUCHESNE der Zeit zwischen 592—600, jedenfalls nicht der Zeit nach 627 oder 628 an. Ausgabe von DE ROSSI und DUCHESNE in AA. SS. Boll. Nov. II 1. Zur Kritik KRUSCH in NA. XX (1895) 437—440, XXIV (1889) 294ff. und XXVI (1901) 349—389; für 627/628.

    Zusammenfallend mit dem Emporstreben der Pippiniden entsteht eine neue Art der Geschichtschreibung, von der es scheinen könnte, daß sie die Zuverlässigkeit selber sei: die **Annalistik**. Freilich hatte es früher auch ähnliche Aufzeichnungen gegeben, aber sie stehen nicht im Zusammenhang mit den jetzt auf kirchlicher Grundlage erwachsenden Aufzeichnungen, die man an die Osterfestzyklen anschloß. In den Kirchen brauchte man Tabellen, in welche auf lange voraus die Osterfeste der folgenden Jahre eingetragen waren. Für jedes Jahr wurde der Raum einer Zeile oder Halbzeile des Pergamentblattes in Anspruch genommen. So brachte es denn die Gelegenheit, nicht eigentlich gelehrtes Interesse mit sich, daß man neben das Datum der Jahre kleine Bemerkungen — es konnte ja nur wenig Platz finden — eintrug, Geschehnisse, die dem Aufzeichnenden am nächsten lagen. In mehreren Gegenden in Ripuarien, im Mosellande und in Schwaben entstanden in einzelnen Klöstern solche Aufzeichnungen.[2]) Aber wohl das meiste und wohl auch das ursprünglichste ist verloren gegangen.
    Immerhin besitzen wir doch so viel, um die Entwicklung der Annalistik verfolgen zu können. Jm Anfang des 8. Jhs. hat man begonnen, in dieser Weise Zeitereignisse in die Ostertafeln einzutragen. Die Annalen von St. Amand setzen mit dem J. 708 ein, aber sie erzählen noch nicht fließend, sondern oft stockend mit längeren Pausen. Und wie dürftig ist das Gebotene! Es waren eben doch nur Randbemerkungen, wenn es z. B. in den ältesten Lorscher Jahrbüchern heißt: 708. Drocus mortuus. 709. vernus durus et deficiens fructus; et Gotfridus mortuus. 710. Pipinus migrat in Alemania. 711. Aquae inundaverunt valde et mors Hildeberti. 712. Mors Heriberti regis Langobardorum. 713. Mors Alfrede et Adulfi regis. 714. Mors Pippini usw. Aber aus diesen klösterlichen Aufzeichnungen geht eins hervor: im Vordergrunde des allgemeinen Interesses stehen die Hausmeier aus Pippins Geblüte. Sie überragen schon alles so sehr, daß die Annalen

---

1) Der Streit dreht sich vorwiegend um die Echtheit der schon vor der Merowingerzeit liegenden Vitae, besonders des hl. Quirin, Florian und der hl. Afra, die im 3. Bde. der SS. Rer. Merov. von KRUSCH untersucht werden, sodann um das Leben des hl. Emmeram. Diese Kritik wird das Resultat der KRUSCHschen Forschungen in einigen Punkten verschieben. Vgl. neuerdings O. RIEDNER, Der geschichtl. Wert der Afralegende. Kempten 1913.
2) Zu der ersten Klasse gehören die Annales s. Amandi, von 687—810 reichend; doch sind die ersten Ereignisse nachgetragen MG. SS. I 6—14, zu der zweiten die älteren Lorscher Jahrbücher 703—803 MG. SS. I 22—39, die Annales Petaviani (nach dem Besitzer Petavius im 17. Jh. benannt) von 687—797 MG. SS. I 7—18. Sie sind schon durch Zusammenarbeiten aus mehreren Annalen entstanden. Annales Mosellani von 703—797 MG. XVI 494—499. In Schwaben entstand ein heute verlorenes Annalenwerk im Kloster Murbach. Es hat seine Spuren hinterlassen in den Annales Alamannici, welche noch ihre Überreste im Annalen aus Reichenau und St. Gallen aufgenommen haben und in ihren Fortsetzungen bis 926 reichen MG. SS. I 22—60. Mit den schwäbischen Annalen in Verbindung stehen die Annales Guelferbytani (nach dem Aufbewahrungsort Wolfenbüttel genannt). Bruchstücke von 741—829 MG. SS. I 23—46 und Annales Nazariani (Lorsch) 708—791 MG. SS. I 23—44. Über diesen Komplex vgl. K. TH. HEIGEL, Über die aus den alten Murbacher Annalen abgeleiteten Quellen, FDG. V 397—403.

von St. Amand auf die Geburtsstunde dieser Macht zurückgehen und nachträglich an die Spitze der Aufzeichnungen setzen: (687) Bellum Pippino in Testricio, ubi superavit Francos. In einzelnen dieser Annalenwerke wurde nicht einmal mehr von der Thronbesteigung oder dem Tode der Merowinger Notiz genommen, so in den erwähnten Annalen von St. Amand. Andere, wie z. B. die Annales Petaviani, genügten noch dieser letzten Anstandspflicht. Zwischen den Aufzeichnungen der einzelnen Klöster besteht oft enge Verwandtschaft. Die Mönche wanderten ja gern, stiegen in anderen Klöstern ab und übertrugen dann wohl das Lobenswerte, was sie anderswo trafen, in ihr eigenes Kloster, so auch die Abschrift solcher annalistischer Aufzeichnungen. Man trug dann in diese Abschriften nach der eigenen Erinnerung noch Vorgänge ein, die das eigene Kloster nahe berührt hatten, oder wenn man von mehreren Klöstern Abschriften hatte, verarbeitete man sie bereits zu einer Kompilation und setzte dann das Werk fort. Aus dem Überwiegen von Lokalnachrichten stellen wir jetzt fest, wo das Werk entstanden ist.

Im Kloster **Lorsch**, nicht weit vom alten Worms, hat diese Geschichtschreibung ihre erste Blüte erlebt. Dort hat ein Mönch unter Benutzung älterer Arbeiten, namentlich der Fortsetzungen des FREDEGAR, zuerst sich an einer annalistisch gehaltenen, aber doch zusammenhängenden Darstellung der Geschichte vom J. 680 an — Sieg der Pippiniden — versucht. Das Werk ist zwar noch dürftig, verrät aber immerhin einen bedeutenden Fortschritt gegenüber den anderen Annalen. Am besten wird diese Arbeit, die bis zum J. 817 fortgesetzt ist, nach Waitz' Vorgang die „Lorscher Chronik" genannt. Früher nannte man diese Aufzeichnungen die kleinen Lorscher Annalen, weil man das größte Annalenwerk der Karolingerzeit, die sogenannten großen Lorscher Annalen, gleichfalls in diesem Kloster entstanden wähnte.

Im J. 788 mochte nun der Chronist über Worms auch zu dem Reichstag gezogen sein, der in dem unweit gelegenen Ingelheim stattfand. Dort sollten die Würfel über den letzten Vertreter territorialer Selbständigkeit im Reiche Karls d. Gr. fallen, über den Bayernherzog Tassilo. Über ihn, seine Erhebung durch Pippin, seine Unzuverlässigkeit boten auch die Aufzeichnungen des Lorschers Einiges. Wurde er vielleicht als Zeuge aufgerufen, und lernte dadurch Karl d. Gr. diese Art von Aufzeichnungen kennen? Hat der König mit seinem Adlerblick vielleicht damals die Bedeutung solcher Aufzeichnungen erkannt und den Befehl gegeben, etwas Besseres und Eingehenderes über den Verlauf der Reichsgeschichte zu schreiben? Man hatte ja jetzt bei der großen Prüfung des Verhaltens Tassilos vieles Neue zutage gebracht. Das konnte derjenige, der den Auftrag erhielt, bequem verwerten. Es ist ja geradezu auffallend, wie sorgfältig der Beauftragte in das Annalenwerk, das er bald nach 788 entstehen ließ, die Geschichte des Bayernherzogs verwoben hat. Mit fast aktenmäßiger Genauigkeit wurde zu den einzelnen Jahren berichtet, wie dankbar Tassilo den fränkischen Königen hätte sein müssen und wie wenig er es war. Zum J. 763 wird die Treulosigkeit des Herzogs gegen Pippin berichtet, zum J. 782, wie Tassilo in Worms vor Karl erschien, sein Treugelöbnis feierlich erneuerte und es doch nicht lange hielt. Gerade aus dieser Angabe schließt man, daß die Annalen nicht vor 788 geschrieben wurden, daß also der Verfasser eben um 788 zurückschauend aus einer Reihe von Annalen seine Arbeit zusammentrug, aber, vielleicht durch amtliches Material, wesentlich erweiterte. Dieses Annalenwerk ist nun bis zum J. 829 fortgeführt worden, nicht gleichmäßig in allen Teilen gearbeitet, aber doch die vorzüglichste Quelle für unsere Kenntnis der Karolingerzeit. Leider ist die Originalhandschrift des Werkes nicht erhalten. Alte Drucke, mehr oder weniger vollständige Abschriften mußten Ersatz bieten. Daher ist auch der Versuch hauptsächlich aus dem Charakter der Handschriften heraus, die Entstehung des Werkes zu zeigen, nicht durchgedrungen. Wie viele Fragen drängen sich da auf? Wer war es, der die Grundlage zu dem schönen Werke gelegt hat? War es ein Mönch oder ein Hofgeistlicher, ein Romane oder ein Deutscher? Alle diese Fragen sind aufgetaucht und verschieden beantwortet worden. Soviel dürfte heute als feststehend gelten: wenn vielleicht ein Mönch das Werk verfaßt hat, so lebte er jedenfalls am Hofe. Denn hinter Klostermauern ließ sich ein so umfassendes Bild von der Tätigkeit des Herrschers in West und Ost, in Nord und Süd gar nicht geben. Am besten ist deshalb die Bezeichnung **Fränkische Reichsannalen**. Wahrscheinlich hat derjenige, der die Annalen bald nach 788 verfaßte, die Arbeit noch bis 795 fortgeführt und sie dann in andere Hände gelegt. Man hat an EINHARD als Fortsetzer gedacht. Er habe bis 820 meist Jahr für Jahr seine Einträge gemacht, nur nach 813 sei eine zeitweilige Stockung wegen des Todes Karls d. Gr. eingetreten. Von 820 an habe dann ein anderer, wahrscheinlich der Erzkaplan HILDUIN, das Werk bis 829 fortgeführt. Doch ist das alles auf das lebhafteste bestritten worden. Solange nicht wesentlich neues Handschriftenmaterial auftaucht, wird diese Frage nicht endgültig zu lösen sein.

Es gibt von diesem Annalenwerke eine Bearbeitung bis zum J. 801. Sie bemüht sich, das Werk sprachlich in eine klassische Form zu gießen, geht inhaltlich meist auf die Annalen zurück, bietet jedoch auch sachliche Änderungen. Von 801 an stimmen Vorlage und Bearbeitungen fast überein, von 807 an völlig, so daß wohl die Behauptung aufgestellt worden ist, daß der Bearbeiter von 801 oder von 807 an die annalistische Arbeit fortgesetzt habe, was jedoch bei der Verschiedenheit der Weltanschauung in beiden Teilen ausgeschlossen erscheint. Die Annalen sind auch in ihrem früheren Teile in verhältnismäßig gutem Latein geschrieben, wenigstens überragen sie in dieser Beziehung die Geschichtswerke der Merowingerzeit turmhoch. Die Bearbeitung und Fortsetzung der Annalen von 807 an sind beinahe klassisch. Es mag dabei erwähnt werden, daß man auch aus der Latinität der Annalen auf die verschiedenen Hände hat schließen wollen, die an ihnen gearbeitet haben. Man könne von einem Volkslatein bis 794, von einer Frührenaissance bis 807 und dann von einer Hochrenaissance bis 829 sprechen (BLOCH).

So wichtig es für uns wäre, die Genesis des Werkes zu kennen, so müssen wir uns vorerst damit begnügen, die Annalen als Ganzes so zu nehmen, wie sie uns in der Bearbeitung in den Scriptores rer. Germ. in us. schol. vorliegen. Diese Annalen sind der vorzüglichste Repräsentant der Geschichtschreibung jener Tage, gleich ausgezeichnet durch Form und Inhalt. Wir dürfen freilich keine nach modernen Grundsätzen gearbeitete Darstellung der Karolingergeschichte fordern. Das konnte und sollte gar nicht geboten werden. Aber wir haben hier immer greifbare Tatsachen, und im allgemeinen hochpolitische Tatsachen. Das Interesse der Schreiber wechselt wohl; aber durchweg steht der Frankenkönig im Vordergrund der Erzählung, viel stärker aber in den früheren Partien als in den späteren. Der erste Schreiber kennt den König fast nur als Kriegshelt, die Erzählung wird dürftig, wenn der König in Frieden regiert. So berichtet er zum J. 790 nur, der König habe keinen Kriegszug unternommen, sondern in Worms Weihnachten und Ostern gefeiert. Der Bearbeiter verrät nun freilich schon eine tiefere Auffassung des Herrscherberufes, wenn er erzählt, der König habe zwar keinen Heereszug unternommen, aber Verhandlungen mit den Hunnen geführt, auch eine Inspektionsreise den Main hinauf unternommen. Dann nach Worms zurückgekehrt, mußte er den Palast, in dem er wohnte, in Flammen aufgehen sehen. Er gibt 793 auch nähere Nachrichten vom Bau des Altmühl-Rednitz-Kanals. Die kriegerische Tätigkeit des Königs beherrscht so sehr die Aufzeichnungen des Annalisten, daß bis in den Beginn des 9. Jhs. auch die Absonderung der Jahre voneinander dadurch bedingt ist. Zur Zeit der Karolinger hätte nach damals herrschendem Brauch der Jahresanfang vom Annalisten auf Weihnachten gelegt werden müssen. Aber von Weihnachten bis Ostern ruhte der König meist im Standquartier, feierte also Weihnachten und Ostern an demselben Platze.

Also wird der Beginn des neuen Jahres vom Annalisten erst mit dem Beginn der Tätigkeit des Königs nach Ostern angesetzt. Davon weicht der Franke nur dann ab (z. B. 786 und 800), wenn Karl d. Gr. in dem milden Winter des Südens auch zwischen Weihnachten und Ostern das Schwert nicht ruhen ließ. Dann begann das Jahr wirklich mit der Geburt des Herrn. Erst mit dem neuen Jahrhundert begann hier, auch wenn der König während des Winters stillstand, eine größere Genauigkeit. Dann erwähnte man wohl der Feste gar nicht mehr.

Der Standpunkt des Schreibers ist vorsichtig gewählt, man hat die Berichterstattung wohl „offiziös" genannt. Was dem Könige oder seiner Familie unangenehm war, wird gern verschwiegen. Der Annalist berichtet 782 von einem Siege der fränkischen Schar über die Sachsen, der Bearbeiter, der den Dingen ferner stand und Ungnade nicht mehr zu fürchten hatte, spricht von einer Niederlage. Zu 792 sagen die Annalen nichts von einer Verschwörung des Königssohnes Pippin, das lesen wir beim Bearbeiter. Die Kaiserkrönung von 800 berichtet der Annalist als Tatsache, EINHARD aber bemerkt in seiner Lebensbeschreibung Karls, der König sei darüber so erzürnt gewesen, daß er versicherte, er wäre an dem Tage trotz des hohen Festes nicht in die Kirche gegangen, wenn er die Absicht des Papstes vorher gewußt hätte. Nur gelegentlich läßt der Schreiber seine wahren Gefühle durchblicken, so wenn er die Verdammung des Tassilo rechtfertigt, die Treulosigkeit der Sachsen ausmalt, die Bestrafung gefordert habe. Auffallend ist, daß er kein Wort der Klage dem Tode des großen Karl widmet. Wie oft haben andere Annalen da wenigstens ein „eheu"!

Die Annalen wachsen sich mit den Jahren auch in die Breite mehr und mehr aus, auch unabhängig vom Könige werden schließlich Ereignisse erzählt. Die klimatischen Verhältnisse der Jahre und ihre Rückwirkung auf die Menschen und die Fruchtbarkeit der Erde werden erst in der Zeit nach 800 öfter erwähnt. Zu 800 wird angemerkt, daß ein starker sommerlicher Reif den Früchten nicht schadete, zu 801, daß ein weicher Winter große Sterblichkeit verursacht habe; zu 803 erzählt der Annalist von Erdbeben und großer Sterblichkeit, zu 808 von weichem Winter und großer Sterblichkeit. Von 820 an mehren sich die Aufzeichnungen über Wetter und Ernte. Das ‚Autumnalis satio iugitate pluviarum in quibusdam locis impedita est' (821) mutet beinahe wie ein offiziöser Saatenstandsbericht an. Besonderes Interesse für astronomische Beobachtungen zeigt sich schon vom Jahre 807 an. Wir sehen einiges Interesse für wirtschaftliches Leben, aber nicht viel. Ebenso fällt nur weniges für die Kultur- und Kunstgeschichte (807, 823, 825, 826), sowie für die Geschichte des Verkehrs ab (793 in der Bearbeitung, 820, 828).

Ausgabe der Annales regni Francorum neben der alten MG. SS. I 134—218 in SS. rer. Germ. in us. schol. von FR. KURZE. KURZE läßt den Kompilator von 788 das Werk bis 795 fortführen und dann die weitere Arbeit in die Hände EINHARDS legen. Dieser hat sicher bis zu Karls Tode und wahrscheinlich bis 820 daran geschrieben. Der Rest ist einem anderen zuzuweisen (HILDUIN, Abt von St. Denis, Erzkaplan Ludwigs des Fr.?). Die Bearbeitung ist nach KURZE zwischen 830 und 840 entstanden, wahrscheinlich ist sie auf einen Sachsen zurückzuführen. Doch hat M. MEYERS These (Diss. Münster 1893), daß GEROLD, Kaiser Ludwigs Hofkaplan, der Bearbeiter sei, keinen Anklang gefunden. Die Ansichten KURZES sind energisch bestritten worden (BERNHEIM, BLOCH und WIBEL); man hält es für ganz verfehlt, auf einen bestimmten Autor der ursprünglichen Annalen und der Bearbeitung zu raten, namentlich auf EINHARD. Die BLOCH-WIBELsche These nimmt an, daß die Bearbeitung, die irrig EINHARD zugeschrieben wird, schon bald nach Karls des Großen Tode, jedenfalls vor 817 entstanden sei. Da die Vita Caroli Magni aber erst nach diesem Zeitpunkt abgefaßt sei, so müsse die Bearbeitung dem Autor der Vita vorgelegen haben. Die andere oben berührte Frage, wo diese breit angelegten Reichsannalen aufgezeichnet seien, entschied RANKE im Sinne einer Hofannalistik. v. SYBEL sprach sich für den klösterlichen Ursprung aus, doch dürfte heute die Ansicht die herrschende sein, daß ein Geistlicher bei Hofe das Werk begonnen und ander es fortgeführt haben. KURZE, NA. XIX 297—313, XX 9—49, XXI 11—82. G. MONOD, Études critiques sur les sources de l'histoire caroling. 1. Les annales carolingiennes 102—162 1898. L. RANKE, Zur Kritik fränkisch-deutscher Reichsannalisten, Abh. Berl. Ak. 1854, 415—435. G. WAITZ, Zu den Lorscher und EINHARDS Annalen, Gött. Nachr. 1857, 46—52. B. SIMSON, De statu quaestionis: sintne Einhardi necne sint quos ei ascribant, annales Imperii, Diss. Königsb. 1860. Dazu H. v. SYBEL, HZ. XLII 260—298 und XLIII 410. SIMSON, FDG. XX 205—214. WIBEL, Beiträge zur Kritik der Annales regni Francorum, Straßb. 1902. BLOCH, GGA. 1901, 872 bis 897. (Bespr. von MONOD.) BERNHEIM, HV Schr. 1898, 161—180. F. KURZE, Zur Überlieferung der Karol. Reichsannalen NA. XXVIII (1903) 621 ff. (gegen WIBEL) und WIBEL ebd. 670ff. GEORG HÜFFER, Korveier Studien 1898, 5—13. Vgl. im allgemeinen WATTENBACH, DG.[7] 210ff.

Im Mittelpunkte dieses Werkes steht die Regierung Karls d. Gr. Die Betrachtung der kriegerischen Politik dieses Mannes wird immer ihre Hauptnahrung aus diesem Werke schöpfen. Aber Karl d. Gr. war doch mehr als nur Kriegsheld. Er hat das Reich zu hoher kultureller und wirtschaftlicher Blüte emporgehoben. Was wir darüber aus den Annalen erfahren, steht in keinem Verhältnis zur Wirklichkeit. Es ist deshalb ein Glück für uns, daß ein Mann aus der nächsten Umgebung Karls diesem mit einer Biographie ein literarisches Denkmal setzte. Die Vita Karoli Magni von **Einhard** ist, wenn nicht das wichtigste, so doch das schönste Zeugnis für die einzigartige Persönlichkeit des Herrschers.

EINHARD, 770 geboren, wurde im Kloster zu Fulda erzogen und wegen seiner außerordentlichen Talente an Karls Hof geschickt, der den äußerlich unansehnlichen, doch reichbegabten Jüngling schätzen lernte und ihm die Oberaufsicht über die Bauten des Reiches übertrug. Auch weihte er ihn in alle seine Regierungssorgen ein. EINHARD vergalt das Vertrauen mit schwärmerischer Verehrung. Auch unter Karls Nachfolger ist EINHARD noch politisch tätig gewesen, doch verbitterten ihn die dauernden Streitigkeiten im Kaiserhause, die auch das Reich in Mitleidenschaft zogen, derart, daß er sich in die Einsamkeit des von ihm gegründeten Klosters Seligenstadt am Main zurückzog. Hier starb er am 14. März 840. Die Grenze von EINHARDs Schriftstellerei ist von den Neueren sehr verschieden weit gesteckt worden. Ob er an den Annales regni Francorum schöpferisch oder bearbeitend mitgewirkt, läßt sich mit Sicherheit nicht entscheiden. Jedenfalls aber geht auf ihn die Vita Karoli Magni zurück, die er durch SUETONS Kaiserbiographien angezogen, im engen, manchmal wörtlichen Anschluß an diesen Römer verfaßte. Der Stil der Vita ist deshalb wohl gewandt, doch läßt er die Originalität öfters vermissen. Trotzdem, wir würden über Karl d. Gr. als Mensch, Gesetzgeber und Mäcen der Wissenschaft nicht das reiche Material haben, wenn EINHARD nicht für diese Dinge, auf welche seine Zeit noch wenig Wert legte, an dem Römer, dem Erben alter Kultur, das Auge geschärft hätte. Die Vita Karoli Magni erfreute sich das ganze MA. hindurch größter Schätzung und ist in sehr vielen Handschriften auf uns gekommen.

Geschrieben hat EINHARD das Werk wenige Jahre nach dem Tode Karls noch unter dem frischen Eindruck seiner Persönlichkeit. Da drängt sich natürlich auch ihm von selbst die Beobachtung auf, daß er als Kriegsmann am größten war. Den verhältnismäßig breitesten Raum (Kap. 5—15) nimmt die Schilderung der Kriegszüge ein, aber er behandelt sie systematisch nach den Schauplätzen und hebt nur das Wichtigste aus der Fülle des Materials heraus. So tritt die Planmäßigkeit im Vorgehen Karls ganz anders hervor als in den Annalen, wo Jahr für Jahr bald ein Stück dieses, bald ein Stück jenes Kampfes erzählt wird. Als Folie zu diesem kraftvollen Wirken läßt EINHARD in der Einleitung das letzte Jahrhundert des kraftlosen Merowingergeschlechts vor uns erstehen. Unter ihnen werden die Pippiniden groß, aber der größte ist Karl, „denn er" — und das ist das Resumee seiner Darstellung — „hat das Reich, welches er von seinem Vater groß und stark überkommen hatte, so ehrenreich gemehrt, daß er es um beinahe das Doppelte vergrößerte". Dieser äußeren Mehrung entsprach aber der innere Ausbau des Reiches durch Werke des Friedens. Und nun läßt EINHARD Karl d. Gr. als den Förderer des wirtschaftlichen und wissenschaftlichen Lebens an unseren Augen vorüberziehen.

Ausgabe MG. SS. II 443—463 und in us. schol. 6. Aufl. Übers. in Gesch. d. d. Vorz. WALAFRID STRABO verfaßte zu der Vita einen Prolog, in dem er EINHARD als Mann von bedeutendem Wissen, Ehrbarkeit der Sitten und unbedingter Wahrheitsliebe empfiehlt. Die Einteilung der Vita in Kapitel ist gleichfalls des WALAFRID Werk. In der Vita wird Karl der Große in allseitige, stets interessante Beleuchtung gerückt, als Kriegsmann (K. 5—15), als mächtiger, umworbener Freund (K. 16), als

Friedensfürst, der mächtige Bauten aufführen läßt und an die Gründung einer Flotte denkt (K. 17), als Familienvater (K. 18—19). Seine Lebensweise wird (K. 22—24) mit markigen Strichen gezeichnet, seine Lernbegier, seine Hochachtung vor den Gelehrten liebevoll erwähnt (K. 25), ebenso seine Frömmigkeit (K. 26) und seine Wohltätigkeit (K. 27), das Verhältnis zu Rom und den Päpsten wird in eigenartiger Weise (K. 27, bes. 28) berührt. Seine Bemühungen, das Reichsrecht zu kodifizieren, die Heldenlieder der deutschen Vorfahren zu sammeln, eine deutsche Grammatik zu schaffen, Monaten und Winden deutsche Namen zu geben, werden (K. 29) hervorgehoben. Der Schluß enthält Lebensende, Begräbnis und Testament des großen Kaisers. Umstritten ist die Frage, ob die Annales regni Francorum aus der Vita Karoli geschöpft haben oder die Vita aus den Annalen. Das letztere nimmt E. Bernheim an in Aufsätze dem Andenken an Georg Waitz gewidmet III (1886) 161—180, das erstere F. Kurze, Behauptung oder Beweis in DZG. 1897/98, Monatsblätter I 257—261. Bloch hat die Frage, wie es scheint, endgültig erledigt (siehe oben). — Vgl. auch O. Holder-Egger, Zur Überlieferung von Einhards Vita Karoli Magni, NA. XXXVII 393 ff.

    Die Erinnerung an Karls Persönlichkeit wirkte nach, sie strahlte um so glänzender, je deutlicher nach seinem Tode der Abstand zwischen ihm und seinen Nachfolgern hervortrat. Bald nach der schwächlichen Regierung Karls des Dicken unter den Anfängen Arnulfs von Kärnten gab ein Sachse in Versen eine begeisterte Schilderung von den Taten, dem Charakter und dem Tode Karls. In ihm sah er den Erlöser des Sachsenvolkes von der Nacht des Heidentums. Sachsen, das einst so zähe widerstand, hing jetzt mit besonderer Treue am Christentum. Bistümer und Klöster waren im Lande entstanden und verbreiteten Gesittung. Besonders Corvey war eine Pflanzstätte wissenschaftlicher Bildung im Sachsenlande geworden. Dort wird wohl auch der Verfasser des großen Gedichtes, gewöhnlich **Poeta Saxo** genannt, gelebt haben. Ob es aber Agius, der Verfasser einer Biographie der hl. Hathumod war (nach Pertz, Traube, Hüffer), muß dahingestellt bleiben (dagegen P. von Winterfeld). Einen eigentlich quellengeschichtlichen Wert hat die Arbeit nicht, da sie nur eine Versifizierung der Bearbeitung der fränkischen Reichsannalen und der Vita Karoli Magni ist. Eigene Nachrichten hat der Verfasser über den Frieden von Salz 803, aber gerade hier ist seine Glaubwürdigkeit bestritten.

Das Gedicht zählt fünf Bücher und nimmt, beginnend mit 770 als dem ersten Teil der Alleinregierung Karls, immer 10 Jahre als Einheit, so daß bis 813 vier Dekaden oder Bücher entstehen, indem die letzten 3 Jahre zur letzten Dekade hinzugenommen werden. Das fünfte Buch behandelt Karls Bedeutung für das Reich im allgemeinen, für Sachsen im besonderen. Ausgabe von P. v. Winterfeld in MG. Poetae lat. aevi Karolini IV 1—71. Vgl. H. Brieden, Historischer Wert des Poeta Saxo für die Gesch. Karls d. Gr. Progr. Arnsberg 1878. B. v. Simson gegen den angeblichen Friedensschluß Karls d. Gr. mit den Sachsen zu Salz in NA. XXXII 27ff.

    Ein anderes Bild von Karl d. Gr. zeichnete fast um dieselbe Zeit ein **Mönch des Klosters St. Gallen**, wahrscheinlich Notker der Stammler (Balbulus). Dieser hatte als Kind von einem alten Kriegsmann Karls d. Gr. Adalbert und dessen Sohne Werinbert manchen Zug aus Karls Leben erfahren und gab es nun, vermehrt durch anderes, was er sonst gehört hatte, in einer anspruchslosen Schrift wieder. Es sollte ein Volksbuch werden und in leichter Form den Lesern sagen, was das Volk an Karl gehabt hatte, einen bei aller Schlichtheit unendlich klugen Herrscher, der Sein und Schein, Recht und Unrecht scharf voneinander zu scheiden wußte und der als Kriegsheld bei Freund und Feind geehrt und gefürchtet war. Das Büchlein ist köstlich, nicht etwa als Quellenbuch, obschon dem Erzählten oft Tatsachen zugrunde gelegen haben mögen, sondern als Widerschein des Bildes, das sich bei den Nachlebenden von Karl d. Gr. gebildet hatte: halb Wirklichkeit, halb Sage. Aber Quellenwert hat es doch auch insoweit, als der Hintergrund, das Milieu, der Zeit der Karolinger entsprechen muß. Für Kultur, Handel und Wandel können wir ihm (I 18, 30, 34; II 14) vieles entnehmen.

Die Schrift des Monachus Sangallensis de gestis Karoli Magni ist leider nicht vollständig erhalten. Die Vorrede, der Schluß des zweiten und das ganze dritte Buch fehlen. Dem Angehörigen einer Bildungsstätte wie Rufe St. Gallens stand es wohl an, gerade mit den Bestrebungen Karls für Ausbreitung einer universalen Bildung im Frankenreiche zu beginnen. Um das kleinste kümmert er sich dabei, revidiert selbst die Schulen und sondert die reichen, aber faulen Schüler von den armen und fleißigen. Dabei schmerzt es ihn trotz aller Fortschritte, daß er das Reich nicht zur Höhe der Bildung der alten Kirchenväter emporheben könne. Das zieht ihm einen leichten Tadel des ALBINUS (ALCHUIN) zu, der der Träger der höheren Studien war und so einflußreich, daß niemand von seinen Schülern zurückblieb, der nicht ein Abt von sehr heiligem Wandel oder ein berühmter Bischof geworden wäre. Anekdote reiht sich da an Anekdote: man hört aus der Erzählung das Behagen heraus, das in Mönchskreisen sich verbreitete, wenn von Kirchenfürsten die Rede war, die Karl ob ihres Stolzes, ihrer Prunksucht oder Geizes demütigte, und von anderen, die er ob ihrer Bescheidenheit erhöhte. Sein Adlerauge blitzte auch den Hochmütigsten nieder, wachte, daß niemand, weder ein Graf noch ein Bischof, zu mächtig wurde, und entlarvte den Betrüger. Sagenhaft ausgeschmückt ist des Kaisers Romfahrt zur Erlangung der Krone und ebenso sagenhaft sind die Heereszüge Karls im 2. Buche verbrämt. Aber diese Form mußte dem Volke gefallen. Und gelegentlich spitzt sich die Erzählung wahrhaft dramatisch zu, wie bei der Schilderung der Größe des karolingischen Heeres, das Desiderius und Otker von hohem Turme aus herannahen sehen. Mancher sagenhafte Zug dieser Gesta mag für Spätere der Anlaß geworden sein, die Maschen der Sage immer fester um das Bild des Kaisers zu stricken. MG. SS. II 731—763. Bibl. rer. Germ. IV 631—710. Übers. in Gesch. d. d. Vorz. R. BALDAUF, Historie und Kritik I, Der Mönch von St. Gallen 1903, hält diese Sammlung für ein Werk EKKEHARDS IV. aus dem 11. Jh. (unglücklich und durch die Kritik abgelehnt).

Auch in dieser sagendurchwobenen Lebensbeschreibung lebte Karl d. Gr. als Förderer des wissenschaftlichen Lebens fort. Und tatsächlich bereitete der Fürst, der selbst nur eine geringe Bildung genossen hatte, mit seinem Verständnis für die Bedeutung des geistigen Lebens auch der Wissenschaft an seinem Hofe eine Heimstätte und trat mit den Gelehrten in freundschaftlichen Verkehr. Ohne Engherzigkeit nahm er das Gute, wo er es fand. Aus Pisa in Italien kam der Grammatiker PETER, aus der Lombardei PAULUS DIACONUS, aus England der hochgelehrte ALCHUIN. Ihnen räumte er neben den fränkischen Gelehrten EINHARD und ANGILBERT ein geeignetes Feld der Tätigkeit ein. Zusammen sollten sie eine Art Aachener Akademie unter dem Vorsitze Karls d. Gr. bilden. In Tours gründete ALCHUIN eine angesehene Schule. Dorthin kamen Jünglinge, die in der folgenden Generation das, was sie selbst gelernt hatten, auf weitere Kreise übertrugen. So der Mainzer HRABANUS MAURUS (geb. 776, gest. 856), der später der Lehrer der Klosterschule zu Fulda wurde und ein eigenes Büchlein über die Erziehung der Kleriker schrieb. Dieser unterwies dann den Reichenauer Mönch und Abt WALAFRID STRABO, der durch seine formgewandten Dichtungen fortlebte. Alle diese Männer aus der Karolingerzeit standen untereinander oder mit den Großen ihrer Zeit in brieflichem Verkehr oder legten in lateinischen Dichtungen ihre Empfindungen nieder. Sie haben uns damit natürlich wichtige Dokumente für die Erkenntnis der Kultur und der politischen und kirchenpolitischen Anschauungen jener Zeit hinterlassen.

Die Briefe aus der Merowinger- und Karolingerzeit (die wichtigsten von BONIFATIUS, ALCUIN, EINHARD, LUPUS, FROTHARIUS, HRABANUS MAURUS) in MG. Epistolae 3—7. Die Dichtungen, die wohl auch reine Geschichte enthalten[1]), sind in MG. Poetae latini aevi Karolini 1 u. 2 von DÜMMLER, 3 von TRAUBE, 4 von WINTERFELD erschienen. Vgl. L. TRAUBE, Karolingische Dichtungen, 1888. Für den Unterricht des HRABANUS MAURUS Schrift De institutione clericorum ed. A. KNÖPFLER 1901. Die Casus sti Galli, allerdings erst im 11. Jh. von EKKEHARD aufgezeichnet. MG. II 59ff. Die Schrift des SEDULIUS SCOTTUS, De rectoribus christianis (9. Jh.) in Neuausgabe von S. HELLMANN 1906 (QF. zur Lat. Philologie des MA., hrsg. von L. TRAUBE 1). Andere Fürstenspiegel bei A. WERMINGHOFF in HZ. 89 (1902) 193—214. D. TURNAU, RABANUS MAURUS praeceptor Germaniae 1899. P. v. WINTERFELD, Dichterschule St. Gallens und der Reichenau unter den Karolingern und Ottonen (N. Jb. f. kl. Alt. 5). H. BLOCH, Geistiges Leben im Elsaß zur Karolingerzeit, 1901. Ders., Der Murbacher Bibliothekskatalog (c. 840) in Festschr. zur XLVI. Philolog. Vers. (1901). Die für die Geistes- und Gelehrtengeschichte wichtige Textgeschichte der Regula sti Benedicti von TRAUBE in Abh. Ak. München, Hist. Klasse. XXI 3; 2. Aufl. 1910, ebda. XXV 2.

Unter den Gelehrten, die Karl d. Gr. an seinen Hof zog, ragt als Geschichtschreiber hervor der **Langobarde Paulus**, des Warnefried Sohn, der schon früh sich aus den Stürmen, die über sein Volk hinbrausten, in die beschauliche Ruhe des Petersklosters bei Civate in Oberitalien, dann nach Montecassino zurückgezogen hatte. Nicht allzu lange stellte er seine dichterische Muse in den Dienst des Frankenherrschers. Schon 787 ist

---

[1]) Es sei namentlich auf ANGILBERTS Gedichte zur Geschichte Karls d. Gr. I 630ff. aufmerksam gemacht.

er in Montecassino wieder nachzuweisen. Als Geschichtschreiber betätigte PAULUS sich durch Abfassung einer römischen Geschichte im Anschluß an EUTROPIUS (s. o. S. 11), ferner schrieb er auf Wunsch des Bischofs Angilram von Metz eine Geschichte des Bistums Metz, das Vorbild der späteren Bistumschroniken, und schließlich eine Geschichte seines Volkes, der Langobarden, die bis 744 reicht. Diese letzte Arbeit, obschon keine Zeitgeschichte bietend, wird dem PAULUS doch stets einen hohen Rang unter den Geschichtschreibern sichern, weil sie tief aus dem Füllhorn des deutschen Sagenschatzes geschöpft hat. Als Quelle benutzte er eine Schrift, über den Ursprung des Langobardenvolkes, die zur Zeit des Königs Rothari (648) im Anschluß an einen Königskatalog entstanden war. Er erzählt die Geschichte seines Volkes von der Auswanderung aus Skandinavien bis zum Tode des Königs Liudprand 744, der während seiner Regierung die Machtmittel des Staates wieder in den Dienst einer umfassenderen Angriffspolitik auch gegen das Papsttum stellte und dadurch die Katastrophe für sein Volk herbeiführte, deren Zeuge Paulus war. Leider hat er so weit seine Geschichte nicht geführt.

Des PAULUS Historia Romana ed. H. DROYSEN, MG. Auct. ant. II 4—224. Der erste Teil unter dem Texte des EUTROP. Bessere Ausgabe desselben Berlin 1879. — Die Gesta episcoporum Mettensium in MG. SS. II 260—270. — Historia gentis Langobardorum libri sex MG. SS. Rer. Langobardicarum 12—187, in us. schol. 1878. Übersetzung in Gesch. d. d. Vorz. Die Quellen, die PAULUS verarbeitet hat, kennen wir nur zum Teil; deshalb ist die Hist. Lang. auch für die Zeit bedeutend, wo PAULUS nur aus anderen Quellen geschöpft hat. — Eine wichtige Quelle für die Lebensgeschichte des PAULUS und dann auch für die Zeitkultur sind die von ihm verfaßten Gedichte in MG. Poetae aevi Carol. I 45. L. TRAUBE, Zu den Gedichten des Paulus Diaconus N.A. XV (1890) 199—201 und Textgesch. der Regula sti Benedicti in Abh. Ak. München XXI 3, 637ff. Über PAULUS im allgemeinen L. BETHMANN, Paulus Diaconus' Leben und Schriften, in A. f. ält. d. G. X 247—414. F. DAHN in Langob. Studien I 1. BROSADOLA, Vita ed opere di Paolo Diacono, Cividale 1899. C. CIPOLLA, Note bibliografiche circa l'odierna condizione degli studi critici sul testo delle opere di Paolo Diacono, Venezia 1901.

Die großen fränkischen Reichsannalen begleiten uns tief hinein in die Zeit des Nachfolgers von Karl, Ludwigs des Frommen. Wir merken nicht, daß die Zeit sich merklich änderte, so stolz majestätisch und gleichförmig rauscht der Strom der Erzählung dahin. Da kam das Jahr 829; Ludwig gab seinem Sohne aus zweiter Ehe, Karl (der Kahle), einen Teil des Reiches. Darüber größter Unwille bei den Brüdern aus erster Ehe, Lothar, Pippin und Ludwig, und jetzt merkte es bald auch der Blinde, daß das Reich auseinander ging. Die Reichsannalen zeichnen nicht einmal diesen äußeren Anlaß auf; aber die Illustration, die sie selbst bieten, ist viel drastischer. Dieser Schluß der großen Reichsannalen bedeutet den Schluß des alten großen Reichs. Was 829 eingeleitet wurde, fand seinen Abschluß im Frieden von Verdun 843.

Ludwig der Fromme hatte das große Erbe Karls nach außen hin noch lange behaupten können, aber im Innern spürte man bald die Schwäche des neuen Herrn. Der Kaiser hat am Propste THEGAN von Aachen einen Biographen gefunden, der, soweit es seine schwachen Kräfte gestatteten, ein Bild vom Kaiser entwerfen wollte. Aber aus dieser Biographie sind schließlich, wie schon WALAFRID STRABO im Prolog dazu anmerkt, Annalen (— 835) geworden, die nicht gerade ergiebig sind, aber doch einiges Wichtige, wie z. B. die Anweisung des Erbteils an Karl von 829, herausheben und in der Mitte (Kap. 19 und 20) eine gute Charakteristik bieten. THEGAN ist dem Kaiser gewogen, aber er streicht doch an, daß er seinen Räten mehr als nötig vertraute, daß er königliche Dörfer, die Vater, Groß- und Urgroßvater besessen hätten, verschenkte, daß er in ernster Lebensauffassung niemals gelacht, Mimen und Sängern keinen Zutritt gestattet habe. Wohl verstand der Kaiser Latein und Griechisch, aber die heidnischen deutschen Heldenlieder, die er in der Jugend gelernt hatte, wollte er nicht mehr hören und wollte sie nicht verbreitet wissen. Selbst THEGAN macht dem Kaiser sein übermäßiges fleißiges Beten zum Vorwurf. Der Herrscher ist eben kein Mönch und hat andere Pflichten. Abseits vom Hofe mochte diese Art der Regierung, namentlich auch der Einfluß, den die zweite Gemahlin Judith auf den Kaiser gewann, mancherlei Spott herausfordern, so am Hofe Pippins, des Königs von Aquitannien. Dort hielt sich ein Mann mit poetischer Ader auf, ERMOLDUS NIGELLUS, der zur Ironie veranlagt hier und da ein Spottgedicht auf den Kaiser vorgetragen haben wird. Zur Strafe wurde er durch den Kaiser vom Hofe des Sohnes verbannt. Daran hat er wohl schwer getragen, denn er raffte sich nunmehr 826 zu einer poetischen Darstellung der Taten des Kaisers auf, die an Schmeichelei das Möglichste leistete. In den vier Büchern seines Gedichts gibt er nicht eigentlich eine Geschichte Ludwigs, sondern er hebt aus dessen Jugendzeit und der Kaiserzeit eine Reihe interessanter Momente hervor. Die Ausbeute für die politische Geschichte ist daher nicht so groß, wohl aber lernen wir aus keiner Quelle das höfische Leben der Zeit mit feierlichen Empfängen, Gastereien, Jagden so gut kennen als aus diesem Werk. Die Schilderung der Pfalz zu Ingelheim mit ihrem Bilderzyklus (IV 179ff.) ist von allergrößter Bedeutung. Mit diesem Werke wollte sich der Dichter dem Kaiser und seiner Gemahlin empfehlen; er bittet zum Schluß flehentlich um Begnadigung. Die ist ihm aber doch nicht sofort bewilligt worden.

Während diese Arbeiten nur Ausschnitte aus Ludwigs Leben bieten, hat ein Dritter Ludwigs Leben und Regieren umfassend von der Geburt (778) bis zum Ableben (840) zur Darstellung gebracht. Für die Regierungszeit Ludwigs in Aquitannien (bis 814) stützt er sich auf die Darstellung des Mönches ADHEMAR, die uns sonst nicht erhalten ist. Dieser Teil ist also besonders für die Geschichte des westlichen Reiches von Bedeutung; bis 829 folgt der Verfasser dann den Reichsannalen und erst von da bis zum Schluß ist er ganz selbständig. Er steht ganz auf seiten des Kaisers und hatte wohl auch persönliche Beziehungen zu ihm. Denn der Kaiser ließ ihn einmal rufen und fragte ihn als Kundigen wegen einer Konstellation am Himmel um Rat. Man nennt den Verfasser deshalb wohl den ASTRONOMUS.[1]

Der Streit der Söhne Ludwigs des Frommen überdauerte dessen Leben. Pippin war freilich gestorben. Aber nunmehr verbanden sich Karl und Ludwig miteinander gegen den ältesten Lothar, von dem als Kaiser sie eine Schmälerung ihrer Gebiete und Rechte fürchteten. Die Schlacht bei Fontenay (841) sah Lothar als Besiegten. In Straßburg fand dann die Zusammenkunft der Brüder Ludwig und Karl statt (842); dort gelobten sie einander in dem berühmten Straßburger Eide Unterstützung gegen Lothar, und zwar Ludwig in französischer, Karl in deutscher Sprache. Schließlich mußte Lothar sich auf Verhandlungen einlassen, die das Präludium zum Vertrage von Verdun (843) wurden. Das Reich litt während dieses Auflösungsprozesses entsetzlich. „Denn zu den Zeiten des großen Karl seligen Angedenkens, da gab es, weil das Volk ein und denselben offenen Weg des Herrn wandelte, Frieden und Eintracht überall, aber jetzt, da jeder nach seinem Belieben seinen Pfad einschlägt, sind Zwietracht und Streitigkeit überall an der Tagesordnung. Damals überall Überfluß und Freude, jetzt überall Mangel und Trauer." Mit diesen Worten schloß **Nithard** das Werk, in dem er zusammenfassend den Streit der Brüder behandelte. In NITHARDS Adern floß Karls des Großen Blut; sein Vater war der gelehrte Angilbert, seine Mutter Berta, eine Tochter Karls. Er stellte sich in den Dienst Karls des Kahlen, vertrat dessen Sache mit dem Schwerte, aber auch auf besonderen Wunsch des Königs mit der Feder. Mitten im Kriege erhielt er den Auftrag, die Geschichte der Streitigkeiten zu schreiben, und

---

1) THEGAN, ERMOLDUS und der ASTRONOMUS in den MG. SS. Bd. II, 585—604, 464—516, 604—648. — Vgl. BAEUMKER, Zu Ermoldus Nigellus. HJ. XXXIII, 362.

führte ihn glänzend aus. NITHARD ist einer der wenigen Weltlichen, die im Mittelalter Geschichte geschrieben haben, und sein Werk läßt uns wünschen, daß ihrer mehr gewesen sein möchten. Im ersten der vier Bücher schildert NITHARD, wie es zum Kriege kam; stets hebt er das Wichtige treffend heraus, wohl mit gelegentlichen kleinen Irrtümern im einzelnen; aber die Linie tritt immer deutlich hervor; und der Leser ermüdet nicht bei den verschiedenen Gruppierungen der Brüder. Auch hat man das Gefühl, daß NITHARD trotz aller Vorliebe für Karl doch nie den Leser irreführen will. Das zweite, dritte und vierte Buch behandeln dann den Krieg Ludwigs und Karls gegen Lothar bis zu den Verhandlungen, die Ende 842 eröffnet wurden. Anfang 843 schließt die Darstellung. Der Friede von Verdun ist nicht mehr angemerkt. NITHARD war schon vorher an einer Wunde gestorben, die er im Kampfe erhalten. Durch NITHARDS Aufzeichnungen (III 5) sind uns die Straßburger Eide im Wortlaut überliefert.

Ausgabe von NITHARDI Historiarum libri IV in MG. SS. II 649—672 und besser in us. schol. 1907. Übers. in Gesch. d. dtsch. Vorz. 5. Aufl. 1912. Das Faksimile der Stelle mit den Straßburger Eiden bei M. ENNECCERUS, Die ältesten deutschen Sprachdenkmäler, Frankf. a. M. 1897, Tafel 34—36 und GASTON PARIS, Les plus anciens monuments de la langue française, Paris 1875, T. 1 u. a. G. MEYER VON KNONAU, Über Nithards vier Bücher Geschichten. Leipzig 1866. KUNTZEMÜLLER, Nithard und sein Geschichtswerk. Diss. Jena 1873. PRÜMM, Sprachliche Untersuchungen über Nithard. Diss. Greifsw. 1910. H. SUCHIER, Die Mundart der Straßburger Eide. (Festschrift für W. Foerster 1902 S. 199.) (Vgl. C. W. WAHLUND, Bibliographie der franz. Straßburger Eide von 842. Upsala 1911.)

Der Vertrag von Verdun (August 843) brachte zwar den Frieden aber auch die Auflösung des Reiches Karls des Großen in drei selbständige Teile, die nur durch die freundbrüderliche Gesinnung der drei Herrscher zusammengehalten werden sollten. Aber diese Gesinnung hielt nicht vor; von einer nationalen Antipathie freilich gewahren wir in den folgenden Jahrzehnten nicht viel, wohl aber lagen die Brüder fast in dauerndem Streit miteinander. Dieser Gegensatz macht sich auch in den beiden großen Annalenwerken bemerkbar, die im Osten und Westen an die Stelle des einen Reichsannalisten getreten sind: die sog. **Annales Fuldenses** und die sog. **Annales Bertiniani**. Beide Bezeichnungen dürfen heute nur noch alter Gewohnheit und der leichteren Unterscheidung wegen gebraucht werden, denn die Bertiniani sind nicht im Kloster St. Bertin geschrieben und ebensowenig die Fuldenses in Fulda. Die Fuldaer Annalen bieten bis 838 eine fast wertlose Kompilation, die wohl mit Unrecht dem Einhard zugeschrieben wird. Daran reiht sich eine großzügige Darstellung der Geschichte des ostfränkischen (jetzt auch deutschen) Reiches mit gelegentlichem Seitenblick auf das westfränkische Reich. Man glaubt bei dem Schreiber, der wegen seiner genauen Angaben über Mainz wohl hier geschrieben hat, schon eine gewisse Schadenfreude über die Leiden des Nachbars zu vernehmen. Von der tyrannis Karls des Kahlen ist zweimal die Rede. Daß allein Ludwig der Deutsche dem westlichen Reiche als Herrscher Segen bringen werde, wird angedeutet, dabei aber angemerkt, welche Gewissensskrupel es dem deutschen Herrscher bereitete, wenn er im Interesse des gesamten Volkes schließlich seinem Bruder die Herrschaft aus der Hand nehmen müsse. Unangenehme Dinge sagt der Verfasser, wenn es sich um sein Königshaus handelt, offenbar nur ungern, gelegentlich sogar mit einer kleinen Trübung der Wahrheit. Dem Sohne Ludwigs Karlmann ist der Schreiber außerordentlich gewogen. Daß ihm Unrecht geschehe, wenn ihm Empörung gegen den Vater vorgeworfen würde, hebt er angelegentlich hervor. Aber daß Karlmann sich noch bis „jetzt" zur Wehr gegen des Vaters Macht setzen würde, wenn er nicht verraten wäre, bemerkt er auch. Bis jetzt? bis wann? Doch nicht bis 882, als der Annalist geschrieben haben soll, auch nicht bis 876, da der Vater Ludwigs starb, sondern doch höchstens „ein bis zwei Jahr". Also kann der Verfasser dieses Teiles nicht allzu lange nach 863 geschrieben haben. Während der Annalist hier Karlmann außerordentlich gewogen ist, zeigt sich nach 876 Gleichgültigkeit und schließlich direkte Abneigung gegen ihn als wortbrüchigen Mann. Eine solche veränderte Haltung ist wohl nicht erklärlich, wenn wir einen Verfasser des Werkes erst bis 887 annehmen, oder wir müßten die Verfasserschaft auf stilistisches Glätten beschränken. Ich meine, daß die Annalen von einem Verfasser, ob RUDOLF Mönch in Fulda mag dahin gestellt bleiben, tatsächlich 863 abgebrochen sind. Wer sie dann weitergeführt hat, ist nicht festzustellen. Da der Mönch RUDOLF, dem man die ostfränkischen Annalen bis 863 zuweist, auch eine Übertragung der Gebeine des hl. Alexander (s. S. 37) geschrieben hat, deren Fertigstellung dann sein Ordensbruder MEGINHARD übernahm, so hat man diesem wohl auch die Verfasserschaft der ostfränkischen Annalen von 863 bis 887 zugewiesen.

Von 882 an liegt neben dieser Mainzer Darstellung, die Karl dem Dicken und seinem bösen Geist, dem Kanzler Luitward von Vercelli, sehr feindlich gegenübersteht und seine Absetzung gerechtfertigt findet, eine andere nach Süddeutschland (Regensburg) weisende gegenüber, die Karls Wirken sowohl gegen die Normannen wie gegen die Päpste möglichst in Schutz nimmt, aber nach Karls Absetzung den einmal gegebenen Verhältnissen Rechnung trägt und sehr warm Arnulfs Regierung behandelt. Sein Kampf mit den Normannen an der Dyle 891, seine Romfahrt 896 wird eingehend erzählt. Am Schluß des Annalenwerkes steht bange Sorge. Dem tatkräftigen Kaiser folgt ein Kind — und an die östlichen Pforten des Reiches pochen vernehmlich die Magyaren. Wird der Markgraf Luitpold die Grenzwacht erfolgreich durchführen können?

Die Fuldaer Annalen verlegen den Schwerpunkt der Erzählung auf die Geschichte des ostfränkischen Reiches und seiner Beziehungen zum Osten, zum böhmisch-mährischen Reiche und zu Dänemark. Während mit gewissem Behagen die Niederlagen des westlichen Herrschers gegen die Nordmänner erzählt werden, treten Ludwigs des Deutschen Erfolge stark hervor, so zum J. 845, wo er 14 böhmische Herzoge auf ihren Wunsch taufen ließ. Wiederholt (853, 858) wird die tyrannis Karls des Kahlen hervorgehoben, die schließlich das Einschreiten Ludwigs nötig gemacht habe. Die Rheingelüste des französischen Herrschers werden zu 876 als sündhafte Überhebung zurückgewiesen. Die Verfasser haben auch literarische Interessen, erwähnen zuerst unter den Deutschen Tacitus (852) und geben literarhistorische Anmerkungen zu Hrabanus Maurus (844) und Rudolf von Fulda (865). Auch für die Sittengeschichte (847, 850) und die Handelsgeschichte (873) fällt einiges ab. Die Latinität der süddeutschen (II) Fortsetzung von 882 sinkt von der Höhe der Latinität des früheren Werkes bedeutend herab. Ausgabe MG. SS. I 343—415 und in us. schol. von F. KURZE 1891, der in dem berühmten EINHARD den Verfasser des 1. Teiles, der Kompilation, sieht. Hiergegen HOLDER-EGGER schon NA. XIV (1889) 206. S. HELLMANN, NA. XXXIII 697 f. und XXXIV 17 ff. glaubt aus stilistischen Gründen nur einen Verfasser des originalen Teiles annehmen zu sollen, wogegen sich wieder KURZE, NA. XXXVI 343 wandte. Vgl. auch M. JANSEN, HJ. XXXIII (1912) 101 (gegen Einheit). HELLMANN, NA. XXXVII 55 ff. u. 778 ff. u. HJ. XXXIV 40 ff.

Über den Fuldaer Annalen stehen die **Annalen von St. Bertin**, die am Hofe Karls des Kahlen entstanden sein sollen, aber schwerlich dort beständig weitergeführt sind. Dazu äußern sie sich viel zu freimütig und gelegentlich abfällig über das Königshaus. Diese Annalen sind als Fortsetzung der alten Reichsannalen gedacht und werden von 830 an selbständig. Vom Jahre 835 an erzählt PRUDENTIUS Bischof von Troyes die Ereignisse bis 861, dann folgt als Berichterstatter der Erzbischof HINKMAR von Reims bis 882. Die Zuverlässigkeit des Werkes ist durchweg groß, nur wo Hinkmar Partei wird, muß es mit Vorsicht gebraucht werden. Die Latinität der Bertiniani ist zwar viel schwächer als die der Fuldenses, aber dafür ist der Inhalt oft um das vielfache reicher. An der Hand der Bertiniani kann man den Streit Ludwigs des Frommen mit seinen Söhnen ziemlich genau verfolgen, sie bieten viel mehr über die Auseinandersetzung der Reiche zu Verdun (843) und Meersen (870), sind besonders an Aktenstücken viel reicher. Dabei berichten sie viel weniger ausschließlich über das westliche Reich als die Fuldaer über das östliche. In ihnen können wir z. B. auch die Züge der deutschen Könige gegen die Slawen verfolgen. Auch zeichnen sie sich durch eine fast bewundernswürdige Objektivität aus. Ludwig der Deutsche erscheint anfangs wohl als „ungeratener Sohn von längst bekanntem Frevelmut", doch das wegen seiner Auflehnung gegen den Vater,

Später wird er verhältnismäßig gut behandelt, ebenso sein Sohn Ludwig, der sein Erbe gegen Karl den Kahlen verteidigen muß. Wohl hätte der Vertrag von Meersen das westliche Rheinufer bis Metz an das Deutsche Reich gewiesen, aber sowohl die Fuldenses wie die Bertiniani lassen die Rheingelüste des französischen Königs erkennen; doch auch die Bertiniani scheinen sie nicht zu billigen. Über Karl den Kahlen finden sich recht abfällige Bemerkungen, und seine Tapferkeit erscheint im bedenklichsten Lichte. Über die Streitigkeiten im Hause Ludwigs des Deutschen berichtet der westliche Annalist natürlich viel freimütiger als der östliche. Er sagt uns z. B., daß Karlmann bei seiner Auflehnung gegen den Vater sich auf seine Mutter Imma habe stützen können. Die Not der Normannenkriege, die Schwäche Karlmanns treten uns in den Bertiniani mit erschreckender Deutlichkeit vor Augen.

Ausgabe MG. SS. I 419—515 und von WAITZ in us. schol. 1883. Übers. in Gesch. d. d. Vorz. GIRGENSOHN, Prud. und die Annales Bertiniani, Riga 1875. BÜCHTING, Die Glaubwürdigkeit HINCMARS von Reims im 3. Teile der sogenannten Annalen von St. Bertin (kritisch einschränkend). Diss. Halle 1887. WATTENBACH, DG.[7] 324ff.

In tatenreicher Zeit lebt man der Gegenwart. Sie hält man durch die Annalen fest. Als aber für das Frankenreich die Jahre steter Unruhe, unaufhörlicher Expansion dahin waren, als Karl der Große die Kaiserkrone auf dem Haupte trug, erwachte doch wieder das Verlangen, den historischen Stoff in die Weltgeschichte einzugliedern: das größte Werk Gegenwartsgeschichte, die Annales regni Francorum, wurde nach vorn hin erweitert bis zum Anbeginn der Tage: Das Chronicon universale reicht bis 741. Im 9. Jh. haben dann noch FRECHULF von Lisieux, ADO von Vienne und im 10. Jh. REGINO von Prüm Chroniken geschrieben. Von Bedeutung sind diese dann, wenn in ihnen auch Zeitgeschichte behandelt ist.

Das Chronicon universale liegt nicht in handschriftlicher Verbindung mit den Annales regni Francorum vor, doch ist der Zusammenhang wahrscheinlich. G. WAITZ, welcher das Chronicon in MG. SS. XIII 1—19 herausgab, nimmt als Abfassungszeit 800/801 an. MOMMSEN denkt dagegen an 761, während DUCHESNE in dem Chronicon die erste Benutzung des Liber pontificalis (s. o. S. 12) für Deutschland nachgewiesen hat. NA. XXII (1897) 548ff. Über die Benutzung im Chronicon Wirziburgense H. BRESSLAU, NA. XXV (1900) 13ff. — Die Chronik des FRECHULF von Lisieux († 852/853, abgedruckt bei MIGNE, Patrol. lat. 106 Sp. 917ff.) bringt keine Nachrichten für die vom Verfasser durchlebte Zeit, da sie mit dem Pontifikat Gregors des Großen schließt. Doch ist sie historiographisch deshalb interessant, weil sie das römische Reich als untergegangen, die germanischen Reiche als Neuschöpfungen betrachtet. Sie gibt also die Fiktion von der Fortdauer des römischen Reiches auf, die uns sonst im MA. fast stets begegnet. — Mehr Zeitgeschichte bietet die Weltchronik des Erzbischofs ADO von Vienne († 874), die bis 867 reicht und fortgesetzt ist in einer Historia regum Francorum bis 885. Ausgabe MG. SS. II 317—326. Vgl. W. KREMERS, Ado von Vienne. Sein Leben und seine Schriften. Diss. Bonn 1911.

Der Erzbischof ADO benutzte als Grundlage, auf der er weiterbaute, wahrscheinlich eine im Kloster Prüm entstandene Kompilation hauptsächlich aus Beda, kleineren fränkischen Annalen und den Reichsannalen (bis 813). Dieses Werk fand auch **Regino** in seinem Kloster, dessen Abt er 892 wurde, vor, und vielleicht hat auch ihn die Darstellung zur Fortsetzung gereizt. Aber erst mehrere Jahre, nachdem er aus seiner Abtswürde verdrängt, Prüm verlassen und eine Zuflucht im Kloster St. Martin zu Trier gefunden hatte, machte er sich an eine großzügige Darstellung der Weltgeschichte nicht zwar vom Anbeginn, sondern erst von Christi Geburt an. Das erste Buch (libellus de temporibus dominicae incarnacionis) reicht bis zum Jahre 741. Das zweite Buch (liber de gestis regum Francorum) führt den Leser bis 906. Bis 813 benützt Regino dieselben Quellen wie Ado von Vienne, dann gibt er aus eigenem, teils aus seinen Erlebnissen und den Erzählungen älterer Ordensbrüder, teils aus Akten. Da Regino kein Annalenwerk zur Seite hat, an dem er sich halten könnte, so geht er chronologisch öfter in die Irre. Auch hindert ihn die äußere Form der Aufzeichnung nach Jahren nicht, den späteren Verlauf der Dinge schon vorweg zu erzählen, besonders wenn sich eine gute Lehre im Sinne seiner strengkirchlichen Auffassung damit verknüpfen läßt. Regino hegt starkes Interesse für das ganze, große Reich, wie es von Karl dem Großen begründet war. Er hebt das gütige Geschick hervor, das alle Teilreiche noch einmal in Karls des Dicken Hand vereinigt hatte. Besondere Aufmerksamkeit widmet der Verfasser natürlich all den Vorfällen, die in seiner Nachbarschaft vor sich gehen. Über die Kämpfe mit den Normannen erhalten wir durch ihn gute Kunde. Mehr Teilnahme als dem westfränkischen bringt er dem ostfränkischen Reiche entgegen. Regino ist außerordentlich romfreundlich. Auch ihm hat es das gewaltige Wirken des Papstes Nikolaus I., seiner Energie in der Ehescheidungssache Lothars II. angetan: (papa) regibus ac tyrannis imperavit eisque ac si dominus orbis terrarum auctoritate prefuit (zu 866). Regino bemüht sich auch von den Herrschern kurze Charakteristiken zu geben, wobei er ihre Stellung zur Kirche immer stark unterstreicht. Ludwig der Deutsche und Karl III. sind ihm reges christianissimi. Aus Regino sehen wir auch schon, wie die Gefilde Italiens zum Spielball für machtlüsterne Nachbarn werden, die mit dem Besitz Roms nach der Kaiserkrönung durch den Papst streben, wenn auch sonst die Machtmittel sehr gering waren. Ebenso ist Lothringen bereits zum Zankapfel zwischen West und Ost geworden. Nach Karlmanns Tod bleibt das Reich einem Kinde, innere und äußere Feinde beunruhigen das Reich andauernd. Das ist der Schluß bei Regino, ebensowenig tröstlich wie in den Fuldaer Annalen.

Ausgabe MG. SS. I 543—612; in us. schol. von F. KURZE, 1890. Übers. in Geschichtschreiber, 4. Aufl. 1913. B. v. SIMSON, Zur Chronik des Regino von Prüm und den Annales Mettenses, ZGORh. 1894, 215—220, schlägt einige Textverbesserungen vor. P. SCHULZ, Zur Glaubwürdigkeit der Chronik des Abtes Regino von Prüm. Prog. Hamburg 1897. C. WAWRA, De Reginone Prumiensi, Diss. Bresl. 1901.
Von kleineren Annalen aus der Karolingerzeit nenne ich noch: die Annales Xantenses (bis 873), MG. SS. II 219—235. Vgl. HAMPE, NA. XXII 634. Die Annales Vedastini (St. Vaast bei Arras) bis 900, MG. SS. II 196—209, die Fortsetzung der Alemannischen Annalen im Kloster St. Gallen von 860—961 Ausgabe in MG. I 52—70 und von HENKING in Mitt. z. Vat. Gesch. St. Gallen 1884. Annales Sithienses (— 823), wohl irrig dem EINHARD zugeschrieben, MG. SS. XIII 35—38. Annales Mettenses, als deren Grundlage die neuerdings in einem Durhamer Kodex aufgefundene Kompilation (— 830) nachgewiesen ist. MG. I 316—336 und XIII 26—33. Vgl. SIMSON in NA. XXIV 399, XV 177ff. Eine wertvolle bis 818 reichende Kompilation ist das MG. SS. I 280—313 abgedruckte Chronicon Moissiacense. — Für Ludwigs des Frommen Geschichte nicht ohne Wert sind die Gesta abbatum Fontanellensium (St. Wandrille), die älteste Klosterchronik Frankreichs. MG. SS. II 270—301 und in us. schol. 1886. Vgl. HOLDER-EGGER in NA. XVI 602ff. und A. ROSENKRANZ, Beiträge zur Kenntnis der Gesta abbat. Fontanell., Diss. Bonn 1911.

Auch die Karolinger haben für die Verbreitung des Christentums gewirkt und bei diesem Streben die Mitwirkung heiligmäßiger Männer aus der Fremde und dem Reiche gefunden. Die Schilderung solcher Missionstätigkeit durch Mitlebende oder der Zeit Nahestehende gibt über Land und Leute oft Aufschluß.

Für die Karolingerzeit kommt nun nicht die Fülle von **Heiligenleben** in Betracht wie für die Merowingerzeit, aber wir haben mehr gleichzeitige und daher wertvollere. An dem, was über den hl. BONIFATIUS, über WILLEHAD, Bischof von Bremen, über ANSKAR, ersten Erzbischof von Hamburg, in den Vitae aufgezeichnet ist, darf kein Forscher vorübergehen. Aber auch Personen, die weniger im Mittelpunkte standen, haben anziehende und belehrende Biographien erhalten.

Die angelsächsischen Geistlichen, welche das innere Germanien erfolgreich missionierten und organisierten, stehen in enger Verbindung mit den aufstrebenden Karolingern. In Verbindung mit KARL MARTELL gründete WILLIBRORD das Bistum Utrecht und übte von dort eine bedeutende Tätigkeit († 739). Eine ältere Lebensbeschreibung ist verloren, die jüngere von ALCUIN nicht sehr ergiebig. Ausgabe bei JAFFÉ, Bibl. VI 32—79 und Poet. Karol. I 207—220.

Mit dem älteren WILLIBRORD kam auch sein jüngerer Landsmann WINFRID, später BONIFATIUS genannt, in Berührung. WILLIBRORD wünschte ihn sogar als seinen Nachfolger. Aber diesen reizte die Arbeit als Missionar, und so übernahm er die Aufgabe im Einvernehmen mit dem römischen Stuhle und unter dem Schutze der Pippiniden

Hessen, Thüringen und auch Bayern für das Christentum teils zu gewinnen, teils zurückzugewinnen. Wie ihm das unter Mühsalen gelang, wie er die Donareiche bei Geismar fällte, wie er Bistümer organisierte und selbst das Erzbistum Mainz übernahm, und dann als päpstlicher Legat die fränkischen Synoden leitete, um schließlich noch im höheren Alter die Missionierung bei den Friesen zu versuchen und mit dem Märtyrertod zu besiegeln, das alles hat nicht allzu lange nach des Bonifatius Tod (754) vor 786 WILLIBALD auf Grund guter Mitteilungen und mit sichtlicher Liebe erzählt.

Jedoch scheint die Vita durch starke Kürzungen (c. 30—32) entstellt zu sein. MG. SS. II 333—353. Dann von A. NÜRNBERGER 1895. Die Vitae BONIFATII in us. schol. 1905, recogn. W. LEVISON. Übers. von W. ARNDT in Gesch. d. d. Vorz. Vgl. A. NÜRNBERGERS Kritische Untersuchungen im Progr. des Matth. Gymn. Breslau 1895.

Der hl. Bonifatius ließ noch mehrere Landsleute zum Festlande kommen, um mit ihrer Hilfe sein Werk durchzuführen. Es braucht nur an die hl. Lioba (Leobgyth) erinnert zu werden, die aus einem angelsächsischen Kloster herbeigerufen werden, um nach dem heimischen Vorbilde in der Provinz des hl. Bonifatius Frauenklöster zu begründen. Als Äbtissin von Tauberbischofsheim starb sie 780. Ihr Ansehen und ihr Einfluß bei den fränkischen Königen und ihren Gemahlinnen geht aus der Lebensbeschreibung hervor, die im 9. Jh. der Fuldaer Mönch RUDOLF (s. o. S. 33) verfaßte. MG. SS. XV 121—131. Aber auch einen Einheimischen, den Bayern Sturmi, stellte Bonifatius an einen wichtigen Platz, als er auf dem Neulande christlicher Kultur durch ihn das Kloster Fulda gründen ließ. Diesem hat im Anfang des 9. Jhs. EIGIL, der vierte Abt von Fulda, ein literarisches Denkmal gesetzt. Wir erfahren da, wie in der Wildnis die Gründung eines Klosters vor sich ging, wie ihm durch die Gunst des Königs Besitzungen überwiesen werden. Auch über die Ökonomie und Lebensführung in dem klösterlichen Gemeinwesen finden wir viel Interessantes. Das aufstrebende Kloster und sein Abt erregten den Neid des Mainzer Erzbischofs Lull; Sturmi wurde beim Könige angeschwärzt und mußte zeitweilig von seinem Posten weichen. Aber schließlich nahm der König ihn wieder zu Gnaden an, und so konnte Sturmi als Abt in Fulda seine Tage beschließen (779). Auch über seine Tätigkeit als Missionar in Sachsen erfahren wir einiges. MG. SS. II 360—377. Wie das mittlere Deutschland unter Pippin, so wurde das nördliche Deutschland unter Karl und seinen Nachfolgern für das Christentum gewonnen. Als Missionar zeichnete sich dabei besonders für das westfälische Gebiet der hl. Lebuin aus (um 770). Dessen Lebensbeschreibung von HUCBALD von St. Amand († 930), die bisher als Quelle für das Leben, namentlich das Verfassungsleben der Sachsen, wegen ihrer eigenartigen Nachrichten große Beachtung fand, MIGNE, Patrol. lat. CXXXII 875—894, Auszug MG. II 361—364, hat dadurch an Wert sehr verloren, daß ihre Vorlage, eine ältere Vita Lebuini, neuerdings aufgefunden ist.; vgl. MOLTZER in Nederl. archief voor Kerkgeschiedenis VI, 1909, S. 221 ff. Bedeutend zuverlässiger ist die von ALTFRID verfaßte Vita Ludgeri, des ersten, 809 verstorbenen Bischofs von Münster. MG. SS. II 403—425 u. Gesch.-Quell. des Bistums Münster IV 1881. Auch die Küstenländer an der Nordsee und Ostsee zu christianisieren war Karls des Großen Absicht. Er beauftragte mit dieser Mission den hl. Willehad, der den Grund zum Bistum Bremen legte († 789). Bald nach seinem Tode wurde er in einer Vita verherrlicht. MG. SS. II 378—390. Übers. in Gesch. d. d. Vorz. Vgl. DEHIO, Gesch. des Erzb. Bremen-Hamburg (1877) I 51 ff. Karls Sohn Ludwig der Fromme suchte die regen Beziehungen, die sich zwischen ihm und den nordischen Königen knüpften, zur Begründung des Christentums auch in Dänemark und Schweden zu benutzen. In Anskar, der als Lehrer zu Corvey an der Weser wirkte, fand er das Werkzeug für seine Pläne. Erfolge und Mißerfolge wechselten miteinander, als greifbarstes Resultat blieb schließlich die Stiftung des Erzbistums Hamburg für Anskar (831). Im Jahre 848 wurde Anskar dann auch Bischof von Bremen, da Hamburg und Bremen dauernd miteinander vereinigt wurden. Das schicksalsreiche Leben Anskars († 865) schilderte sein Nachfolger RIMBERT in ausgezeichneter Weise. Namentlich für die nordischen Verhältnisse erhalten wir hier frühe und gute Kunde. MG. SS. II 689—725. Dagegen entspricht die Vita Rimberts, der sich um die Missionierung des Nordens gleichfalls Verdienste erwarb, durchaus nicht der Bedeutung des Mannes. Sie dient hauptsächlich erbaulichen Zwecken. MG. SS. II 764—775. Mancherlei Nachrichten für die Geschichte des Frankenreiches und Sachsens, besonders für 830 bis 834, sind den von RADBERTUS PASCHASIUS verfaßten Lebensbeschreibungen der Brüder Adalhard und Wala zu entnehmen. Mutter- und Tochterkloster Corbie und Corvey spielen darin eine Rolle. AA. SS. Iun. I 96—111. Auszug MG. SS. II 524—532. Poet. Carol. III 38—53; 746/747. Die Vita Walae Mab. IV 1, 455—522 und DÜMMLER, Abh. Berl. Ak. 1899/1900 II. Das Leben Othmars, ersten Abtes von St. Gallen († 759), bearbeitete nach älterer Vorlage WALAHFRID STRABO. MG. SS. II 41—47. — Kulturgeschichtlich interessantes Material bietet die Lebensbeschreibung der Äbtissin Hathumod von Gandersheim († 874), in freier und gebundener Sprache abgefaßt von ihrem (geistlichen?) Bruder AGIUS. Jene in MG. SS. XV I 222—233, diese Poet. lat. II 96—117. TRAUBE, O Roma nobilis 310. HÜFFER, Korveier Studien 1898.

Sehr oft seit im 8. und 9. Jh. Gebeine eines Heiligen von dem Orte, wo sie bisher aufbewahrt wurden, in ein neugegründetes Kloster überführt worden, um hier den Mittelpunkt frommer Verehrung zu bilden. Dann hat ein Mönch wohl zur Feder gegriffen, um das Leben des Heiligen von neuem zu zeichnen. Diese Legenden sind meist wertloser als die Berichte von den Übertragungen (translationes); denn diese geben uns gute Nachricht von dem religiösen Leben im Volke und der Art des Reisens. In dieser Beziehung steht sehr hoch die Schrift EINHARDS über die Translation

der Gebeine der hl. Marcellinus und Petrus von Rom nach Seligenstadt, MG. SS. XV 1 238—264.
— Der Fuldaer RUDOLF schrieb die Übertragung des hl. Alexander von Rom nach Wildeshausen
und griff dabei sogar auf den sonst wenig benutzten Tacitus zurück. MG. SS. II 674—681. — Historia translationis sti Viti (von St. Dénis nach Corvey) in MG. SS. II 576—585, JAFFÉ, Bibl. 1 1—26.
Vgl. STENTRUP, Die Translatio sancti Viti, in PHILIPPI, Abhandlungen zur Corveyer Geschichtschreibung, 1906.

Wir haben im vorigen Abschnitt das Wandern irischer und angelsächsischer
Mönche zwischen England und dem Festland kennen gelernt. Schon dadurch bleiben
die literarischen Beziehungen zwischen dem Festland und dem Inselreiche für die Zeit
der Merowinger und Karolinger verhältnismäßig lebhaft. Die Annalen angelsächsischer
Klöster sind von den Mönchen nach Deutschland gebracht und dort fortgesetzt. Aber
auch in den englischen Annalen dieser Tage finden sich Nachrichten über deutsche
Verhältnisse. Wichtig für die deutsche mittelalterliche Historiographie ist besonders
BEDA († 735) geworden. Natürlich fesselte auch den englischen Geschichtschreiber die
überragende Persönlichkeit Karls des Großen.

R. PAULI, Karl der Große in northumbrischen Annalen in FDG. XIV 137—166. Auszüge in
MG. SS. XIII 92ff. — BEDA schrieb neben erbaulichen und wichtigen chronologischen Abhandlungen zwei Chroniken, die er an Isidor von Sevilla und verschiedene andere vorhergehende Bearbeitungen der Weltgeschichte anlehnte. Die größere reicht bis 725, die kleinere bis 703. Diese
Weltgeschichte wurde die Grundlage fast sämtlicher derartiger Werke des MA. Einteilung nach
Weltaltern. Bedae Chronica majora et minora in MG. Auct. ant. XIII 223—354. Im Anfang des
8. Jhs. soll auch der Kern der Britengeschichte entstanden sein, welche Nachrichten über die Beziehung der Inseln zu den alten Germanen bringt. MG. Auct. ant. XIII 143—219. Die Datierung
im Anschluß an den Herausgeber MOMMSEN, der dem oft als Verfasser genannten NENNIUS nur die
Bearbeitung und Additamenta zuweist. Vgl. H. ZIMMER, Nennius vindicatus, 1893.

Seit Karls des Großen Zeit trat Italien wieder in engere Berührung zu dem Reiche
der Franken. Wir finden daher auch in den dort geschriebenen Annalen und Chroniken
wichtige Nachrichten.

In Monte Cassino wurden 867 Nachrichten über das Kloster und die Fürsten von Benevent
gesammelt und fortgeführt. MG. SS. rer. Lang. 467—488. Dann knüpfte ERCHEMPERT an die
Langobardengeschichte des PAULUS und eine Fortsetzung eine Geschichte der Fürsten von Benevent
bis 889. MG. SS. rer. Lang. 231—264. Die Geschichte des Bistums Ravenna von AGNELLUS (um
850) in MG. SS. rer. Lang. 265—391. Die Chronik des ANDREAS von Bergamo aus der zweiten Hälfte
des 9. Jhs. in MG. SS. rer. Lang. 220—230. Das Lobgedicht auf Kaiser Berengar (um 920) in MG.
SS. VI 189—210. Über den Liber pontificalis s. o. S. 12. Auf den päpstlichen Bibliothekar ANASTASIUS († 879) wird wohl das Leben des Papstes Nikolaus I. zurückgeführt. Vgl. im allgemeinen
WATTENBACH, DG. I[7] 337—349.

Außer den Gesetzen der einzelnen germanischen Stämme, welche in der Merowinger- und
Karolingerzeit aufgezeichnet sind, gibt es Kapitularien der Kaiser und Könige mit rechtbildender
Kraft. Über Recht und Wirtschaft klären außerdem Traditionsbücher, Urkunden und Formelsammlungen auf.

Über sie ist in den Abschnitten Wirtschafts- und Rechts-geschichte das Nähere zu ersehen.
Vgl. Abteilung Leges in MG. Sammlung des Materials bereits in der Karolingerzeit durch ANSEGIS
(827) und Ergänzung durch BENEDICTUS LEVITA. Die Formulae Merovingici et Karolini aevi in
MG. Leg. Sect. V. Freisinger Traditionsbuch (744—926), hrsg. von TH. BITTERAUF 1905. (QE. z.
bayer. u. deutsch. Gesch. NF. VI.) Über die Regesta Imperii s. S. 5.

Die Ordnung am Hofe Karls d. Gr. wird durch eine verlorene Schrift ADALHARDS beleuchtet.
Wir besitzen nur einen Auszug in HINCMARS epistola de ordine palatii. MG. Cap. reg. Franc. II
517—530, in us. schol. 1894. Die Stellung des Kaisers zu Italien behandelt der libellus de imperatoria potestate in urbe Roma, wohl aus dem Ende des 9. Jhs. MG. SS. III 719—722. Die Siedelungen der Franken in eroberten Ländern auf Grund der Altertümer und Schriftdenkmale untersucht von K. RÜBEL, Die Franken, ihr Eroberungs- und Siedelungssystem im deutschen Volkslande, 1904. (Wichtig für Frankenburgen und -Höfe.) Kirchenpolitische Untersuchungen ist
heranzuziehen der um die Mitte des 8. Jhs. entstandene, in der päpstlichen Kanzlei benutzte Liber
diurnus, Sammlung von Kanzleiformularen. Ausgaben von TH. VON SICKEL 1889 und ACHILLE RATTI.
Einen karolingischen Missionskatechismus Ratio de catheeizandis rudibus, gab J. M. HEER, Freiburg 1911 heraus (Bibl. u. Patrist. Forschungen I).

Altertümer. L. LINDENSCHMIT, Handbuch der deutschen Altertumskunde I. Die Altertümer der Merovingischen Zeit, 1880—1889. F. v. RABEN, Der karolingische Palastbau, 1891 92.
P. CLEMEN, Merovingische und Karolingische Plastik, 1892. G. F. LEITSCHUH, Geschichte der karolingischen Malerei, ihr Bilderkreis und seine Quellen, 1894. Im allgemeinen SCHLOSSER, Quellenbuch zur
Kunstgeschichte des abendländischen MA., Wien 1896.

Drittes Kapitel: Die Zeit der Ottonen.

Dem Absterben der Karolinger entspricht ein Niedergang der Historiographie Erst unter dem kraftvollen Hause der Ottonen zeigt sich wieder ein Aufschwung. Freilich die Regierung Heinrichs I. und die erste Zeit Otto des Großen gehört vorwiegend noch kriegerischer Tätigkeit an. Nachdem Otto aber einmal seine Regierung befestigt hatte, trat er auch wieder in die Spuren Karls des Großen. Er selbst sucht noch als Mann sein lückenhaftes Wissen zu erweitern und wünscht in seinem Hofe wieder den Mittelpunkt wissenschaftlicher Strebungen zu sehen. Gelehrte des In- und Auslandes wurden in die Umgebung des Königs gezogen. Die zweite Gemahlin Ottos I., Adelheid, und die Gattin Ottos II., Theophano, waren für ihre Zeit hochgebildet. Durch alle diese Umstände wurde das geistige Leben im Sachsenlande, dem das Herrscherhaus angehörte, bedeutend befruchtet. Hier weitete sich jetzt den Mönchen, ja auch den Nonnen der Blick so sehr, daß sie bis weit in die Welt hinein die Siegeslaufbahn ihres Königs und Stammesherzogs verfolgten. Wie in der Karolingerzeit so werden auch jetzt noch, und zwar in steigendem Maße Annalen geschrieben. Aber der Fülle entspricht nicht immer der Gehalt, namentlich nicht der Weitblick. In dieser Beziehung bleiben die Annales regni Francorum unübertroffen. Aber dafür wird eine andere Gattung der Historiographie immer bedeutsamer: die Biographie der Kirchenfürsten. Wie die Bischöfe aus Geistlichen mehr und mehr Fürsten und Politiker werden, so werden auch ihre Lebensbeschreibungen, wenn sie von kundiger Hand entworfen sind, für die Geschichte stets ergebnisreicher. Obschon Ostfranken und Westfranken schon lange selbständig ihre Wege gehen, ist doch auch auf die Geschichtschreibung dieses Landes Rücksicht zu nehmen, mehr freilich noch auf die Italiens, mit dem das Reich nach der Erneuerung des Kaisertums durch Otto I. (962) wieder eine enge und diesmal lange dauernde Verbindung einging.

In Lothringen wirkt die gute Tradition der Karolingerzeit noch in der **Fortsetzung des Regino** fort, die von 907 bis 967 ein großartiges Annalenwerk bietet. Als Verfasser dieses Werkes nimmt man den späteren Erzbischof ADALBERT von Magdeburg (seit 968) an, der vorher Mönch von St. Maximin bei Trier und Missionar bei den Russen war.

Der Verfasser stützt sich anfangs bis 939 auf Reichenauer und jetzt verlorene Fuldaer Annalen und wird dann selbständig. Die glänzende Tätigkeit des Königs Otto, seine Erfolge im Reiche und Italien ziehen in der Schilderung des gewandten Annalisten an unserem Auge vorüber. Wie anders nimmt sich bei ihm das Verhältnis von Kaisertum und Papsttum aus als bei Regino! Otto läßt sich Treue vom Papste geloben, für ihn ist der Papst nur ein Untertan, dem an der kaiserlichen Gnade gelegen sein muß. Mit noch größerer Selbstherrlichkeit verfügte der König über die deutschen Bistümer und Abteien. Wie mit weltlichen Würden stattete er seine nächsten Angehörigen auch mit geistlichen Ämtern aus. Mit der Krönung des jungen Otto in Rom zum Kaiser (967) bricht die Erzählung ab. Der Verfasser mochte, als er Erzbischof von Magdeburg wurde, keine Zeit mehr zur Schriftstellerei haben. Wie gerne aber würden wir ihm noch weiter folgen![1]

Der erste Geschichtschreiber sächsischen Stammes, den Heinrichs I. und Ottos I. Emporsteigen mit hohem Stolz erfüllt, ist **Widukind**, Mönch des Klosters **Corvey**. Nachdem er sich in Heiligenleben versucht hatte, vollendete er wohl Ende des Jahres 967 eine Geschichte Sachsens, die in den größten Vertretern dieses Volkes, Heinrich und Otto,

---

1) MG. SS. I 614 ff.; in us. schol. von FR. KURZE im Anhang zu Regino. Über ADALBERT als Verfasser vgl. GIESEBRECHT, Gesch. d. deutschen Kaiserzeit I, 778. BRESSLAU, NA. XXV (1900) 664 ff. ist der Ansicht Giesebrechts.

gipfeln sollte. Das Werk umfaßt drei Bücher: das erste bietet die Geschichte des sächsischen Stammes von den in sagenhaftes Dunkel gehüllten Anfängen, den Kämpfen mit den Thüringern an über die Bekehrung durch Karl den Großen bis zu der Zeit, da nach dem Ableben Konrads II. Sachsen die Mission überkommt, des ostfränkischen Reiches Einheit zu schirmen. Der Sachsenherzog Heinrich wird von König Konrad, der, trotz schwerer Kämpfe mit ihm, dennoch des Reiches Wohlfahrt bei ihm allein geborgen glaubte, zum Nachfolger designiert (I 25). Fürst und Volk erwählen ihn darauf. Als ihm dann auch die Salbung durch den Erzbischof von Köln angetragen wurde, erklärte er, es sei ihm genug an der weltlichen Würde, der Salbung fühle er sich unwürdig (I 26). Von Kap. 27 an schildert WIDUKIND dann, wie Heinrich sich sowohl den rebellierenden Großen des Reiches als auch dem französischen Könige gegenüber mit starker Hand durchsetzte. Durch eine kluge Heiratspolitik suchte er die Stammesherzöge fester an das Interesse des eigenen Hauses zu binden (I 30). Als eine Ruhmestat Heinrichs preist WIDUKIND die erfolgreiche Bekämpfung der Ungarn, deren Stoßkraft sich an den von Heinrich gebauten festen Plätzen (I 35) und den von ihm geschulten Truppen brach, weiter seine ruhmreichen Kämpfe mit den Slawen. Auch die Dänen besiegte er und zwang deren König die Taufe zu empfangen. Am Ende seines Lebens bezeichnete er noch seinen Sohn Otto als Nachfolger, dem er bereits die Tochter des Königs von England, Edith, vermählt hatte. Das zweite Buch enthält wie das erste 41 Kapitel und umfaßt rund 10 Jahre Geschichte bis 946. Außerordentlich fesselnd erzählt WIDUKIND, wie Otto zu Aachen in dem Münster, das Karl der Große erbaut hatte, durch das Zusammenwirken von weltlicher und geistlicher Gewalt unter der jubelnden Zustimmung des Volkes zum König erhoben und dann vom Erzbischof von Mainz gekrönt worden sei. Die Erzbischöfe von Trier und Köln hatten sich vorher um das Recht auf die Vornahme der Krönung gestritten, jener, weil sein Sitz älter sei, dieser weil Aachen zu seinem Sprengel gehöre. So war Mainz als unparteiisch zu der Ehre gekommen (II 1). Bei dem festlichen Mahle, das dann folgte, leisteten die Herzöge von Lothringen, Schwaben, Franken und Bayern dem Könige die Ehrendienste (II 2). Gleich von der Feier zog der König in den Krieg, da die ewig unruhigen östlichen Nachbarn, der Böhmenherzog und die Slawen, seine Abwesenheit im Westen sich zunutze gemacht hatten. Dann mußte er nach des Bayernherzog Arnulfs Tode dort die Rechte des Reiches wahren (II 8). Weiter folgten das Zerwürfnis mit seinem Halbbruder Thankmar (II 11), schwere Kämpfe mit den Ungarn (II 14). Immer weiter fraß die Zwietracht im königlichen Hause; auch der jüngere Bruder Ottos Heinrich empörte sich und fand beim Herzog Isilbart und Herzog Eberhard Hilfe (939; II 15), aber trotz der Gefahr, in die er zeitweise geriet, blieb der König Sieger (II 16—31); denn er verschmähte weder Gewalt noch List, um sein Ziel zu erreichen. Heinrich wurde zu Gnaden angenommen und schließlich als Herzog an die Spitze Bayerns gestellt (II 36). Rastlos war der König tätig, nicht nur als Kriegsmann sondern auch als Mensch. Noch als Mann lernte er lesen. Von seiner königlichen Erscheinung, seinen Neigungen, seiner vaterländischen Gesinnung gibt WIDUKIND ein anschauliches Bild (II 36). Eine Menge Familiennachrichten enthält der Schluß des Buches. Bruno, der Bruder des Königs, Erzbischof von Köln, wird Herzog von Lothringen (II 36), des Königs Gemahlin Edid stirbt (II 41).

Das dritte Buch behandelt die Zeit bis 967, wobei allerdings die letzten drei Jahre 964, 965 und 966 ganz ausgefallen sind. Mit diesem Buche leitet WIDUKIND den Leser zur großen äußeren Politik Ottos hinüber. Nachdem der König seinen Sohn Liudulf zum König für den Fall seines Todes gemacht hat (III 1), zieht er vorerst tief nach Frankreich hinein (III 2—5) und wendet dann sich den italienischen Verhältnissen zu. Er gewinnt die Adelheid, Witwe des Königs Lothar, zur Gattin (III 7, 8) und knüpft damit enge Beziehungen zu Italien, die für die ganze deutsche Geschichte bedeutsam werden sollten, bringt aber auch seinen Sohn erster Ehe gegen sich auf. Die Empörung, in die eine Anzahl von angesehener Fürsten verwickelt sind, schlägt der König nieder (III 43). Die inneren Zwistigkeiten aber veranlaßten die Ungarn von neuem ins Reich zu brechen, sie werden jedoch am Lech besiegt (III 44—49), ebenso werden die ostelbischen Slawen mit starker Hand niedergeworfen. Des Königs Kriegsruhm wuchs dadurch so sehr, daß die Herrscher selbst entfernter Völker wie der Griechen und Sarazenen ihm Gesandtschaften schickten; den Sachsen unbekannte Tiere: Löwen, Kamele, Affen, Strauße kamen mit diesen ins Land (III 56). 961 zieht Otto nach Italien; aber was er da alles verrichtet, hält WIDUKIND für kaum erwähnenswert, er wendet sich als Sachse wieder der Schilderung der Grenzkämpfe mit den Slawen zu. Diesem Buche hat WIDUKIND dann nach Ottos Tode noch eine Fortsetzung (Kap. 70—76) gegeben, die kurz die letzten Jahre des Kaisers, seinen Tod und seine Beisetzung in Magdeburg erzählt.

Die Entstehung des Geschichtswerkes hat R. KOEPKE in Otton. Studien I 1867 zu zeigen unternommen; er nimmt einen vorher (um 966) ausgeführten Entwurf an, um die ursprüngliche Einheitlichkeit zu erweisen, die erst nachher durch Einschiebsel zerrissen wurde. Dazu die abweichende Ansicht von I. RAASE, Widukind von Korvei, Diss. Rost. 1880. H. BLOCH in NA. XXXVIII 96 ff. läßt WIDUKIND sein Werk bereits im Winter 957/8 niederschreiben und dann 10 Jahre später noch einmal überarbeiten, welch letztere, uns allein erhaltene Fassung Ottos I. Tochter, der Äbtissin Mathilde von Quedlinburg überreicht wurde. WIDUKIND ist, obschon er Beziehungen zu dem Kaiserhause hatte, doch nicht über alles gut unterrichtet. Einige Jahre (964—966) fallen fast ganz aus. Trotzdem möchten wir diese Kundgebung eines Sachsen nicht missen. WIDUKIND ist stolz auf sein Volk; indem er dessen vornehme Abkunft erweisen will, erzählt er uns die Stammessage: Die volkstümliche Version läßt sie von Dänen und Normannen, die gelehrte von den Griechen, dem Heere Alexanders des Großen, abstammen (I 2). Die Tapferkeit der Sachsen ist über alles Lob erhaben; sie bewährt sich stets. Nur im Kampfe mit den Franken, den Pionieren des Christentums, mußten sie als Heiden weichen (I 15). Doch verweilt WIDUKIND nicht gern bei diesem Kampfe. Um so lieber erzählt er dann wieder, wie die Krone des Reiches auf den Sachsenherzog übergeht (I, 26). Heinrichs I. Regierung füllt das erste Buch, das zweite und dritte verzeichnen die Taten Ottos des Großen. Alles atmet treuherzige Wahrheitsliebe und doch zarte Rücksichtnahme auf das königliche Haus, dessen Familienhändel so schonend wie möglich berührt werden. WIDUKINDS Sprache ist nicht übermäßig gewandt, doch verständlich, hier und da bemüht er sich auch, seine klassische Bildung leuchten zu lassen. Für die Verfassungs- und Rechtsgeschichte bietet WIDUKIND wichtige Beiträge durch II 1 (Wahl und Krönung Ottos I.) und II 10 (Volksversammlung zu Steele 938, wo durch Zweikampf das Repräsentationsrecht der Enkelkinder anerkannt wurde). Ausgabe von WIDUKINDI Res gestae Saxonicae oder Rerum gestarum libri tres in MG. SS. III 416—467 und in us. schol.¹ von K. A. KEHR 1904. Vgl. B. SIMSON, Zur Kritik des Widukind, NA. XII (1887) 597f. HAUCK, Kirchengeschichte III 311 bis 317 mit scharfem Urteil über WIDUKIND. WATTENBACH, DG.¹⁷ 363ff. G. BARTELS, Geschichtsschreibung des Klosters Corvey, Diss. Göttingen 1906 S. 28 (= PHILIPPI, Abhandl. über Corveyer Geschichtsschreibung, S.124) vermutet Verwandtschaft Widukinds mit dem sächs. Kaiserhause. M. HERRMANN, Die Latinität W.'s. Diss. Greifswald 1907. FR. BRECHMANN, Die staatsrechtl. Anschauungen W.'s. Diss. Münster 1909. Über 2 neu gefundene Handschriften Widukinds vgl. NA. (1911) XXXV 776ff. u. XXXVI 203ff. u. 521ff. W. NORDEN in NA. XXXVII 791 nimmt ursprünglichen Schluß des Werkes bei lib. III cap. 63 an.

In derselben Zeit, da WIDUKIND schrieb, verfaßte auf Wunsch einer Nichte Kaiser Ottos, der Gandersheimer Äbtissin Gerberga (959—1001), die Nonne **Hrotsvit** eine Lebensbeschreibung Ottos in gebundener Sprache. HROTSVIT durfte sich auf ein vorzügliches Material stützen, das ihr von den Mitgliedern der kaiserlichen Familie zugestellt wurde. Die Darstellung reicht bis 962 (967 vollendet). Außerdem schrieb die Nonne ein Gedicht von den Anfängen des Klosters Gandersheim. Als Dichterin ist sie weiter durch die Abfassung von Komödien bekannt geworden, mit denen sie die anstößigen Werke des TERENZ aus der Schule verdrängen wollte.

HROTSVIT ist als Geschichtsschreiberin ziemlich hoch zu stellen, obschon sie gelegentlich das Bestreben zeigt, romantische Erzählungen noch mehr auszuschmücken. Im Mittelpunkte der Erzählung steht Otto der Große, über dessen Kämpfe mit den Brüdern und Werbung um die Adelheid sie manches Neue bietet. Einen höfischen Zug hat ihre Geschichtschreibung insofern, als sie die im Königshause vorgefallenen unangenehmen Dinge mit weitestgehender Schonung behandelt. Trotzdem ist es lebhaft zu bedauern, daß fast die Hälfte der in München aufbewahrten Handschrift des 10. Jhs. (Zeit von 953—962) verloren gegangen ist. Carmen de gestis Oddonis I imperatoris, MG.

SS. IV 317—335. De primordiis coenobii Gandeshemensis ebd. 306—317. Gesamtausgabe von K. A. BARACK 1858; in us. schol. von P. v. WINTERFELD 1902; ed. Strecker, Leipzig 1907. Grundlose Angriffe gegen die Echtheit der Werke HROTSVITS wies E. KOEPKE, R. v. G., Otton. Studien II, 1869, zurück. WIDUKIND hat aus HROTSVIT nicht geschöpft. BLOCH NA. XXXVIII 122 allerdings behauptet, daß W. für die zweite Redaktion seines Werkes von 968 die Hrotsvit benutzt habe. G. WAITZ, Über das Verhältnis von Hrotswits Gesta Odonis zu Widukind FDG. 335—342. BR. ZINT, Über Roswithas Carm. de gest. Odd. Diss. Königsb. 1875. WATTENBACH, DG. I² 370—372.

Der Mönch WIDUKIND hatte es in seinem Werke abgelehnt, sich über die Bedeutung der Romfahrt Ottos im J. 961 und die Kaiserkrönung 962 auszusprechen. „Nostrae tenuitatis non est edicere" (III, 63). Bei HROTSVIT fehlt der ganze Abschnitt. So sind wir denn dankbar, daß ein Italiener, selbst Augenzeuge jener denkwürdigen Begebenheiten, die den tiefsten Einfluß auf die deutsche Geschichte üben sollten, uns ein Bild gezeichnet hat, wie glänzend das Königtum sich damals darbot, als es den Jahrhunderte dauernden Bund des Imperium und Sacerdotium knüpfte.

Liudprand von Cremona, um 920 in der Lombardei geboren, am Hofe des Königs Hugo aufgezogen, trat in die Dienste des Königs Berengar von Ivrea. Als dessen Kanzler und Gesandter ging er 949 nach Konstantinopel zum Kaiser Konstantin Porphyrogenitus. Nach der Rückkehr verfeindete er sich mit dem Könige und dessen Gemahlin Willa und begab sich an den Hof Ottos des Großen. Er wurde dort wegen seiner Geschicklichkeit und wegen der Kenntnis der griechischen Sprache geschätzt. Da er dem Kaiser mannigfache Dienste leistete, so wurde er zum Bischof von Cremona erhoben. 968 reiste er im Auftrage Ottos I. nach Konstantinopel, um dort für des Kaisers Sohn um die Prinzessin Theophano zu freien. Doch endete die Gesandtschaft damals mit einem Mißerfolge. Das Todesjahr LIUDPRANDS ist mit Sicherheit nicht festzustellen (c. 970). Sein Hauptwerk ist die 958 angefangene Antapodosis, so genannt, weil er in ihm allen, die ihm Böses getan hatten, also namentlich Berengar und seiner Gemahlin, vergelten wollte. Das Motiv, das sich durch die ganze Arbeit hindurchzieht, ist: wer da glaubt durch böse Unterstützung irgend etwas Großes zu erlangen, wird schließlich doch der Verlierende sein. So z. B. König Arnulf, der die Ungarn zur Hilfe gegen die Mährer herbeirief, lockte dem Reiche die schwersten Feinde herbei (I, 13). Die deutsche Geschichte gewinnt manche Frucht auch aus diesem Werke, was nicht zu verwundern, da LIUDPRAND in Frankfurt mit seinen Aufzeichnungen begann. Er gibt eine anschauliche Schilderung der Niederlage Ludwigs des Kindes 910, dann der Unterwerfung Arnulfs Herzogs von Bayern unter Heinrich I., wobei Arnulf herzogliche Befugnisse auch über die bischöflichen Sprengel eingeräumt werden (II, 23). Von IV, 15 an behandelt LIUDPRAND auch die Regierung Ottos I., besonders wie er seine aufrührerischen Brüder Heinrich und dessen Anhänger überwand. Dabei brachte ihm hauptsächlich die heilige Lanze Segen (IV, 24), und wie der König zu ihr gekommen, erzählt LIUDPRAND dann ausführlich. Von interessanten Einzelheiten sei aus dem Werke noch hervorgehoben, daß LIUDPRAND bei seiner ersten Gesandtschaftsreise nach Konstantinopel (949) dort als Gesandter Ottos einen überaus reichen Kaufmann aus Mainz mit Namen Lutfried traf, der große Geschenke überbrachte (VI, 4). Mit der Schilderung dieser Gesandtschaftsreise schließt das Werk.

Für uns hervorragend wichtig ist das Buch der Taten Kaiser Ottos des Großen, das allerdings nur die Jahre 960 bis 964 umfaßt, aber die gewaltige Stellung Ottos gegenüber den Päpsten scharf beleuchtet. LIUDPRAND der Italiener, der selbst eine Rolle bei den Vorgängen spielte, scheint eine Genugtuung dabei zu empfinden, wenn er dem sanctus imperator das unheilige Leben eines Johann VIII. entgegenstellen kann. An der Rechtmäßigkeit des Vorgehens des Kaisers gegen Johann VIII. und Papst Benedikt zweifelt LIUDPRAND mit keinem Worte.

Von LIUDPRAND ist weiterhin eine Schilderung seiner zweiten Gesandtschaftsreise, die er 968 im Auftrage Ottos nach Konstantinopel unternahm, verfaßt worden. Seinen Zweck, die Theophano als Gemahlin für Otto II. heimzuführen, erreichte er nicht und so schrieb er einen Bericht voll beißender Satire über den βασιλεύς und den Hof zu Konstantinopel.[1])

Für die Zeit nach Ottos I. Tode bis zum Ausgang der Regierung der sächsischen Herrscher würden uns die Quedlinburger Annalen einen sicheren, allerdings sehr trockenen Führer abgeben, wenn sie ganz erhalten wären; aber gerade die Jahre bis 983 fehlen; erst mit 984 setzt der im großen und ganzen selbständige Teil des Werkes ein. Bei den engen Beziehungen, welche das von Otto I. 936 gegründete Stift schon durch seine erste Äbtissin, die Kaisertochter Mathilde, zum Herrscherhause hatte, mußte die Schreiberin gut unterrichtet sein. Die Arbeit ist von mehreren Händen bis in die Anfänge Konrads II. 1025 geführt, leider auch am Schluß etwas verstümmelt. Besonders für die sächsischen Sagen läßt sich den Quedlinburger Annalen vieles entnehmen.

Die Quedlinburger Annalen beruhen in ihren früheren Teilen wohl auf einer verlorenen Weltchronik, die aus dürftigen Hersfelder Annalen und Fuldaer Aufzeichnungen zusammengearbeitet und dann in Absätzen (I —973, II —984, III —1040) fortgeführt sind. Von 995 an bieten auch die Hildesheimer Annalen, die mit den Hersfelder verwandt sind, selbständige Nachrichten. MG. SS. III 22 bis 90. Übers. in Gesch. d. d. Vorz. Vgl. über diese Fragen H. Lorenz, Die Annalen von Hersfeld. Diss. Leipzig 1885 mit Rekonstruktion. Dieterich, Streitfragen der Schrift- und Quellenkunde 1900, 1—112. Über die Heldensage in den Jbb. v. Quedl., vgl. ZDA. 44, 24ff.

Auf die Quedlinburger Annalen stützt sich im ersten Teile seines Werkes auch **Thietmar** mit seiner Chronik, die sich als die ergiebigste Geschichtsquelle für die zweite Hälfte der Sachsenzeit darstellt. Seine Chronik umfaßt in 8 bzw. 9 Büchern die Zeit vom Regierungsanfang Heinrichs I. bis zum September 1018. THIETMAR bietet uns eine Fülle von Nachrichten über die Züge der Kaiser in die Ferne als auch und ganz besonders zur Geschichte des östlichen Grenzbezirkes des Reiches. Auch er durfte wegen seiner Geburt sich hoher Beziehungen und daher auch guter Wissenschaft rühmen. Als Sohn des Grafen Siegfried von Walbeck und seiner Gemahlin Kunigunde am 25. Juli 975 geboren, erhielt er seine erste Bildung in Quedlinburg und wurde dann in der Klosterschule zu St. Johann in Magdeburg erzogen. 1002 wurde er Propst von Walbeck, 1009 Bischof von Merseburg. Er starb am 1. Dezember 1018. Aus THIETMARS Darstellung gewinnen wir den nachhaltigsten Eindruck, daß die Verhältnisse an der Ostgrenze des Reiches immer schlechter werden, obschon abwechselnd die Großen die Grenzhut in dem festen Meißen beziehen. Die Könige sind ja fern, suchen im Süden nach Lorbeeren. Ottos II. Kampf und Niederlage gegen die Sarazenen, seine Rettung durch die Salandria erfährt THIETMAR auch in der Heimat; der phantastische Otto III., „über dessen Tun viele die Köpfe schütteln", wird auch von THIETMAR kritisiert. Daß er das Grab Karls des Großen geöffnet, berichtet THIETMAR offenbar mißbilligend, ebenso daß er nach Art römischer Cäsaren Hof gehalten. Über die Geschichte der nordischen Staaten, über die Dänen, die England beherrschten, gibt THIETMAR mancherlei Nachrichten. Kulturgeschichtlich bietet das Werk außerordentlich viel: man denkt unwillkürlich an Anekdoten des Casarius von Heisterbach, wenn man die abergläubischen, wunderreichen Erzählungen THIETMARS liest. Ebenso kann die Betrachtung der kirchenrechtlichen Verhältnisse viel aus THIETMAR lernen. Das Verhältnis vom Wahlrecht der Domkapitel zum Ernennungsrecht des Königs läßt sich fast auf jeder Seite verfolgen. Der starke König schließt viel mehr als später seit dem 14. Jh. der Papst das Wahlrecht der Domkapitel aus. Der sächsische Geistliche aber ist viel mehr als etwa LIUDPRAND von der

---

[1]) MG. SS. III 273ff. und in us. schol. 2. Aufl. 1877. Vgl. J. Becker, Textgeschichte Liudprands von Cremona, München 1908 und Derselbe in NA. XXXVI 269ff. Übers. in Geschichtschreiber 4. Aufl. 1913.

Hoheit geistlicher Macht im Papsttum durchdrungen. Er erkennt z. B. das Richteramt des Königs über den Papst nicht an, hält die Absetzung Benedikts VIII. für ungerechtfertigt. Man merkt überhaupt, wie bei THIETMAR eine strenge kirchliche Auffassung mehr zum Durchbruch kommt. Das geistliche Amt, die Unabhängigkeit der Kirche schätzt er über alles: Vorstellungen, die der Cluniacenserreform bei der Verbreitung nach Deutschland entgegenkamen.

Die Chronik ist nicht in der Reihenfolge der Bücher niedergeschrieben, wie sie jetzt vorliegt. THIETMAR begann vielmehr 1012 mit der Geschichte seiner Zeit (Buch VII c. 1—15), um dann die frühere Zeit nebenher nachzuholen. Ausgabe von LAPPENBERG in MG. SS. III 723—871, veraltet. F. KURZE, der die Chronik in us. schol. 1889 herausgab, glaubt, THIETMAR habe sich auf eine verlorene Magdeburger Bistumschronik des TAGINO stützen können, und sucht diese in MIÖG. Ergbd. III (1892) S. 397 ff. wiederherzustellen. Doch hat sich P. SIMSON, NA. XIX (1894) 343 ff., gegen ihn gewandt. Auch bei WATTENBACH, DG. I⁷ 387 ist er nicht durchgedrungen. Die Arbeitsweise eines mittelalterlichen Historikers können wir an THIETMARS Chronik gut verfolgen, weil wir noch die in Dresden liegende Originalhandschrift besitzen. Er hat eigenhändig immer wieder Zusätze zu seinem Werke gemacht, sobald ihm neue Nachrichten mündlich oder schriftlich zugetragen wurden. Zusätze schöpfte er besonders aus den Quedlinburger Annalen, die ihm von Anfang an nicht vorlagen. Für die von ihm durchlebte Zeit ist THIETMAR eine gute Quelle, da er besonders über sächsische Ereignisse gut unterrichtet ist und gerne das Größte und Kleinste der Nachwelt überliefert. In Sachsen wurde die Chronik später stark ausgeschrieben. Vgl. F. KURZE, Abfassungs-zeit und Entstehungsweise der Chronik Thietmars, NA. XIV (1889) 347 bis 366, XVI (1891) 459—472. Derselbe, Bischof Thietmar und seine Chronik, 1890 (Neujahrsbl. der hist. Kom. von Sachsen). WATTENBACH, DG. I⁷ 390—394. Das Faksimile des Originals von THIETMAR ist durch die Kgl. Bibliothek zu Dresden 1905 in 2 Bänden herausgegeben. Übers. in Gesch. d. d. Vorz., 3. Aufl. 1912.

Von kleineren Annalen mögen hier erwähnt werden: Aus Trier die Annales sti Maximini 708 bis 987 MG. SS. IV 5—7; vom Niederrhein oder richtiger aus Lüttich (vgl. F. KURZE in NA. XXXVII 587 ff.) die nach dem Kloster Laubach oder Lobbes benannten Annales Lobienses, eine Kompilation zum Schluß mit eigenen Nachrichten bis 982, MG. SS. XIII 224—235. Die Kölner Annalen, bis 939 zusammengearbeitet, dann bis 1028 selbständig, entsprechen nicht der Bedeutung der Stadt, MG. SS. I 97—99 und XVI 730/31. In Lorsch Annales sti Nazarii 936—978, MG. SS. XVII 33. Weingartner Jahresaufzeichnungen bis 936, MG. SS. I 65—67. Die großen St. Galler Jahrbücher: Annales sti Galli maiores, in einem Zuge bis 955 geschrieben, dann in Absätzen bis 1040 fortgeführt, MG. SS. I 72—85. In Regensburg die Annales sti Emmerami (brevissimi), MG. SS. XVII 571. Ein Fragmentum de Arnulfo duce Bavariae (921 bis 937) hat seinen Wert. Ebd. 570.

Außerdem sind aus dem Westen noch zu erwähnen die Gesta abbatum Lobiensium bis 980, mit wertvollen Urkundeneinlagen gearbeitet von Abt FOLKWIN. MG. SS. IV 52—74. Zu Metz im Kloster des hl. Symphorian schrieb ALPERT im Anschluß an PAULUS DIACONUS seinen Libellus de episcopis Mettensibus (MG. SS. IV 696 ff.); doch sind nur zwei Bruchstücke auf uns gekommen. Von demselben Verfasser rühren her De diversitate temporum libri duo, ebd. 700 ff. (photographische Reproduktion der Handschrift in Hannover-Linden 1908 erschienen), eine Sammlung von Tagesneuigkeiten.

In der Ottonenzeit sind die Beziehungen des Deutschen Reiches zu Italien wieder recht eng geworden. Kein Wunder, wenn auch aus den italienischen Geschichtsquellen manches für die deutsche Geschichte abfällt. Aber auch französische Quellen sind noch mit Nutzen heranzuziehen. Von italienischen Quellen nenne ich das um 968 geschriebene Chronicon BENEDICTI de s. Andrea MG. SS. III 695—722, sodann das Chronicon Venetum des JOHANNES DIACONUS, das bis 1008 reicht. JOHANNES ist über seine Zeit außerordentlich gut unterrichtet. MG. SS. VII 4—38. Vgl. WATTENBACH, DG. I⁷ 483/f. Über das Chronicon Altinate, richtiger Venetum, dessen älteste 7 bzw. 8 Teile schon im 9. Jh. kompiliert waren, und seine merkwürdige Form vgl. H. SIMONSFELD, Venetianische Studien I (1878) und seine Ausgabe in MG. SS. XIV 5 ff. Ferner SCHMEIDLER in NA XXXI 457 ff. und BESTA in NA. Veneto XV 5—71.

Ein hervorragendes Werk für die Geschichte des westfränkischen, lothringischen und auch des ostfränkischen Landes sind die Annalen des Reimser Archivars FLODOARD, die von 919 bis 966 fortgeführt sind. Zwischen dem Schluß der Bertiniani (882) und dem Beginn von FLODOARDS Annalen liegt also ein weiter Zwischenraum. Es ist deshalb vermutet worden, daß FLODOARD früher begonnen habe als 919, u. zw. 893 oder 894; für diese Vermutung hat man in einer in den Handschriften gelegentlich angegebenen griechischen Zählung eine Stütze erblicken wollen. Wie indes der neueste Herausgeber LAUER (siehe unten) nachgewiesen hat, handelt es sich bei diesen griechischen Zählzeichen nicht um eine Paragraphenzählung, sondern um die entsprechenden Jahreszahlen der byzantinischen Ära. FLODOARD berichtet gleichzeitig, und erst kurz vor seinem Tode legte er den Griffel aus der Hand. Flodoardi Annales in MG. SS. III 363 bis 408. Beste Ausgabe von LAUER, Paris 1906. — An die Annales Bertiniani knüpft unmittelbar RICHER von St. Remy sein Geschichtswerk an. Er benutzt auch FLODOARD und wird dann selbständig. Seinen nahen Beziehungen zu

Gerbert von Reims verdankte er gute Nachrichten, doch besitzt er wenig historischen Sinn und läßt es oft auch an der für den Geschichtschreiber unerläßlichen Gewissenhaftigkeit fehlen. Einen eigenartigen Zug erhält das Werk durch die fast klinisch genaue Beschreibung der Krankheiten. Das Original des Werkes liegt in Bamberg. Ausgabe von RICHERI Historiarum libri IV (bis 998) in MG. SS. III 561—657. In us. schol. 1877. Übers. in Gesch. d. d. Vorz.

In das kulturelle Leben zur Zeit Ottos I. führt uns ein die Lebensbeschreibung, die **Ruotger** dem Cölner Erzbischof **Brun** († 965), dem Bruder Ottos des Großen, widmete. Auch dieser Herrscher, der selbst erst als Mann Lesen und Schreiben lernte, suchte wie Karl seinen Hof zum Mittelpunkt geistiger Bestrebungen zu machen, angeregt hauptsächlich wohl durch seine Gattin Adelheid. Das geistige Leben seiner Zeit malt nun RUOTGER wenn er die Ausbildung Bruns schildert, der stets eine Bibliothek mit sich führte. Freilich stellt sich die Wissenschaft ganz in den Dienst der Theologie. Aber Brun war doch auch noch sehr ein Kirchenfürst von ottonischer Auffassung mit starker weltlich-politischer Betätigung als Herzog von Lothringen. RUOTGER glaubt ihn deshalb rechtfertigen zu sollen, wie es schon WIDUKIND getan habe, denn schließlich sei doch alles zur Ehre der Kirche geschehen. RUOTGER findet nichts darin, daß der König den in Verona vertriebenen Bischof nach Lüttich versetzt. Doch die Lütticher wollen den Fremdling nicht und vertreiben ihn. Die von einem Zentrum ausgehende Besetzung der Bischofsstühle erregte damals gerade so den Unwillen der lokalen Gewalten wie später, als die Päpste diese Methode befolgten. An Geschichtsmaterial können wir der Beschreibung einiges für den Aufstand Ludolfs gegen seinen Vater entnehmen, obschon auch RUOTGER sehr vorsichtig ist. Diese Vita darf man zu den besseren des Mittelalters zählen.[1] — Beinahe noch bedeutsamer ist die Biographie, die der Hildesheimer Domherr **Thangmar** seinem ehemaligen Schüler, dem späteren Bischof **Bernward** von Hildesheim (993—1022), widmete.[2] Die Darstellung THANGMARS ist an Einzelheiten reicher als die RUOTGERS und fesselt uns daher außerordentlich. Wir erfahren von der Ausbildung des jungen Adeligen in den geistigen und technischen Wissenschaften, von seinem landesväterlichen Wirken als Bischof mancherlei. Zum Schutze gegen Seeräuber, welche die Flüsse heraufziehen, und gegen die Heiden baut er Befestigungen in der Nähe seiner Kathedrale und in der Ferne. Für die Wissenschaft sorgt er durch Errichtung von Schreibstuben, wo die überlieferten Schriften abgeschrieben wurden; alles, was er baute, ließ er ferner mit prächtigen Malereien schmücken. Das Michaeliskloster verdankt ihm Stiftung und Reichtum. Eine schwere Sorge aber zog sich durch BERNWARDS Leben: er kämpfte mit dem mächtigen Erzbischof Willigis von Mainz um die bischöflichen Rechte auf Gandersheim und mußte sich deshalb viele Unbilden gefallen lassen. Er zog mit THANGMAR sogar deswegen nach Rom, um den Papst und den Kaiser, der einst sein Schüler gewesen war, um Recht und Schutz zu bitten. Er erhielt günstigen Bescheid, eignete sich auch mancherlei Reliquien an und kehrte heim, mußte allerdings erfahren, daß unter Otto III. weder des Kaisers noch des Papstes Ansehen sehr groß waren. Erst nach Ottos Tode bestimmte Heinrich II. den Erzbischof Willigis, seinen Rechten auf Gandersheim zu entsagen. Der Gandersheimer Streit steht im Mittelpunkte der Biographie, und da THANGMAR hier lebhaft Partei für BERNWARD nimmt, darf die Schilderung nur mit Vorsicht gebraucht werden. Der Streit um Gandersheim lebte aber unter dem Erzbischof Aribo wieder auf, und auch BERNWARDS Nachfolger GODEHARD mußte schwer

---

1) MG. SS. IV 254—275. Vgl. H. SCHRÖRS, Die Vita Brunonis des Ruotger, Annalen des Hist. Vereins für den Niederrhein 90 (1911) S. 61 ff., der den Ruotger als ehemaligen Corveyer Mönch, dann als Mönch in St. Pantaleon in Cöln nachweist. Eine gute Übersetzung der Vita gab SCHRÖRS ebda. Heft 88 (1910) S. 1ff. Abgefaßt ist diese Vita zwischen 14. März 968 und Juli 969. Vgl. auch BERNHEIM in ZSavStRG., Kanonist. Abt. II 299—335.
2) MG. SS. IV 254—275 Übers. in Gesch. d. d. Vorz. Vgl. DIETERICH, Über Thangmars Vita Bernwardi episcopi NA. XXV 425ff.

um die Rechte seines Hochstifts kämpfen, bis er 1027 auf der Frankfurter Provinzialsynode in Gegenwart Kaiser Konrads II. sein Recht bekam. Das alles schildert uns in GODEHARDS Lebensbeschreibung der Kleriker **Wolfhere**.¹) Diese Biographie ist für die Geschichte des Kirchenrechts besonders ergebnisreich.

Auch in der Ottonenzeit wurde, obschon unter den beiden letzten Ottonen die Reichsgewalt im Slawenlande zurückging, die Missionstätigkeit weiter ausgedehnt. Sie knüpft hauptsächlich an den hl. **Adalbert** an, der selbst von Geburt Slawe, auf der deutschen Schule zu Magdeburg seine Ausbildung erhielt, um dann, als Eingeborener bevorzugt, Bischof von Prag zu werden. Doch machte er sich in seiner Heimat durch seine strenge Lebensauffassung gegenüber den verheirateten Geistlichen und gegen die Sklavenhalterei verhaßt, so daß er wiederholt das Land verließ, um in Rom Ruhe als Ordensmann zu finden. Er lernte auch den Kaiser Otto III. persönlich kennen. Schließlich ging er als Missionar in das Land der Preußen und fand in der Nähe von Danzig den Tod als Märtyrer. Das regte verschiedene zur Darstellung des Lebenslaufes des frommen Mannes an.

Im Anschluß an seinen Märtyrertod schrieb angeblich ein Pole eine größere Passio, aus der dann ein deutscher Geistlicher einen Auszug herstellte. SS. rer. Pruss. I 235—237, MG. SS. XV 2, 706 bis 708. Vgl. ZEISSBERG, Poln. Geschichtschr. 19—22. VOIGT, Adalbert von Prag. 1898, setzt diese Passio aber etwa 20 Jahre später an. WATTENBACH, DG. I⁷ 387 388. Eine Lebensbeschreibung verfaßte auf Wunsch Ottos III. JOHANNES CANAPARIUS, Abt des Alexiusklosters in Rom, der Adalbert noch gekannt hatte. MG. SS. IV 581—595. Im Anschluß daran gleichfalls als Zeitgenosse BRUNO von Querfurt. Ebd. 596—612. Dieses Resultat sichert gegen Angriffe M. PERLBACH, NA. XXVII 35—70. Hier auch die neueste Literatur. Vgl. auch H. G. VOIGT, Bruno von Querfurt, Stuttgart 1907.

Die Biographien des Bischofs Ulrich von Augsburg (924—973), geschrieben von GERHARD, MG. SS. IV 377—427, und des Bischofs Burchard von Worms (1000—1025), ebd. 829—846, sind beide wichtig. Das Fragment einer Vita des Bischofs Hemmo von Halberstadt in Arch. f. ä. d. G. XI 285. Die Vita Alberonis II. Mettensis episcopi (984—1005) von Abt CONSTANTIN in MG. SS. IV 658—672. Die Vita Wolfkangi episcopi Ratisponensis (972—994) ist auf Grund einer älteren Vita von OTHLO bearbeitet worden. Ebd. 521—542. Nach Reichenau führt uns das Carmen Purchardi de gestis Witigowonis (abbatis 985—997). MG. SS. IV 621—632. Das Leben der Klausnerin Wiborad, von einem St. Galler Mönche später beschrieben, bietet Nachrichten über den Hunneneinfall von 926. Ebd. 452—457. Von der Gemahlin Heinrichs I., Mathilde († 968), gibt es eine bald nach dem Tode geschriebene ältere und eine überarbeitete jüngere Lebensbeschreibung. Sie ist hauptsächlich erbaulich, und nur mit Vorsicht sind ihr Nachrichten zu entnehmen. Die ältere Vita MG. SS. X 573—582, die jüngere IV 283—302. Übers. in Gesch. d. d. Vorz.

Von Kaiser Heinrich II. existiert der Anfang einer Vita (bis 1004). Sie scheint das Überbleibsel einer größeren Arbeit zu sein, die nach ALPERT (s. o. S. 43) der Utrechter Bischof ADALBOLD (1010—1026) geschrieben hat. MG. SS. IV 679—695. Vgl. WATTENBACH, DG. I⁷ 438.

Ein verhältnismäßig reiches Material an **Kaiserurkunden** liegt uns durch die Veröffentlichungen TH. VON SICKELS und H. BRESSLAUS in der Abteilung Diplomata der Mon. Germ. hist. vor. Im Mittelpunkt steht die Abmachung Ottos I. mit Papst Johann XII. vom 13. Februar 962, das sog. **Pactum Ottonianum**. Bewußt greift Otto I. in diesem Pactum auf die Karolingerzeit zurück. Er verbürgt dem Papst und seinen Nachfolgern den Kirchenstaat in dem Umfange, wie Pippin und Karl einst ihn zugesichert; weiter bestimmt er, daß die Wahl bei den von alters her Berechtigten bleiben solle. Aber dem Papste wurde dafür die Verpflichtung auferlegt, vor der Weihe dem Kaiser die gleichen Versprechungen zu machen, wie einst der Vorgänger Leo III. dem Kaiser Karl. Leider sind uns diese Versprechungen nicht bekannt. Aber dieses Garantiebündnis von Kaisertum und Papsttum wurde für die deutsche Geschichte außerordentlich folgenschwer. Abgedruckt MG. Legum Sect. IV 1, 23ff. Vgl. TH. VON SICKEL, Das Privilegium Ottos I. für die römische Kirche vom J. 962. Innsbr. 1883.

Für die Literaturgeschichte: Ekkehards I. Waltharilied. Ausg. von JAC. GRIMM, Lat. Gedichte des X. und XI. Jhs. Gött. 1838. Waltharius, lat. Gedicht des 10. Jhs. Nach der handschriftl. Überlief. berichtigt, mit deutscher Übertragung und Erläuterung von Jos. VICTOR SCHEFFEL und A. HOLDER, Stuttg. 1874. Ferner NOTKERS des Deutschen Übersetzungen. Ausgabe von PIPER, Freib. 1883. Über Hrotsvits. o. S. 40. — Für die Kunstgeschichte: Einzelne Bilder bei G. STEINHAUSEN, Geschichte der deutschen Kultur, 1904, bes. S. 86/87, 91, 118, 128/129. G. SWARZENSKI, Die Regensburger Buchmalerei des 10. und 11. Jhs. Ders. Die Salzburger Malerei von den ersten Anfängen bis

---

1) MG. SS. XI 167—196 und 196—218.

zur Blütezeit des romanischen Stils. (Denkmäler der Süddeutschen Malerei des frühen Mittelalters 1 und 2.) Leipzig 1901u. 1908. K. LAMPRECHT, Der Bilderschmuck des Codex Egberti, Jahrbücher des Vereins von Altertumsfreunden im Rheinland. 1881. — Für die Militärgeschichte das Aufgebot zur Heerfahrt nach Italien bei JAFFÉ, Bibl. V 471. — Aus den Totenbüchern, welche F. L. BAUMANN in den Antiquitates der Mon. Germ. veröffentlicht hat, schlägt einiges auch in diese Zeit ein. — Sehr bemerkenswert ist der Bericht, den der Araber Ibn Ia'qub über eine Reise an den Hof Ottos des Großen angefertigt hat. Übersetzung bei W. WATTENBACH als Anhang zu der deutschen Übersetzung des Widukind von Corvey in Gesch. d. d. Vorz.

Viertes Kapitel: Die Zeit der Salier.

Die Zahl der Annalenwerke ist auch während der Salierzeit fortwährend im Steigen. Meist bauen diese Annalen sich auf Weltchroniken auf, die auf HIERONYMUS, dessen Fortsetzer und die Bearbeitung BEDAS zurückgehen. Die Verfasser sind durchweg Geistliche, und wir beobachten, daß sie meist durchdrungen sind von dem Geiste der Kirchenreform, die von Westen her, vom französischen Kloster Cluny aus, sich auf das Reich verbreitete und als praktische Konsequenz die Beseitigung des Einflusses des Königs auf die Geistlichkeit anstrebte. Unter Konrad II. und Heinrich III. lassen sich einzelne Züge solcher Tendenz feststellen. Die Zeit Heinrichs IV. und Gregors VII. sah die verschiedenen Strebungen des Königs und Papstes mit elementarer Gewalt aufeinanderprallen, und nun grollt und tobt es auch in der Historiographie. Die kuriale Auffassung verfügte nun über die meisten und geschicktesten Federn. Hier suchte man den Verlauf der Geschichte so darzustellen, daß vom Wirken des Königs ein möglichst trübes Bild auf die Nachwelt übergehen mußte. Aber es kam nun auch eine publizistische Art der Geschichtschreibung auf. Es treten Anhänger von Kaiser und Papst auf, äußerlich mit dem Scheine der Geschichtschreiber, innerlich aber ganz von dem Wunsche durchdrungen, nicht mehr bloß Geschichte zu schreiben, sondern durch die Geschichtschreibung das Urteil der Leser für oder gegen einen der vornehmen Kämpfer einzunehmen. Die Historiographie wird bewußt oder unbewußt tendenziös, so daß dem ernsten Forscher von nun an stets die Aufgabe obliegt, die Stellung und Wahrheitsliebe des Autors genau zu untersuchen. Streitigkeiten gekrönter Häupter und ihrer Parteigänger auch in der Geschichtswissenschaft hatte es ja stets gegeben; es sei nur an die Zwistigkeiten zur Zeit Ludwigs des Frommen erinnert. Aber diese persönlichen Gegensätze waren doch unbedeutend im Vergleiche zu dem Problem, welcher Macht auf Erden die Führung zustehen solle, der geistlichen oder der weltlichen. Gewandte Federn haben die Ansprüche ihrer Partei vertreten, und philosophische Gedanken wurden in die Geschichte getragen. Aber eine genetische Entwicklung des Kampfes und eine historische Prüfung der beiderseitigen Ansprüche wurden doch kaum versucht. Am liebsten werden die Rechte des Papstes und des Kaisers nach den Aussprüchen der Bibel und der Kirchenväter festgestellt. So viel ist sicher, daß man nach dem Losbrechen des Kampfes zwischen Imperium und Sacerdotium einige Jahrzehnte lang die Geschichtschreiber nach ihren Stellungen zu den beiden Mächten gruppieren kann. Die libelli de lite werden im 11. Jh. eine wichtige Geschichtsquelle.

Auch Biographien von weltlichen und geistlichen Fürsten sind während der Salierzeit in Menge geschrieben worden, doch vermissen wir namentlich bei den Biographien der Kirchenfürsten Größe der Auffassung. Meist hat der kluniazensische Geist aus den Bischöfen, die so tief in weltliche Händel verstrickt waren, nachträglich Heilige gemacht, denen erbauliche Betrachtungen gewidmet werden. Die Biographien der weltlichen Fürsten aber lassen entweder den Charakter der Biographie missen, oder wenn sie mehr Biographie sind, so bieten sie nur wenig wirklichen Gehalt.

Gleich die Biographie, die uns bequem in die Zeit der Salier überleitet, die **Vita Cuonradi**, ist doch nur ein Annalenwerk, das die Regierungszeit Konrads II. umfaßt.

Der Verfasser **Wipo**, aus Burgund gebürtig, war als Kaplan am Hofe Konrads tätig und daher verhältnismäßig gut eingeweiht. Deshalb atmet auch seine Schilderung der Taten des Kaisers warmes Leben. Zuverlässig ist er jedoch nicht immer. Sein ansprechender Bericht von der Wahl Konrads ist bestritten. Solche Ungenauigkeiten rühren vielleicht daher, daß er infolge von Kränklichkeit wiederholt dem Hofe fernbleiben mußte. Wipo scheint auch die Erziehung Heinrichs III. geleitet zu haben, wie aus einer Sammlung von Lehrsprüchen hervorgeht. Dieses Kaisers Biographie hat er anfänglich, wie man aus dem Prolog entnehmen kann, an die Konrads anreihen wollen. Doch ist er nicht dazu gekommen. Mehrere andere Werke Wipos sind verloren gegangen.

Wipo erzählt besonders anschaulich, in welch schwieriger Lage das Reich blieb, als Heinrich II. 1024 kinderlos starb. Die Kaiserin Kunigunde habe sich allerdings bis zur Herstellung geordneter Verhältnisse mit Hilfe ihrer Brüder des Reiches energisch angenommen. Nach einigen Versammlungen wurde Zeit und Ort der Wahl festgesetzt. Auf einer großen Ebene zwischen Mainz und Worms kamen die Vertreter von Sachsen, Ostfranken, Westfranken, Lothringer, Bayern und Alamannen zusammen. Die meisten Aussichten hatten die beiden Vettern Kuno, aus fränkischem Gebiet stammend. Schließlich wählte man den älteren. In Mainz nahm Erzbischof Aribo die Salbung vor und begrüßte den König als den Statthalter Christi, den Vertreter der höchsten Würde: ein Zeichen, wie hoch damals die königliche Würde gestellt wurde. Nach den Festlichkeiten zog er feierlich durch die Provinzen des Reiches. In Aachen nahm er auf dem Stuhle Karls des Großen Platz und sprach dort Recht; den Sachsen bestätigte er nach ihrem Wunsch ihr altes Recht. In Italien nahm er gewissenhaft des Reiches Rechte wahr; die gegen ihn angezettelten Empörungen im Reiche, auch die seines Stiefsohnes Ernst, warf er nieder, da die niederen Vasallen damals ausdrücklich den Gehorsam gegen den König über den gegen den Herzog stellten (Kap. 20). Burgund verleibte er dem Reiche ein. Das alles erzählt Wipo; er ist auch freimütig. Bitter tadelt er, wenn er glaubt, daß der König ein Bistum simonistisch vergeben habe. Das sei unter Heinrich III. nicht vorgekommen. Dieser habe sich nicht um einen Heller bereichert. Hier offenbarte sich schon die größere Strenge des kluniazensischen Geistes. Daß wir aus Wipos Feder nicht auch Heinrichs III. Leben besitzen, dürfen wir bedauern.[1])

Jetzt nun, da unter den Saliern die Interessen des südwestlichen Reiches in den Vordergrund gerückt wurden, entstand auch hier wieder eine umfassende Historiographie. Die Grundlage, um darauf weiterzubauen, legte ein Unbekannter, indem er eine **schwäbische Weltchronik** zusammenstellte. Erhalten ist freilich nur ein dürftiger Auszug aus ihr, der mit dem Jahre 1043 abbricht, nachdem von Heinrich erzählt ist, daß die Gaukler und Spieler ohne Gabe von seinem Hofe hätten ziehen müssen. Auch hier wird der neue Geist asketischer Weltflucht bemerkbar. Aus der schwäbischen Weltchronik hat auch die Würzburger Chronik geschöpft und erzählt dann die Geschichte Heinrichs III. und die allerersten Anfänge Heinrichs IV. Ebenso benutzte diese schwäbische Weltchronik HERMANN DER LAHME (H. contractus, geb. 18. Juli 1013), Mönch des Klosters Reichenau, als er seine schwergelehrte Weltchronik zusammenstellte, um an sie Annalen bis 1054, kurz vor seinem Tode, zu reihen. Als Fortsetzer HERMANNS haben **Berthold** und **Bernold** einen Namen.

Über das Verhältnis der schwäbischen Weltchronik zu HERMANN ist allerdings zwischen DIETERICH und BRESSLAU gestritten. DIETERICH, Die Geschichtsquellen des Klosters Reichenau bis zur Mitte des 11. Jhs., 1897, glaubte, daß HERMANN selbst die erwähnte schwäbische Weltchronik als eine Art Exzerptensammlung für seine Chronik angelegt habe. Dagegen wandte sich BRESSLAU, Die Quelle des Chronicon Wirziburgense, NA. XXV (1899) 13ff.; er bekämpft die „kühne Hypothese" DIETERICHs von HERMANNs fast nach Art eines modernen Gelehrten angelegten Vorarbeiten" und

---

1) Gesta Cunradi II. imperatoris in MG. SS. XI 254—275; auch in us. schol. von H. BRESSLAU, übers. in Gesch. d. d. Vorz. WATTENBACH, DG. II⁶ 11ff. KÖHLER in NA. XXXIII 212ff. — Ein Gedicht auf den Tod Heinrichs III. von unbekanntem Verfasser veröffentlicht PERELS in NA. XXXVII 590ff.

führt HERMANNS Arbeiten auf die wahre Bedeutung zurück. DIETERICH gab dann (Streitfragen der Schrift- und Quellenkunde 1900) das „Handexemplar" mit der Exzerptensammlung preis, sah aber in der erhaltenen kürzeren schwäbischen Weltchronik eine Vorarbeit HERMANNS von Reichenau. In NA. XXII (Beiträge zur Kritik der Geschichtsquellen des 11. Jhs.) 127ff. faßt BRESSLAU aufbauend seine Ansicht dahin zusammen, daß die verlorene, an Material reiche Weltchronik um 1044 in Reichenau entstanden, die erhaltene aber in St. Gallen geschrieben sei. HERMANN, der in Reichenau gelebt habe, könne diese also nicht geschrieben haben. BRESSLAU wies auch hin auf die Abhängigkeit der österreichischen Annalistik von der Weltchronik. ROB. HOLTZMANN, Wipo und die Schwäbische Weltchronik, NA. XXXV 55ff. gegen DIETERICH, für BRESSLAU. Wipo hat die schwäbische Weltchronik, die nach H. in Reichenau entstanden ist, während BRESSLAU noch zwischen Reichenau und St. Gallen schwankte, benutzt – – HERMANN DER LAHME soll auch Lebensbeschreibungen von Konrad II. und Heinrich III. verfaßt haben; doch wird seine Autorschaft bestritten, jedenfalls sind die Biographien nicht erhalten. HERMANNS Chronik in MG. SS. V 67—133.

Eine Fortsetzung zu HERMANN schrieb BERTHOLD, gleichfalls Mönch in Reichenau, ein Schüler HERMANNS. Der erste Teil des Annalenwerkes (MG. SS. V 264—326) ist ruhig gehalten (bis 1075), in dem späteren Teile wird der Verfasser (BERTHOLD?) leidenschaftlicher Anhänger des Papstes gegen den König. Die nur bruchstückweise erhaltenen Jahrbücher reichen bis 1080; doch ist es fraglich, ob die letzten sechs Jahre von BERTHOLD aufgezeichnet sind. G. WAITZ, Gött. G. Nachr., 1857, 62. MEYER V. KNONAU, Jbb. unter Heinrich IV. und V. 2, 906.

Unter Benutzung BERTHOLDS schrieb auch BERNOLD, Mönch in St. Blasien, Annalen und führte sie bis 1100 fort. MG. SS. V 385—467. Auch er stand im Kampfe auf päpstlicher Seite und vertrat seine Anschauungen noch in einer Reihe von Traktaten (s. u. S. 54). Liest man seine Annalen, so scheint es einem, als ob der Papst ganz die Stelle der alten Kaiser eingenommen. So beginnt bei ihm seit 1091 jedes Jahr mit domnus papa und seiner Feier des Weihnachtsfestes. In den alten fränkischen Reichsannalen stand da jedesmal domnus rex. Auch ein Zeichen der neueren Zeit. Wie schwer der Kampf der höchsten Gewalten die Gemüter damals ergriff, können wir aus BERTHOLDS und BERNOLDS Annalen erkennen. Früher nahm man irrig an, daß BERNOLD der erste und HERMANN der zweite Fortsetzer von HERMANNS Chronik gewesen sei. Das Richtige bei W. GIESEBRECHT. Kaiserzeit III 1032—1038.

Aus HERMANN und einem Fortsetzer sind, nicht vor 1081, die Augsburger Annalen ausgeschrieben und dann von einem oder zwei Schreibern als Zeitgenossen, jedoch nicht von Jahr zu Jahr, bis 1104 fortgeführt. An die Spitze des Annalenwerkes wurden für die Zeit von 973—1000 dürftige annalistische Aufzeichnungen gestellt, die wohl auf Augsburg selbst zurückgehen. Um 1074 nimmt H. LOEWE (Die Annales Augustani. Eine quellenkritische Untersuchung 1903) einen neuen Verfasser an. Die Berichterstattung ist meist sehr knapp und wirft oft in komischer Weise Wichtiges und Nebensächliches durcheinander. Der Standpunkt ist vorsichtig gewählt; der Schreiber hält es mit dem Kaiser, ohne die päpstliche Partei verletzen zu wollen. Augsburger Lokalnachrichten finden sich in großer Zahl. Ausgabe in MG. SS. III 123—136.

Auch in Hildesheim entstand ein Annalenwerk, anfangs eine wertvolle Kompilation, dann für das 10. Jh. wichtiger, weil in ihm die verlorenen Hersfelder Jahrbücher am stärksten ausgeschrieben sind. Vom J. 995 an haben die Hildesheimer Annalen selbständigen Wert. Freilich sind sie nicht so, wie sie uns vorliegen, gleichzeitig niedergeschrieben. Sie gehen vielmehr auf ältere nicht erhaltene Hildesheimer Jahrbücher zurück. Die Fortsetzung der Hildesheimer Annalen von 1041 bis 1109 ist nachgeholt und größtenteils aus den Annalen von St. Alban in Mainz, gewöhnlich, doch irrig Würzburger Annalen genannt (MG. SS. II 238—247), entnommen. Die weitere Fortsetzung bis 1137 stammt aus den heute verlorenen Paderborner Annalen (s. u.). Die Hildesheimer Annalen sind namentlich für die Beziehungen des Reiches zum Osten sehr ergiebig. Ausgabe in MG. SS. III 42—116. Besser ed. G. WAITZ in us. schol. 1878.

In Kloster Altaich (Nieder-Altaich) entstand im 11. Jh. ein bis 1073 reichendes Annalenwerk, angelegt wohl nach einer auch von GIESEBRECHT vertretenen, jedoch nicht allgemein angenommenen Hypothese von dem Hildesheimer Kleriker WOLFHERE, der auch sonst als Geschichtsschreiber bekannt ist (vgl. oben S. 45) und Beziehungen zu Altaich hatte. Der Fortsetzer dieses Annalenwerkes war jedenfalls ein gut unterrichteter Mann, der sowohl über die Dinge im Osten wie in Italien brauchbare Nachrichten bringt. Die Annalen, die von AVENTIN (16. Jh., s. u. S. 101) benutzt wurden, galten als verloren und wurden 1841 von W. GIESEBRECHT rekonstruiert. 1867 fand dann EDM. V. OEFELE einen Auszug AVENTINS, der die Altaicher Annalen bis 889 im Auszuge und von da an vollständig enthielt. Durch den Fund wurden die Ergebnisse der GIESEBRECHTSCHEN Rekonstruktion im großen und ganzen bestätigt. Ausgabe von GIESEBRECHT und OEFELE in MG. SS. XX 782—824 und in us. schol. 1868. Übers. von L. WEILAND in Gesch. d. Vorz. Vgl. A. CHROUST, Zu den Annales Altahenses majores a. 1053/1054. NA. XV (1890) 587—590. EHRENFEUCHTER, Die Annalen von N. Alt. Gött. 1870. LINDNER, Über die Annalen von N. Alt. FDG. XI (1871) 525—561. KITT, Zur Kontroverse über die Komposition der Alt. Ann. Ebd. XII (1872) 621—624. H. BRESSLAU, Jb. d. d. Reichs unter Konrad II. 2, 431—435.

Die Melker Annalen (bis 1123) sind von W. WATTENBACH. MG. SS. IX 479—501 herausgegeben. Von Jahrbüchern seien noch genannt die kaiserlich gesinnten Ottobeurner Annalen (1040—1111), MG. SS. V 6—9, ferner die Corveyer Annalen (bis 1148), MG. SS. III 1—18, die nur durch Fragmente bekannten Iburger Jahrbücher, MG. SS. XVI 434—438, die nur in Auszügen erhaltenen Rosenfelder Jahrbücher, MG. SS. XVI 99—104, und Reste von Osnabrücker (ed. PHILIPPI, Osnabrücker Geschichtsquellen I 1, 2) und Regensburger Annalen, MG. SS. XIII 48—50.

Das bekannteste Annalenwerk der fränkischen Zeit sind die Jahrbücher **Lamperts von Hersfeld**. Zwar ist der Name LAMPERT erst durch eine verhältnismäßig späte Überlieferung (Ende des 16. Jhs.) mit dem Werke in Verbindung gebracht, aber es liegt deshalb kein Grund vor, ihn zu verwerfen. Jedenfalls hat der Verfasser der Annalen in enger Berührung mit dem Bamberger Bistume gestanden; und es ist wahrscheinlich, daß er in Franken geboren und in der Bamberger Stiftsschule aufgezogen wurde. Was wir sonst von ihm wissen, verdanken wir seinen eigenen Angaben. 1058 kam er ins Kloster Hersfeld. Zwischen 1063 und 1073 schrieb er hier das Leben Lulls, des Mainzer Erzbischofs und Gründers des Klosters Hersfeld. Von einem anderen Werke, der Gründung Hersfelds, sind nur Bruchstücke vorhanden. Nach der Wahl Rudolfs zum Gegenkönig (15. März 1077) begann LAMPERT mit der Abfassung seiner Annalen. Er stützte sich dabei auf die vorhandenen Hersfelder und alte Altaicher Jahrbücher. Am Schlusse seines Werkes äußert er, daß sein Fortsetzer mit Rudolfs Königtum seine Darstellung beginnen möge, ein Zeichen, daß er Heinrich IV. als vollständig abgetan ansah. Darin kommt denn noch einmal die ganze Tendenz zum letzten Ausdruck. Heinrich hat sich allen **Lastern** hingegeben: er bricht göttliches und menschliches Recht, sein Kampf gegen die Sachsen und den Papst ist eine ununterbrochene Kette von Unrecht und Bosheit, sein Privatleben bietet tausendfachen Anstoß. Und das besonders seit dem J. 1073, da er sich von der strengen Vormundschaft des Erzbischofs Anno von Köln befreit hatte. „Statim in omnia genera flagiciorum raptis omnibus modestiae et temperantiae frenis precipitem se dedit." Gegen das Sachsenland begann sein Wüten. Aber das J. 1073 sah auch das Emporsteigen des glänzenden Gegenspielers. Hildebrand wurde Papst Gregor VII. Zwischen beiden war ein Friede nicht möglich. Die Entwicklung des Konflikts bis zu den Tagen von Kanossa und Forchheim erzählt LAMPERT anschaulich, aber als leidenschaftlicher Gegner des Königs. Hunderte von Verstößen gegen die geschichtliche Wahrheit sind ihm nachgewiesen. Trotzdem aber möchten wir sein Werk nicht missen, da es uns doch ein unvergleichliches Bild von den Stimmungen gibt, die in weiten Kreisen des Volkes herrschten oder verbreitet wurden. Ob LAMPERT immer bewußt die Unwahrheit gesagt hat? Viele Fehler, die sich bei ihm finden, lassen sich auch bei anderen mittelalterlichen Geschichtschreibern feststellen. Er konnte selbst getäuscht oder falsch unterrichtet sein. Seine Animosität und Parteilichkeit müssen uns allerdings zur Vorsicht mahnen.

O. HOLDER-EGGER hat Lamperti monachi Hersfeldensis opera 1894 in us. schol. in so verbesserter Gestalt herausgegeben, daß die ältere Ausgabe MG. SS. III 22—29, 33—69, 90—102 und V 131—263 nicht mehr zu gebrauchen ist. Übers. der Annalen von HESSE in Gesch. d. d. Vorz. Vgl. MEYER v. KNONAU, Jahrb. d. d. Reichs unter Heinrich IV. und Heinrich V. 1 (1890) 656—663, 2 (1894) 791 ff. stellt die Literatur zusammen von RANKES (1854) und DELBRÜCKS (1873) ungünstigen Urteilen über GIESEBRECHTS günstigere Beurteilung hinweg bis zu HOLDER-EGGERS scharfer Kritik. Sachlich sich diesem meist anschließend, kommt er doch zu dem Schluß, ein planvoller Lügner sei LAMPERT nicht gewesen. 1. DIEFFENBACHER, L. v. H. als Historiograph, ein Beitrag zu seiner Kritik, Würzburg 1890 (Diss. Heidelberg). O. HOLDER-EGGER, Studien zu Lamp. v. H. in NA. XIX (1894) 143—213; 371—430; 509—574. A. EIGENBRODT, L. v. H. und die neuere Quellenforschung, Cassel 1896, Derselbe L. v H. und die Wortauslegung Leipzig 1896. FR. KURZE, DZG. 1897/1898, 174—183, sieht in dem Abte HARTWIG des Klosters Hersfeld den Verfasser des Annalenwerkes. (Von der Kritik abgelehnt.)

Ebenso wie LAMPERT nimmt BRUNO, Kleriker der Merseburger Diözese, in seinem Buche vom Sachsenkriege gegen den König Partei. Diese Geschichte umfaßt die Jahre 1073—1081 und ist besonders wichtig wegen der eingeschobenen Aktenstücke und Urkunden. Da BRUNO als Sachse sehr gehässig gegen den König ist, so sind auch über seine Glaubwürdigkeit die Ansichten sehr geteilt. MG. SS. V 327—384; in us. schol. 1880. Übersetzt von W. WATTENBACH in Gesch. d. d. Vorz. Vgl. DEWITZ, Würdigung von Brunos liber de bello Saxonico im Vergleich mit den Annalen Lamperts von H., Progr. Offenburg 1881. 1. MAY, Über Brunos Schrift vom Sachsenkriege in FDG. XXIV (1884) 3 ff. MEYER v. KNONAU, Jahrbb. III (1900) 427 ff.; danach ist BRUNO der Vertreter der sächsischen Auffassung mit den äußersten Folgerungen, bis zur „vollendetsten Lügenhaftigkeit". Über den ganzen Kreis der sächsischen, Heinrich IV. feindlichen Tradition vgl. die Zusammenstellung

bei MEYER v. KNONAU, Jahrbb. IV(1903) 541ff. I. LAMPEL, Über die Benutzung von Brunos Sachsenkrieg in den Melker und Admonter Annalen. MIÖG. Ergbd. 6, 172ff.
Für den König tritt ein das Gedicht über den Sachsenkrieg, das leider nur die Jahre 1073 bis 1075 behandelt. Man wollte in LAMPERT den Verfasser sehen, doch ist das wegen der Verschiedenheit des Standpunktes unmöglich. Auch hielt man es wie so viele andere Gedichte des MA. eine Zeitlang für eine humanistische Fälschung. Doch ist die Echtheit jetzt fast allgemein anerkannt. Ausgabe MG. SS. XV 2, 1218—1235; in us. schol. 1889. A. PANNENBORG, Das Carmen de bello Saxonico Lamperts von Hersfeld. Progr. des Gymn. Gött. 1892. A. EDEL, Ist Lambert von H. wirklich der Verfasser der Gesta Heinrici quarti metrica? FDG. XXVI 529ff. Vgl. auch F. STOLLE, Ist Lampert von H. der Verfasser des Carmen de bello Saxonico? HJb. XIII (1892) 440—469. GUNDLACH, Ein Diktator aus der Kanzlei Heinrichs IV., 1884, nimmt den Propst GOTTSCHALK von Aachen als Verfasser wie der Vita Henrici IV. (107) so auch des Carmen an (147). Über die ganze Frage MEYER v. KNONAU, Jahrbb. V. (1904) 363ff.

Heinrich IV. fand gleich nach seinem Tode einen Biographen, der mit großer Liebe und sicherem politischen Blick die Person des Dahingeschiedenen schilderte. Doch ist das Tatsächliche, was diese Lebensbeschreibung bietet, im Vergleich zu WIPOS Darstellung der Taten Konrads sehr dürftig, dagegen die Charakterisierung feiner.

Über den Verfasser sind verschiedene Vermutungen aufgestellt; doch geht keine über ein geringes Maß von Wahrscheinlichkeit hinaus. HOLDER-EGGER sucht NA. XXVI (1901) 176 die Ansicht GIESEBRECHTS zu stützen, daß Bischof ERLUNG von Würzburg der Verfasser sei. Mit neuen Gründen kommt M. TANGL zu gleichem Schluß in NA. XXXI (1906) 476ff. Ausg. der Vita Heinrici IV. imperatoris in MG. SS. XII 268—283; in us. schol. 1876. Übers. in Gesch. d. d. Vorz. Vgl. noch GUNDLACHS Arbeit unter Carmen de bello Saxonico.

Eine ganz andere, durchaus feindliche Beurteilung findet Heinrich IV. bei PAUL, zeitweilig im Kloster Bernried, der ein Leben des Papstes Gregor VII. viele Jahre nach dessen Tode, aber wohl noch unter dem Eindruck dieser gewaltigen Person stehend (1128), schrieb.

PAUL konnte sich bei seiner Anwesenheit (1122) in Rom mit dem nötigen Material versehen. Er faßt Gregor, ohne dessen Größe wirklich zu begreifen, als Märtyrer und den König ganz einseitig als eine Art Nero auf. Verschiedene Ausgaben der Vita in Act. SS. Boll. 25. Mai VI 113—143. MURATORI SS. rer. Ital. III 1. 314—351. WATTERICH, Vitae pontificum I 474—546. Vgl. Jos. GREVING, Pauls von Bernried Vita Gregorii VII papae, 1893. MIRBT, Die Publizistik im Zeitalter Gregors VII., 1894, 131ff. PAUL war nicht Mönch in Bernried. Vgl. J. MAY, Zum Leben Pauls v. B., Offenburg Prog. 1895, 22 u. die ältere Abh. ebd. 1889. Über PAULS Briefe MAX HERRMANN, NA. XIV(1889) 565.

Eine nicht unfreundliche Beurteilung erfuhr Heinrich IV. auch bei dem Mönche **Frutolf** des Michaelklosters zu Bamberg. Dieser verfaßte um 1099 eine Weltgeschichte, die im Mittelalter außerordentlich beliebt war, und reihte an das hauptsächlich auf fremde Quellen gestützte Werk seine eigenen annalistischen Aufzeichnungen, die, je näher sie der Abfassungszeit rücken, um so bedeutsamer werden. Auch FRUTOLF kennt Heinrichs IV. Schwächen, aber er sieht in ihnen mehr den Ausfluß jugendlicher Unklugheit und der Mißleitung durch herrschsüchtige Große, namentlich den Erzbischof Adalbert von Bremen. Die Gegenkönige hält er für Aufrührer. An dieses Werk hat dann ein anderer Mönch vom J. 1101 an seine Jahresaufzeichnungen gereiht, nämlich **Ekkehard,** Abt des Klosters Aura bei Bamberg. Er stellt sich gegen Heinrich IV., den er bei guten Anlagen für einen Bösewicht erklärt, und tritt auf Heinrichs V. Seite; aber als auch dieser dann eine dem Papste feindliche Politik begann, rückte er mehr und mehr von ihm ab. Zum J. 1125, als er den Tod dieses Mannes berichtete, konnte er schreiben: „Derselbe hat, wie früher erzählt ist, zuerst unter dem Scheine der Frömmigkeit den gebannten Vater der Herrschaft beraubt; in den Ehren bestätigt, hat er seine Sitten geändert; aber nachdem er dem apostolischen Stuhle schwere Unbill zugefügt hatte, war er hinfort sich nicht mehr selbst gleich; über Handhabung der Gerechtigkeit im Reiche wachte er wenig; scharfsinnig war er, tapfer und kühn, wiewohl wenig glücklich in Kämpfen, unersättlich im Begehren fremden Gutes. Unendliche Geldsummen, wie man sagt, hatte er zusammengescharrt; und da er ohne Kinder starb, ach! ach!, wußte er nicht, wie die Schrift sagt, für wen er sie gesammelt hatte." Dieser EKKEHARD hat nun seine Chronik in verschiedenen Redaktionen bearbeitet, die nicht durchweg dasselbe Urteil wiederspiegeln; jedenfalls hat er aber die Chronik des FRUTOLF, die er fortsetzte, in kaiserfeindlichem Sinne durch Ändern von Worten, Zusätze oder Streichungen geändert. Früher galt die ganze Chronik als einheitliches Werk des EKKEHARD von Aura, der Gegensatz der ursprünglichen Beurteilung Heinrichs IV. zu der späteren wurde als eine Sinnesänderung erklärt. Erst scharfsinnige Forschung hat den wahren Sachverhalt aufgedeckt und die verschiedenen Autoren FRUTOLF und EKKEHARD geschieden.

H. BRESSLAU fand nämlich bei seinen „Bamberger Studien" (NA. XXI (1896) 139 bis 234), daß es in der Bibliothek des Klosters Michelsberg im 12. Jh. wohl eine von verstorbenen Prior FRUTOLF geschriebene Weltchronik gab, aber keine von EKKEHARD. Das mußte bei den nahen Beziehungen von Aura zu Michelsberg auffallen. An FRUTOLFs Chronik wird nun von mittelalterlichen Schriftstellern eine auf die Zeitrechnung bezügliche Eigentümlichkeit erwähnt, die genau auf das Werk EKKEHARDS zutrifft. Aber trotzdem, in Jena lag das ursprünglich nach Michelsberg gehörige Autograph EKKEHARDS, und nach den handschriftlichen Untersuchungen von PERTZ und WAITZ mußte derjenige, der als der Verfasser des zweiten Teiles bekannt war, also EKKEHARD, auch den ersten geschrieben haben. Die Verschiedenheit des Standpunktes konnte daran nichts ändern. BRESSLAU gelang es nun durch sorgfältigste Schriftvergleiche festzustellen, daß tatsächlich die Schrift in beiden Teilen voneinander so abweicht, daß an denselben Schreiber nicht gedacht werden kann. Der Verfasser des ursprünglichen Werkes ist daher aus den oben erwähnten Gründen FRUTOLF. Korrigiert und fortgesetzt ist diese Arbeit von EKKEHARD. Dem EKKEHARD von Aura, der bis dahin als der Verfasser des ganzen Werkes galt, bleibt dann nur noch das allerdings erhebliche Verdienst, eines der besten Annalenwerke aus der Zeit Heinrichs V. geschrieben zu haben. Freilich muß sein Anteil an diesem Werke erst durch genaue Nachprüfung festgestellt werden. Ausgabe des Chronicon universale von Erschaffung der Welt bis 1125 in MG. SS. VI 17—265. Übers. in Gesch. d. d. Vorz.

FRUTOLF-EKKEHARDS Bedeutung lag für das Mittelalter darin, daß er den ganzen geschichtlichen Stoff in so bequemer Bearbeitung bot; wir schätzen das Werk hauptsächlich wegen des originalen Teils der Annalen, und deshalb stehen beide Geschichtschreiber für uns höher als die anderen großen Kompilatoren der Weltgeschichte aus jenen Tagen, MARIANUS SCOTTUS, HUGO VON FLAVIGNY und SIGEBERT VON GEMBLOUX.

MARIANUS SCOTTUS, ein weltfremder Mönch, der von Schottland nach Fulda, von da nach Mainz (1069) wanderte, schrieb nach neuen chronologischen Berechnungen seine Chronik in drei Büchern, nur in ihrem letzten Teile von geringem Werte (bis 1082) in MG. SS. V 481—562. — Wichtiger wegen des massenhaft in ihr verarbeiteten, zum Teil heute nicht mehr erhaltenen Materials ist die bis 1102 geführte Weltchronik des HUGO, Abtes von Flavigny, in MG. SS. VIII 280—502. KOEPKE, Die Quellen der Chronik des Hugo von Fl., Arch. f. ä. d. G. IX 240—292. — Gleichfalls durch die Benutzung von Quellen ausgezeichnet ist die Chronik des Mönches SIGEBERT von Gembloux (bis 1111). Sie hat erst an Wert verloren, seitdem wir die Quellen, die auch ihm dienten, selbst vor Augen haben. Chronographia 381—1111 in MG. VI 300—535. An ihn reihte man viele Fortsetzungen, selbstverständlich auch in Gembloux, wo ANSELM das Werk bis 1135 führte.

Neben den Chroniken und Annalen, die es sich zur Aufgabe machen, uns durch die ganze Reichsgeschichte zu geleiten, und neben den Biographien der Könige, die gleichfalls mehr oder weniger die große Reichsgeschichte behandeln, besitzen wir aus der Salierzeit noch eine Reihe von Quellen mehr lokalen Charakters, Bistumsannalen und Biographien von Kirchenfürsten. Es sei hier kurz auf die nicht unbedeutenden Würzburger Annalen, ferner auf die Geschichte der Bistümer Cambrai und Lüttich hingewiesen. Ganz einzig aber in ihrer Art sind die **Gesta episcoporum Hammaburgensium**, die in dieser Zeit von einem gewissen A. geschrieben wurden, wie er sich selbst in seiner Chronik nennt. In der später geschriebenen Slawenchronik HELMOLDs wird eine Stelle jenes Werkes als von Adam herrührend angegeben, im Hamburger Urkundenbuch erscheint zu 1069 ein ADAMUS als Domscholaster, also dürfen wir den A. wohl **Adam von Bremen** nennen. Er kam 1069 an den Hof des in der Reichsgeschichte bedeutenden Erzbischofs Adalbert und erwarb sich so sehr das Vertrauen dieses Mannes, daß er für das geschichtliche Werk, das er plante, die Bücherei und das Archiv der Kirche benutzen durfte. Mit großer Gewissenhaftigkeit ging ADAM ans Werk. Aus alten Quellen und zuverlässiger eigener

Beobachtung schöpfte er sein reiches Wissen. Er beginnt mit einer Schilderung Sachsens, erzählt dann im Anschluß an EINHARD und andere Quellen, die er stets nennt, die Unterwerfung und Christianisierung des Landes, ferner die Gründung Hamburgs durch Ludwig den Frommen (834, seit 849 mit Bremen vereinigt). Die Schicksale des neuen Erzbistums und seiner Metropoliten ziehen sich wie ein roter Faden durch die groß angelegte Darstellung. Aber das Werk wuchs sich zugleich zu einer Geschichte der nordischen Reiche aus. Nach dieser Richtung hin verdankte ADAM vieles der persönlichen Mitteilung des Königs Svend Estharithson von Dänemark, den er in Seeland besuchte. Die Teilung des Werkes in verschiedene Bücher steht nicht ganz fest; üblich ist die Gliederung des eigentlich historischen Stoffes in drei Bücher, deren drittes dem Erzbischof Adalbert gewidmet ist, mit dessen Tode 1072 es abschließt. Als 4. Buch ist der Arbeit noch eine hervorragend wichtige Beschreibung der nördlichen Inseln und der Küste des baltischen Meeres beigefügt. Wir erfahren da außerordentlich viel über die Beschaffenheit des Landes, die Kultur, den Glauben und Aberglauben der Bewohner, sowie über den Handelsverkehr, der von Konstantinopel über Rußland sich bis in den hohen Norden ausdehnte. Man hat deshalb wohl unsern ADAM als den ersten deutschen Geographen gefeiert. Die Wahrheitsliebe des Domscholasters ist stark. Er macht bei aller Verehrung für den Erzbischof Adalbert aus dessen Fehlern kein Hehl. Freilich wurde seine Wahrheitsliebe auch noch nicht der starken Belastung ausgesetzt, als wenn er zwischen Kaiser und Papst hätte Partei ergreifen sollen. Denn sein Herr unterwarf sich bis zu seinem Ende dem Papste und dem Könige, quorum dominio iure subjaceant omnes saeculi et ecclesiae potestates. Ob ADAM den schweren Streit noch erlebte, muß dahin gestellt bleiben, da sein Todesjahr nicht bekannt ist.

Ausgabe der Gesta episcoporum Hammaburgensium in MG. SS. VII 280—389 und in us. schol. 2 Aufl., 1876. Übers. in Gesch. d. d. Vorz. W. SCHLÜTER, Die Ostsee und die Ostseeländer in der Hamb. Kirchengesch. des A. von Br., in SB. d. gel. Estn. Ges., 1902. M. MANITIUS, Zu Adam von Br., NA. XXV (1900) 202 sucht aus stilistischen Wendungen zu erweisen, daß ADAM den Tacitus (Agricola und Germania) gekannt habe. S. E. LÖNBORG Adam af Bremen och hans skildring af Nordeuropas länder och folk. Upsala 1898. S. GÜNTHER, A. von Br., SB. d. böhm. Ges. d. Wiss. Prag 1894. PH. W KOHLMANN, A. v. Br. Beitrag zur rnn. Textkritik und Kosmographie Leipzig 1908 (Ichut u. a. die Benutzung des Tacitus ab). BIEREYE, Beiträge zur Gesch. Nordalbingiens im 10. Jh., Plön 1909. A. MARQUARDSEN, Erzbischof Adalbert von Bremen und sein Geschichtsschreiber Progr. Altona 1908. H. KRABBO, Nordeuropa in der Vorstellung Adams von Bremen. Hans. G. Bd. 36, 1909, 37—54

Die Biographie des Erzbischofs Anno von Köln (1059—1075), die kurz nach seinem Tode (etwa 1105) abgefaßt wurde, läßt durchaus nicht auf die tiefeingreifende Wirksamkeit dieses Mannes schließen. Er erscheint hier nur als Heiliger und Stifter des Klosters Siegburg, dem in dieser Abtei ein literarisches Denkmal gestiftet werden sollte. Alle Flecken von dem Bilde dieses Kirchenfürsten sind getilgt. MG. SS. XI 462—515. Diese Vita, oder vielmehr eine ältere Vita, aus der jene geschöpft hat, hat wohl dem Verfasser eines der schönsten deutschen Lieder des M.A. vorgelegen, dem Dichter des 1080 (oder erst im 12. Jh.) entstandenen Annoliedes. Die Handschrift dieses Liedes ist verloren gegangen. Ausgabe von M. OPITZ, Danzig 1639. Ferner mit Anmerkungen und Wörterbuch von KEHREIN, 1865, dann ROEDIGER in MG. Deutsche Chroniken I 2 (1895). WATTENBACH, DG. II⁶ 107 ff. — Von dem Erzbischof Bardo von Mainz (1031—1051) gibt es eine bald nach dem Ableben desselben von VULCULD in Mainz geschriebene kürzere und eine in Fulda entstandene längere Biographie. Die erstere in MG. SS. XI 317—321, die major ebd. 321 bis 342. — Die Geschichte der Erzbischöfe zu Trier in den Gesta Treverorum, welche um 1100 auf Grund einer älteren zum Teil fabelreichen Lokalgeschichte abgefaßt und dann fortgeführt wurden, ist eine nicht immer einwandfreie, doch beachtenswerte Quelle. MG. SS. VIII 130—174.

Des Lebens des Bischofs Meinwerk von Paderborn (1009—1036), der sich als das Muster eines für seine Diözese besorgten Kirchenfürsten darstellt, ist erst im 12. Jh., jedoch mit überzeugender Treue abgefaßt worden. MG. SS. XI 104—161. — Die von WOLFHERE (s. o. S. 45) verfaßte Biographie des Bischofs Godehard von Hildesheim (1022—1038) kommt namentlich als Quelle für den Verlauf des Streites um die Ganderheimer Kirche in Betracht. Sie liegt in zwei Redaktionen von 1035, MG. SS. XI 167—196, und 1065, ebd. 196—218, vor. Vgl. BRESSLAU, Jahrbücher des deutschen Reichs unter Konrad II. 1, 353—360. — Inhaltsreich ist die Vita des Osnabrücker Bischofs Benno (1067—1088), die erst in letzter Zeit durch einen glücklichen Fund H. BRESSLAUS in ihrer wahren Gestalt an den Tag getreten ist. Diese Lebensbeschreibung, in us. schol. 1902 von H. BRESSLAU herausgegeben, ist jetzt allein maßgebend; Übersetzung in Gesch. der deutschen Vorzeit Bd. 91 von TANGL, 1911. Die in MG. SS. XII 58—84 abgedruckte Vita erklärte F. PHILIPPI, NA. XXV (1900) 767ff. als Fälschung, stieß aber auf den Widerstand BLOCHS (ebd. 835) und SCHEFFER-BOICHORSTS SB. Ak. Berl. 1901. Die jetzt aufgefundene Vita läßt allerdings PHILIPPIS Urteil in vieler Hinsicht als richtig erscheinen, da der bisher bekannte Text die größten Entstellungen aufweist. Daß in der Vita Bennonis der erste uns bekannte Versuch, das Regalien- und Spolienrecht abzuschütteln, erhalten ist, weist M. TANGL nach in NA. XXX 75ff. — Über die Cambraier Bischöfe: Gerhard I. (1012—1049), Lietbert (1051—1076) und Gerhard II. (1076—1092) sind zu benutzen die fast gleichzeitig (seit 1041) geschriebenen Gesta episcoporum Cameracensium, die auch über die Zeit der Salier hinaus fortgeführt wurden, jedoch für die spätere Zeit nur in Auszügen bzw. durch eine französische Übersetzung bekannt sind. MG. SS. VII 393—525. Über das Leben der Lütticher Bischöfe bis auf Wazo (1041—1048) gibt gute Aufschlüsse ANSELMS Gesta episcoporum Leodiensium, um die Mitte des 11. Jhs. geschrieben. MG. SS. VII 189—234. — Das Leben des Bischofs Altmann von Passau (1065—1091), eines Anhängers des Papstes Gregor VII., ist erst im 12. Jh. im Kloster Götweih niedergeschrieben, bringt jedoch gute Nachrichten. MG. SS. XII 226—243.

Vom Kloster **Klugny** aus verbreitete sich die Reformbewegung über die Benediktinerklöster allmählich nach Osten. Diejenigen, die den Geist des Klugniazensertums in sich aufgenommen hatten, waren Gegner des Reichtums, einer üppigen Lebensführung, sahen im irdischen Leben mit dem heiligen Augustinus nur die Pilgerfahrt zu Gott. Auch ihre Wissenschaft sollte nur der Verherrlichung Gottes dienen. Dieser Geist wurde ein Verbündeter des Papstes Gregor VII., als er den Kampf gegen Simonie und gegen die Investitur der Bischöfe durch den König unternahm. Aus den Klostergeschichten nun können wir am besten ersehen, wie die Klöster Deutschlands unter Konrad II. und Heinrich III. sich mehr und mehr mit diesem Geiste erfüllten. Vom Kloster Stablo aus schickte der Abt Poppo, dessen Biographie deshalb bemerkenswert ist[1]), wiederholt Mönche zur Durchführung der Reform in andere Klöster. Freilich nicht immer mit entsprechendem Erfolge. Als z. B. sein Schüler Norpert St. Gallen reformieren wollte (1034), begegnete er einem stillen, aber nachhaltigen Widerstande. Zu gern erinnerten sich hier die Mönche der schönen Tage der Freiheit, der anmutigen Anekdoten aus der Zeit, wo man weniger weltflüchtig war. Damals (1050) zeichnete nun der Mönch **Ekkehard IV.** schon aus Opposition die Geschichte seines Klosters auf, er benutzte, was an geschriebenen Quellen vorhanden war, hauptsächlich aber stützte er sich auf die lebendige Überlieferung. So kam zwar nicht eine zusammenhängende Geschichte des Klosters heraus (vom Ende des 9. Jhs. an), wohl aber ein buntes Gemisch von Geschichte einer Klosterschule, von großen und kleinen Gelehrten, guten und bösen Menschen. Reichlich viel Irrtum in Einzelheiten begegnet uns, trotzdem möchten wir das inhaltreiche Buch nicht missen. Leider reicht die Erzählung nur bis ins Ende des 10. Jhs.[2]) Was in St. Gallen nicht gelang, die Durchführung der Reform, wurde im Kloster Hirschau im Schwarzwald verwirklicht, als dort der Abt Wilhelm 1068 einzog und das Kloster zu einer Pflanzschule für klugniazensische Reformer machte († 1091). Seine Lebensbeschreibung vom Hirschauer Prior HAIMO[3]) hat deshalb ihren Wert, wenn sie auch für die eigentliche politische Geschichte nur wenig bietet.

Der Streit zwischen König und Papst wurde wie mit den Waffen so auch in scharfer literarischer Polemik ausgefochten. Von den **Streitschriften** nun, die des Papstes oder des Königs Sache vertraten, sind die gewandteren im Sinne des Papstes geschrieben. Das lag daran, daß die Klostergeistlichkeit, welche sich dem Papste anschloß, über die größere Bildung verfügte. Als historische Quelle sind die Streitschriften nur mit größter Vorsicht zu gebrauchen. Doch unterrichten sie vorzüglich über die Stimmung und Verbitterung in beiden Lagern. Deshalb rechtfertigt sich auch ihre Sammlung in den Monumenta Germaniae als Libelli de lite.

---

1) MABILLON, Acta ordinis sti Benedicti saec. VI 1, 571—596. MG. SS. XI 291—316.
2) Casus Sti Galli MG. SS. II 59—183. Übers. in Gesch. d. d. Vorz.
3) MABILLON, Acta ordinis sti Benedicti saec. VI 2, 717—741. MG. SS. XII 209—225. — Vgl. M. FISCHER, Studien zur Entstehung der Hirschauer Konstitutionen, Diss. Tübingen 1910.

Der literarische Kampf drehte sich einmal um die dem Streite zugrunde liegenden Fragen der Simonie, d. h. der Vergebung der kirchlichen Ämter um Geld, und der Laieninvestitur und um die Ehelosigkeit (Zölibat) der Geistlichen. Dann aber tauchte, als der König dem Papste Widerpart hielt und deshalb gebannt wurde, die weitere Frage auf, ob der König überhaupt exkommuniziert werden könne und ob, wenn ja, diese Exkommunikation gerecht sei und ferner, ob König und Papst abgesetzt werden könnten. In diesem Streit wurde das staats- und kirchenrechtliche Denken bedeutend geschult, und einige Publizisten erhoben sich zu beachtenswerten Leistungen. Aber meist löste der scharfe Aufeinanderstoß der beiden höchsten Gewalten einen häßlichen Widerhall aus.

Die hervorragendste Streitschrift für den Kaiser ist das Buch „über die Bewahrung der Eintracht in der Kirche", das dem Bischof **Walram von Naumburg** zugeschrieben wird. Darin wird die Gleichordnung von Papst und Kaiser mit Schärfe vertreten und die Exkommunikation des Königs für unstatthaft erklärt.

Die Schrift wurde von HUTTEN 1519 im Kloster Fulda aufgefunden und 1520 veröffentlicht. Autor und Titel waren nicht bekannt, da das Werk verstümmelt war. Doch konnte es leicht in den Kreis der Schriften zur Zeit Gregors VII. und Heinrichs IV. eingereiht werden. Aus dem Inhalte ergab sich, daß ein Hersfelder Mönch zwischen 1090 und 1093 das Werk geschrieben haben muß. Ein Mann mit dieser Gesinnung konnte aber über 1091 hinaus nicht in Hersfeld bleiben, da ein kaiserfeindlicher Abt dort seinen Einzug hielt. Er verließ also Hersfeld, um durch des Kaisers Gnade Bischof in Naumburg zu werden. Doch ist dies alles nur Vermutung. Wäre sie richtig, dann müßte allerdings WALRAM der Verfasser sein. SCHWENKENBECHER, der Herausgeber, glaubt an die Hypothese, nennt den Titel vorsichterweise aber doch Waltrami ut videtur liber de unitate ecclesiae conversanda in us. schol. 1882, dann als liber de u. eccl. c. in MG. lib. de lit. II 184—284, wo SACKUR S. 178 Anm. 5 gewichtige Einwände erhebt. Die Handschrift ist verloren. W. OPITZ, Über die Hersfelder Schrift: de unitate eccl. conservanda, Progr. Realgymn. Zittau 1902 bietet eine inhaltreiche Analyse ihres Inhaltes und ihrer Tendenzen. Nach ihm nimmt der Verfasser grundsätzlich wohl die Gleichstellung der geistlichen und weltlichen Gewalt an, weicht aber zugunsten der weltlichen Macht sehr scharf von seinem Programm ab. Gegenüber der Gehorsampflicht gegen die Kirche begründet er die allgemeine Untertanenpflicht.

Der Panegyrikus BENZOS von Alba ergeht sich in den übertriebensten Schmeicheleien für den König Heinrich IV., wirft dagegen allen Unflat auf Gregor VII. MG. SS. XI 591—681. Vgl. TH. LINDNER, Benzos Panegyrikus auf Heinrich IV. FDG. IV (1866) 497—526. — Auch der Jurist PETRUS CRASSUS aus Ravenna ging in seiner Verteidigung Heinrichs IV. scharf gegen den Papst vor. MG. lib. de lite I 434—453. — Ebenso eifrig und skrupellos verficht der Kardinal BENO in seinen Briefen des Kaisers Sache. MG. Lib. de lite II 369—422. Vgl. Jos. SCHNITZER, die Gesta Romanae ecclesiae des Kardinals Beno und andere Streitschriften der schismatischen Kardinäle widerGregor VII. 1892 (Hist. Abh. von HEIGEL und GRAUERT 2). — In diesem Sinne auch die Schrift des Vorstehers der Osnabrücker Domschule (späteren Bischofs daselbst) WIDO „über den Streit zwischen Hildebrand und Heinrich". ECCARD, Corp. historic. II 183—194. Auszug MG. lib. de lite I 461—470. Übers. von H. HARTMANN in Mitt. des Histor. Vereins zu Osnabrück VIII 305—327. — Viel maßvoller ist WIDOs, des Bischofs von Ferrara, Schrift über das Schisma Hildebrands. MG. lib. de lit. I 529—567. — Des WENRICH von Trier (unter dem Namen des Bischofs Dietrich von Verdun) an Hildebrand geschriebener Brief MG. Lib. de lite I 280—299.

Des Papstes Sache wurde von seinen Anhängern teils mehr von politischem Gesichtspunkte aus gegen den König Heinrich IV., teils mehr in kirchlichem Sinne gegen die Simonisten und Anhänger der Priesterehe geführt. Es kam Gregor VII. dabei zustatten, daß er die Klugniazenser für sich hatte. Von Kloster zu Kloster wurden die Denkschriften und Briefe verbreitet, die des Königs Ansehen abträglich waren. Besonders der Mönch BERNOLD († 1100 als Bischof von Konstanz), den wir als Annalisten und Gegner des Königs bereits kennen gelernt haben, tat sich durch eine Reihe von Traktaten hervor, die meist schon durch den Titel genügend gekennzeichnet werden. Neben ihm führte auch der Erzbischof GEBHARD von Salzburg des Papstes Sache, aber in verbindlicher Form. Schade, daß er der Adressat eines Buches des Mönches MANEGOLD von Lautenbach sein mußte, das voll der übelsten Polemik gegen den König ist. Hier hat das Gerechtigkeitsgefühl leidenschaftlichem Hasse vollständig den Platz geräumt.

Vgl. des BERNOLD libelli de prohibenda sacerdotum incontinentia, de damnatione scismaticorum, apologeticus, de sacramentis excommunicatorum, apologeticae rationes contra scismaticorum obiectiones, de lege excommunicationis, de emtione ecclesiarum, pro Gebhardo episcopo Constantiensi epistola apologetica, de excommunicatis vitandis, de presbyteris, de solutione iuramentorum, de reordinatione vitanda et de salute parvulorum, qui ab excommunicatis baptizati sunt, de statutis ecclesiasticis sobrie legendis, de libro mittendo: „Utinam cum Martha." MG. lib. de lite II 7—160. — Von Erzbischof GEBHARD die epistola ad Herimannum Mettensem episcopum data de schismate inter Gregorium VII. et Henricum IV. MG. lib. de lite I 261—279. — Des MANEGOLD von Lautenbach Liber ad Gebehardum archiepiscopum Saliburgensem pro Gregorio VII. papa. MG. lib. de lite I 300—430. Daß es zu jener Zeit nur einen MANEGOLD gegeben habe, weist ENDRES, HJb. XXV (1904) 168ff. nach.

BONIZO von Sutri, liber ad amicum oder de persecutione ecclesiae libri IX in MG. lib. de lite I 568—620. Als Geschichtsquelle für die Zeit Heinrichs III. ganz wertlos, für die Heinrichs IV. nur bedingt verwendbar; vgl. R. BOCK, Glaubwürdigkeit der Nachrichten B. v. S. im liber ad amicum (Hist. Studien von EBERING 73) Berlin 1909. — Der Kardinal DEUSDEDIT schrieb seinen libellus contra invasores et simoniacos et reliquos schismaticos. Ebd. II 292—365. — ANSELM von Lucca richtete seine epistola contra Wibertum et sequaces eius. Ebd. I 517—528. Auch wandte er sich in seinem Buche contra eos, qui dicunt regali potestati Ecclesiam subjacere. Auszug MG. SS. XII 5—9. — Gegen die Laieninvestitur des Kardinal HUMBERT von Silva Candida libri tres adversus simoniacos MG. Libelli I 100—253.

Einer vermittelnden Richtung gehört IVO CARNOTENSIS (von Chartres) an mit seiner Epistola ad Hugonem archiepiscopum Lugdunensem über die Laieninvestitur. Libelli I 640ff. — Im Streite der Päpste untereinander taucht jetzt auch schon die konziliare Theorie auf. Altercatio inter Urbanum et Clementem MG. Libelli II 169ff. von unbekanntem Verfasser. Vgl. im allgemeinen MIRBT, Die Publizistik im Zeitalter Gregors VII. 1894.

Gregor VII., die Hauptperson in diesem Kampfe, hat nun selbst dafür gesorgt, seine Anschauungen in einer Sammlung von Briefen, die unter ihm aus der päpstlichen Kanzlei hervorgingen, der Nachwelt zu überliefern. Zwar sind nicht alle Briefe in dieses Registrum aufgenommen, immerhin ist es auch so eine der besten Quellen für die Zeitgeschichte. Erhalten sind 359 Briefe aus der Zeit von 1073 bis 1082; ein Teil ist verloren gegangen.[1]

Für den Kampf zwischen Kaisertum und Papsttum und seine Folgen sind noch folgende Werke heranzuziehen:

Des Mailänder Erzbischofs ARNULF Gesta archiepiscoporum Mediolanensium (von 925 bis 1077) MG. SS. VIII 6—31 und LANDULFI historia Mediolanensis (von 374 bis 1085). Ebd. 32—100. Ferner die Lebensbeschreibung der Gräfin Mathilde, der treuen Anhängerin Gregors VII., durch den Mönch DONIZO in Canossa. MG. SS. XII 348—409. In des DESIDERIUS von Monte Cassino libri IV dialogorum de miraculis sti Benedicti, AA. Sanctorum ord. s. Benedicti sacc. IV 2, 425—461, stehen wertvolle Nachrichten über Kaiser Heinrichs III. kirchliche Reformtätigkeit.

In Farfa, einem unter dem Schutze des deutschen Kaisers stehenden Kloster, legte GREGOR von Catina eine Urkundensammlung an und schrieb dann eine sehr wertvolle Geschichte der Abtei bis 1125. MG. SS. XI 548—587. Die Geschichte der berühmten Abtei Monte Cassino (bis 1075), die von den deutschen Kaisern wiederholt besucht wurde, geht auf LEO von Ostia zurück. Fortgesetzt wurde sie von PETRUS DIACONUS. Vgl. E. CASPAR, Petrus Diaconus und die Monte Cassineser Fälschungen. Berlin 1909. — Des AMATUS von Monte Cassino Historia Normannorum, um 1100 entstanden, ist nur in französischer Übersetzung des 14. Jhs. erhalten. Als L'Ystoire de li Normans zuletzt herausgegeben von ODON DELARC, Rouen 1892. Vgl. BRESSLAU, Jahrbb. unter Heinrich II. 3, 330ff.

Die Ostgrenze des Reiches litt während der Zeit innerer Kämpfe bittere Not. Wohl galt Böhmen als Lehnsherzogtum des Reiches und das Bistum Prag war dem Erzbistum Mainz untergeordnet; so ergaben sich mancherlei auch friedliche Beziehungen. Aber im großen und ganzen herrschte viel Unfriede, und besonders Sachsen mußte öfters die siegreichen Waffen der Böhmen fühlen. Das Selbstgefühl der Böhmen erstarkte dabei und äußerte sich auch in literarischer Tätigkeit.

In Böhmen entsteht im 11. Jh. eine Annalistik, die an Prag anknüpft. Doch sind die Annalen, wenn auch nur von 997 bis 1193 im ganzen zuverlässig, allerdings sehr dürftig.

---

1) ed. JAFFÉ, Bibl. rer. Germ. II Mon. Gregoriana. Berl. 1865 und MIGNE, Patr. lat. CXLVIII S. 283ff. Vgl. PEITZ, Das Originalregister Gregors VII. im Vatik. Archiv (Sitz.-Berichte der Wiener Akad. 165, 5) Wien 1911.

Ausgabe der Annalen in MG. SS. III 119—121. KOEPKE, der Herausgeber des KOSMAS, hält diese Annales Pragenses für Auszüge aus dem Werke des böhmischen Geschichtschreibers KOSMAS. MG. SS. IX 10. NOVOTNY in MIÖG. XXIV (1903) 602 weist diese Annalen dem 13. Jh. zu, glaubt aber an eine ältere annalistische Vorlage, aus der auch KOSMAS geschöpft habe.

Die bedeutendste böhmische Chronik schrieb gegen Ausgang der Salierzeit KOSMAS, um 1050 aus einer ursprünglich polnischen Familie geboren, mit westlicher Bildung durch den Studienaufenthalt in Lüttich vertraut und 1125 als Dekan der Prager Kirche gestorben. Seine Chronica Boemorum, für die ältere Zeit nur Sage bietend und auch für das 11. Jh. nicht durchaus zuverlässig, ist trotzdem eine unschätzbare Quelle. KOSMAS ist den Deutschen abgeneigt.

Die Chronik umfaßt drei Bücher: I bis 1038, II bis 1092 und III bis 1125 reichend. Ausgabe MG. SS. IX 1—209. Auch Fontes rerum Bohemicarum II. Übers. in Gesch. d. d. Vorz. Vgl. I. LOSERTH, Studien zu Kosmas von Prag. Arch. f. Österr. Gesch. 61, 1—32 und 64, 1—78. MIÖG. IV 177—191, V 366—377, übt scharfe Kritik an KOSMAS und auch an der Ausgabe KOEPKES in den MG. KOSMAS hat sein Werk gewissenlos mit fremden Federn, namentlich aus REGINO von Prüm geschmückt. Farben, Charakteristiken, ja ganze Personen nimmt er unbedenklich herüber. Eine Herzogin Hemma erdichtet er genau so wie Urkunden. Auch im 2. Buch wird KOSMAS nicht zuverlässiger. A. BACHMANN, Beiträge zu Böhmens Gesch. und Geschichtsquellen I. Studien zu Kosmas in MIÖG. XX (1899) 39ff. und XXI (1900) 209ff. kritisiert und verbessert die Ausgaben. Neue Ausgabe in Vorbereitung von BRETHOLZ; vgl. dessen Studien zu Kosmas von Prag im NA. XXXIV 653ff. und 35, 677ff.

Aus Polen liegt eine bis 1113 reichende Chronik (irrtümlich einem Gallier[1]) MARTIN zugeschrieben) vor; dagegen sind die Gesta Hungarorum, die im 11. Jh. geschrieben sein müssen, nur in ihren Spuren nachweisbar. Über die Anfänge der polnischen Annalistik vgl. nach der älteren Arbeit STAN. SMOLKAS, Polnische Annalen, Diss. Gött. 1873, nunmehr die Untersuchungen von M. PERLBACH in NA. XXIV (1899) 233ff., der die fremdländischen Wurzeln nachweist. Erst seit 1015 gibt es eine fortlaufende polnische Aufzeichnung. Seit 1039 schwinden die fremden Wurzeln. Ausgabe der verschiedenen Annalen in MG. SS. XIX 577ff. und XXIX 419ff. Ausgabe der Chronica Polonorum des sog. MARTIN in MG. SS. IX 418—475. ZEISSBERG, Die polnische Geschichtschreibung des MA. 1873, 26—30. — Über die Anfänge der ungarischen Annalistik vgl. KAINDL in Arch. f. Österr. Gesch. LXXXIV (1898). In Stuhlweißenburg wurden um 1127 Annalen geschrieben, die bis 997 zurückreichen. Mit dem irreführenden Titel Annales Posonienses (d. i. Preßburger) abgedruckt in MG. SS. XIX 571ff. Sie wurden im nördlichen Ungarn fortgesetzt. Alte chronikalische Nachrichten von verschiedener Wurzel lassen sich aus KEZAS Ungarischer Chronik und der Ungarischen Nationalchronik (13. Jh.) rekonstruieren. S. den Aufbau bei KAINDL in Arch. f. Österr. Gesch. LXXXVIII (1902) 222ff. Dazu STEINACKERS Kritik, MIÖG. XXIV 135f. Über die Gesta Ungarorum vgl. L. v. HEINEMANN in NA. XIII (1888) 61—84. WATTENBACH. DG. II[6] 211.

Aus Frankreich sind HUGO VON FLEURYS Arbeiten, namentlich soweit sie die Geschichte seiner Zeit betreffen, heranzuziehen (Liber, qui modernorum regum Francorum continet actus, MG. SS IX 376ff.), sodann für die Geschichte Heinrichs V. die Kirchengeschichte des ORDERICUS VITALIS, Mönches in St. Evroult (von Christus bis 1143). Für die Verhandlungen zwischen Heinrich IV. und Gregor VII. bietet die Lebensbeschreibung des HUGO, Abtes von Cluny, der zu vermitteln suchte, Beiträge. Hugonis Floriacensis opera historica MG. SS. IX 337—406. — ORDERICI VITALIS Angligenae Uticensis monachi Historiae ecclesiasticae libri XIII ed. PREVOST und DELISLE, Paris 1838—1855, in 5 Bdn. Auszüge in MG. SS. XX 50—82. XXVI 4. — Das Leben HUGOS verschiedentlich bearbeitet; ich nenne die Bearbeitung durch seinen Neffen RAINALD, herausgegeben von D. PAPEBROCH, AA. SS. Apr. III 648—653; Auszüge in MG. SS. XV 2, S 940. Über eine bisher unbekannte, anonyme Vita vgl. NA. XXXVIII 337.

In England schrieb WILHELM von Malmesbury de rebus gestis regum Anglorum libri V (bis 1127) und als Fortsetzung dazu Historia novella (bis 1143). Daraus ist einiges auch für die deutsche Geschichte wertvoll. Ausgabe von HARDY, London 1840 in 2 Bdn. und STUBBS, London 1887—1889. Auszüge MG. SS. X 449—485.

Wenn die Geschichte der Salierzeit angefüllt ist mit Kämpfen über die Abgrenzung der Rechte von Kaisertum und Papsttum, so stehen natürlich gerade die Erlasse und Verträge der beiden Gewalten im Vordergrund des Interesses, die bestimmt waren, klares und unbestrittenes Recht zu schaffen. Das Papsttum regelte im April 1059 durch Gesetz die Wahl des Papstes, indem den Kardinälen, besonders den Kardinalbischöfen, ein Vorrecht bei der Wahl eingeräumt wurde. Es wurde

---

[1] ALEX. SCHÜRR, Un moine français en Pologne au 12. siècle: Le chroniqueur Galius Anonymus, Rev. hist. 95, 1907, 80ff. tritt indes wiederum dafür ein, daß der Chronist aus dem Kloster S. Gilles in der Provence stammte.

Zeit der Salier. Auswärtige Quellen. Überreste

wohl auch noch der Rechte des Kaisers gedacht, aber in einer Weise, die darauf schließen ließ, daß man sich von dem Einfluß des Kaisertums frei machen wollte. L. WEILAND hat dieses **Papstwahlgesetz Nikolaus' II.** in den MG. LL. Sect. IV 1, 339 veröffentlicht. Vgl. P. SCHEFFER-BOICHORST, Die Neuordnung der Papstwahl durch Nicolaus II. 1879. H. GRAUERT, Das Dekret Nikolaus II. von 1059. HJb. I 501—602. PELUCK-HARTTUNG. MIÖG. XXVII (1906) 11 ff.

Das **Wormser Konkordat** vom 23. Sept. 1122 machte dem prinzipiellen Streite über die Laieninvestitur vorerst ein Ende. Heinrich V. sicherte dem Papste Kalixt II. zu, daß die Wahlen in kanonischer Weise vor sich gehen sollten und weiter, daß die Güter, die Geistliche und Laien in dem verflossenen Kampfe verloren hätten, zurückgegeben werden sollten. Der Papst aber gestand dem Kaiser Heinrich V. zu, daß die Bischofs- und Abtwahlen auf deutschem Boden in Gegenwart des Königs vollzogen werden sollten, und daß die Erwählten vom Kaiser die Belehnung mit dem Szepter erhielten. Außerhalb des Reiches aber sollten die kanonisch Gewählten und dann Geweihten die Regalien innerhalb von sechs Monaten erhalten. Rein äußerlich konnte das Wormser Konkordat als nur für die Regierungszeit Heinrichs V. verbindlich gelten, aber es ist doch auch später danach verfahren, wenn auch die Besetzung der Bischofs- und Abtsstühle das ganze Mittelalter hindurch wesentlich eine Machtfrage blieb. Ausgabe MG. LL. Sect. IV 1, 159ff. Vgl. TH. v. SICKEL und H. BRESSLAU, Die kaiserliche Ausfertigung des Wormser Konkordates MIÖG. VI 105ff. Vgl. E. BERNHEIM, HVSchr. X 196ff. und Quellen zur Gesch. des Investiturstreites, Leipzig 1906. D. SCHAFER, Zur Beurteilung des Wormser Konkordats. Berlin 1905 (Abh. Akad.).

Eine für die Geschichte bedeutende Sammlung von Briefen und Urkunden veranstaltete der Bamberger Kleriker UDALRICH. Dieser Kodex enthält auch Schreiben aus den der Salierzeit unmittelbar vorausgehenden und nachfolgenden Jahren. Ausgabe von PH. JAFFÉ, Bibl. rer. Germ. V 17—469. Vgl. E. DÜMMLER, Zu Udalrich von Babenberg, N.A. XIX (1894) 222—227. Eine dankenswerte Zusammenstellung wichtiger Akten aus dieser Zeit liegt vor in G. WAITZ, Urkunden zur Deutschen Verfassungsgeschichte im 11. und 12. Jh. 2. Aufl. 1886 und in den Monum. Germaniae selecta III von M. DOEBERL 1889. Für die Entwickelung der Stadtverfassung, die in dieser Zeit einsetzt, ist der 1. Bd. der von G. v. BELOW und F. KEUTGEN herausgegebenen Sammlung. Die Urkunden zur städtischen Verfassung, 1899, heranzuziehen. — Briefsteller und Formelbücher des 11. bis 14. Jhs. bearbeitete L. ROCKINGER 1863. — Über Ordines der Kaiserkrönung vgl. A. DIEMAND, Das Zeremoniell der Kaiserkrönung von Otto I. bis Friedrich II., 1894, Anhang und E. EICHMANN in ZSavStRG Kanonist. Abt. II (1912) S. 1—43 — Für das religiöse Leben bedeutsam ist die Geschichte der Kreuzzüge. Ihre Quellen werden im nächsten Abschnitt (S. 75ff.) zusammenhängend besprochen werden. Die Quellen, aus denen man das religiöse Leben des MA., eines der wichtigsten Gebiete mittelalterlichen Lebens überhaupt, rekonstruieren muß, sind sehr zerstreut. Reiches Material in den Acta Sanctorum und Analecta Bollandiana, s. o. S. 4. Dann bei MIGNE, Patrologiae cursus completus, Series latina ²Paris 1857ff. (bis Beginn des 13. Jhs.). Als Quellen für die Liturgie die Sakramentarien, später Meßbücher, Breviere, Ritualien, Hymnarien. MURATORI, Liturgia Romana vetus 2 tom. Venetiis 1748. MARTINE, De antiquis ecclesiae ritibus, de antiquis monachorum ritibus 4 tom. Venetiis 1788. Sodann Monumenta veteris liturgiae Alemannicae ed. M. GERBERT 1777ff. FRANZ, Die Messe im deutschen MA. 1902; Ders., Rituale von St. Florian aus dem 12. Jh. 1904; Ders., Die kirchlichen Benediktionen im MA. 1905. THOMASSINI, Vetus et nova ecclesiae disciplina 3 tom. Paris 1691 u. ö. Von Wichtigkeit, aber nur mit Vorsicht zu gebrauchen, sind die libri poenitentiales: F. W. WASSERSCHLEBEN, Die Bußordnungen der abendländ. Kirche, Halle 1851. H J SCHMITZ. Die Bußbücher und die Bußdisziplin der Kirche, Mainz 1883 und Düsseldorf 1898. Das Decretum des Bischofs BURCHARD von Worms († 1025) bei MIGNE, Patr. Lat. 140 Sp. 537ff.

Fünftes Kapitel: Die Zeit der Staufer.

Unter den Staufern erreichte die Kaisermacht ihre glänzende Höhe in Friedrich I. Barbarossa. Er greift gewaltig in die deutschen und italienischen Verhältnisse ein. Sein Nachfolger Heinrich VI. regierte zu kurze Zeit, um seine weitgehenden Pläne in Deutschland verwirklichen zu können. Dann geht in der unglücklichen Zeit der Doppelregierung Philipps von Schwaben und Ottos des Welfen die Idee von der Einheitlichkeit und Herrlichkeit des Reiches fast verloren, um unter Friedrich II. nur kurz wieder aufzuleben. Das Wirken dieses mächtigen Mannes erstreckt sich doch zum größeren Teil auf außerdeutsche Länder. Darauf folgt das Interregnum mit seinen Schattenkönigen. Die Entwickelung der Territorien, schon früher angebahnt, erhält unter Friedrich II. die rechtliche Anerkennung; im Interregnum konnte die Selbstsucht der Fürsten ihre höchsten Triumphe feiern. Die Geschichtschreibung läuft dieser Entwickelung parallel. Zur Zeit Friedrichs I. erklimmt auch sie die Höhe in OTTO von Freising. Die glänzende Persönlichkeit des Kaisers steht in den Geschichtswerken im Vordergrunde; in Prosa und Gedichten werden seine Taten gefeiert. Auch der gemeine Mann will jetzt seinen Anteil an der Kaiserherrlichkeit haben. Zum ersten Male entstehen in diesem Zeitraume große deutsch geschriebene Kaiserchroniken. Daß breite Kreise sich für die brennendsten Fragen der Zeit zu interessieren begannen, zeigen uns die lateinischen und deutschen Lieder, in denen die Rechte von Kaiser und Papst, von König und Fürsten gegeneinander gemessen wurden. Die Carmina burana, diese derben Studentenlieder aus dem 12. und 13. Jh., enthalten köstliche Bemerkungen, die Lieder eines WALTER VON DER VOGELWEIDE, mit ihren kurzen aber scharfen Antithesen, waren so recht geeignet, weithin Widerhall zu wecken. Schon seit dem Beginn des 13. Jhs. aber sinkt die Historiographie von der Höhe, die sie erreicht hat, wieder herab. Mit der Großzügigkeit der glänzenden Kaiser ging auch die Großzügigkeit der Geschichtschreibung dahin, diesmal auf allzu lange Zeit. Deutlich läßt sich der Wandel von großer Auffassung zu engherziger Kirchtumspolitik in einer der Vorlagen der Marbacher Annalen, in der Neuburger Chronik verfolgen. Das Jahr 1208 macht einen scharfen Einschnitt.

Auch Keime neuen Lebens zeigen sich. In den Geschichtsquellen des 13. Jhs. wird entsprechend dem intensiveren Wirtschaftsleben auf die wirtschaftlichen Verhältnisse mehr Rücksicht genommen.

Die Territorialherren bauen in den Territorien, die sie frei von jedem anderen Einfluß zu erhalten suchen, mehr und mehr den modernen Staat auf. Zentralistisch verwaltet, sollte das Gebiet auch wirtschaftlich möglichst ertragfähig werden. Genaue Verzeichnisse über die Einkünfte und Rechte des Herrn (Urbarien) werden seit dem Beginn des 13. Jhs. in größerem Umfange angelegt und bilden für uns eine wichtige Geschichtsquelle.[1])

Oft kamen die Territorialherren, sowohl geistliche wie weltliche, über dem Bestreben, ihre Rechte auszudehnen, mit den Städten in Konflikt, die in diesem Zeitraume ihre Eigenart als selbständige und sich selbstverwaltende Korporationen entwickelten. Für diese Konflikte liegt in der Geschichtschreibung und in den Urkunden gleichfalls ein großes Material vor.

Ein frischer Zug geht durch die städtische Entwickelung. Die Städte hatten Geld[2]) und hätten für den König, wenn er sie hätte schützen können, eine Quelle sich stets steigernder Einnahmen werden müssen. Eine gute Grundlage war gegeben, wie ein jüngst aufgefundenes Steuerverzeichnis vom Jahre 1241 erweist.[3]) Aber die Königsgewalt zehrte sich im Kampfe mit dem Papsttume und den Fürsten auf; und deshalb waren die Städte auf Eigenhilfe angewiesen. Die großen westfälischen und rheinischen Städtebündnisse leben mehr durch die urkundliche Literatur als durch historiographische Erzeugnisse fort, ein Beweis, daß ihre Wirksamkeit nicht so übermäßig groß war. Auch eine eigentliche städtische Geschichtschreibung finden wir erst in dem folgenden Zeitraume. Aber gute Ansätze sind namentlich in den Wormser Annalen vorhanden.

Die neuen Orden, die im Anfange des 13. Jhs. entstanden, zogen nicht wie die älteren Orden in die Einsamkeit; vielmehr suchten sowohl Franziskaner wie Domini-

---

1) Die wichtigste einschlägige Literatur bei G. CARO; Zur Urbarforschung in HVSchr. IX (1906) 153ff.; besonders zu beachten sind die Anmerkungen. Vgl. auch K. BRÄUER, Kritische Studien zur Literatur und Quellenkunde der Wirtschaftsgeschichte. Leipzig 1912

2) In den Städten macht sich eine im Reiche bis dahin unbekannte Organisation der Verwaltung bemerkbar. Vgl. L. M. B. AUBERT, Beiträge zur Geschichte der Grundbücher in ZSavStRG. XIV (1893) 1—84. Den Ausgang bildet Köln mit seinem Schreinswesen (1135); dann in Lübeck das Ober-Stadtbuch 1237—1283; in Hamburg das Erbebuch 1248 usw.; ferner ARMIN TILLE, Stadtrechnungen, in Deutsche Geschichtsblätter I (1899) 65—75, gibt eine Zusammenstellung der bis dahin veröffentlichten Stadtrechnungen.

3) Vgl. J. SCHWALM, ein unbekanntes Verzeichnis von Steuern der Königl. Städte, NA. XXIII 519ff.

kaner die neuen Mittelpunkte des kulturellen Lebens, die Städte, auf.[1]) Dort traten sie unter das Volk. Ihre Predigten, meist volkstümlich gehalten, bieten dem Historiker, der sie mit Vorsicht benutzt, eine reiche Fülle Beobachtungsmaterial. Aber bald machten sich die beiden Orden, namentlich der der Dominikaner, auch in dem wissenschaftlichen Schrifttum bemerkbar, mochte es nun theologische, philosophische oder geschichtliche Gebiete umfassen. Wie das Papsttum über das Kaisertum triumphiert hatte, so sollte nun die kirchliche Wissenschaft die Notwendigkeit dieses Sieges erweisen. Die Staatslehre des hl. Thomas von Aquin ist deshalb auch für den Historiker ein lehrreiches Kapitel.

Es wollte scheinen, als ob auf den salischen Heinrich V. einer seiner getreuesten Anhänger, ein Staufer folgen würde. Aber die päpstliche Partei, an der Spitze der Erzbischof von Mainz, wußte dies zu verhindern. Ein Gegner des letzten Saliers, Lothar aus dem sächsischen Hause der Grafen von Supplinburg wurde (1125) gewählt. Vielleicht war die Enttäuschung in weiten Kreisen groß, und so mußte es den Anhängern Lothars darauf ankommen, die Wahl als ganz rechtmäßig erfolgt hinzustellen. Die **Narratio de electione Lotharii** ist ganz in kirchlichem Sinne abgefaßt und begrüßt die Wahl eines Sachsen.

Aus früher Zeit besitzen wir kaum einen so eingehenden Bericht über die Wahl eines Königs, wie er hier vorliegt. Die einzelnen Phasen der Handlung treten deutlich hervor. Der Modus, auf den die Wahlberechtigten sich einigten, war sonst wohl nicht üblich, zeigt aber das Bestreben, den Kreis der Wähler zu verengern. Aus den vier Stämmen der Bayern, Schwaben, Franken und Sachsen wurden je zehn der Vornehmsten bestimmt, die die Wahl vornehmen sollten. Diese schlugen drei Kandidaten vor. Lothar wird dann erhoben; er bestätigt die Rechte der Kirche. Kritische Untersuchungen sind an alle diese Behauptungen geknüpft worden, ohne daß es gelungen wäre, ihre Glaubwürdigkeit durchweg zu erschüttern. Ausgabe der Narratio in MG. SS. XII 509—512. Vgl. BERNHARDI, Lothar von Supplinburg 1879, 23ff. GIESEBRECHT, Gesch. d. d. Kaiserzeit IV 418. FRIEDBERG in FDG. VIII 79. VOLKMAR in FDG. XXVI 445ff. W. MAURENBRECHER, Gesch. der deutschen Königswahlen 1889, 137ff. H. KALBFUSS, Zur Entstehung der Narratio de elect. Loth., in MIÖG. 31. 538ff., der den Verfasser für einen Göttweiger Mönch hält.

Sachsen hatte jetzt wieder seinen Kaiser, und deshalb empfing hier die Geschichtschreibung frische Anregung, die auch für die Folgezeit anhält. Eine Kaiserchronik mit einer Fülle von Sagen soll in Sachsen aufgezeichnet sein. Doch liegt ein solches Werk nicht vor. Man findet seine Spuren nur beim Sächsischen Annalisten und in der Pöhlder Chronik.[2]) Im Kloster Reinhardsbrunn scheint ein Annalenwerk im Anschluß an EKKEHARD bis 1149 geschrieben zu sein. Erhalten sind jedoch nur ebenfalls an EKKEHARD geknüpfte Erfurter Annalen, die bis 1137 reichen und viel von Lothar zu erzählen wissen, daher gewöhnlich Annales Erfurtenses Lothariani genannt.[3])

Durch die ganze Regierungszeit Lothars hindurch begleiten uns die Jahrbücher eines Sachsen, dessen engere Heimat und Namen uns unbekannt sind, der deshalb gewöhnlich als **Annalista Saxo** bezeichnet wird. Man hat auf einen Geistlichen der Halberstädter Kirche als Verfasser geraten, oder man hat noch weitergehend in dem Geschichtschreiber den Abt KONRAD von Nienburg sehen wollen, der zwischen 1139 und 1152 geschrieben habe (SIEBERT). Aus diesem Werke spricht allenthalben die Freude, daß

---

1) Vgl. FINKE, Zur Geschichte der deutschen Dominikaner im 13. u. 14. Jh., in RQSchr. VIII (1894) 367ff., mit Angaben aus den Jahren 1224—1400; über die Lehrtätigkeit des Minoriten BARTHOLOMAEUS ANGLICUS und sein Lehrbuch mit der Beschreibung Deutschlands um 1240 A. E. SCHÖNBACH, MIÖG. XXVII (1906) 54ff.
2) Über die verlorene Kaiserchronik vgl. G. WAITZ in Abh. der K. G. d. Wiss. zu Gött. XII (1863). Zuletzt mit teilweiser Rekonstruktion des Inhaltes E. BERNHEIM, Die sagenhafte (?) sächsische Kaiserchronik aus dem 12. Jh. NA. XX (1895) 53ff.
3) Über Reinhardsbrunner Annalen s. OSW. HOLDER-EGGER, NA. XXI (1896) 725—735. Die Annal. Lothariani in MG. SS. VI 536—541, neuerdings von HOLDER-EGGER in Monumenta Erphesfurtensia in us. schol. 1899, 34—44.

wieder ein Sachse zur Krone gelangt ist, ein Mann, gottesfürchtig und tapfer, der schon als Herzog der Macht des Königs standhalten konnte. Als treuer Verteidiger der Kirche und des Papsttums emporgekommen, machte Lothar dem Schisma in der Kirche ein Ende, indem er seine Macht für Papst Innocenz II. gegen Anaklet einsetzte. König und Papst garantierten dann auf dem Tage zu Lüttich (1131) einander ihre Macht. Der Papst bannte die Herzöge Konrad und Friedrich aus dem schwäbischen Hause, die sich gegen den Sachsen empört hatten. Daß Konrad sich König nennen ließ, erfüllt den sächsischen Annalisten mit besonderem Unmut. Wohl erzählt dieser auch einmal (1126) von dem schweren Schlag, der Lothars Heer traf im Kampfe mit dem Böhmenherzog; aber der König erhob sich um so mutiger wie ein Löwe, so daß der Böhme trotz des Sieges um Gnade bat. Die Züge Lothars nach Italien 1133 (Kaiserkrönung) und 1136 (Kämpfe gegen Roger von Sizilien) behandelt der Annalist mit sichtlicher Teilnahme und mit Bewunderung für die Erfolge des Herrschers. Ebenso wie den Erfurter Annalisten erfüllt ihn der Tag von Merseburg 1135 mit Stolz, als Gesandtschaften aus fernen Ländern von Süd und Ost mit reichen Geschenken zum Könige kamen, um ihm zu huldigen. Als wirklichen Vater des Vaterlandes preist er ihn. Von Lothar überträgt der Annalist die Verehrung auf dessen Schwiegersohn, den Herzog Heinrich den Stolzen von Bayern und Sachsen. Man fühlt die Verstimmung zwischen den Zeilen, daß der Schwabe Konrad und nicht jener die Nachfolge im Reich erhielt. Und jetzt sollte „der edelste und bravste Herzog" auch noch Sachsens beraubt werden. Als der Herzog im Augenblick hoher Spannung 1139 starb, scheint der Annalist die Freude an seinem Werk verloren zu haben. Noch einige dürftige Angaben, und er schloß.

Der Annalista Saxo, abgedruckt MG. SS. VI 542—777, beginnt 741, ist bis 1125 eine im wesentlichen auf FRUTOLF-EKKEHARD beruhende Kompilation, für die Zeit Lothars meist selbständig. Verfasser nimmt wiederholt auf Halberstadt Bezug, soll also hier Kleriker gewesen sein. Übers. in Gesch. d. d. Vorz. Vgl. O. HOLDER-EGGER, Zum Annalista Saxo, NA. XXVII (1902) 755—757. Noch an vielen Orten in Sachsen, besonders in Nienburg a. d. Saale, scheinen Annalen geschrieben zu sein; doch hat man von ihnen nur noch Spuren. Vgl. R. SIEBERT, Untersuchungen über die Nienburger Annalistik und die Autorschaft des Annalista Saxo. Diss. Rostock 1896.

Der sächsische Annalist berichtet uns auch, daß König Lothar in dem Streit um die Nachfolge im Erzbistum Magdeburg die Entscheidung zugunsten des Stifters des Prämonstratenserordens **Norbert** gegeben habe (1126). Der heilige Norbert war streng kirchlich und asketisch gestimmt, wußte auch durch seine Predigten großen Einfluß auf die Menge zu gewinnen. Aber seine allzu große Strenge führte in Magdeburg doch zu einer gefährlichen Empörung. Aber der König hielt fest an ihm und ließ sich in seiner kirchlichen Politik, namentlich in seinem Verhalten zu den Päpsten Innocenz und Anaklet, gerade durch ihn leiten. Norbert soll es denn auch hauptsächlich verhindert haben, daß der König die gute Gelegenheit benutzte, den alten Einfluß des Königs in kirchlichen Dingen wiederherzustellen. Das alles erfahren wir aus der Lebensbeschreibung des hl. Norbert, die uns einen tiefen Blick in den Geist der Zeit und die Kirchenpolitik tun läßt. Denn die ganze Auffassung Norberts hatte weithin Anziehung geübt, wie uns das Beispiel des Kappenberger Grafen Gottfried lehrt, der auf seinen Besitzungen ein Prämonstratenserkloster stiftete († 1126), ebenso der Graf Ludwig von Arnstein († 1185). Auch dieser Männer Biographien sind uns erhalten.

Die Vita Norberti liegt in einer älteren kürzeren Rezension und einer längeren jüngeren (mit nicht unwichtigen Zusätzen) vor. Diese wurde um 1160 geschrieben. Ausgabe MG. SS. XII 663—703; hier sind die Zusätze der jüngeren Redaktion als Anmerkungen gedruckt. Diese selbst in AA. SS. Iuni I 819—858. ROSENMUND, Die ältesten Biographien des hl. Norbert 1874, sieht in der ersten Rezension schon die Erweiterung eines noch älteren Bestandteiles. Vgl. G. HERTEL, Zur Lebensbeschreibung des Erzbischofs Norbert von M. FDG. XX 587—599. Vita Godefridi comitis Capenbergensis. MG. SS. XII 513—530. Vita Ludewici comitis de Arnstein bei BÖHMER, Fontes III 325—339.

Anderer Art als der asketische Erzbischof von Magdeburg und seine Anhänger war **Adalbero**, Erzbischof von Trier (1131—1152). Er liebte den Glanz und die

Gastereien, war aber trotzdem umsichtig und energisch. Ihm verdankte hauptsächlich Konrad III. seine Wahl zum Könige. Das alles hat uns der Trierer Scholastiker BALDERICH ausführlich in einer Biographie erzählt, die dann der Trierer Bistumsgeschichte einverleibt wurde. BALDERICH führt uns so in die Zeit der Staufen hinüber.[1])

Konrads III. Wahl war nicht einwandfrei vor sich gegangen. Man hatte ihn vor der festgesetzten Zeit erhoben, weil der nächste an der Krone, Heinrich der Stolze, ob seiner großen Macht gefürchtet war. Wiederholt hebt **Otto von Freising** auch des Bayernherzogs Stolz hervor, der verletzend gewirkt habe. Der Kampf zwischen den Rivalen blieb nicht aus, und in ihn hinein geleitet uns die Darstellung des genannten Bischofs, der freilich kein unparteiischer Zeuge ist, denn er war dem staufischen Hause nahe verwandt; aber er war Zeitgenosse und ein für seine Zeit ungewöhnlich fein gebildeter Mann. Er hat Konrads Geschichte teilweise zweimal erzählt, zuerst in seinem **Chronicon**, dann im 1. Buche der **Gesta Friderici**. OTTO von Freising ist der bedeutendste mittelalterliche Historiker. Wahrscheinlich um 1111 geboren, besuchte er zu seiner Ausbildung die Pariser Hochschule und hat sich dort jedenfalls die philosophische Bildung angeeignet, von der seine Arbeiten zeugen. Als er auf seiner Rückreise nach Deutschland das Zisterzienserkloster Morimund besuchte, nahm er das Ordenskleid und wurde bald zum Abte gewählt. Im J. 1137 wurde er zum Bischof von Freising erhoben und hat sich in dieser Eigenschaft um die Hebung des kirchlichen Lebens in der Diözese sehr verdient gemacht. Unter Konrad III. nahm er mehrfach an der Erledigung der Reichsgeschäfte tätigen Anteil, ebenso unter Friedrich Barbarossa, der sein Neffe war. Friedrich I. interessierte sich lebhaft für die literarische Tätigkeit seines Oheims und unterstützte ihn auch durch Mitteilungen, die auf die Reichsregierung Bezug hatten. OTTO war demnach wie kaum ein zweiter befähigt, die Geschichte seiner Zeit zu schreiben; wir würden ihm dankbar sein, wenn er uns möglichst genau alle die Fäden der Reichspolitik unter Konrad III. und Friedrich I. bloßgelegt hätte. Doch die rein historische Bearbeitung eines Gegenstandes scheint ihn nicht angezogen zu haben. Er fühlte sich vielmehr beim Ausgange der Regierung Konrads III. durch alle die Kämpfe und Leiden, die er im Reiche gesehen hatte, bewogen, mit philosophischer Ruhe den Gründen nachzugehen, die vom Anbeginn der Tage an das Unheil über die Welt gebracht haben sollten, und fand die Ursache in den Reibungen der zwei Staaten, des Gottes- und des Menschenreiches. Er gibt deshalb in seiner Chronik keine reine Geschichte, sondern meist auch ein Räsonnement, wie sehr die Schlechtigkeit der Menschen auch auf Erden schon ihre Strafe finde, und wie das Reich Gottes trotz aller Verfolgungen früher gewachsen sei. Jetzt gefährdet der Kampf zwischen Kaisertum und Papsttum, die doch die friedliebenden Hüter des Gottesstaates auf Erden sein sollten[2]), das Gedeihen der Civitas Dei. In dem Kampfe zwischen Kaisertum und Papsttum hält OTTO sich ziemlich neutral. Doch hält er das Papsttum nicht für ganz schuldlos. Übermäßiges Besitztum der Kirche findet er sehr bedenklich, Gregors VII. Vorgehen gegen Heinrich IV.[3]), die Bannung und Absetzung des Königs billigt er offenbar nicht.[4]) OTTO ist tief beunruhigt durch den Kampf zwischen den beiden höchsten Gewalten. Aber wie er sich die Lösung der schwierigen Verhältnisse denkt, hat er in seiner Chronik nicht angegeben. Sie schließt die Geschichte der Vergangenheit mit 1146 ab, doch gibt sie im 8. Buche noch einen Überblick über die Ereignisse am Ende der Tage, über das Auftreten des Antichristes und den Untergang der Welt sowie über die Freuden des Himmels und die

---

1) MG. SS. VIII 243—260. Vgl. HUYSKENS, Albero von Montreuil, Erzbischof von Trier, Münst. Diss. 1879.
2) lib. **IV** prol.   3) Ebd.   4) lib. VI. cap. 35.

Leiden in der Hölle. Die beiden Staaten, die sich bisher so oft berührten, sind nunmehr scharf geschieden.

Als OTTO sein Chronikon mit einer Widmung dem Kaiser Friedrich übersandte, versprach er ihm, auch des Kaisers Taten für die Nachwelt aufzuzeichnen, wenn dieser ihm das erforderliche Material zur Verfügung stelle. Friedrich schickte ihm darauf in einem noch erhaltenen Schreiben eine Übersicht über seine Regierungshandlungen von 1152 bis 1156. Wenn OTTO in diesem Werke, das mit den Kämpfen Heinrichs IV. gegen Papst, Gegenkönige und Sachsen beginnt, seine philosophischen Neigungen auch nicht ganz aufgibt, so zeigt er sich hier doch mehr als referierender Historiker. Wir verdanken ihm viel für die Kenntnis der Profangeschichte, aber auch für die Beurteilung der theologischen und philosophischen Kämpfe der Zeit eines Bernhard von Clairvaux und Peter Abälard. Viele Aktenstücke, die der Bischof den Gesta einverleibte, konnte er sich bei seinen engen Beziehungen zum Stauferhause leicht verschaffen. Am Anfang des 2. Buches seiner Gesta sieht OTTO die Wahl seines Neffen Friedrich gerade deshalb als glückverheißend an, weil in ihm staufisches und welfisches Blut zusammengeflossen sei und dadurch die alte Rivalität zwischen den Häusern ihre Spitze verloren habe. Tatsächlich konnte er am Schlusse seines Werkes denn auch erzählen, daß der Kaiser seinem Vetter Heinrich dem Löwen außerordentlich entgegengekommen sei und ihm das Herzogtum Bayern, doch verringert um die Ostmark, wieder verschafft habe. Damals wurde die Geburtsstunde des Herzogtums Österreich in feierlicher Fürstenversammlung bei Regensburg gefeiert (1156). Nicht lange danach schloß OTTO seine Augen (22. September 1157).

Ausgabe des Chronicon, oder besser des liber de duabus civitatibus in MG. SS. XX 83—301; in us. schol. 1867, 2te Aufl. von A. HOFMEISTER 1912. Übers. in Gesch. d. d. Vorz. Das Werk zerfällt in 8 Bücher, die jedesmal von einem philosophisch gehaltenen Prolog eingeleitet werden.
Die Gesta Friderici in MG. SS. XX 347—415; in us. schol. 1884; 3te Aufl. von B. VON SIMSON 1912. Die Arbeit zerfällt in zwei Bücher; das erste reicht von Heinrich IV. bis Konrad III., das zweite umfaßt die Regierungszeit Friedrichs I. bis 1156. — Vgl. auch B. VON SIMSON, Über die verschiedenen Rezensionen von Ottos und RAHEWINS Gesta Friderici I. NA. XXXVI 681ff.
Über OTTO von Freising gibt es eine reiche Literatur. Erwähnt sei B. HUBER, Otto von Freising, sein Charakter, seine Weltanschauung, sein Verhältnis zu seiner Zeit und seinen Zeitgenossen als ihr Geschichtschreiber. 1847. W. v. GIESEBRECHT, Geschichte der deutschen Kaiserzeit IV 394 bis 399. E. BERNHEIM, Der Charakter Ottos von Freising und seiner Werke. MIÖG. VI 1—51. HASHAGEN, Otto von Freising als Geschichtsphilosoph und Kirchenpolitiker. Leipzig 1900 (Leipz. Stud. auf dem Geb. der Gesch. VI 2). Jos. SCHMIDLIN, Die geschichtsphilosophische und kirchenpolitische Weltanschauung Ottos von Freising 1906 (in Studien und Darstell. aus dem Geb. der Gesch. hsg. von H. GRAUERT IV 2, 3). Sowohl BERNHEIM wie auch HASHAGEN sehen in OTTO von Freising eine vermittelnde Natur, die leicht schwankt zwischen den Hauptrichtungen der Philosophie, dem Nominalismus und Realismus, zwischen tiefstem Pessimismus und größter Hoffnungsfreudigkeit, die es an Folgerichtigkeit in der Entwickelung des Verhältnisses der beiden Staaten wiederholt fehlen läßt. Scharfes Durchgreifen wurde ja gerade auch ihm sehr schwer, weil zwei Seelen in seiner Brust wohnten, eine staufische durch das Blut, eine päpstliche durch seine Liebe zur Kirche und zu dem geistlichen Berufe, den er mit Innigkeit erfaßte. Demgegenüber sucht SCHMIDLIN die Folgerichtigkeit in der Geschichtsphilosophie OTTOS nachzuweisen. „In der Erhöhung der Kirche erblickt darum der Geschichtsphilosoph des MA. auch eine ans Fatalistische streifende Notwendigkeit, gegen die jedes Sträuben vergeblich und Gottes Absichten feindlich ist." Das ist für OTTO die Logik der Geschichte, und deshalb ist ihm die Superiorität der Kirche über den Staat selbstverständlich. Über den Bildungsgang OTTOS von Freising verbreitet sich neuerdings AD. HOFMEISTER, NA. XXXVII 99—161 u. 633—768.
Über den Wert des 1. Buches der Gesta sind die Ansichten geteilt. Vgl. W. LÜDECKE,[1] Der historische Wert des 1. Buches von Otto von Freisings Gesta Friderici. Hall. Diss. 1884 und Progr. des Gymn. Stendal 1885 (trotz einiger Aussetzungen anerkennend); K. LINDT, Zur Kritik des 2. Buches der Gesta. Progr. Darmstadt 1902 (weist die Unbefangenheit Ottos nach).

Die Chronik OTTOS ist vom J. 1146 an fortgeführt durch den Mönch, später seit 1222 Abt OTTO von St. Blasien, der nach dem J. 1209 schrieb. Die Fortsetzung bricht 1209 ab. Sie zeichnet sich durch schöne Sprache, aber nicht durch absolute Zuverlässigkeit aus. Die Gesta Friderici aber führte RAHEWIN, gestützt auf reiches Aktenmaterial, mit musterhafter Genauigkeit bis 1160 fort.

Ausgaben in MG. SS. XX 302—337 u. 415—493 im Anschluß an die Schriften OTTOS von Freising; ebenso in us. schol. Vgl. EM. MICHAEL, Zur Beurteilung einiger Geschichtswerke des MA. Z. f. kath. Theol. XXVI (1902) 521. RIEZLER, Namen und Vaterland des Geschichtschreibers Rachwin. FDG. XVIII 539. SIMONSFELD, Bemerkungen zu Rahewin (Hist. Aufsätze dem Andenken an WAITZ gewidmet) 1886, 204—227. JORDAN, Ragewini Gesta Friderici imp. Quellenkrit. Untersuchung. Straßb. Diss. 1881. HORST KOHL, Beiträge zur Kritik Rahewins. Progr. des Gymn. Chemnitz 1890. H. THOMAE, Die Chronik des Otto von St. Blasien. Leipz. Diss. 1877.

RAHEWIN führt uns in den Kampf ein, der zwischen Kaiser Friedrich Barbarossa und Papst Hadrian auf dem Reichstage zu Besançon ausbrach und der dann, zeitweilig beruhigt, immer wieder losbrach und die Stauferzeit ausfüllte: der Kampf um die politische Unabhängigkeit der Kaisergewalt vom Papsttum. RAHEWIN gibt den Brief Hadrians, der von dem Beneficium der Verleihung der Krone an den Kaiser sprach, wörtlich an (III 9), damit ein jeder Leser sich selbst ein Urteil bilden könne, wem er seine Gunst zuwenden wolle. Mit seinem Herzen steht er jedenfalls auf seiten des Kaisers, wenn er auch den Streit bedauerte. Die Züge des Kaisers nach Italien, sein Kampf mit Mailand sind genau dargestellt, auch für die Verfassungsgeschichte entnehmen wir dem Werke viel, so z. B. den Beschluß auf dem ronkalischen Felde über den Begriff der Reichslehen und die Unteilbarkeit der Herzogtümer, Marken und Grafschaften des Reiches (IV 1ff.). RAHEWIN gab auch eine liebevolle Charakteristik des OTTO von Freising und seiner Verdienste (IV 14).

Leider begleitet uns keine diesem Werk gleichwertige Darstellung durch die ganze Stauferzeit hindurch. Immerhin haben wir noch ein fast die ganze Stauferzeit umfassendes Annalenwerk, das sich den besten Erzeugnissen dieser Art an die Seite stellen kann. Es entstand in Köln, der angesehensten Stadt des westlichen Deutschland. **Chronica regia Coloniensis** wird es jetzt wieder mit gutem Grunde genannt, nachdem es lange als Annales Colonienses Maximi im Anschluß an die Mon. Germ. bezeichnet wurde. Ursprünglich als Fortsetzung des FRUTOLF-EKKEHARD gedacht, wurde die Chronik unter Zuhilfenahme der Paderborner Jahrbücher (bis 1143) zusammengestellt und von 1144 an von einem Zeitgenossen (etwa bis 1175) fortgeführt. Mehrere Fortsetzer haben an dem Werke gearbeitet und gemodelt, und so liegt die Chronik in wenig einheitlicher Gestalt, fortgesetzt bis 1249, vor. Von 1200 bis 1219 sind sogar zwei Fortsetzungen verschiedener Verfasser erhalten, deren einer dem Kloster St. Pantaleon angehörte. Dieser gab dem ganzen Werke auch einen neuen Anfang. Im Kloster St. Pantaleon sind auch die über 1220 hinausreichenden Fortsetzungen entstanden. Die Chronik macht im allgemeinen ihrem Charakter als Königschronik Ehre, indem sie sich auf die Seite des zu Aachen gekrönten Herrschers stellt. Die Reichhaltigkeit der gebotenen Nachrichten ist bald größer, bald kleiner. Namentlich die Tätigkeit des Kölner Erzbischofs und kaiserlichen Kanzlers Rainald im Jahre 1167 in Italien erweckte die Teilnahme des Geschichtschreibers. Dem Erzbischof war es zu danken, daß damals die Römer sich dem Kaiser unterwarfen und den Treueid leisteten, den der Annalist wörtlich anführt. Dann aber kam die „elende Seuche, die immer dem römischen Gebiete freundlich war", und raffte den Erzbischof dahin, „der durch seine Weisheit und seinen Eifer wunderbar war und auf dem der wesentlichste Teil des Ruhmes des Kaisers beruhte". In schwierige Lage geriet der Annalist dann, wenn das Verhältnis zwischen Kaiser und Erzbischof getrübt war. Meist befleißigte er sich dann einer rühmlichen Objektivität. Am schwierigsten wurde das, als seit 1198 zwei Könige einander gegenüberstanden und der Erzbischof Adolf die Partei der Könige wechselte. Er nennt dann wohl beide „Könige", nur gelegentlich Philipp auch „Herzog". Froh ist er jedenfalls, als er 1208 wieder aus dieser üblen Lage ist. Aber dann kam der Thronstreit zwischen Otto und dem jungen Friedrich; jenen nennt der Annalist den imperator, diesen den König. Auch jetzt sucht er einfach den Ereignissen zu folgen. Am besten sind vielleicht die Fortsetzungen mit den Jahren 1224 bis 1249: eine ruhige Erzählung mit wenigen Irrtümern und keinen beabsichtigten Entstellungen. Wer daher die Zeit des beginnenden 13. Jhs. in ihren eigenen Erzeugnissen fassen will, der greife zuerst zu diesem Werke. Die Königschronik offenbart uns auch den Wandel der Zeit im Sinne der Erstarkung des Papsttums. Ruhig erzählt sie die Absetzung des Kaisers Friedrich auf dem Lyoner Konzil 1245. Er ist dann der imperator depositus, oder einfach Fridericus oder quondam imperator. Die neugewählten Könige treten in den Vordergrund, besonders Wilhelm von Holland. Bedeutsam aber erscheinen auch die Minoriten, die das Kreuz gegen des Kaisers Anhänger predigen, und maßgebend erscheint besonders der Legat des Papstes. Die Kölner Königschronik gibt mit ihren Berichten von 1157, wo sie offenbar den mannhaften Worten des Kaisers zuneigt, und der Haltung gegenüber dem Lyoner Tage die herrschende Stimmung der verschiedenen Zeiten wieder.

Ausgabe MG. SS. XVII 729—847; als Chronica regia Coloniensis von WAITZ in us. schol. 1880. Übers. in Gesch. d. d. Vorz. Vgl. H. CARDAUNS im Arch. f. Gesch. des N.-Rheins VII 197 bis 240. K. LAMPRECHT, Die Zeitrechnung der Chronica regia Cont. IV und V. Ann. d. hist. Ver. für den Niederrhein XXXVIII (1882) 111—113.

Eines der hervorragendsten Werke mittelalterlicher Annalistik ist die Chronik des Burkard. Dieser, um 1180 geboren, war zweimal in Rom, wurde 1202 Priester und später in Schussenried Mönch. Seit 1215 stand er dem Kloster Ursberg vor bis zu seinem Tode 1230. Er schrieb eine Weltchronik hauptsächlich auf Grund des FRUTOLF-EKKEHARD. Daran schließt er Biographien der Kaiser, welche er im Speyrer Dome beerdigt fand. Von 1190 ab wächst sich die Chronik zu einem selbständigen Annalenwerk aus. Die Chronik bleibt ein einheitliches Ganzes, was früher bestritten wurde, indem man annahm, der Amtsnachfolger BURKARDS, KONRAD von Lichtenau, habe das Werk von 1226 bis 1229 fortgeführt. BURKARD ist bei aller Verehrung für das Papsttum, der er in kritischen Augenblicken gern Ausdruck gibt, sehr kaiserlich und staufisch gesinnt. Namentlich mit dem Vorgehen Innocenz' III. gegen Philipp von Schwaben ist er nicht einverstanden, er hält ihn mit seinem Streben auf Vernichtung des königlichen Hauses für schlecht beraten. „Nur Gott ließ es nicht zu, daß im ganzen Reiche die Pflege des kirchlichen Lebens und die Achtung vor der geistlichen Würde zugrunde gingen, die dort höher in Ehre stehen als bei anderen Völkern." Auch im Kampfe der Kurie gegen Friedrich II. steht BURKARD ganz auf Seite des Kaisers. BURKARD hatte wohl am eigenen Leibe erfahren, wie sehr diese Streitigkeiten zwischen den universalen Mächten die ruhige Entwickelung des Reiches störten. Ein kleiner Zug: als Otto IV. 1208 zu Augsburg Gericht abhalten wollte, flohen in der Nacht eine Anzahl Ritter und Barone. „Diese pflegen nämlich in Deutschland meistens Räuber zu sein."

MG. SS. XXIII 337—383, in us. schol. 1874. Vgl. G. GRONAU, Die Ursperger Chronik und ihr Verfasser. Berl. Diss. 1890. TH. LINDNER, Zum Chronicon Urspergense, NA. XVI 117—134. EM. MICHAEL, Zur Beurteilung einiger Geschichtswerke des MA. in Z. f. kath. Theol. XXVI (1902) 515 hält den kaiserfreundlichen BURKARD für zu leidenschaftlich, als daß er in kirchlichen Dingen objektiv sein könnte.

Wenn es bald nach der kräftigen Regierung Friedrichs I. im Reiche so aussah, wie mußte es da erst nach der Absetzung Friedrichs II. werden, als die Staufer im heißen Ringen die Krone gegen die Könige von Papstes Gnaden zu verteidigen hatten. Viele angesehene Leute im Reiche wollten es nicht begreifen, daß ein Papst einen Kaiser absetzen könne, so berichtet der sonst streng kirchlich gesinnte ALBERT VON STADE, der ursprünglich Benediktiner war, dann Minorit wurde und eine Chronik bis 1256 schrieb, die neben minderwertigem Material doch auch viele brauchbare Nachrichten enthält (MG. SS. XVI 238ff.). Er berichtet als einziger von der schwärmerischen religiös-politischen Bewegung der Brüder von Schwäbisch-Hall (1248), die eine feindliche Stellung gegen das Papsttum nahmen und von König Konrad begünstigt wurden. Er berichtet auch (1255) von der Bewegung der Städter, die in der Zeit der allgemeinen Rechtlosigkeit sich selbst zu schützen suchten. Aber alle, die ständig ihre Hände nach fremder Habe ausstreckten, waren darüber unwillig, „indem sie sagten, es wäre unanständig, daß Kaufleute über ehrbare Männer und Edle die Herrschaft hätten".

„So lag denn", sagt die Erfurter Chronik, eine für das Interregnum wichtige Quelle, „bis auf König Rudolf das römische Reich da, als wenn es ganz vergessen wäre, ohne Kaiser und König in arger Verwirrung," vom Sultan und den Feinden des Glaubens angegriffen und im Innern durch Übeltaten aller Art schmählich zerrissen. Ein Erfurter Minorit aber führte in seiner für das Interregnum wichtigen Chronik all das Unheil auf Friedrich II. zurück.

Über den ganzen Komplex der Erfurt-Reinhardsbrunner Geschichtsquellen vgl. die neuen Ausgaben von HOLDER-EGGER, MG. SS. XXX 1, 335—457 und Monumenta Erpfesfurtensia in us. schol. 1899.

Die Annalen von Magdeburg (früher Chronographus Saxo) umfassen die Jahre von Christi Geburt bis 1188. Sie beruhen für die frühere Zeit hauptsächlich auf FRUTOLF-EKKEHARD, bieten aber für das 12. Jh. sowohl hinsichtlich der Reichsgeschichte als auch der Lokalgeschichte gute Nachrichten. MG. SS. XVI 105—196. — Die Pöhlder Jahrbücher (Annales Palidenses) reichen bis 1182. Ihnen verdanken wir namentlich die Kenntnis der Sagen, die sich in Sachsen gebildet hatten. Aber auch brauchbares historisches Material ist in ihnen enthalten. MG. SS. XVI 48—98. Übers. in Gesch. d. d. Vorz. Vgl. H. HERRE, Beiträge zur Kritik der Pöhlder Annalen. DZG. XI (1894) 46—62. — Neben einer Chronik des Klosters Stederburg bei Wolfenbüttel sind noch welfisch gefärbte Stederburger Annalen (bis 1195) auf uns gekommen. Ann. Stederburgenses auctore GERHARDO praeposito MG. SS. XVI 197—231. Übers. in Gesch. d. d. Vorz. — Auch im Kloster Pegau bei Merseburg ist ein Annalenwerk geschrieben und bis 1227 fortgeführt. MG. SS. XVI 232—270. — Annalen des Erfurter Marienklosters sind für die Jahre 1219—1254 nachweisbar. Indes sind sie nicht erhalten. Doch haben die Erfurter Annalen (A. Erphordenses) MG. SS. XVI 21—40 aus ihnen geschöpft.

Gegen das Ende der Salierzeit entstanden auch in Paderborn ausgezeichnete Annalen. Im Kloster Abdinghof wurden sie seit 1105 niedergeschrieben und bieten bis 1125 eine vorzügliche Quelle. Dann setzt ein neuer Schreiber 1129 ein, holt die Jahre von 1125 an nach und berichtet ausführlich bis 1140. Noch weiter, sicher bis 1190, vielleicht auch darüber hinaus, ist das Werk fortgeführt. Doch diese Paderborner Annalen sind verloren gegangen, und nur besonderer Scharfsinn konnte sie aus Bruchstücken, die in andere Annalen, besonders die Hildesheimer (s. o.) und Kölner, sowie den Annalista Saxo und die Pöhlder Jahrbücher, ferner in den Weltenlauf des GOBELINUS PERSON übergegangen sind, wiederherstellen. Vgl. P. SCHEFFER-BOICHORST, Annales Patherbrunnenses, aus Bruchstücken wiederhergestellt. Innsbr. 1870. Ders. in NA. XXVII (1902) 677ff.

Die Jahrbücher von St. Jacob in Lüttich wurden bereits im 11. Jh. begonnen, erhielten ihre Bedeutung aber erst im 12. Jh. Von 1173 bis 1193 wurden sie von LAMBERT DEM KLEINEN, von da ab bis 1230 von REINER fortgeführt. REINERS Berichte sind sehr wertvoll für die Geschichte des westlichen Reichs, Frankreichs und Englands. Auch ist es besonders interessant, aus seinem Munde die Beurteilung der kirchenpolitischen Verhältnisse zu hören. MG. SS. XVI 635—645. Ferner von N. I. ALEXANDRE, Leodii 1874. Übers. in Gesch. d. d. Vorz. — Des JACOBUS DE GUISIA † 1399 Annales Hannoniae (bis 1254) bieten, obgleich erst im 14. Jh. geschrieben, für die Stauferzeit und das Interregnum manche gute, sonst nicht bekannte Nachricht. MG. SS. XXX 1. 44—334. — In den Marbacher Annalen, die bis 1238 reichen, sind für das ausgehende 12. und beginnende 13. Jh. gute Nachrichten erhalten. Nachdem AL. SCHULTE, Elsässische Annalistik in Staufischer Zeit (MIÖG. V (1884) 513—538 und VII (1886) 468—471), sich zuerst mit ihnen eingehender beschäftigt hatte, kamen die Untersuchungen von H BLOCH, Die Elsässischen Annalen der Stauferzeit = Regesten der Bischöfe von Straßburg I 1), Innsbruck 1908, zu dem Ergebnis, daß der Hauptbestandteil dieser Annales Marbacenses eine Hohenburger Chronik von 631 bis 1212 ist, die von einem Marbacher Augustiner, der in Hohenburg (Odilienberg) als Geistlicher fungierte, herrührt. Als hauptsächlichste Quelle hat diese Chronik jetzt verlorene Straßburger Reichsannalen von 1015—1200 (Annales Argentinenses imperiales von BLOCH genannt) benutzt, die in ihren gleichzeitigen Aufzeichnungen eines Straßburger Weltgeistlichen für die Jahre 1184—1200 ganz vorzügliche Nachrichten zur Reichsgeschichte bieten. Die Hohenburger Chronik wurde dann um 1235 in den Zisterzienserkloster Neuburg bearbeitet, in einzelnen Teilen ergänzt und fortgesetzt für die Jahre 1213—1238. So entstehen die sog. Marbacher Jahrbücher aus Straßburger Reichsannalen, der Chronik des Klosters Hohenburg und einer Neuburger Fortsetzung und Bearbeitung. Diese Ergebnisse BLOCHs hat in jüngster Zeit J. HALLER, Die Marbacher Annalen. Eine quellenkritische Untersuchung zur Geschichtsschreibung der Stauferzeit. Berlin 1912, angegriffen. Dieser hält allerdings an den Straßburger Reichsannalen als Grundstock fest, läßt aber diesen Annalisten schon in der Zeit Heinrichs VI. seine zeitgeschichtliche Darstellung zu der Chronik seit 631 umgestalten und nennt ihn Propst Friedrich von St Thomas in Straßburg († zwischen 1200 und 1202), der seine literarischen Hilfsmittel vorzüglich der Marbacher Klosterbibliothek entnommen habe; später ist dann nach HALLER in Marbach selbst die Fortsetzung der Chronik für 1201—1238 niedergeschrieben worden. Die Ausgabe der Ann. Marbacenses MG. SS. XVII 146—180 ersetzt durch die Schulausgabe von BLOCH, Annales Marbacenses, qui dicuntur, 1907. Übers. in Gesch. d. d. Vorz. Die früher als Quelle der Marbacher Annalen und als Ausgangspunkt der elsässischen Annalistik der Stauferzeit angesehenen Annales Argentinenses (bis 1207) in MG. SS. XVII 87—90 hat BLOCH als Fälschung des elsässischen Kirchenhistorikers GRANDIDIER († 1783) nachgewiesen. — Bis 1147 und in ihrer Fortsetzung bis 1200 begleiten uns die Disibodenberger Annalen. Ann. sti Disibodi MG. SS. XVII 4—30. — Die Annalen von Worms sind namentlich für die Geschichte des Städtewesens heranzuziehen. Ann. Wormatienses 1221 bis 1298 in MG. SS. XVII 34—73 und bei Boos, Monum. Wormatiensia 1893. — Im Kloster Ottobeuern der Augsburger Diözese schrieb Abt ISINGRIM († 1180) Annalen. Annales Isingrimi majores 1121—1168, minores 1145—1157, wichtig auch für die Reichsgeschichte. MG. SS. XVII 311ff. — Annalen aus Schäftlarn (1092—1248) und Regensburg (bis 1201) MG. SS. XVII 334—350, 577—590. — Zu beachten sind die Annalen von ST. RUPERT in Salzburg (bis 1268). Annales s. Rudberti Salisburgensis breves bis 1168 MG. SS. IX 757. Chronicon Salisburgense bis 1286. Ebd. 758—810. — Die Reichersberger Annalen, vom Priester MAGNUS bearbeitet, reichen bis 1195, mit Fortsetzung bis 1279. MG. SS. XVII 439—534. — Weiter nach Österreich hinein führen uns die Melker Jahrbücher, die um 1123 angefangen und von Zeitgenossen nach und nach bis 1564 fortgesetzt wurden. Diese Annalen sind für die Geschichte des Ostens besonders wichtig. Ann. Mellicenses MG. SS. IX 484—501. Annales Garstenses 1182 bis 1257 MG. SS. IX 593—600; s. unten S. 103.

Passauer Annalen aus der Stauferzeit sind verloren gegangen; die Rekonstruktionsversuche, die von verschiedenen Seiten unternommen worden sind, vermögen nur einen schwachen Ersatz zu bieten. Vgl. LANG, Passauer Annalen, Forschungen zur Passauer Geschichtschreibung im MA. HJb. XVII (1896) 265—318. WIDEMANN, Die Passauer Annalen. Ebd. 497—548. Nach beiden haben die Annalen von ST. RUPERT in Salzburg als Vorlage gedient. Als Endpunkt dürfte 1255 anzunehmen sein. Vgl. noch G. RATZINGER ebd. XVIII (1897) 603ff. und WIDEMANN ebd. XX (1899) 349ff.

Man hat den tragischen Ausgang des staufischen Hauses wohl darauf zurückgeführt, daß der Vertreter der Familie, der zuerst die Krone erwarb, Konrad III., diese durch eine Winkelwahl errungen habe gegenüber dem allein würdigen Träger, der mit der nötigen Macht ausgerüstet war, dem Welfen Heinrich dem Stolzen, dem Inhaber zweier Herzogtümer innerhalb des Reiches und eines stattlichen Hausbesitzes auch in Italien. Des Kampf mußte beginnen zwischen dem Könige und den Welfen, auch wenn ihn Konrad III. nicht gleich durch das Verlangen der Herausgabe des Herzogtums Sachsen provoziert hätte. OTTO von Freising, der Staufer, gibt die hochfahrende Gesinnung des Herzogs Heinrich als Grund an, weshalb die Fürsten ihn nicht hätten wählen wollen. In der ganzen Sachlage sieht auch er den Keim schwerer Verwickelungen. Diesem Urteil schließt sich an der Verfasser der **Familiengeschichte des Hauses Welf,** der im Kloster Weingarten, der Stiftung des Hauses, schrieb.[1]) Aber den Grund zu dem Unheil sieht er darin, daß Konrad III. die Versprechungen, die er Heinrich gemacht, nicht gehalten habe. Er hebt auch hervor, wie man außerhalb des Reiches sich dieses Streites bemächtigt habe, um die Zwietracht noch zu schüren. Roger von Sizilien habe den Welfen unterstützt, um so den Kaiser von Italien fernzuhalten (Kap. 26). Und weiter berichtet er, wie der Welfe die Mathildische Erbschaft in Italien angetreten und den Rittern des Kaisers, die damals an der Spitze der Städte Italiens standen, bei Übergriffen gewehrt und dadurch sich wiederholt des Kaisers Unwillen zugezogen habe. „Aber indem er die Liebe des Volkes um so mehr auf sich häufte, erwarb er sich die Zuneigung aller Städte" (Kap. 29). So bildete sich der Gegensatz von welfischer und staufischer Gesinnung in Italien, er hatte mit dem Gegensatz im Reiche wenig gemein. Aber dieser Mittelpunkt, der Welfe, gab allen kaiserfeindlichen Bestrebungen Halt. Welfische Gesinnung breitete sich über die Städte Italiens immer mehr aus und half mit zum Siege des Papsttums über das Kaisertum. In den italienischen Geschichtsquellen tritt das deutlich zutage.

Das Wirken der glänzendsten unter den Staufern erstreckte sich wieder zum großen Teil auf Italien. Ein Mann wie Friedrich Barbarossa forderte nicht nur die Ehren-

---

1) MG. SS. XXI 454ff. Übers. in Gesch. d. d. Vorz.

rechte für das Reich, sondern auch wirkliche Leistungen. Gegen beides sträubten sich die welfisch gesinnten Städte, aber auch die gibellinisch denkenden Kommunen wollten sich nur zur Leistung einer vagen Treupflicht verstehen. Die italienischen Stadtstaaten hatten sich glänzender entwickelt als die deutschen Städte. Ihr Handel erstreckte sich weithin über Land und Meer, und in ihrer Politik berücksichtigten sie stets das Gedeihen des Handels. Das alles tritt auch in der Geschichtschreibung hervor, die meist in den Händen der Weltlichen liegt. Ein besonders großartiges Werk sind die **Annalen von Genua**; beginnend 1099 sind sie bis 1294 fortgeführt, bis 1163 von CAFARO, dann von verschiedenen. Den gegebenen Verhältnissen entsprechend, wissen sie anfangs nur wenig vom Reich zu berichten, z. B. zum Jahre 1133, daß die Genuesen im Dienste des Königs Lothar und des Papstes mit gegen die Römer gezogen seien, daß ihnen 1139 von Konrad III. eine Münze gegeben sei. Aber dann taucht Friedrich I. in Italien auf, um des Reiches Rechte geltend zu machen wie vor ihm niemand. Auch die Genuesen schicken eine Gesandtschaft (1154), an der CAFARO beteiligt ist. Wir hören aus seinem Bericht, welcher Schreck die italienischen Kommunen ergriff, als Friedrich nicht mit sich spaßen ließ, wie alle Tribute schickten, nur Genua nicht. Wohl wollen die Genuesen dem Reich Treue halten, aber keine materiellen Opfer bringen, ,,da sie vom Boden des Reichs nichts hätten, wovon sie leben könnten". Nur zur See wollen sie dem Reiche Schutz gewähren. Im Streite zwischen Kaiser und Papst sind die Genueser Annalen päpstlich gesinnt, aber immer legen sie sich eine gewisse Selbstbeherrschung auf. Gegen Heinrich VI. sind sie erbost, weil er ihnen Privilegien gewährt, aber nachher nichts gehalten habe. Dann spielt Friedrich II. in den Jahrbüchern eine große Rolle, anfangs ist er ihnen nicht unsympathisch, dann rücken sie immer weiter von ihm ab. Innocenz' IV. Urteil von 1245 machen sie sich zu eigen; von da an ist er ihnen der domnus Fridericus oder quondam imperator. Auch die Nachkommenschaft Friedrichs sind sie feindlich. Als vom Papste Karl von Anjou mit Sizilien belehnt wurde, konnte dieser, ,,vom Himmel unterstützt", Manfred und Konradin niederringen. Für Konradins Tod auf dem Blutgerüst (1268) haben sie nicht ein Wort der Teilnahme. Wie sehr sich dann die Zeiten änderten, das Ansehen des Kaisertums gesunken war, darauf läßt der kurze Bericht über die Erhebung Rudolfs von Habsburg schließen. Die Fürsten, denen die Wahl zusteht, geben nach dem Willen der Kardinäle unter Zustimmung des Papstes ihre Stimme ab. Der Papst bestätigt dann den Gewählten. In dieser Weise stellen sich fast alle italienische Jahrbücher zum Kaiser, die Kaiserherrlichkeit ergriff sie, erschrockt sie, und das klingt bald freundlich, bald feindlich aus ihnen wieder. Wer mag sich wundern, daß in Mailand, das vom Kaiser so gedemütigt wurde, die Annalen stark kaiserfeindlich gefärbt waren? Oft aber sind auch Annalen, die noch zu Kaiser Barbarossas Zeit ruhig gehalten waren, in den Zeiten, da Friedrich II. als Verfolger der Kirche und der bürgerlichen Freiheit erschien, ganz im stauferfeindlichen Sinn umgearbeitet worden.

Ann. Januenses bei MURATORI SS. rer. Ital. VI 247—610; MG. SS. XVIII 1—356. Übers. in Gesch. d. d. Vorz. Vgl. CARO, Zur Kritik der Ann. Januenses. NA. XXII 417 f. und XXVI 73 bis 90. — Die Jahrbücher von Lodi (1153—1167) sind, der politischen Stellung der Stadt entsprechend, kaiserlich gesinnt, doch ändert sich den Standpunkt im späteren Teile der die Jahre 1164 bis 1168 umfassenden Fortsetzung. OTTO und ACERBUS MORENA, Historia rerum Laudensium, die Fortsetzung von einem Anonymus. MG. SS. XVIII 582—659. — Besonders wichtig sind die in Mailand geschriebenen Annalen, die unter dem Titel der Gesta Federici I. imperatoris in Lombardia auctore cive Mediolanensi bekannt sind. Sie umfassen die Jahre 1154 bis 1177. Sie sind dem Kaiser nicht sehr günstig, versuchen aber doch gerecht zu sein. In geradezu kaiserfeindlichem Sinne aber wurden sie um 1230 von einem Placentiner JOHANNES CODAGNELLUS umgearbeitet und fortgeführt. MG. SS. XVIII 357—378 nicht mehr zu benutzen, sondern HOLDER-EGGERS Ausgabe in us. schol. 1892. — CODAGNELLUS ist wahrscheinlich auch der Verfasser der kaiserfeindlichen Annalen Guelfi von Placentia, die bis 1235 reichen. Eine dem Kaiser freundliche Bearbeitung der Placentiner Annalen Gibellini umfaßt die Zeit bis 1284. MG. SS. XVIII 403—581. — Eine sehr wichtige Quelle für die

Stauferzeit sind auch die Annalen von Cremona, die in Absätzen geschrieben von 1096 bis 1270 reichen. Ein Absatz ist wahrscheinlich nach 1177 zu machen, so daß 1182 ein neuer Schreiber beginnt, der das Werk bis 1201 führte. Unter Benutzung solcher älterer Chroniken und verlorener Annalen von Cremona, die auch in den oben erwähnten Jahrbüchern ausgeschrieben sind, schrieb der Bischof SICARD VON CREMONA (bis 1185—1215) als erster Italiener eine Weltchronik. SICARD ist dem Papsttum ergeben, doch auch den staufischen Herrschern treu. Annales Cremonenses MG. XXXI 1—21. Sicardi episcopi Cremonensis cronica bis 1213. Ebd. 78—181. — Über Pisa des MARANGO Annales Pisani bis 1175, gut für die Zeitgeschichte. MG. SS. XIX 236—266. Vgl. O. LANGER, Die Ann. Pis. und Bernardo Maragone. Zwickauer Progr. 1897 (geg. Mar. als Autor). — Annales Bergomates 1156—1266 in MG. SS. XXXI 325—335. — Die nur unvollständig erhaltene Cronica fratris Salimbene de Adam ord. Minorum umfaßt heute noch die Zeit von 1168—1287. Ausgabe Parma 1857 (Mon. hist. ad provincias Parmensem et Placentinam pertinentia III) und MG. SS. XXXII. Vgl. HOLDER-EGGER, Zur Lebensgesch. des Bruders Salimbene de Adam. NA. XXXVII 163ff. und XXXVIII 469ff. — Die Kämpfe Heinrichs VI. mit Tankred in Süditalien erzählt des PETER VON EBULO carmen de bello inter Heinricum VI. et Tancredum seu liber ad honorem Augusti ed. WINKELMANN 1874. Vgl. PAUL BLOCK, Zur Kritik des Petrus von Ebulo I Prenzlau 1883 und II Greifsw. 1883. — Für den Untergang der Staufer vgl. des NICOLAUS VON JAMSILLA Historia de rebus gestis Friderici II. imperatoris eiusque filiorum Conradi et Manfredi, Apuliae et Siciliae regum 1210—1258 bei MURATORI SS. rer. Ital. VIII 493—548; ferner des SABA MALASPINA Rerum Sicularum libri VI 1250—1276. Ebd. 785—874. Neuausgabe in den Mon. Germ. steht bevor. — Für den Frieden von Venedig ist zu benutzen des ROMUALD, Erzbischofs von Salerno, Chronik von Erschaffung der Welt bis 1178. Als Annales ROMUALDI (von 893—1178) in MG. SS. XIX 387—461. — Für die Geschichte Friedrichs II. des RICHARD VON S. Germano Chroniken, die ältere Klosterchronik und die jüngere Reichschronik (1189—1243). MG. SS. XIX 323—384 u. in us. schol. 1864. Die Klosterchronik ed. GAUDENZI, Napoli 1888. Sie zeichnet sich namentlich durch Urkundenbeilagen aus. Vgl. WINKELMANN, Das Verhältnis der beiden Chroniken des R. v. San Germano in MIÖG. XV (1894) 600ff. — Nachrichten aus einer zeitgenössischen verloren gegangenen Biographie Kaiser Friedrichs II., die den Bischof MAINARDINO von Imola zum Verfasser hatte, stellte zusammen F. GÜTERBOCK im NA. XXX (1905) 37—83. Vgl. auch BAETHGEN in NA. XXXVIII 684ff. — Über ital. Geschichtschreibung im allgemeinen vgl. B. SCHMEIDLER, Ital. Geschichtsschreiber des 12. u. 13. Jhs (Leipzig, Hist. Abhandlungen) 1909.

Während das Kaisertum seit dem 11. Jh. im schweren Kampfe mit dem Papsttume stand, das Ziel der deutschen Ritterscharen mehr und mehr Italien wurde, mußte das Deutschtum schwer um seine Marken im Osten ringen. Die Slawenstämme zerstörten immer wieder die Arbeit, welche der deutsche Krieger, Missionär und Ansiedler geleistet hatten. Aus der Zeit der Staufer besitzen wir nun eine packend geschriebene Chronik, die uns mitten in diese Kämpfe hineinstellt. Verfaßt wurde sie von **Helmold,** Pfarrer in Bosau am Plöner See. In zwei Büchern schildert er das Wendenland unter Zugrundelegung hauptsächlich des Werkes von ADAM von Bremen und gibt dann eine Geschichte der Mission und Kolonisation bei den Wenden bis 1171. Wir lernen den heidnischen Kult, die Gastfreundschaft der Slawen kennen, die Mühsale der von Westen herbeigerufenen Kolonisten. Der Aufbau des Werkes ist einfach, im Vordergrunde steht das Land Wagrien mit den Nachbarbezirken. Zwischen die Landesgeschichte eingeschoben werden dann große Stücke der Reichsgeschichte, ohne daß hier auf einen Zusammenhang Wert gelegt würde. Der Verfasser ist kirchlich gesinnt, ein Gegner Heinrichs IV., dessen Bild er aber nur aus vager Tradition kennt. Später wählt er seinen Standpunkt anders. Er verkennt nicht, daß dem Rufe des Papstes viele Fürsten folgten, denen es auf eminent weltliche Zwecke ankam. Das Geld spielte im politischen Leben damals eine so unheilvolle Rolle, wie auch im kirchlichen. Als 1142 der Graf Adolf von Holstein von Herzog Heinrich sein Land forderte, erhielt er seinen Willen, weil er mehr Recht hatte „und mehr Geld bot" als der andere. Im Mittelpunkte der Erzählung steht lange Zeit der Missionar und spätere Bischof Vicelin, der in Rinteln a. d. Weser geboren, in Paderborn die Schule besuchte und dann die höhere Ausbildung in Frankreich erhielt, um nachher in Bremen tätig zu sein. Von dort kam er auf die Mission im Slawenlande. Wie er dann Bischof wurde und als solcher schwankte, ob er vom Herzog Heinrich dem Löwen die Investitur nehmen, was dieser verlangte, oder lieber, was der Erzbischof Hartwig von Bremen forderte, auf die Einkünfte des Bistums verzichten sollte, das alles ist anschaulich geschildert. Die überlegene Macht des Herzogs Heinrich des Löwen, „des Fürsten der Fürsten", dem nichts widerstehen kann, tritt deutlich in die Erscheinung. Vicelin nimmt wirklich von ihm die Lehen. Bedeutsam ist auch das, was wir bei HELMOLD über Altlübeck und das 1143 neu gegründete Lübeck erfahren. Die Stadt zieht allen Handel der Umgegend an sich. Die Zahl der Einwohner wächst bedeutend, und Schiffe in immer größerer Zahl bringen Güter aus den benachbarten Ländern. Der Herzog Heinrich wurde sogar eifersüchtig, weil seine eigene Stadt Bardowiek unter dem Aufschwung Lübecks bedeutend litt. Wir fühlen beinahe, wie die Stadt, welche im nächsten Jahrhundert die Führung der Hansa übernehmen sollte, durch ihre günstige Lage und den Fleiß der deutschen Kolonisten emporblüht. Alles in allem ein hochinteressantes Buch!

Helmoldi Chronica Slavorum MG. SS. XXI 1—99; in us. schol. 1868, 2 Ausg. von B. SCHMEIDLER 1911. Übers. in Gesch. d. d. Vorz. 3. Aufl von SCHMEIDLER. Gegen die Glaubwürdigkeit HELMOLDs C. SCHIRREN, Beiträge zur Kritik älterer holsteinischer Geschichtsquellen, 1876. Sicher zu scharf! Dagegen WIGGER im Jb. d. Ver. f. Meckl. Gesch. 1877, 21 ff. H. v. BRESKA, Untersuchungen über die Nachrichten Helmolds vom Beginn seiner Wendenchronik bis zum Aussterben des lübischen Fürstenhauses. Gött. Diss. 1880. P. REGEL, Helmold und seine Quellen, Jen. Diss. 1883. A. BOEHMER, Vicelin. Ein Beitrag zur Kritik Helmolds und der älteren Urkunden von Neumünster und Segeberg. Rost. Diss. 1887. H. BRESSLAU, Bischof Marco in DZG. XI (1894) 154—163 beseitigt dadurch, daß er die angezweifelte Existenz des von HELMOLD genannten Bischofs Marco auch sonst nachweist, einen Vorwurf, den man gegen HELMOLDs Glaubwürdigkeit erhoben hatte. Nachdem die vorher genannten Arbeiten in anderen wichtigen Punkten HELMOLDs Zuverlässigkeit ergeben haben, bleibt von SCHIRRENS Angriff nicht viel mehr übrig. Vgl. auch B. SCHMEIDLER in der Einleitung zur Übersetzung 1910 und in Z. d. Ver. f. Lübeck. Gesch. u Altert. XIV 186ff. Ders., Zur Sprache HELMOLDs. NA XXXVI 538ff. W OHNSORGE, Neue Helmold-Studien (Z. d. Ver. f. Hamb. Gesch. 16, 90—199 Hamburg 1911, sieht Westfalen als H. Hmt en.

Als Fortsetzer HELMOLDs wird gewöhnlich ARNOLD genannt, welcher erster Abt am Johannisstift in Lübeck war. Aber seine Chronica Slavorum in 7 Büchern bis 1209 ist mehr Reichsgeschichte als eine Geschichte der Wenden. Jedenfalls ist sie für die Geschichte Heinrichs des Löwen, Heinrichs VI., Philipps von Schwaben und Ottos IV. zu benutzen. Einen anschaulichen, wenn auch phantastisch ausgeschmückten Bericht über die Zusammenkunft Friedrichs I. mit Heinrich dem Löwen verdanken wir gerade ihm. ARNOLD verleibt seinem Werke gern Urkunden ein; doch sind die Zeitangaben so spärlich, daß hier aus anderen Geschichtswerken ergänzt werden muß.

Ausgabe MG. SS. XXI 115—250; in us. schol. 1868. Übers. in Gesch. d. d. Vorz. Vgl. R. DAMUS, Die Slaven-Chronik Arnolds von Lübeck. Gött. Diss. 1872. JOH. MEY, Zur Kritik Arnolds von Lübeck. Leipziger Diss. 1912. WILH. OHNSORGE in Z des hist. Ver. f. Niedersachsen, 77 (1912) 427—450

Die Verhältnisse im **Westen** des Reiches, namentlich im Hennegau, werden ausführlich erzählt von **Giselbert,** Propst von Mons, der zwischen 1223 und 1225 starb. Er hatte viele Beziehungen zu den Grafen von Flandern-Hennegau und weilte wiederholt am kaiserlichen Hofe. Seine Chronik, die bis 1195 reicht, bringt daher eine Fülle wertvoller Nachrichten. In seiner Charakteristik Friedrich Barbarossas gibt er Nachrichten, die, wenn sie richtig wären, die allergrößte Bedeutung hätten; z. B. erzählt er abweichend von den anderen die Vorgänge bei der Wahl des Kaisers so, als ob dieser sich durch List und Überrumpelung die Krone verschafft habe, weiter berichtet er von einer persönlichen Zusammenkunft Friedrichs und Heinrichs des Löwen und von dem Fußfall Friedrichs (vor der Schlacht bei Legnano). Beide Berichte sind heiß umstritten.

Chronicon Hanoniense in MG. SS. XXI 490—601; in us. schol. 1869. Vgl. F. WACHTER, Der Einfluß der nationalen und klerikalen Stellung Giselberts von M. auf seine Geschichtschreibung. Hall. Diss. 1879. WALT. MEYER, Das Werk des Kanzlers Giselbert von Mons als verfassung-geschichtl. Quelle, 1888. K. HUYGHENS, Sur la valeur historique de la chronique de G. d. M. Gand 1889. (Rev. de l'instruction publique en Belgique 32 S. 301ff. ist Giselbert gegenüber kritisch.)

In Böhmen reichen die Jahrbücher des VINCENZ von Prag von 1140 bis 1167; in Betracht kommen sie besonders für den Zug Friedrichs I. nach Italien 1158. Die Fortsetzung durch GERLACH, Abt von Mühlhausen (Milovicensis) bis 1198 ist nicht ganz erhalten. Annales seu Chronicon Boemorum MG. SS. XVII 658—683. Übers. in Gesch. d. d. Vorz. Die Fortsetzungen des

KOSMAS von Prag, die in Wyschehrad, Sazawa und dann im Prager Domkapitel entstanden, sind gleichfalls für die Reichsgeschichte ergebnisreich. MG. SS. IX 132—209; Fontes rer. Bohem. II 1874. A. BACHMANN, MIÖG. XXI (1900) 220ff. läßt die erste Fortsetzung im Prager Domkapitel entstanden sein. Dagegen V. NOVOTNY ebd. XXIV 529ff. — Annales Gradicenses (Hradisch in Mähren) et Opatowicenses (Opatowiz in Böhmen) bis 1163 in MG. SS. XVII 643—653. Vgl. NOVOTNY a. a. O. 580.

Fast in allen Bistümern und Klöstern sind historische Aufzeichnungen mit vorwiegend lokaler Bedeutung entstanden. Einzelne, wie die von Lauterberg, von Scheiern und Muri bringen frühe Nachrichten über Familien, die damals oder bald darauf auf die große Weltbühne treten sollten, die Wettiner, Wittelsbacher und Habsburger. Andere, auch vorwiegend lokale, Quellen enthalten Biographien von Kirchenfürsten und hervorragenden Geistlichen. Die wichtigsten sind die folgenden:

In Magdeburg wurde die Bistumschronik, eine Aneinanderreihung der Biographien der Erzbischöfe, weiter fortgeführt. Die einzelnen Teile sind sehr ungleichartig, zum Teil durch Einschiebsel stark entstellt. Gesta archiepiscoporum Magdeburgensium MG. SS. XIV 361—484.

Ein Bericht über die Einnahme der Stadt und Wiedererrichtung des Bistums und der Domkirche Brandenburg durch Heinrich den Löwen aus dem 12. Jh. ist erhalten in des HEINRICUS DE ANTWERPE, Priors in Brandenburg, Tractatus de captione urbis Brandenburg MG. SS. XXV 482—484, das älteste brandenburgische Geschichtsdenkmal. Von einer Chronik des Bistums aus dem 13. Jh. liegen Bruchstücke vor. Chronicae episcopatus Brandenburgensis fragmenta MG. SS. XXV 485f.

Weiter nach dem Osten führt uns die von einem Niederdeutschen, HEINRICH von Lettgalen, im 13. Jh. geschriebene Chronik des livländischen Bistums (bis 1227) MG. SS. XXIII 231—332. Vgl. H. HILDEBRAND, Die Chronik Heinrichs von Lettland. 1865.

Die Merseburger Bistumschronik ist in ihren älteren Bestandteilen 1136 zusammengetragen, dann aber im 14. Jh. neu bearbeitet und fortgeführt; Chron. episcoporum ecclesiae Merseburg. in MG. SS. X 157—212.

Ein Chronicon Halberstadense, bis 1208 reichend, in MG. SS. XXIII 73—123.

Die Gesta episcoporum Mettensium wurden in mehreren Fortsetzungen von ganz verschiedenem Werte bis 1296 fortgeführt. MG. SS. X 531.

In Verdun schrieb der Mönch LORENZ die Geschichte von Metz und der Abtei St. Vannes bis 1147. Eine Fortsetzung reicht von 1156 bis 1187 und von 1187 bis 1250. MG. SS. X 486—525.

Die Gesta episcoporum Leodiensium von 1048 bis 1247 schrieb AEGIDIUS, Mönch im Kloster Orval (Belgisch Luxemburg). Aegidii Aureaevallensis G. ep. L. MG. SS. XXV 1—129. Die interessante Lebensbeschreibung des Lütticher Bischofs Albert von Brabant (1191—92) scheint nur das Bruchstück einer größeren Arbeit des Abtes WERRIKUS VON LOBBES zu sein, MG. SS. XXV 135—168.

Die Chronik des Bistums Utrecht reicht bis 1232. Gesta ep. Trajectensium MG. SS. XXIII 400—426.

Die Trierer Bistumsgeschichte ist auch in dieser Zeit von verschiedenen fortgesetzt. Die einzelnen Bestandteile sind sehr verschieden an Wert. MG. SS. XXIV 368—488. Vgl. K. CÜPPERS, Zur Kritik der Gesta Treverorum 1152—1259. Päd. 1882. Nach ihm sind die Vitae Hillini et Arnoldi (1152 bis 1183) von einem späteren geschrieben; dann erst folgt von 1183 bis 1259 eine im wesentlichen auf einen Zeitgenossen zurückgehende Continuatio. SCHOOP, Zur Kritik der G. Tr. 1152 bis 1190, NA. IX (1884) 605—611, hält auch die Vitae Hillini et Arnoldi zusammen mit der Schilderung des Schismas (bis 1189) für das Werk eines Zeitgenossen.

In Köln wurde in der 2. Hälfte des 12. Jhs. ein Katalog der Erzbischöfe mit eingefügten Notizen angelegt. Von CAESARIUS von Heisterbach wurde er dann bis 1238 fortgeführt. Catalogus archiepisc. Coloniensium MG. SS. XXIV 332—347. Derselbe verfaßte auch eine Vita, passio et miraculasti Engelberti archiep. Colonien., († 1225), AS. Nov. III 623ff.

Das Leben des Erzbischofs Adalbert II. von Mainz (1138—41) beschrieb in Versen gleich nach seinem Tode ein gewisser ANSELM, der aber wohl nicht der Havelberger Bischof, sondern ein Mainzer Schulmeister war. Hrsg. von JAFFÉ, Bibl. III 565—603. Die Vita und martyrium Arnoldi archiepiscopi Moguntini (1153—60) bei BÖHMER, Fontes III 270—326 und JAFFÉ, Bibliotheca III 604—675, die bisher als inhaltsreiche und wertvolle gleichzeitige Quelle gegolten hat, ist nach TH. ILGEN, Vita Arnoldi archiep. Moguntini (= Krit. Beiträge zur rheinisch-westfäl. Quellenkunde des MA. IV) in Westd. Zeitschr 27, 1908, S. 38—97 ganz wertlos. Denn sie ist nicht die Arbeit eines Zeitgenossen die es, Erzbischofs, sondern gehört in die 1. Hälfte des 17 Jhs. und ist wahrscheinlich von dem Prior des Jakobsklosters in Mainz JOH ANTONI († 1638) verfaßt.

Das Chronicon Mogontinum umfaßt die Jahre von 1142 bis 1251. Die Rückwirkung des Kampfes von Kaisertum und Papsttum auf die deutsche Kirche erfährt hier eine grelle Beleuchtung. Verfasser ist ein gewisser CHRISTIAN. BÖHMER, der die Chronik Font. rer. Germ. II 253—271 herausgab, sieht in ihm den Mainzer Erzbischof CHRISTIAN (1249—1251). WILL schreibt dagegen einem Presbyter CHRISTIAN von Lithauen das Werk zu. HJb. III 335—357; Ausg. MG. SS. XXV 236—248. Auch dieses Chronicon wird von ILGEN (s. o.) als verdächtig hingestellt.

Augsburg ist in dieser Zeit mit einem um 1170 geschriebenen Chronicon (breve) vertreten. MG. SS. XIV 556—559; Freising weist eine Bistumsgeschichte bis 1227 auf. MG. SS. XXIV 314—331.

Die Lebensbeschreibung des Erzbischofs Konrad von Salzburg (1106—47), der als Anhänger der päpstlichen Partei und Gegner Heinrichs V. in der Reichsgeschichte eine bedeutende Rolle spielte, ist nicht ganz erhalten. Geschrieben wurde sie erst zwischen 1170 und 1177. MG. SS. XI 62—77.

Klostergeschichten: Das Chronicon montis Sereni (Lauterberg bei Halle) enthält die Geschichte des Klosters von 1124 bis 1225. Wichtig für die Geschichte der Wettiner, für welche auch in dem angefügten Stammbuch der Wettiner viel enthalten ist. MG. SS. XXIII 130—228. — Das Chronicon Goseecense (Goseck bei Naumburg) bis 1135 in MG. SS. X 140—157. — Das Chronicon monasterii sti Michaelis (in Hildesheim), um 1230 geschrieben, MG. SS. XXIII 391—399. — Für friesische Verhältnisse (namentlich für die Geschichte und das Ende des Königs Wilhelm von Holland 1247 bis 1256) wichtig Emonis et Menconis Werumensium Chronica bis 1272, fortgesetzt bis 1296. Emo und Menco sind Äbte des 1204 gestifteten Prämonstratenserklosters Bloemhof (Floridus hortus) bei Werum (Wittewierum). Ausgabe MG. SS. XXIII 454—572. — Die Chronik von Scheiern (Chr. Schirense) aus dem Anfang des 13. Jhs. enthält wichtige Nachrichten über die Wittelsbacher. MG. SS. XVII 613—633. — Die St. Galler Chronik wurde fortgesetzt, besonders reichhaltig von 1203—1233 durch Konrad de Fabaria. MG. SS. II 144—183. — Die Geschichte des Klosters Muri (Schweiz), Acta Murensia, enthält wichtiges Material für die frühe Geschichte der Habsburger. In Quellen zur Schweizer Geschichte III 2. 3—102. — Chronicon Laureshamense (Lorsch) bis 1167 in MG. SS. XXI 334—453. — Chronik der Äbte von Lobbes, Lütticher Diözese, bis 1162. MG. SS. XXI 307—333.

Die Teilnahme des deutschen Volkes am geschichtlichen Leben ist in der Zeit der Staufer bedeutend gestiegen. Das geht nicht nur aus der großen Zahl der geschichtlichen Arbeiten an sich hervor, sondern auch aus dem Bestreben die Geschichte zu **popularisieren**, einmal indem man sie in **deutscher Sprache** darstellte oder indem man in **gehobener poetischer Form** den größten Herrscher der Zeit den Lesern nahe brachte. Solche Arbeiten haben nur wenig Quellenwert. Aber auch die Richtungen und Strebungen der Zeit zu erkennen hat für die Historiker Bedeutung.

Mehr literarischen, kulturgeschichtlichen als rein historischen Wert haben die beiden Kaiserchroniken, welche im Norden und im Süden des Reiches kurz vor und um 1150 abgefaßt wurden. Die sächsische Kaiserchronik enthielt den Niederschlag der Vorstellungen, welche sich über die Kaiser bei den Sachsen gebildet hatten. Die sächsischen Herrscher werden gerühmt, auch ihre Frauen lobend erwähnt. Ganz anders Heinrich IV., der als der roheste, verworfenste Mensch von Jugend auf erscheint. Fabel ist fast alles in diesem Werke, aber nicht frei erfundene, sondern im Volke langsam herausgebildete. Darin besteht der Wert der Chronik. Leider ist sie verloren. Doch ist ihre Existenz nach dem Vorgange von Waitz durch E. Bernheim sichergestellt, zugleich eine Analyse des Werkes geboten. S. o. S. 59. Fast gleichzeitig ist in Regensburg eine Kaiserchronik in deutschen Versen geschrieben worden; sie dürfte den Pfaffen Konrad, der das Rolandslied ins Deutsche übertragen hat, zum Verfasser haben. Das Gedicht reicht bis 1147, enthält auch Sage und Dichtung und ist nur mit größter Vorsicht zu benützen.[1])

Ein Zeitgenosse Ottos von Freising, **Gottfried von Viterbo**, zuerst 1153 erwähnt, schrieb gleichfalls chronikalische Arbeiten, wenn auch nicht von so großen Gesichtspunkten aus wie der Bischof. Gottfried, von Geburt Italiener (nicht Deutscher, wie man früher angenommen hat), erhielt in der Bamberger Schule seine Bildung. Seine Schriften, namentlich das Pantheon, hatten den Zweck, den Geschichtsstoff in bequemer **Zusammenfassung** zum Studium darzubieten.

Gottfried stand 40 Jahre als Kaplan und Notar in Friedrichs I. Diensten und hat ihn auf vielen Zügen begleitet. Wie wertvoll hätte die Darstellung der Zeitgeschichte aus der Feder eines solchen Mannes werden können! Aber statt dessen verfaßte er, wie es scheint, für den Schulgebrauch, ein Speculum regum, eine Weltgeschichte von der Sündflut bis auf Karl den Großen, in der Absicht, die Römer mit der Herrschaft der Franken auszusöhnen. Denn Römer und Franken haben in den Trojanern die gleichen Ahnen, und Karl der Große hat römisches und deutsches Blut in den Adern! Ein ähnliches Werk, halb Gedicht, halb Prosa, ließ er als Memoria saeculorum hinausgehen; zum Schluß behandelte er die Taten Friedrichs I. sehr konfus, doch mit einigen guten Nach-

---

1) Herausgegeben von Edw. Schröder in MG. Deutsche Chroniken I 1 (1892).

richten. Gedichte, die er zum Preise dieser oder jener Großtat verfaßt hatte, schob er nachträglich wohl auch in das Werk ein. Um 1185 bearbeitete er dann die Weltgeschichte, welche seinen Namen im MA. berühmt machte, das Pantheon, das er bis zur Vermählung Heinrichs VI. mit der Konstanze fortführte. Er hat wiederholte Verbesserungen an dem Werke vorgenommen. Ausgabe des Speculum regum MG. SS. XXII 21—93. Die Gesta Friderici metrice scripta, welche er dann der Memoria saec. einverleibte. MG. SS. XXII 307—334. Auszüge aus der Memoria ebd. 94—106. Das Pantheon ebd. 107—307. Die Gesta Friderici auch in us. schol. 1872. Vgl. H. ULMANN, G. v. V., Gött. Diss. 1863. WATTENBACH, DG. II⁶ 290ff.

Ein Gedicht über Heinrich VI., welches in den Handschriften öfter mit dem Pantheon verbunden erscheint und daher von WAITZ in der Ausgabe der MG. SS. XXII 334—338 dem GOTTFRIED zugeschrieben wurde, muß aus stilistischen Gründen ihm abgesprochen werden. Vgl. SCHEFFER-BOICHORST, HZ. XXIX 441—444.

Eine Art biographisches Heldengedicht über die Taten Friedrich Barbarossas bis 1160 liegt uns vor in dem **Ligurinus**. Die Bezwingung Mailands, der Hauptstadt Liguriens, steht im Mittelpunkte der 6576 Verse zählenden Dichtung; daher der Name Ligurinus. Über den Verfasser, der etwa 1187 dichtete, wissen wir nicht viel. Vielleicht war es ein Mönch GUNTHER, der im Kloster Pairis bei Sigolzheim im Elsaß lebte und der sonst durch eine Geschichte des 4. Kreuzzuges bekannt ist (PANNENBORG), doch sind letzthin die Beziehungen des Ligurinus zur Historia Constantinopolitana anders erklärt und die Verfasserschaft GUNTHERs abgelehnt worden (STURM).

Das Epos wurde von KONRAD CELTIS im Kloster Ebrach aufgefunden und 1507 in Augsburg zuerst herausgegeben. Später wurde es als Fälschung der Humanistenzeit hingestellt. Vgl. SENCKENBERG, Parerga Gottingensia I 1737, 149ff. Die Echtheit des Ligurinus dann unabhängig voneinander A. PANNENBORG, Über den Ligurinus, FDG. XI Gött. 1871, 163—300 und GASTON PARIS, Dissertation critique sur le poème latin le Ligurinus attribué a Gunther, Paris 1872 nachgewiesen. PANNENBORG, Der Verfasser des Ligurinus. Studien zu den Schriften des Magister Gunther. Progr. des Gött. Gymn. 1883. W. WATTENBACH, Die Ehrenrettung des Ligurinus, HZ. XXVI 386—400, DG. II⁶ 286ff. Ausgabe des Ligurinus sive de rebus gestis imp. caes. Friderici I augusti libri X von C. G. DÜMGE, Heidelberg 1812. J. STURM, Der Ligurinus (GRAUERTS Studien u. Darstellungen aus dem Gebiete der Gesch. VIII 1, 2), Freiburg 1911. — Guntheri Historia Constantinopolitana von P. DE RIANT in Exuviae sacrae Constantinopolitanae I 1877, 57—126. Übersetzung beider Schriften von TH. VULPINUS, Straßburg 1889.

Ein als Kompilation großartiges, an eigenen Nachrichten aber armes Erzeugnis ist die deutsch geschriebene **sächsische Weltchronik**, die älteste Prosadarstellung der Weltgeschichte in deutscher Sprache, die früher dem EIKE von Repgow zugeschrieben wurde und unter den verschiedensten Titeln ging. Entstanden ist sie in der Zeit zwischen 1237 und 1250. Sie wurde mehrfach fortgesetzt, sowohl in Sachsen und Thüringen wie auch in Bayern, hier bis 1453. Die Fortsetzungen sind für die Geschichte oft wichtiger als das Hauptwerk.

Quellenanalyse und Ausgabe von L. WEILAND in MG. Deutsche Chroniken II (1877) 65 bis 258. Da in der poetischen Einleitung der sächsischen Weltchronik sich eine Angabe findet (logene sal uns wesen leit, daz ist des van Repegouwe rat), welche darauf zu deuten schien, daß einer von Repgau die Chronik geschrieben habe, so dachte man an den Verfasser des Sachsenspiegels, der kurz zuvor dieses Werk abgeschlossen hatte. Doch wäre es auffallend, daß ein und derselbe Schreiber zwei so gewaltige Werke geschrieben hätte, ohne das jemals hervorgehoben zu haben. Und dann EIKE ist weltlichen Standes, der Verfasser der Chronik aber offenbar Geistlicher. WEILAND erklärt sich die Sache so, daß EIKE einem geistlichen Verwandten möglicherweise die Anregung zu dem Werke gegeben habe.

Es sei hier noch erwähnt die ursprünglich bis 1250 reichende, dann bis 1274 fortgeführte Chronica universalis Mettensis in MG. SS. XXIV 502—526 und das im MA. viel benutzte Speculum historiale des Predigermönches VINZENZ von Beauvais († 1264) in 31 Büchern. Hieraus verfertigte VINZENZ dann zu noch bequemeren Gebrauch ein Handbuch der Weltgeschichte, das Memoriale temporum

Ausgabe von Vincentii Bellovacensis Memoriale omnium temporum in MG. SS. XXIV 154—167.

Die Zeit der salischen und staufischen Kaiser brachte bei allen gelegentlichen Rückschlägen doch der Kirche eine gewaltige Erstarkung. Dazu trug nicht nur die Erziehung der Geistlichen im Sinne des Klugnyazensertums bei, sondern auch die Stimmung der weltlichen Ritterschaft, der seit dem Ausgang des 11. Jhs. als frommes Ziel vorschwebte, im Dienste der Kirche Jerusalem den Türken und Sarazenen zu entreißen. Die Päpste haben die **Kreuzzugsbewegung** geleitet, fromme Kirchenfürsten und Prediger das Feuer der Begeisterung geschürt, Kaiser und Könige sich in den Dienst der großen Sache gestellt. Frankreich wurde zuerst und am tiefsten von dem Aufruf Urbans II. auf der Synode zu Clermont (1096) ergriffen, aber den Widerhall spüren wir allenthalben. Auch Geschichtschreiber der Zeit geben bald kürzere, bald längere Berichte. Viele Geistliche und Weltliche zogen hinaus und berichteten nach Hause von den Strapazen, die sie überwinden mußten, aber auch von dem Neuen, was sie beobachteten. Solche Briefe wurden daheim gern gelesen und weiterverbreitet, sind dann auch bald in den Geschichtswerken der Zeitgenossen verwandt worden.[1]) So hat FRUTOLF, der Verfasser der Weltchronik, sowohl aus eigener Beobachtung wie aus solchen Mitteilungen heraus einen Bericht über den ersten Kreuzzug geschrieben, der der Chronik einverleibt, aber auch als Hierosolymita aus dem Ganzen gesondert wurde. Damals entstand auch schon eines Anonymus sehr wichtige Kreuzzugsgeschichte, die Gesta Francorum et aliorum Hierosolymitanorum (1095—1099)[2]). Der zweite Kreuzzug begegnete in Deutschland schon deshalb größer Teilnahme, weil König Konrad III. persönlich an ihm teilnahm. OTTO VON FREISING gibt einen ausführlichen Bericht, aber auch die Kölner Königschronik erwähnt die Beteiligung einer Kölner Expedition, die zu Schiffe nach dem gelobten Lande auszog an der Eroberung Lissabons durch die Portugiesen. Der Kampf gegen die Mauren galt ja auch als Kreuzzug. Das größere Interesse der Zeit an einer Darstellung der Kreuzzüge geht auch daraus hervor, daß zu Beginn der Stauferzeit ein ALBERTUS canonicus Aquensis (es ist nicht ganz sicher, ob Aachen oder Aix in Frankreich gemeint ist, doch wahrscheinlich Aachen) eine Chronik der Unternehmungen im gelobten Lande von 1095 bis 1121 schrieb, die für den Beginn der Kreuzzugsbewegung schon den Niederschlag der Volkssagen in sich aufgenommen hat.[3]) Hier ist Peter von Amiens mit seinen rührenden Schilderungen von den Leiden der Christen im gelobten Lande zum Vater der Begeisterung und Urheber des ersten Kreuzzugs gestempelt. Eine Reihe von Berichten besitzen wir über den dritten Kreuzzug, der ja die allergrößte Teilnahme bei den Deutschen wecken mußte, weil der glänzendste Herrscher der Zeit Friedrich an ihm teilnahm und auf ihm seinen Tod fand. Sowohl deutsche wie italienische Annalen haben ausführliche Berichte. Als Augenzeuge lieferte damals der Passauer Dekan TAGENO, der im Gefolge des Bischofs Diepold von Passau die Fahrt mitmachte, einen eingehenden Bericht, den auch MAGNUS VON REICHERSBERG in seine Annalen aufgenommen hat.

TAGENOS tagebuchartige Aufzeichnungen weichen in der Form, wie sie bei FREHER-STRUVE Rer. Germ. SS. 1 Straßb. 1717, 407—416 gedruckt sind, und wie sie MAGNUS VON REICHERSBERG in seiner Chronik (s. o. S. 66) bietet, voneinander ab. Über das Verhältnis dieser beiden Redaktionen zueinander und zu der Historia de expeditione Friderici imperatoris, die von einem ANSBERT herrühren soll, handelt S. RIEZLER, Der Kreuzzug Kaiser Friedrichs I., in FDG. X (1870) 87ff. Nach ihm hat ANSBERT den TAGENO hier und da benutzt. ANSBERT ist gedruckt in Font. rer. Austr. Abt. Scriptores V 1—90. A. CHROUST, Tageno, Ansbert und die Historia Peregrinorum, Graz 1892, zieht auch die Gesta Friderici in expeditione sacra in die Untersuchung ein, die im Anschluß an italienische Annalen erhalten sind. MURATORI Rer. Ital. SS. VI 1193—1195 und im Anhang der Gesta Fed. in us. schol. 1892. Zur Kritik von CHROUSTS Arbeit namentlich TH. ILGEN, HZ. 1893. K. ZIMMERT, Die Entstehung der Historia de expeditione Friderici imperatoris des sogenannten Ansbert MIÖG. XXI (1900) 561—598. Eine epistola de morte Friderici, als deren Verfasser ZIMMERT, NA. XXVI 198 den Reichskanzler Bischof GOTTFRIED von Würzburg ansieht, in MG. SS. XX 494. Die Behandlung der für den dritten Kreuzzug in Betracht kommenden Quellen noch am besten bei S. RIEZLER, FDG. X 87—126. CARO, Die Berichterstattung auf den 1. Kreuzzuge, N. Jb. f. klass. Altert. 29 S. 50f.

1) H. HAGENMEYER, Die Kreuzzugsbriefe aus den Jahren 1088—1100, eine Quellensammlung zur Gesch. des ersten Kreuzzugs. Innsbruck 1902.
2) Ausgabe von H. HAGENMEYER, Heidelberg 1890. Derselbe gab auch die wichtige Quellenschrift zur Gesch. des ersten Kreuzzuges, Fulcheri Carnotensis Historia Hierosolymitana, ebd 1913, heraus.
3) In der großen Sammlung der Quellen zur Gesch. der Kreuzzüge von BONGARS, Gesta Dei per Francos I 184—381. Vgl. PARTISCH, Über die Glaubwürdigkeit der Hist. Hierosolymit des Albertus Aquensis. 5 Programme Arnau 1903 u. Wien 1907—1910.

Die größte und beste Geschichte der Kreuzzugsbewegung bis 1183 hat **Wilhelm von Tyrus** (geb. um 1130, gest. um 1185) geschrieben, ein Mann, der wie selten einer dazu befähigt war, weil er im Königreich Jerusalem selbst geboren war und doch durch die Herkunft seiner Familie die engsten Beziehungen zum Abendlande hatte und hier auch seine Studien machte. Seine Historia belli sacri umfaßt 23 Bücher, von denen das letzte unvollständig ist.[1]) Wilhelms Werk wurde fast gleichzeitig übersetzt in der Estoire d'Eracles und im 13. Jh. mehrfach fortgesetzt.[2]) Als Quelle dieser Arbeiten liegen noch Annales de Terre sainte vor, die im Orient von 1092 an fortgeführt worden sind.[3])

Über den zweiten Kreuzzug hat der Mönch Gunther vom Kloster Päris im Elsaß, der den Ligurinus geschrieben haben soll (vgl. S. 72), eine eigene Darstellung, die Historia Constantinopolitana verfaßt[4]), so genannt, weil durch das Zutun der Venetianer das Heer der Kreuzfahrer sich nach Konstantinopel wandte, um dort die Thronstreitigkeiten im Kaiserhause zu schlichten.

Für das Unternehmen gegen Damiette in Ägypten 1218/19 besitzen wir eine wertvolle Quelle im Bericht eines Teilnehmers an dem Zuge, nämlich des Kölner Scholasters, späteren Bischofs von Paderborn und Kardinals Oliverius. Auch in Briefen an den Kölner Erzbischof Engelbert und an Kölner Freunde und andere hat er seine Erlebnisse aufgezeichnet, die ein anschauliches Bild geben.

Epistola ad Engelbertum archiepiscopum de obsidione Damiatae bei Bongars Gesta Dei per Francos I 1185—1192. Die Relatio de expugnatione Damiatae 1217—1219 als Anhang zur Chronica regia Coloniensis in us. schol. 1880, 324—339. Die aus einzelnen Stücken zusammengesetzte Historia Damiatina 1217—1222 ed. Eccard, Corp. hist. medii aevi II 1397—1450. Über die Briefe Olivers vgl. R. Röhricht in Westd. Zeitschr. für Gesch. u. Kunst X 161—169. Für das Leben Olivers wichtig sind die Regesten, die Hoogeweg in Z. f. vat. Gesch. u. Altert. (Westf.) XLVI 109—122 zusammengestellt hat. Ders. in NA. XVI (1890) 186—192. Eine Gesamtausgabe der Schriften Olivers von Hoogeweg, B. d. lit. Ver. Stuttg. 202 (1894). Die Historia Damiatina 159—280. Über die Kreuzzugsquellen aus Italien, die Gesta obsidionis Damiatae des Codagnellus, des Albertus Milioli Liber de temporibus et aetatibus, sowie über ihr Verhältnis s. Holder-Egger in NA. XVI (1891) 287ff. Derselbe hat diese Quellen mit einigen andern neuerdings in MG. SS. XXXI herausgegeben.

Während der Stauferzeit spannen sich zwischen dem Reiche und den Nachbarstaaten vielerlei Fäden herüber und hinüber. Einmal hielt die Kreuzzugsbewegung die Gemeinsamkeit der Interessen lebendig, schuf auch direkte Berührungspunkte, dann kam die Einmischung Frankreichs und Englands in die deutschen Thronstreitigkeiten, und schließlich der weltbewegende Kampf Friedrichs II. gegen die Kurie, der namentlich in England Beachtung fand. In Dänemark achtete man natürlich auf die kolonisatorische Tätigkeit besonders Heinrichs des Löwen. Es ist daher auf die Geschichtschreibung auch der Nachbarländer Rücksicht zu nehmen.

Aus Polen ist zu nennen des Bischofs Vinzenz von Krakau (1208—1218) Chronicon Polonorum bis 1203, ein allerdings nicht durch Gewissenhaftigkeit ausgezeichnetes Werk. Ausgabe von Bielowski in den Mon. Pol. hist. II 1872. Auszüge MG. SS. XXIX 471—500. Vgl. Wattenbach, DG. II⁶ 357f.

In Ungarn Stuhlweißenburger Annalen; daselbst wurde auch um 1200 eine Chronik geschrieben, die im 14. Jh. mit polnischen Nachrichten verbrämt wurde; daher gewöhnlich Ungarisch-polnische Chronik genannt. Mon. Pol. hist. I 485ff. Vgl. Kaindl, Studien zu ungarischen Geschichtsquellen in A. f. Österr. Gesch. LXXXII (95) 557ff. und LXXXIV (97) 503ff.

In Dänemark schrieb (um 1185) der Seeländer Saxo (gewöhnlich Grammaticus zubenannt) die Geschichte seines Volkes bis 1185; für die frühere Zeit sagenhaft, doch für die Zeitgeschichte, namentlich die Wendenkriege und Heinrich den Löwen mit Nutzen zu verwenden. Saxonis Grammatici historia Danica von Müller und Velschow, Kopenhagen 1839 und 1858; von Holder, Straßburg 1886. Auszüge MG. SS. XXIX 37—161. Jantzen, Saxo Gramm. Die ersten neun Bücher der dän. Gesch. übersetzt und erläutert 1900. Knabe, Einleitung zu einer neuen Ausgabe des Saxo Grammaticus. Torgau 1912. Vgl. auch Schätzlein, S G in der deutschen Dichtung. Diss. Gütersloh 1913.

---

1) Bongars, Gesta Dei per Francos I 625—1046.
2) Recueil des historiens des croisades. Hist. occ. tom. II (Paris 1859). Über die Fortsetzungen siehe Potthast, Bibliotheca I S. 561ff
3) Ausgabe von R. Röhricht, Archives de l'orient latin II (1884), documents 427ff.
4) Ausgabe von P. de Riant, Exuviae sacrae Constantinopolitanae I (1877) 57—126. Vgl. oben S. 72.

Zeit der Staufer. Ausländische Quelle. Überreste 75

Die Chronik des ROGER von Wendover, eines Mönches im Kloster St. Alban in England, ergänzt in mancher Beziehung die deutschen Quellen zur Stauferzeit und bringt namentlich wichtige Beiträge zur Papstgeschichte. Die „Zeitblüten", so lautet der Titel, reichen bis 1235. Das für die deutsche Geschichte Wichtige aus den Flores historiarum in MG. SS. XXVIII 3—73. Übers. im Anhang zu MATTHAEUS PARIS in Gesch. d. d.Vorz. Einige Bemerkungen zu ROGER von Wendover bei H. GRAUERT, Meister Johann von Toledo SB. Ak. München. Phil. Hist. Klasse 1901. II 173 bis 175 und bei POWICKE in Engl. hist. rev 21, 286 ff. — An ROGER schließt sich an die wichtige Chronik des MATTHAEUS PARIS. MATTHAEUS ist nie in Paris gewesen, er war vielmehr Mönch in St. Alban in England. Er verfolgt den Kampf zwischen Kaiser Friedrich II. und den Päpsten mit Aufmerksamkeit und stellt sich im allgemeinen auf des Kaisers Seite, während er den Päpsten Herrschsucht und Geldgier vorwirft. Im Tone überschreitet er sehr oft die Grenzen des Erlaubten. Das Chronicon ab O.C.—1259, das bis 1235 wörtlich aus ROGER entnommen ist, in MG. SS. XXVIII 107—183. Vgl. H. PLEHN, Der politische Charakter von Matth. Parisiensis. Leipz. 1897 (aus SCHMOLLERS staats- und sozialwiss. Forschungen). Für die Zeit Königs Richards ist vieles der Chronik des THOMAS WYKES (bis 1304) zu entnehmen. Auszüge MG. SS. XXVII 486—503.

In Frankreich spielte sich hauptsächlich die Tätigkeit des hl. BERNHARD von Clairvaux ab, doch hat er auch nach Deutschland hin solchen Einfluß geübt, daß seine Werke für die deutsche Geschichte zu verwenden sind. Briefe BERNHARDS bei MIGNE Patrol. lat. CLXXXII. Mehrere Vitae ebd. CLXXXV. Auszüge MG. SS. XXVI 91—142. Vgl. G. HÜFFER, H.Jb. V (1884) 576 bis 624; VI 73 u. 233 ff. Ders., Der hl. Bernhard von Clairvaux, eine Darstellung seines Lebens und Wirkens I. Vorstudien 1886. Dazu DRUFFELS Rez. in GGA. 1888, 1—26. Dann HÜFFER, H.Jb. IX 1888, 480 ff.; X 23 ff. 748 ff. — Für den Kreuzzug Ludwigs VII. 1147—1149 ist als Quelle zu benutzen des ODO de Deogilo, Mönchs von St. Denis, liber de via sancti Sepulchri a Ludovico VII. Francorum rege suscepta. MG. XXVI 59—73.

Der Zeit Philipp II. Augusts gehören an die Aufzeichnungen des RIGORD und seines Fortsetzers, des WILLELM BRITTO. Auszüge in MG. SS. XXVI 288—389. — Ein Bericht über die Schlacht bei Bouvines (1214) und ein Verzeichnis der Gefangenen. Ebd. 390—393. — Eine Geschichte der Könige von Frankreich in französischen Versen, beginnend mit der Eroberung Trojas, von Beginn der Kreuzzüge an nicht ohne Wert und reichend bis 1243 schrieb vor 1243 PHILIPP MOUSKET. Auszüge ebd. 718—821.

In reicher Fülle sind aus der Stauferzeit Überreste auf uns gekommen, Staatsakte, Rechtsbücher, Dichtungen, die bekunden, wie das Interesse des Volkes auch für politische Vorgänge sich belebt. Sehr wichtig für die Beziehungen aller Reiche, besonders des deutschen, zur Kirche wurde der Ausbau der Finanzwirtschaft an der Kurie, an sich als Organisation musterhaft, aber für das kirchliche Leben der folgenden Jahrhunderte nachteilig. Dadurch, daß die Kurie Kreuzzugssteuern ausschrieb und sie seit 1220 nach Rom zog, gab sie schon damals Anlaß zu mancherlei üblen Deutungen, die uns in der Geschichtschreibung, aber auch bei den Dichtern, besonders WALTER VON DER VOGELWEIDE, begegnen. Von wichtigen Staatsakten sind nun zu nennen die Erhebung Österreichs zum selbständigen Herzogtum durch Friedrich Barbarossa 1156 Leg. Sect. IV tom. I 221 bis 223 und die Privilegien Friedrichs II. zugunsten der Territorialherren. Ebd. tom. II 89 ff. und 211 ff. Neben dem im wesentlichen echten Privileg für Österreich (priv. minus) wurde lange Zeit ein umfassenderes, das das gleiche Datum trug (priv. majus), für echt gehalten, bis es als Fälschung des Herzogs Rudolf IV. von Österreich aus den Jahren 1359/1360 erkannt wurde. MG. Leg. Sect. IV. tom. I 683 ff. Vgl. W. ERBEN. Das Privilegium Friedrichs I. für das Herzogtum Österreich. Wien 1902. — Acta imperii inedita in 2 Bdn. gab E. WINKELMANN 1880/1885 heraus, ebenso ungedruckte Urkunden und Briefe zur Reichsgeschichte des XIII. Jhs. in MIÖG XIV (1893) 87 ff. — Außerdem ist ein reiches Material, das aber zum Teil auch anderweitig zugänglich ist, in der praktischen Sammlung von M. DÖBERL, Mon. Germaniae selecta IV u. V (1890 u. 1894) herausgegeben. — Für das Rechtsleben lehrreich sind die großen Rechtsspiegel des 13. Jhs., auf die hier nur hingewiesen werden kann: Der Sachsenspiegel, Ausgabe von HOMEYER, 3. Aufl. 1861. Der Schwabenspiegel, von GENGLER, 2. Aufl. 1875, und Der Spiegel deutscher Leute, von FICKER 1859. Auszüge bei ZEUMER, Quellensammlung zur Geschichte der deutschen Reichsverfassung in MA. und Neuzeit 1904, 68 bzw. 92.

Die Briefsammlung des Abtes WIBALD von Corvey umfaßt mit 470 Stücken die Jahre 1119 bis 1157. Ausgabe von PH. JAFFÉ, Bibl. Rer. Germ. I. — Der Epistolarkodex des Klosters Reinhardsbrunn in A. f. Österr. Gesch. V (1850) 1 ff. (als III. Teil seiner fränkischen Studien) von C. HÖFLER II KRABBO, Der Reinhardsbrunner Briefsteller des 12. Jhs. NA XXXII 51—81 u 717—719. Neuausgabe geplant. O. REDLICH, Eine Wiener Briefsammlung zur Geschichte des Deutschen Reiches und der Österr. Länder aus der zweiten Hälfte des 13. Jhs., Wien 1894. Die Briefsammlung des Propstes ULRICH von Steinfeld in Z. des Aachener Gesch. Ver. 1896, S 242 ff

Die Briefe des Papstes Innozenz III., der tief in die Reichsgeschichte eingriff, gewähren dem Forscher reiche Ausbeute. Hrsg. von BALUZE, 2 Bde., 1682, und BRÉQUIGNY und LA PORTE DU THEIL, 2 Bde., 1791. — Epistolae saeculi XIII selectae e regestis pontificum Romanorum ed RODENBERG, in MG. Epistolae I (Honorius III., Gregor IX.), II (Innozenz IV.), III (Innozenz IV. Alexander IV., Urban IV., Clemens IV.), 1883—1894. — Eine Sammlung aller Urkunden und Briefe Kaiser Friedrichs II. veranstaltete A. H. HUILLARD-BRÉHOLLES in seiner großen Historia diplomatica Friderici II., 12 Bde., Paris 1852—1861. Die Briefsammlung des bekannten Kanzlers

Friedrichs II. PETRUS DE VINEIS verdient gleichfalls Erwähnung. Sie ist verschiedentlich herausgegeben, so von ISELIN 1741, am besten von HUILLARD-BRÉHOLLES, Vie et correspondance de Pierre de la Vigne ministre de l'empereur Frédéric II., Paris 1864. — Fünf für die Jugendzeit Friedrichs II. wichtige Briefe legt K. HAMPE, MIÖG. XXII (1901) 575—599 vor. — Ders., Briefe zur Gesch. des 13. Jhs. aus einer Durhamer Handschrift, NA. XXIV (1898) 503—532. — Ders., Ungedruckte Briefe zur Gesch. König Richards von Cornwall, NA. XXX (1905) 672—690; ferner: Beiträge zur Gesch. der letzten Stauter, Leipzig 1910, u. Mitteilungen aus der Capuaner Briefsammlung. S. B. der Heidelberger Akad. 1910/11. — FINKE, Ungedruckte Dominikanerbriefe des 13. Jhs., Paderborn 1891. — Auszüge aus dem Tagebuch des ALBERT von Beheim, der als päpstlicher Legat von 1239 bis 1253 in Deutschland reiste, nebst Briefen in der B. d. literar. Ver. Stuttgart XVI 1847. 2. 3—153.

Über das Verhältnis von Staat und Kirche im 12. Jh. sind die Schriften des Abtes GERHOH von Reichersberg († 1169) zu vergleichen: De investigatione antichristi ed. FR. SCHEIBELBERGER, Linz 1875; De quarta vigilia noctis in Österr. VSchr. f. kath. Theol. X (1871) 565—606. Auch GERHOHS zum Teil hochpolitische Briefe verdienen Erwähnung. PEZ, Thesaurus anecdot. novus VI 444—608, 2 Briefe ed. G. HÜFFER im HJb. VI (1885) 249 u. 268. Über den dialogus de pontificatu sanctae Romanae ecclesiae, den er dem RAHEWIN zuweist, s. H. BÖHMER NA. XXI (1896) 635. Der Dialogus Clerici et laici contra persecutores ecclesiarum (1205) bei BÖHMER, Fontes III 400 und Chronica reg. Col. in us. schol. (1880) 316ff.

Die finanziellen Beziehungen zwischen Rom und den christlichen Ländern fangen seit dem Beginne des 13. Jhs. an immer weiter ausgebaut zu werden. Reiches Material bei GOTTLOB, Die päpstlichen Kreuzzugssteuern des 13. Jhs., 1892, und die Servitientaxe im 13. Jh., 1903 (Kirchenrechtliche Abhh. von U. STUTZ II). Auch die Besetzung kirchlicher Ämter geht seit Mitte des 13. Jhs. in weiterem Umfange an die Kurie über. Vgl. P. ALDINGER, Die Neubesetzung der deutschen Bistümer unter Papst Innocenz IV. (1243 bis 1254) 1900. Über das religiöse Leben s. die oben (S. 57) angegebenen Quellen.

Zu den Prophetien, die im 12. u. 13. Jh. eine große Rolle spielen, vgl. Osw. HOLDER-EGGER, NA. XV 141ff., XXX 323ff., XXXIII 95ff. Besonders wichtig ist des Abtes JOACHIM VON FIORE in Kalabrien († 1202) Evangelium aeternum. Vgl. H. DENIFLE, ALitKgMA. I. 94ff. SCHOTT, ZKG. XXII 157ff.

Für die Sitten- und Kulturgeschichte des ausgehenden 12. und beginnenden 13. Jhs. sind die Schriften des Zisterziensermönches CÄSARIUS von Heisterbach († ca. 1240 s. o. S. 504) heranzuziehen. Neben dem Dialogus Miraculorum, den Jos. STRANGE, Köln 1851 und in deutscher Übersetzung A. KAUFMANN in Annalen des hist. Ver. f. d. N. Rhein XLVII 19—228 herausgeben, liegt jetzt auch das Volumen diversarum visionum als Miraculorum libri VIII in einer kritischen Ausgabe von A. MEISTER vor. Rom 1901 (RQSchr. Suppl. XIII). Vgl. A. KAUFMANN, Caesarius von H., ein Beitrag zur Kulturgesch. des 12. und 13. Jhs. 2. Aufl. 1862. A. SCHÖNBACH, Zu Caesarius v. H. in SB. Ak. Wien 144 Nr. 9. Für die Sittengeschichte des 12. Jhs. bedeutende lateinische Briefe veröffentlicht WERNER in NA. XV (1890) 396—409.

Dichtungen, die das politische Leben, die Sittengeschichte und das Schulleben widerspiegeln, sind vornehmlich die Carmina burana (so genannt, weil sie in einer Handschrift in Bura sancti Benedicti = Benediktbeuren gefunden sind). Studentenlieder aus dem 12. und 13. Jh., ed. J. A. SCHMELLER in der B.'d. lit. Ver. Stuttg. XVI (1847). Neudruck Breslau 1883 u. 1894. W. MEYER, Fragmenta Burana (Festschrift zur Feier des 150jähr. Bestehens der k. Ges. d. Wiss. zu Gött. Berlin 1901). Die Gedichte WALTERS VON DER VOGELWEIDE in den Ausgaben von LACHMANN-MÜLLENHOFF 1875, W. WILMANNS 1883 und H. PAUL 1905. Minnesinger, hrsg. von F. H. V. D. HAGEN. 5 T. 1838—1856.

Sechstes Kapitel: Die Zeit der Habsburger und Luxemburger bis 1500.

Der Kampf zwischen dem Papsttum und dem Kaisertum endete mit dem Siege der Kirche über die Staufen. Als Konradin 1268 unter den Händen des Henkers zu Neapel verblutete, da war es auch zu Ende mit dem Traum, aus Deutschland und Italien ein gewaltiges Reich bilden zu können. Nicht lange darauf tauchte sogar der Gedanke auf, der deutsche König möge unter Verzicht auf alle weitergreifenden Ansprüche sich mit der Erbherrschaft innerhalb der Grenzen des deutschen Volkstumes begnügen. Nur ein Phantast wie Heinrich VII. (1308—1313) konnte noch einmal die Hoffnung auf ein Imperium im alten Sinne nähren. Sonst haben die Könige, die auf den Besitz des Kaisertitels noch Wert legten, meist sich mit dem Glanze der Krone begnügt, ohne noch wirkliche Hoheitsrechte in Italien zu üben. Trotzdem kann man während des ganzen Zeitraumes von 1273 bis 1500 noch ein lebhaftes Interesse der gebildeten Italiener an dem Tun und Lassen der deutschen Könige beobachten. Innerhalb des Reiches selbst ging die Entwicklung, die seit dem Beginn des 13. Jhs. mit besonderer Stärke eingesetzt hatte, d. h. die Ausbildung vom Reiche möglichst unabhängiger Territorien weiter. Der König ist in Zukunft weniger durch seine Würde als durch sein Hausgut mächtig.

Demgegenüber ist die Macht der Kirche äußerlich im Wachsen. Sie steigert ihre Einnahmen aus dem Reiche und zieht allmählich die Besetzung der Bischofs- und Abtsstühle, dann sogar die Ernennung der Pfarrer an sich. Das alles machte viel böses Blut, und nur dem Umstande, daß das Reich nicht als geschlossene Macht der Kurie gegenüberstand, hatte sie es zu danken, daß sie meist siegreich mit ihren Ansprüchen durchdrang. Aber die wiederholten Streitigkeiten, in die die Kurie nunmehr mit Domkapiteln und anderen lokalen Gewalten geriet, schadeten ihrem Ansehen gewaltig und halfen den schließlichen Abfall vorbereiten.

Ist diese Entwicklung weniger erfreulich, so verweilen wir auf der anderen Seite um so lieber bei den neuen Mittelpunkten des wirtschaftlichen und kulturellen Lebens, die seit dem 13. Jh. schärfer in die Erscheinung treten. Die Städte wirken kapitalbildend, und die Kapitalbildung wirkt kulturfördernd. Gegen Ende des 15. Jhs. sind die Städte mit ihrem feingebildeten Bürgertum schon eine bedeutende Macht im Reiche geworden. War einst der Ritter nach Italien gezogen, so trat jetzt der Kaufmann in seine Spuren. Mit den Kaufmannsgütern kamen dann auch massenhaft Güter der Kultur nach Deutschland.

In der Geschichtschreibung dieser Zeit zeigt sich nun ein starkes Abnehmen des Interesses für das Reich. Die wichtigsten Quellen und Darstellungen knüpfen an die Territorien an. Nur wenn der Herr eines Territoriums an die Spitze des Reiches gestellt wird, dann wird wohl auch die Geschichtschreibung in diesem Bezirke großzügiger, wie sich das besonders an der Fürstenfelder Chronik beobachten läßt, nachdem Ludwig IV. deutscher König geworden war. Eine Tatsache, welche das Abnehmen des Interesses am Reiche charakterisiert, mag hier genügen; die Errichtung der Goldenen Bulle, dieses wichtigsten Grundgesetzes des Reiches (1356) wird nur in zwei sonst nicht hervorragenden Chroniken erwähnt.[1]

Der Form nach aber bewegt sich die Geschichtschreibung noch lange im alten Geleise. Annalen werden noch in vielen Bischofssitzen und Klöstern geschrieben, meist in Anlehnung an größere Welt- oder Kaiser- und Papstchroniken. Doch sind an Gehalt diese Annalen mit den früheren nur noch in den seltensten Fällen vergleichbar. Eine Teilung des Geschichtsmaterials nach systematischen Gesichtspunkten ist für die Folgezeit kaum noch durchführbar. Man wird nur größere umfassende universalgeschichtliche Arbeiten, sodann solche, welche sich hauptsächlich an die Person der Könige anschließen, und schließlich solche, welche mehr territorialen Charakter tragen, voneinander scheiden können. Eine strenge Sonderung ist auch nach diesen Gesichtspunkten fast niemals möglich.

In diesem Zeitraume schreiben hauptsächlich wohl noch Geistliche die Geschichtsdarstellungen; aber in den Städten ringt sich doch auch das bürgerliche Element zur Bildung durch und nimmt nun an der Geschichtschreibung teil. Hier und da, wie in Klosterneuburg, läßt sich beobachten, wie die Feder aus der Hand des Mönches in die Hand des Bürgers der dem Kloster benachbarten Stadt übergeht. Die Städtechroniken nehmen in der folgenden Sammlung einen breiten Raum ein. In ihnen spiegelt sich die Entwicklung des städtischen Lebens wider, da zieht an unserem Auge vorbei der Kampf des Rates mit den Stadtherren, das Ringen der Geschlechter mit den Zünften, die Sorge

---

[1] Ausführlich nimmt eigentlich nur LEVOLD von Northof in seiner Chronik der Grafen von der Mark davon Notiz. Vgl. M. JANSEN, Eine chronikalische Erwähnung der Goldenen Bulle, H.Jb. XVI (1895) 587ff. Dazu WERNER VON HASSELBECK.

für das aufblühende Gemeinwesen, schwere Arbeit und frohes Genießen. Der Kaufmann gibt der neuen Entwicklung das Gepräge. Und als ob es so sein müsse, erzählt ein Kaufmann wie BURKARD ZINK mitten in seiner Augsburger Chronik die Geschichte seines eigenen reichbewegten Lebens. Auch in das innere Getriebe der Handelshäuser gelingt es uns in dieser Zeit einen Blick zu werfen. Buchführung wird bei den Städten, so auch bei den Kaufleuten die Grundlage einer geordneten Verwaltung. Diese Aufzeichnungen werden heute für uns eine wichtige Quelle.¹) In den Städten entwickelte sich der Humanismus, die Pflege des geistig und sinnlich Schönen. Hier nahm man daher auch die italienische Art der humanistischen Geschichtschreibung, die schließlich mehr Wert auf die Form als auf den Gehalt legte, gegen Ende dieses Zeitraumes auf. Die Erzählung soll durch hübsche Episoden, gefällige Breite und Anmut des Stiles den Leser gewinnen. Das erste Beispiel eines solchen Historikers bietet SIGISMUND MEISTERLIN mit seiner Augsburger und Nürnberger Chronik.²)

Überblicken wir die Summe aller aus dieser Zeit vorhandenen Geschichtsquellen, so werden wir feststellen können, daß ein guter Teil der reichen Fülle schwerlich mehr als literarhistorischen Wert hat und deshalb bei dem Reichtum besonders an Urkunden- und Aktenmaterial leichter als sonst übergangen werden kann. Die Ausgaben, in denen die historiographischen Quellen dieses Zeitraumes uns vorliegen, entsprechen nur zum Teil den Anforderungen moderner Textkritik; der Führer aber, der uns hierher geleitete, die Sammlung der Monumenta Germaniae, macht nur noch eine kurze Strecke unseren Weg mit.

Die Idee von der hohen Bedeutung des Kaisertums wurde festgehalten namentlich durch die Werke, die die Geschichte im Anschluß an die Regierungsjahre der Päpste und Kaiser erzählten. Hier werden die höchsten Gewalten rein äußerlich in den Mittelpunkt einer im allgemeinen armseligen Geschichtsaufzeichnung gestellt. Das wichtigste Werk dieser Art ist die Chronik des Dominikaners **Martin von Troppau** oder des Polen (entweder weil er als Erzbischof von Gnesen starb oder wegen seiner Zugehörigkeit zur polnischen Ordensprovinz), der im J. 1278 starb. Seine Chronik behandelt in den ersten Rezensionen auf gegenüberstehenden Seiten die Regierung der Päpste und Kaiser. Als sich später die technische Unmöglichkeit dieses Parallelismus ergab, wurde in den folgenden Bearbeitungen zuerst die Geschichte der Päpste, dann die der Kaiser aufgezeichnet. Dieses Geschichtswerk wurde das große Lehrbuch des MA. und ist deshalb in unzähligen Handschriften verbreitet. Jedes Kloster wollte seinen „MARTINUS" haben; man lieh ihn beim Nachbar und schrieb ihn, oft unter Zufügung lokaler Notizen, ab. Die Päpste werden bei MARTINUS mit sichtlicher Vorliebe behandelt. Das hinderte freilich nicht die Aufnahme der damals schon lange umhergehenden Fabel von einer Päpstin Johanna in die Papstgeschichte. Hierdurch kam das Märchen hauptsächlich unter die Leute. Das Werk des MARTIN von Troppau wurde in Annalenform verschiedentlich fortgesetzt, oder es wurde an die Spitze von Annalen gestellt, welche zu anderem Zwecke bereits geschrieben waren.

Bei MARTIN von Troppau finden wir den Unterschied zwischen Kaisertum und Königtum festgehalten, er scheidet die kaiserlose Zeit des Interregnums, von der vorhergehenden; nur weiß er nicht, ob er mit der Absetzung oder dem Tode des „durch seine Schuld" zugrunde gegangenen Kaisers Friedrich II. die Zeit des Zwischenreiches beginnen soll. Eine verhältnismäßig gute Bearbeitung des Martinus mit eigenen Nach-

---

1) Über Handlungsbücher vgl. C. MOLLWO, Das Handlungsbuch von Hermann und Johann Wittenborg (1337/38 in Lübeck mit einer Übersicht über die sonst veröffentlichten) 1902. W. STIEDA, Über die Quellen der Handelsstatistik in MA. in Abh. Berl. Ak. 1902.

2) PAUL JOACHIMSOHN, Die humanistische Geschichtschreibung in Deutschland. I. Die Anfänge. SIGISMUND MEISTERLIN. Bonn 1895.

richten besonders für das 13. Jh. schrieb der Italiener **Thomas**, ein Toskaner und Minorit, er nimmt auch Rudolf von Habsburg als Kaiser und erzählt dessen Regierung bis 1278. Namentlich des Königs Verhandlungen mit dem Papste über einen Kreuzzug sind sorgfältig erzählt, und ebenso tritt das Hauptstreben Rudolfs, durch Wiedererwerbung des dem Reiche entfremdeten Gutes diesem wieder zum Ansehen zu verhelfen, hier deutlich hervor. Eingehend schildert THOMAS dann noch den Kampf Rudolfs mit dem „übermütigen" Ottokar von Böhmen.

Auf deutschem Boden ist in Köln eine verhältnismäßig gute Fortsetzung MARTINS geschrieben worden. Sie reicht bis zum J. 1326 und erzählt neben der Reichsgeschichte am ausführlichsten Begebenheiten aus Köln und seiner Umgegend. In den Kämpfen zwischen Papst und Kaiser sowie zwischen den beiden Königen Ludwig II. und Friedrich dem Schönen befleißigt sie sich möglichster Unparteilichkeit. Das Reich liegt dem Verfasser sehr am Herzen und bitter beklagt er dessen Zerrissenheit.

MARTINI OPPAVIENSIS (= Troppau) Chronik in MG. SS. XXII 377—475; eine italienische Fortsetzung, die nach den einen in Rom, nach anderen in Orvieto entstanden sein soll, von 1277—1285. Ebd. 475—482. THOMAS TUSCUS ebd. 483—528. Die Kölner Fortsetzung als Anfang zur Chronica regia Coloniensis in us. schol. 354—369. Auf eine in Leoben entstandene steiermärkische Fortsetzung MARTINS weist FEDOR SCHNEIDER hin in seinen Studien zu Joh. von Victring, NA. XXIX 433. In Bayern sind Alderspacher Annalen (1273—1286), zum guten Teil aus den Salzburger Annalen entnommen, an eine Abschrift des MARTIN gehängt, MG. SS. XVII 535ff. Vgl. SEPP, Wann wurde die zweite Ausgabe der Chronik des M. v. TROPPAU veröffentlicht? (zwischen 20. Jan. u. 22. Juni 1276), NA. XXIII 239ff. Über eine sächsische Fortsetzung, die sehr dürftig ist, vgl. MG. SS. XXIV 252. Andere Fortsetzungen in Brabant und England ebd. 259ff. und 253ff. Ferner MG. SS. XXX 713 und 717.

Ein Werk ähnlicher Tendenz wie das des MARTIN, die Flores temporum bis 1288, schrieb ein Minorit eines schwäbischen Klosters, wohl auch Martin genannt, gegen Ende des 13. Jhs. Er bemerkt, daß er die Regierung der Könige nicht als Selbstzweck betrachte, sondern nur als bequemen Rahmen für die Heiligengeschichte, und „Zeitblüten" betitelt er sein Werk, „weil aus dem Dornengestrüpp der weltlichen Fürsten die himmlischen Rosen um so edler sprießen". Die Zeitblüten sind von verschiedenen fortgesetzt worden bis ins 15. Jh., am ausführlichsten von REINBOLD SLECHT, Kantor an Jung St. Peter in Straßburg, von 1366—1444.

MG. SS. XXIV 226—250. Vgl. R. FESTER, Die Fortsetzung der Flores temporum von REINBOLD SLECHT, ZGORh. 1894, 79—145. Näheres über das Leben des REINBOLD SLECHT bei H. KAISER, ZGORh. NF. XVIII 240ff.

Es ist, als ob die Persönlichkeit Rudolfs von Habsburg nach den vielen Schattenkönigen doch einen gewaltigen Eindruck machte und die Augen der Zeitgenossen von den Territorien weg noch einmal auf den mächtigen Vertreter des Gesamtreiches gelenkt habe. Wohin wir schauen, nach Erfurt in Thüringen, nach Kolmar und Straßburg im Elsaß, nach Regensburg, überall tritt in den Annalen sein kraftvolles Wirken besonders für die Herstellung der Rechte des Reiches hervor. Am fesselndsten ist vielleicht die Schilderung des Königs in der **Kolmarer Chronik**[1]; dort wird er nicht nur als energischer Herrscher, sondern auch als Mensch geschildert. Gerade manches Anekdotenhafte gibt der Darstellung ihren Reiz. Ebenso bewundern die Straßburger Aufzeichnungen, die der Bürger **Ellenhard der Große** veranlaßte, den König; besonders sein Zug nach Burgund, um die Ehre des Reiches wiederherzustellen, wird hier eingehend dargestellt.[2] In allen Werken wird namentlich die Ruhe und Sicherheit in deutschen Landen gepriesen, die man der Sorge Rudolfs verdankte, mit den hellsten Farben in den Straßburger Aufzeichnungen. Um so dunkler hebt sich in diesen Annalen die Regierungszeit Adolfs ab, der dumm und unfähig, nur zu eigener Bereicherung das Reich aussaugen wollte, so daß sein Schicksal schließlich wohlverdient war. Die habs-

---

1) MG. SS. XVII 240—270.   2) Ebd. 118—141.

burgisch gesinnten Aufzeichnungen behandeln Adolf von Nassau im allgemeinen schlecht und übertragen die Verehrung vom Vater auf den Sohn Albrecht, wie die Kolmarer und Straßburger Aufzeichnungen. Die Straßburger Annalen heben sogar hervor, daß nach Albrechts Wahl die Lebensmittel wieder billiger geworden seien. Die Erfurter **Chronica moderna**, die bald nach 1208 angefangen und in mehreren Abschnitten bis 1335 fortgeführt wurde, hebt auch Rudolfs segensreiches Wirken mit den stärksten Worten hervor, ist dann aber gegen Adolf, dessen Regierungspolitik allerdings hauptsächlich auf Thüringen gerichtet war, um so feindlicher. Er habe Thüringen gebrandschatzt, von königlicher Milde sei nichts an ihm, wohl aber beherrsche ihn der Wahnsinn des Tyrannen. Das ganze Reich habe er durcheinander gebracht und Recht in Unrecht gekehrt. So wird denn die Regierung Albrechts mit einem kräftigen „Hallelujah" begrüßt.[1])

Anders urteilte man in Bayern, wo der Herzog mit dem Könige Adolf verbunden und ein Gegner des Herzogs Albrecht von Österreich war. Rudolf in allen Ehren, aber Albrecht was gar geitich nach gut, daz er doch den reich nicht zufugte, wan neur sinen chinden, der er vil het, so urteilte die bayrische Fortsetzung der sächsischen Weltchronik.[2]) Diese Aufzeichnungen erwärmen sich auch für Heinrich VII. aus dem Hause Luxemburg, begleiten ihn auf seiner Fahrt nach Rom, bringen allerdings über sein Ende einen legendären Bericht, um dann wieder für die Doppelwahl des Jahres 1314 eine gute Quelle zu werden. Im allgemeinen behandeln die lokalen Quellen nach Rudolfs von Habsburgs Zeit die Königsgeschichte immer mehr als Anhang zur Territorial- oder Lokalgeschichte. Mitten zwischen den weitausgesponnenen territorialen Nachrichten findet sich hin und wieder ein Satz über den König.

Aber es lassen sich auch für die Zeit nach 1300 noch eine Reihe Chroniken finden, die von großen universalen Gesichtspunkten aus die Zeitgeschichte behandeln, deutsche und auch italienische. Heinrich VII. hat besonders die Augen der Italiener auf sich gezogen. Italien, wo Stadt gegen Stadt und in den Städten Partei gegen Partei stand, besann sich darauf, daß es bessere Zeiten gesehen hatte. So wurde wohl der Wunsch nach einem Kaiser wieder lebendig. Dante, der Sänger der göttlichen Komödie, wurde besonders lebhaft von dem Verlangen nach der Kaiserherrlichkeit erfaßt. Er hatte in einem Traktat „de Monarchia" die Bedeutung des römischen Kaisertums auseinandergesetzt, dieses als dem Papsttume gleichgeordnet hingestellt.[3]) Beide Mächte sollten den Frieden schirmen. Und dieses Friedenskaisertum wünschte er sich für Italien. Als ein Messias möge Heinrich VII. dem zerrütteten Lande erscheinen. Und die Romantik des Kaisertums nahm den neuen König tatsächlich gefangen.

Seine Tätigkeit entwickelte sich hauptsächlich in Italien. Hier verschaffte er dem kaiserlichen Namen noch einmal Geltung und errang die Kaiserkrone im Lateran. Seine Züge und Kämpfe in Italien schildert am ausführlichsten **Nikolaus**, von Geburt Franzose, später Titularbischof von Butrinto in Epirus. Er befand sich seit August 1310 in der Umgebung des Königs und begleitete ihn auf der Romfahrt. Heinrich VII. scheint ihn seines besonderen Vertrauens für wert gehalten zu haben und verwandte ihn wiederholt zu diplomatischen Missionen. NIKOLAUS war daher in das politische Getriebe ziemlich eingeweiht und zum Geschichtschreiber hervorragend berufen. Beeinträchtigt wird der Wert seiner Darstellung höchstens dadurch, daß er eine gewisse Tendenz mit seinem Buche verfolgte. Als nämlich 1313 ein Konflikt zwischen dem Kaiser und dem Papste ausbrach, wollte er die Schritte, die der König gegen Robert von Neapel getan hatte, rechtfertigen. Er überarbeitete daher die Schrift über die Romfahrt Heinrichs, die er bereits verworfen hatte, in diesem Sinne (BRESSLAU). Wenn der Historiker nun auch

---

1) Monumenta Erphesfurtensia in us. schol. 2) MG. Deutsche Chroniken II.
3) Vgl. H. FINKE, Dante als Historiker, HZ. Bd. 104, S. 473 ff.

das Werk nur mit einiger Vorsicht benutzen darf, so wird er doch finden, daß NIKOLAUS im allgemeinen zuverlässig ist und, soweit er selbst die Wahrheit erkannt hat, sie auch sagen will. Abgeschlossen ist die Schrift erst nach dem Tode des Königs.

Nicolaus Botrontinensis episcopus: Relatio de itinere Italico Henrici VII. imperatoris ad Clementem V. papam 1310—1313 ed. HEYCK, Innsbr. 1888. — BÖHMER, Fontes rer. Germ. I 68—137. Übers. in Gesch. d. d. Vorz. Heinrich VII. Bd. 2. Vgl. A. CARTELLIERI, Zu Nikolaus von Butrinto, ZGORh. 1894. 79—145, ist der Ansicht, daß des NIKOLAUS Heimat in den südwestlichen Marken des Reiches zu suchen sei. Als Studienbekanntschaft sei NIKOLAUS zu Paris mit dem König in Berührung gekommen. Dagegen G. SOMMERFELDT in Jb. f. lothr. Gesch. V 2, 223ff. u. XIII 328ff. CARTELLIERI hat dann im ZGORh. 1895. 361ff. seine Behauptung wesentlich eingeschränkt. H. BRESSLAU, Überlieferung und Entstehungsverhältnisse der R. de H. itinere Italico in NA. XXXI (1905) 141ff. mit Verbesserungen zu HEYCKs Edition.

Ein in Luxemburg entstandener, nicht mehr erhaltener Bericht über die Regierung und Romfahrt Heinrichs VII. scheint dem Schreiber des Lebens des Erzbischofs von Trier Balduin, eines Bruders Königs Heinrich VII., vorgelegen zu haben. Jedenfalls bringt diese Vita, obschon sie mehr als 40 Jahre nach Heinrichs VII. Tode abgefaßt wurde, sehr ausführliche Nachrichten. Gesta Trevirorum ed. WYTTENBACH und MÜLLER II (1838) 184ff. bes. 202ff. Übers. in Gesch. d. d. Vorz. Heinrich VII. 2. Vgl. die Romfahrt Heinrichs VII. im Bilderzyklus des Codex Balduini Trevirensis. herausg. von der Direktion der K. Preuß. Staatsarchive. 1881 (mit erläuterndem Texte von IRMER und 73 gleichzeitigen, daher sehr wichtigen Darstellungen). — Ein französisches Heldenepos auf den Römerzug Heinrichs VII. von einem Zeitgenossen, wahrscheinlich von SIMON VON MARVILLE, Schatzmeister der Metzer Kathedrale, veröffentlicht von WOLFRAM im Jb. f. lothr. Gesch. VI (1894) 177ff. Vgl. unten S. 109.

Von den Werken, die die Person Ludwigs des Bayern in den Vordergrund stellen, ist die eigentliche Lebensbeschreibung, die von einem Bayern herrührt, vielleicht am dürftigsten. Sie erzählt seine Regierung bis zum Tode 1347, ist aber nicht in einem Zuge geschrieben. Die Abfassung der ersten Partien fällt wohl nach 1330. Der König wird sehr gefeiert, doch das Bemerkenswerteste in seinem Leben, die Kirchenpolitik, beinahe totgeschwiegen.[1])

Nicht viel reichhaltiger als die genannte Vita ist die Chronik von den Herzögen von Bayern, auch wenn man alles das, was in den Ausgaben OEFELES und BÖHMERS fortgelassen ist, wieder zufügt. Diese Chronik reicht von 1309 bis 1372 und ist wohl 1372 verfaßt worden.[2])

Als beste Chronik über die Taten Ludwigs des Bayern darf man die im Kloster **Fürstenfeld**, einer bayerischen Stiftung des 13. Jhs., geschriebene ansehen, die von 1273 leider nur bis 1326 reicht. Von dem Verfasser ist nicht viel bekannt. Um 1278 erwähnt er, daß er sich als Schüler in den Hradschin bei Prag eingedrängt habe. Von Prag hat ihn das Geschick nach Bayern geführt, und er hängt nunmehr mit großer Treue an dem bayerischen Herzogshause und an der Person Ludwigs IV. Freilich entgehen ihm auch nicht die Schwächen dieses Fürsten, dem er namentlich weise Voraussicht und durchgreifende Tatkraft abspricht. Den Konflikt Ludwigs mit Papst Johann XXII. erwähnt er nur ganz kurz. Als wertvolles Stimmungsbild dürfen wir die Aufzeichnungen des Fürstenfelder Mönches auch schon für die Zeit Rudolfs von Habsburgs und seiner Nachfolger benutzen. Er bemüht sich abweichend von vielen anderen Quellen auch gegen Adolf von Nassau gerecht zu sein.

Mangelhafte Ausgabe bei OEFELE, Rer. Boic. SS. II 529—555; besser bei BÖHMER, Fontes rer. Germ. I 1—68. Übers. in Gesch. d. d. Vorz. 14. Jh. — M. MAYR, Zur Kritik der älteren Fürstenfelder Geschichtsquellen. Oberbayer. A. 36 (1887) 31. — B. SEPP, Abfassung der Fürstenfelder Chronik. NA. XXIII 562—565 setzt die Entstehung spätestens zu 1326 an.

---

1) Vita Ludovici imperatoris bei H. PEZ, SS. rer. Austriacarum II 415—426, und BÖHMER, Fontes rer. Germ. I 148—161. Ergänzung zur Vita Ludovici IV. Bavari von G. LEIDINGER in NA. XIX 686—692. Übers. in Gesch. d. d. Vorz. 14. Jh.

2) Chronica de ducibus Bavariae bei OEFELE, Rer. Boic. SS. I 40—44. BÖHMER, Fontes I 137–147. Übers. in Gesch. d. d. Vorz. 14. Jh. Abfällige Kritik bei WEILAND, Über einige bayerische Geschichtsquellen d. 14. Jhs., Nachr. von der K. Ges. der Wiss. zu Gött. 1883, 237.

Für die Geschichte des Reiches unter Ludwig dem Bayern von höchstem Werte ist die Chronik des **Matthias von Neuenburg**, die allerdings auch noch die ersten Regierungsjahre Karls IV. umfaßt. MATTHIAS stammte aus vornehmer Familie der Stadt Neuenburg im Breisgau. 1315/16 studierte er in Bologna 1327 war er Anwalt am geistlichen Gericht in Basel. Hier trat er in Beziehungen zu dem späteren Straßburger Bischof Berthold von Bucheck. Mit diesem siedelte er 1328 nach Straßburg über. 1355 wird er zuletzt urkundlich erwähnt. An der Kurie hatte MATTHIAS 1335 und 1338 zu tun; er lernte also das dort herrschende Getriebe aus eigener Anschauung kennen. Seine Chronik läßt er, nachdem er den Lebenslauf des Grafen Rudolf von Habsburg vorausgeschickt, mit dem Jahre 1273 beginnen und führt sie bis 1350. Er hat jedenfalls einige Jahre an dem umfangreichen Werk gearbeitet, das uns in mehreren Rezensionen vorliegt. MATTHIAS selbst dachte sich sein Werk als eine Fortsetzung anderer Arbeiten über die Kaisergeschichte, deshalb hängte er es in einer Ausgabe an die erwähnte Chronik des MARTIN an. Man hat versucht, dem MATTHIAS die Autorschaft dieses Werkes abzusprechen, da es nur eine sehr unselbständige Überarbeitung einer Chronik des Grafen ALBRECHT V. aus dem Hause Hohenberg-Haigerloch sei. Doch läßt sich ein Beweis hierfür nicht erbringen, wenn auch zuzugeben ist, daß dem MATTHIAS eine Notizsammlung des Grafen zur Verfügung stand. Der Wert der Chronik ist außerordentlich groß; auch ist die Gruppierung des die ganze Welt umfassenden Materials stets so, daß die Reichsgeschichte im Vordergrunde bleibt. In der Anordnung des Stoffes ergibt sich allerdings äußerlich insofern ein Unterschied, als im ersten Teile die anekdotenhafte, pointierte Erzählungsweise vorherrscht, während im letzten Teile die chronologische Anordnung innegehalten ist. Wie populär Rudolf von Habsburg geworden war, geht auch daraus hervor, daß MATTHIAS von ihm eine Reihe Anekdoten berichtet. Ein gut deutsches Empfinden durchzieht die Chronik. An zwei Stellen wird offenbar mit Genugtuung davon berichtet, wie Rache für den Tod Konradins genommen wurde. Dem Siegeszuge Heinrichs VII. durch Italien folgt MATTHIAS nicht ohne Stolz und er beklagt den Tod des Kaisers, dieser „Säule der Großherzigkeit und Gerechtigkeit und Blüte des deu*schen Stammes". Von Ludwig dem Bayern gibt MATTHIAS eine Charakteristik, wie sie treffender kaum sein kann; er durchschaut klar die Unentschlossenheit und Zwiespältigkeit seines Wesens: „Jetzt, Schreiber, schärfe deinen Geist! Denn eine schwere Arbeit harrt deiner, willst du schildern den langen und langsamen Flug eines gewaltigen Adlers, der töricht zugleich und klug, achtlos zugleich und sorgenvoll, träge zugleich und ungestüm, niedergeschlagen und heiter zugleich, kleinmütig zugleich und tapfer, unglücklich zugleich und glücklich, noch aufstieg, während ihm schon die Flügel versengt waren." Für verfassungsrechtliche Fragen hat der Geschichtschreiber Sinn. Nachdem er die Doppelwahl des Jahres 1314 behandelt hat, hebt er hervor: „Ludwig wurde also zu Aachen von dem Mainzer und Trierer gekrönt, am vorgeschriebenen Ort, aber nicht von der rechten Person; Friedrich dagegen zu Bonn von dem Kölner, der berechtigten Person, aber nicht am vorgeschriebenen Ort." Die Abhängigkeit der in Avignon residierenden Päpste von dem französischen Könige läßt MATTHIAS deutlich hervortreten und ebenso die Nachteile dieses Verhältnisses für die Versöhnung Ludwigs IV. mit der Kurie. Auch den Tag von Rense 1338 hebt MATTHIAS, wenn auch nicht in seiner vollen Bedeutung, hervor. Einen scharfen Blick hat er auch für die Folgen des Tiroler Ehehandels, als Ludwig, um Tirol an sein Haus zu bringen, die Ehe der Margarete Maultasch mit einem Sohne des Böhmerkönigs löste und die Erbin seinem Sohne Ludwig zur Frau gab. Das war ein schwerer Eingriff in die Rechte der Kirche und mußte wie die anderen Fürsten, so besonders den König von Böhmen treffen. „O Götzendienst des Geizes, der du so große Fürsten zu Fall bringst! Daraus entstand wieder und nicht ohne Grund fressender Neid und Haß zwischen den Böhmen und dem Fürsten (Ludwig) und

Zeit der Luxemburger. Matthias von Neuenburg

seinen Söhnen." So MATTHIAS. Die Katastrophe, das Doppelkönigtum, war damit eingeleitet, da fast gleichzeitig ein neuer unversöhnlicher Papst, Clemens VI., noch dazu ein Freund des Böhmen Karl, auf den päpstlichen Stuhl stieg. Ruhig erzählt MATTHIAS die weitere Zuspitzung des Konfliktes zwischen Kaiser und Papst und die Wahl des Böhmen, bei der das Geld eine große Rolle gespielt habe. Der Tod Ludwigs verhinderte den unausbleiblichen Zusammenstoß. MATTHIAS selbst konnte auch noch aus eigener Anschauung die Leiden schildern, die der schwarze Tod 1348 über Deutschland brachte, weiter die Judenverfolgungen und Geißlerfahrten. An der Wahl des Königs Günther von Schwarzburg, der ihm sympathisch war, nahm er lebhaften Anteil, offenbar bedauert er dessen frühen Tod. Über Karl IV. macht er fast gegen Schluß seines Buches eine Bemerkung, die zeigt, daß er in diesem schon den Stiefvater des Reiches, aber Böhmens Vater, sah. „Obgleich er in Deutschland den Frieden nur wenig befestigt, so erhält er doch in Böhmen den Frieden, indem er alle Räuber ohne Unterschied enthaupten läßt. Deshalb ist er auch dort sehr mächtig und beim Volke beliebt. Auch die Stadt Prag erweiterte er zu doppelter Größe." Die Chronik des MATTHIAS ist in drei Fortsetzungen (eine bis 1356 von MATTHIAS selbst?), jedoch mit Lücken, bis zum Tode Karls IV. (1378) fortgeführt. MATTHIAS verfaßte außer der Chronik eine Lebensbeschreibung des Straßburger Bischofs Berthold von Bucheck (1328—1353), die lokalgeschichtlich sehr bedeutend ist.

Die überlieferten Handschriften weichen stark voneinander ab; in zweien wird MATTHIAS von Neuenburg als der Verfasser bezeichnet. Da nun aber CUSPINIAN seiner ältesten Ausgabe der Chronik eine Handschrift zugrunde legte, die vielleicht den Namen Albertus Argentinensis trug, so nahm man diesen als Verfasser an und identifizierte ihn, da sich in einer Bearbeitung der Chronik Abschnitte mit besonders eingehenden Nachrichten über die Grafen Hohenberg fanden, mit Albrecht Grafen von Hohenberg, späteren Bischof von Freising, der wegen einer Straßburger Pfründe auch ALBERTUS ARGENTINENSIS hätte genannt werden können. Diese These SOLTAUS hat WENCK dann ausgebaut und zum Teil besser begründet; er sucht sogar die einzelnen Bestandteile der Chronik zu zergliedern, um festzustellen, was dem Grafen von Hohenberg und was MATTHIAS zukomme. Nach ihm gehen auf Albert jedenfalls der Hauptbestand der Chronik und die erste Fortsetzung zurück. AL. SCHULTE wies dann aus inneren Gründen die intimen Beziehungen zwischen dem Lebenslaufe des Matthias, zu dem er wichtige Daten beibrachte (z. B. aus den Akten der Universität Bologna) und der Chronik nach. Auch L. WEILAND hat deshalb im allgemeinen SCHULTES Beweisführung sich zu eigen gemacht, die in Matthias den Verfasser dieser originellen Chronik sieht. Einen interessanten Beitrag liefert nun auch ED. SCHRÖDER durch eingehende Untersuchung der Berner Handschrift. Diese ist nach ihm eine Abschrift, die 1350 in Straßburg unter des Matthias Augen entstanden ist. Die Vorlage war das Konzept des Matthias. Wenn damals die Hohenbergs Einfluß geübt haben, so war das sicher nur eine Anregung, die von Hugo von Hohenberg, Landvogt des Elsaß, ausging. Erst als Albrecht von Hohenberg dann die Chronik erhielt, ließ dieser zur Ehre des Hauses noch mancherlei aufnehmen, daher die neue Redaktion mit den genaueren Angaben über die Hohenbergs. Die Frage nach dem Verfasser dürfte damit endlich zugunsten des Matthias entschieden sein, obschon es vielleicht interessanter gewesen wäre, in dem Werke mit seiner zum Teil offenen Aussprache über die päpstliche Politik die Stimme eines so angesehenen Mannes wie Albrechts von Hohenberg, Kanzlers Ludwigs des Bayern, zu vernehmen.

Ausgabe von STUDER, Bern 1866, und bei BÖHMER, Fontes IV 149—276. Fortsetzungen ebd. bis 297. Übers. in Gesch. d. d. Vorz. Vgl. WEILAND, Die Wiener Handschrift der Chronik des Matthias von Neuenburg, Gött. 1891. Ders., Die Vatikanische Handschr. d. Chr. d. M.-N., Gött. 1892. Das Leben Bertholds bei BÖHMER, Fontes IV 297—309, und bei STUDER a a O S. 220—235. Über Matthias selbst HUBER, MIÖG. IV (1883) 202—208. SOLTAU, Straßburger Studien II 1884, 91—100. WENCK, NA. IX 31—98. SCHULTE, MIÖG. IX (1888) 144. ZGORh. 1891, 496—515, 1892, 724f. WEILAND in der Einleitung zur deutschen Übersetzung. EDWARD SCHRÖDER in GGA. 1893 S. 49ff. ALBERT in ZGORh. NF. XIX 752.

In Straßburg schrieb vor der Mitte des 14. Jhs. ein ALBERTUS ARGENTINENSIS einen libellulus de facetiis Rudolfi regis. Auf diese Schrift scheinen die über Rudolf verbreiteten Anekdoten in erster Linie zurückzugehen. Vielleicht gab dieses Buch den Anlaß, daß man den ALBERTUS ARGENTINENSIS mit einem größeren historischen Werke in Zusammenhang brachte, wie es die erwähnte Chronik des Matthias war. Vgl. W. THIEL, MIÖG. XX (1899) 590ff.

Zur Zeit Karls IV. schrieb Kaiser- und Papstgeschichte **Heinrich Taub** (Surdus) aus Selbach, der um **1339** als Kaplan und Chorherr an St. Willibald in Eichstätt kam und dort an die „Zeitblüten" des Minoriten sein eigenes Werk knüpfte. Seine Kaisergeschichte setzt 1294, seine Papstgeschichte 1288 ein. Im Jahre 1350 war er anläßlich des Jubeljahres in Rom. Sein Bericht von der unermeßlichen Menschenmenge, die damals nach Rom gezogen sei, bildet eine interessante Parallele zu der Schilderung des GIOVANNI VILLANI aus dem Jahre 1300. HEINRICH starb am 9. Oktober 1364. Seine Chronik reicht bis zum Jahre 1362. Bis 1343 sind die Aufzeichnungen sehr dürftig; die letzten zwanzig Jahre aber bieten gute und zum Teil ausführliche Nachrichten. Erzählt wird abwechselnd Kaiser- und Papstgeschichte. Doch sind die auf die einzelnen Abschnitte fallenden Nachrichten ohne bestimmtes Prinzip verteilt. Bei den engen Beziehungen zwischen weltlichen und kirchlichen Angelegenheiten war das wohl auch nicht anders möglich. HEINRICH TAUB ist bei der Schilderung der Beziehungen von Kaisertum und Papsttum im allgemeinen unparteiisch. Er mißbilligt zwar die Absetzung Johanns XXII. durch Ludwig, aber anderseits hebt er tadelnd auch die simonistische Art der Bistumsbesetzung durch Papst Clemens VI. hervor. Von Ludwig dem Bayer gibt er eine Charakteristik, die zwar nicht so pointiert wie die des MATTHIAS von Neuenburg, aber ihr in mancher Hinsicht sehr ähnlich ist. Auch er bemerkt wiederholt, daß der König durch Zeitvergeuden den rechten Augenblick zum Erfolg verpaßt habe. Viel Sinn hat HEINRICH für politische und kirchenpolitische Gesetze. Die Bedeutung der Renser Erklärung der Kurfürsten gibt er z. B. besser wieder als MATTHIAS von Neuenburg. Er erwähnt auch den hervorragenden Bologneser Rechtslehrer JOHANNES ANDREÄ. Über den toten Ludwig IV. spricht er sich sehr scharf aus, weil er die Kirchen und Weltgeistlichen arg bedrückt habe. Ein günstigeres Urteil fällt er dann über Karl IV. „Derselbe war klug im Rate, vorsichtig im Handeln, kein Freund von Krieg und Schlachten und brachte durch Klugheit, gute Worte und Verträge in Deutschland einen allgemeinen Landfrieden zustande, und auch die italienischen Machthaber machte er sich geneigt." Auch mit Ludwig, dem Sohne seines Vorgängers, führte er trotz der früheren Todfeindschaft ein leidliches Verhältnis herbei, und im April 1350 „übergab dieser zu Nürnberg dem König Karl die Reichsinsignien, nämlich die Lanze, mit welcher die Seite unseres Herrn Jesu Christi durchstochen wurde, die Nägel, das Schwert Karls des Großen und noch anderes, was sein Vater Ludwig in der Stadt München aufbewahrt hatte, und dieser brachte sie nach Böhmen in die Stadt Prag". Auffallend ist, daß HEINRICH, der sonst alles Wichtigere anmerkt, zum Jahre 1356 wohl von dem Reichstag zu Nürnberg spricht, zu dem die Erzbischöfe von Mainz, Köln und Trier, die übrigen Kurfürsten des Reichs und viele andere kamen, ebenso von dem Tage zu Metz, aber des Erlasses der goldenen Bulle, die auf diesen Tagen entstand, mit keinem Worte gedenkt. Mit dem Streite der Österreicher und Bayern über die Grafschaft Tirol, in dem das Land an das Haus Österreich kam, schließt die Chronik, deren Verfasser Ende 1364 oder Anfang 1365 starb.

Ausgabe von BÖHMER, Fontes IV 507—568. Übers. in Gesch. d. d. Vorz. Früher hieß der Verfasser allgemein HEINRICH von Rebdorf. Erst AL. SCHULTES Untersuchungen (die sogenannte Chronik des HEINRICH von Rebdorf. Ein Beitrag zur Quellenkunde des 14. Jhs., Diss. Münster 1879) stellten den Verfasser fest. Der erste Teil der Chronik (bis 1343) ist nach Schulte etwa 1347 geschrieben und dann durch Randbemerkungen erweitert worden, die in die späteren Abschriften teilweise oder ganz übergingen. Der zweite Teil ist 1362/63 geschrieben. Spätere Eintragungen auch in das abgeschlossene Werk sind nicht selten. Nach Rebdorf wurde der Chronist genannt, weil der erste Herausgeber der Chronik, FREHER, die Handschrift aus diesem Chorherrenstift bei Eichstätt erhalten hatte. Über HEINRICHS Aufenthalt in Rom s. MAX JANSEN, Papst Bonifatius IX. und seine Beziehungen zur deutschen Kirche. Freiburg 1904. S. 141. Neue Beiträge zu seiner Lebensgeschichte von L. STEINBERGER in NA. XXXVIII 625 ff.

Eines der besten Werke mittelalterlicher Annalistik hinterließ uns **Heinrich, Truchseß von Dießenhofen**, in seiner an PTOLEMÄUS von Lucca angeschlossenen Kirchengeschichte oder Chronik, die die Jahre 1316 bis 1361 umfaßt und wohl seit 1333 gleichzeitig mit den Ereignissen aufgezeichnet wurde. HEINRICH weilte lange Zeit an der Kurie zu Avignon und hatte auch Beziehungen zu den Habsburgern, so daß er gut unterrichtet war. Ein tieferes Erfassen des geschichtlichen Werdegangs dürfen wir freilich bei ihm nicht suchen, doch ist er im Verzeichnen der Tatsachen außerordentlich zuverlässig. Er stellt die großen Vorgänge aus der Papst- und Kaisergeschichte allenthalben in den Vordergrund. Im Kampfe Ludwigs des Bayern gegen die Kurie vertritt er die Sache der Päpste, ohne jedoch seine Augen vor den Fehlern der Päpste und den Gebrechen der Kirche zu verschließen. Daß er nebenbei sehr gut über die Ereignisse des südwestlichen Deutschlands unterrichtet ist, darf bei einem Konstanzer Domherrn nicht wundernehmen. Er schildert namentlich die Folgen des unheilvollen Interdikts Johanns XXII. für Deutschland dort, wo es durchgeführt wurde. Denn eine ganze Anzahl Diözesen kümmerten sich nicht darum. Auch HEINRICH von Dießenhofen schien es schließlich zu verstehen, daß man sich nicht mehr daran hielt, nachdem Papst Benedikt XII. so gar keine gelegentliche Milderung eintreten lassen wollte. Vielleicht mochte auch für HEINRICH die Forderung Benedikts, Ludwig möge, wenn er Frieden haben wolle, die Kaiser- und Königswürde niederlegen, zu hoch sein. Als 1338 eine Judenverfolgung losbrach, war HEINRICH auch so gerecht, den Reichtum der Juden und die Habsucht der Christen als die treibende Ursache anzusehen. Freilich hat diese Auffassung für 1348 und 1349, als wieder Tausende von Juden hingemordet wurden, nicht vorgehalten. Da hielt auch er sie für überführt, daß sie die Brunnen vergiftet hätten. Vieles erzählt HEINRICH vom Auftreten des Cola Rienzi in Rom; er gibt das ganze Schreiben wieder, durch das dieser als Nachfolger der Caesaren sowohl Ludwig den Bayern als auch Karl IV. und ihre Wähler vor seinen Richterstuhl zitierte. Von Ludwig hat HEINRICH die denkbar schlechteste Meinung, „am jüngsten Tage wird offenbar werden, was das für ein Mensch gewesen". Dagegen begleiten seine besten Wünsche Karl IV., der die Kirchen ehrte und die Reliquien so hoch hielt, und mit Teilnahme begleitet er auch die Geburt von dessen Sohn Wenzel (1361). Schade, daß die Chronik nicht über dieses Jahr hinausreicht. HEINRICH selbst starb erst 1376.

Die Chronik HEINRICHS von Dießenhofen 1342—1262 gab C. HÖFLER, Prag 1864, heraus. Ferner Ausgabe von BÖHMER, Fontes IV 16—126. Vgl. AEBI, Über H. den Truchseß von Dießenhofen im „Geschichtsfreund". Mitt. des Ver. der fünf Orte XXXII. Einsiedeln 1877. 115 bis 221; A. SCHULTE, Beiträge zum Leben der Konstanzer Domherren und Geschichtsschreiber H. T. von D. und Albrecht Graf von Hohenberg in ZGORh. NF. 1. 1886, 46—60. WERMINGHOFF, ebd. 11, 1896, m. 115. H. SIMONSFELD, Zur Historiographie des 14. Jhs. in FDG. XVIII 299—321. Ders., Zu Heinrich von D. in NA. XIII 223ff. H. V. SAUERLAND, Vat. biograph. Notizen zur Gesch. des 14. Jhs. (Jb. d. Ges. f. lothr. Gesch. 19).

Ein eigenartiges Werk der Historiographie ist die **Autobiographie Kaiser Karls IV.**, die er nach seiner Thronbesteigung in lateinischer Sprache abfaßte. Sie beschränkt sich freilich auf die Jugendzeit des Königs von 1331 bis 1341 (46), ist aber wichtig sowohl wegen des rein geschichtlichen Inhaltes als auch wegen des Geistes, der die Arbeit durchweht. KARL ermahnt zuerst seine Nachfolger auf dem Throne zur Demut, da alle irdischen Dinge vergänglich seien; dann erzählt er von seiner Jugend und Erziehung am französischen Hofe, sowie von seiner Tätigkeit in Italien. Hier hatte sein Vater Johann, der im Auftrage Kaiser Ludwigs des Reiches Rechte wahren sollte, das Bedürfnis nach einer zuverlässigen Stütze empfunden und dem Sohne eine an Kämpfen reiche Mission (seit 1331) übertragen. Karl IV. gibt uns einen interessanten Ausschnitt aus den Wirren im damaligen Italien. „Als nun unser Vater erkannte, daß ihm die Geldmittel ausgingen und daß er gegen die Herren der Lombardei die Fehde nicht fortsetzen könne, gedachte er der Heimkehr und wollte die Städte und die Fehde uns überlassen. Wir jedoch lehnten ab, was wir mit Ehren nicht behaupten konnten." So kehrte denn Karl nach Böhmen zurück, wo er sich zunächst einsam fühlte. Er traf weder „Vater, der auf Abenteuer gezogen, noch Mutter, die gestorben, noch Brüder noch Schwestern, noch sonst einen Bekannten". Auch die böhmische Sprache hatte er fast völlig vergessen, lernte sie aber bald wieder. „Dank der göttlichen Gnade haben wir aber nicht nur das Böhmische, sondern auch das Französische, Lombardische, Deutsche und Lateinische so sprechen, schreiben und lesen gelernt, daß wir eine wie die andere dieser Sprachen geläufig schreiben, lesen, reden und verstehen konnten." Jetzt hatte Karl die Regierung des Böhmerlandes zu führen, das ganz verkommen war, so daß er zwei Jahre brauchte, um einigermaßen wieder Ordnung zu schaffen, namentlich das verpfändete Krongut zurückzugewinnen. Ob dieser starken Stellung des Sohnes Mißtrauen beim Vater, so daß Karl die Statthalterwürde entzogen wurde. Im Jahre 1335 erhielt er den Auftrag, seinen jüngeren Bruder Johann und dessen Gattin Margarete, die noch in jugendlichem Alter standen, in ihren Rechten zu schützen. Was Karl hier und in den folgenden Jahren in Oberitalien erlebte, ist hochinteressant und liest sich manchmal wie ein Roman. Es folgen dann mehrere predigtartige Auslegungen von Bibeltexten und dann annalistische Aufzeichnungen KARLS aus den folgenden Jahren bis 1341. Von 1341 an werden die Aufzeichnungen noch mehr annalenhaft und stellen auch die Persönlichkeit KARLS, von dem jetzt in der dritten Person gesprochen wird, weniger in den Vordergrund als den Vater Johann. Mit der Wahl Karls IV. 1346 schließen die Aufzeichnungen.

Aus der ganzen Schrift ergibt sich die strenge Religiosität des Verfassers. Die Selbstbiographie ist offenbar populär geworden, sie wurde bald ins Deutsche und ins Tschechische übertragen. Es ist sehr zu bedauern, daß der Herrscher nicht die Muße fand, auch seine Regierungsjahre selbst mit dem Griffel zu verzeichnen. Fortgesetzt ist die Lebensgeschichte Karls IV. bis 1374 von BENESCH KRABICE von Weitmühl, der als Prager Domherr sich des besonderen Vertrauens des Königs erfreute und daher gute Nachrichten erhielt. BENESCH ließ diese Fortsetzung als vierten Teil einer Chronik hinausgehen, die den Zeitraum von 1283 bis 1374 umfaßt und in den ersten 3 Teilen in der Hauptsache eine Geschichte der Prager Kirche darstellt. Von 1341 an geht er unabhängig von der Vita seine Wege; bis dahin hat er sie nur mit geringen Zusätzen oder Änderungen übernommen.

Die Vita Caroli IV. imperatoris bei BÖHMER, Fontes I 228—270 und Fontes rer. Bohem. III 333—368. Übers. als „Kaiser Karls IV. Jugendleben von ihm selbst erzählt" in Gesch. d. d. Vorz. Vgl. H. LÖHR, Über die Selbstbiographie Kaiser Karls IV. Rostocker Diss. 1886 wendet sich gegen LOSERTH (in A. f. österr. Gesch. 53, 4 u. 5), der die Widmung der Vita an die Nachfolger auf den beiden Thronen für eine spätere Fälschung hielt. Anderseits ist er kritischer gestimmt gegenüber der Vita, indem er nicht nur in deren erstem, sondern auch im zweiten Teile 1336 bis 1341 irrige und ungenaue Nachrichten nachweist. Den Teil von 1341 bis 1346, in dem von Karl in der dritten Person gesprochen wird, sieht er als selbständige Fortsetzung an.

Das Chronikon des BENESCH in Fontes rer. Bohem. IV 460—548. Vgl. J. LOSERTH, Die Chronik des Benesch Kr. von W., Wien 1875. H. FRIEDJUNG, Kaiser Karl IV. und sein Anteil am geistigen Leben seiner Zeit. 1876.

Da Heinrich VII. den größten Teil seiner Regierungszeit in Italien verbrachte, haben gerade auf ihn die italienischen Geschichtschreiber wieder starke Rücksicht genommen; und das Interesse hat auch über seinen Tod hinaus gewirkt, so daß auch Ludwig der Bayer und Karl IV., dieser wenigstens für seine Romfahrten, bei den Italienern stärkere Beachtung fanden. Eine für die damalige Zeit ausgezeichnete Darstellung der Taten Heinrichs VII. bot der Paduaner **Albertinus Mussatus** in seiner **Kaisergeschichte** (Historia Augusta seu de gestis Henrici VII Caesaris libri XVI). ALBERTINUS, geboren 1261, wurde Notar in seiner Vaterstadt, kam dann in den Rat und nahm als Gesandter an der Krönung Heinrichs in Mailand (6. Jan. 1311) teil. Später mußte er infolge von Parteiumtrieben die Stadt verlassen und starb als Verbannter 1330 in Chioggia. Das glanzvolle Auftreten Heinrichs VII. in Mailand wird dem an sich literarisch interessierten Manne die Feder in die Hand gedrückt haben. Obschon Italiener durch und durch, hat er doch einen hohen Begriff von dem Kaisertum und in schwungvoller Sprache, manchmal unter Zuhilfenahme der Poesie, sucht er „der Erhabenheit und Größe der Taten Heinrichs mit dem Schmuck seiner Worte und Ausdrücke" gleichzukommen. Nachdem er in 5 Kapiteln des 1. Buches kurz Heinrichs Vorleben und Wahl behandelt hat, gibt er dann im 6. Kapitel die Gründe zum Zuge nach Italien. „Sobald Heinrich die Angelegenheiten Deutschlands und des fernen Nordens bis zum Weltmeere hin geordnet hatte, wandte er sein Augenmerk auf größere Dinge, da gewichtige Gründe ihm sagten, daß er imstande sei, das Kaisertum, dessen seit längerer Zeit die Welt entwöhnt war, zu neuem Leben zu bringen. Da er aber erwog, daß er, um dies auszuführen, in erster Linie die beiden Kronen (d. i. die lombardische und die Kaiserkrone) erlangen müsse, so faßte er den Plan, Italien aufzusuchen." ALBERTINUS gibt dann ein Bild von den Parteiungen der Welfen und der Ghibellinen. Nicht nur Ghibellinen, sondern auch Angehörige der Welfenpartei, die sich Weiße nannten, bestärkten ihn in seinem Vorsatze. Das erste Buch führt dann die Erzählung bis zum Einzug in Mailand und der Krönung daselbst. Im Anschluß daran zeichnet er das Äußere und den Charakter sowohl des Königs wie der Königin. Der König, der schlank und von mittlerer Größe ist, „trägt das Haupthaar nach französischer Sitte; ... er spricht langsam und macht nicht viel Worte; er bedient sich der französischen Sprache, weiß sich aber auch lateinisch verständlich zu machen ... Er haßt die Erwähnung der Parteinamen der Welfen und Ghibellinen und umfaßt alles mit unbeschränkter Herrschergewalt. Die römische Königin, welche im 36. Lebensjahre steht, hat ein noch fast mädchenhaftes Aussehen usw." In den folgenden Büchern (2—7) erzählt ALBERTINUS des Königs Tätigkeit in der Lombardei, besonders die Bestrafung der Städte Cremona und Brescia. Aber schließlich war alles doch nur Scheinerfolg. Als der König dann (Buch 8) über Genua und Pisa nach Rom zur Kaiserkrönung zog, blieben in seinem Rücken Gärung oder offene Empörung. Im 8. Buche erzählt ALBERTINUS verhältnismäßig kurz, wahrscheinlich weil er auf dürftigere Berichte angewiesen war, des Königs Zug nach Rom, die Einnahme der Stadt und schließlich, da er die Petersbasilika nicht einnehmen kann, seine Krönung im Lateran durch die päpstlichen Legaten. Nach der Kaiserkrönung will der Kaiser den Kampf fortführen gegen die Welfen Tusciens, besonders Florenz, dann namentlich gegen den König Robert von Neapel, der ihm den Besitz Roms streitig gemacht hatte. Wird er sich gegen das wider ihn empörte Italien halten können, zumal da die Kurie jetzt gegen ihn verstimmt ist? Der Tod Heinrichs erledigt diese Frage. Alles das berührt ALBERTINUS in den letzten 7 Büchern seiner Kaisergeschichte. Die Ursache des Todes Heinrichs gibt er ausführlich an; er sieht in dem Tode ein Strafgericht Gottes, weil er, „der unter dem Banner des segensreichen Friedens von der Hand der Kirche gehalten nach Italien kam", in dem Augenblicke, da er, vom Glück begünstigt, das Steuer anders setzte, als ihm vorgeschrieben war, sein Schiff zerschellt sehen mußte; daß er das Verbot des Papstes, nach Neapel zu ziehen, übertreten wollte, mußte sein Verderben werden. — ALBERTINUS hat auch eine Geschichte der Ereignisse nach Heinrichs VII. Tode bis 1329 geschrieben. Das Buch enthält aber nur italienische Geschichte, namentlich die Geschichte Paduas und seine Beziehungen zu Can Grande von Verona. Der deutsche König hatte ja auch vorerst keine Beziehungen zu Italien. Aber als dann Ludwig der Bayer in die Verhältnisse Italiens eingriff, fühlte ALBERTINUS das Bedürfnis, einen **Ludovicus Bavarus** zu schreiben, eine Geschichte Ludwigs für die Jahre 1327—1329. Auch in dieser Beschreibung ist die Arbeit für uns sehr wertvoll, da die ganze Zerfahrenheit in Staat, Kirche, Ordensleben, dieser Kampf der Parteien bis in die kleinsten Gemeinwesen hinein, gerade hier recht deutlich hervortritt. ALBERTINUS gibt darin auch eine Beschreibung des Äußeren von Ludwig dem Bayern.

Historia Augusta seu de gestis Henrici VII caesaris libri XVI, de gestis Italicorum post mortem Heinrici VII caesaris libri XII und Ludovicus Bavarus bei MURATORI, Rer. Ital. SS. X 9—784; der Ludovicus bei BÖHMER, Fontes I 170—189. Auszüge in Gesch. d. d. Vorz.

Neben ALBERTINUS MUSSATUS kommen als italienische Berichterstatter für diese Zeit noch in Betracht FERRETO VON VICENZA mit seiner übersichtlichen, wenn auch manchmal ungenauen Geschichte Italiens Historia rerum in Italia gestarum von 1250 bis 1318 in 7 Büchern (MURATORI, Rer. ital. SS. IX 941—1182) und JOHANNES VON CERMENATA mit seiner lichtvollen Darstellung der Geschichte Mailands unter Heinrich VII. (herausgegeben von LUIGI ALB. FERRAI, Roma 1889 = Fonti per la storia d'Italia 2). Vgl. A. STOECKER, Über Joh. v. Cerm., Diss. Heidelberg 1891, der diese Geschichte ihrem innersten Kerne nach für glaubwürdig hält. Auszüge aus beiden übers. in Gesch. d. d. Vorz. Wichtig für die Geschichte der deutschen Kaiser und Könige ist auch des GIOVANNI VILLANI († 1348) Florentiner Chronik, ein der zeitgenössischen deutschen Historiographie weit überlegenes Werk, in dem der Florentiner Kaufmann die Geschichte der ihm bekannten Welt (bis 1348) in großen Zügen abhandelt. Sein Bruder MATTEO hat die Chronik bis 1363 und dessen Sohn PHILIPP bis 1364 fortgeführt. Ausgabe bei MURATORI, Rer. Ital. SS. XIII 9—1002 und XIV 9—770, auch von MOUTIER und DRAGOMANNI, Florenz 1844. Auszüge übers. in Gesch. d. d. Vorz. Dagegen ist die Istoria Fiorentina (1280—1312) des florentinischen Staatsmannes DINO COMPAGNI († 1324), die lange Zeit als Meisterwerk italienischer Geschichtschreibung gegolten hat, von SCHEFFER-BOICHORST, Florentiner Studien 1874, als wenigstens teilweise verfälscht nachgewiesen worden. — Über Karls IV. Kaiserkrönung, die er im Auftrage des Papstes vollzogen hatte, veranlaßte eine Schrift der Kardinalbischof von Ostia-Velletri, PETRUS BERTRANDI DE COLUMBARIO, die von seinem Sekretär JOHANNES PORTA aus Annonay (Dep. Ardèche) verfaßt und reich mit Urkundenmaterial belegt ist. Maßgebende Ausgabe von R. SALOMON, Johannis Porta de Annoniaco liber de coronatione Caroli IV in SS rer. Germ. 1913; vgl. desselben Aufsatz in NA. XXXVIII 227ff.

Viel mehr als die Reichsgeschichte, die gegen früher an Inhalt so sehr verloren hatte, fesselte alle denkenden Köpfe **die Geschichte der Kirche,** namentlich von dem Augenblicke an, da sie, seit 1378, durch den Kampf zweier Päpste gegeneinander nicht nur äußerlich, sondern auch innerlich zerrissen wurde. In diesem Kampfe trat der weitaus größte Teil des Reiches auf die Seite des in Rom residierenden Papstes, aber besonders Frankreich bekannte sich zum avignonesischen Papsttume. Um sich in diesem Kampfe zu behaupten, hat namentlich Papst Bonifacius IX. seine Machtstellung materiell auszunützen versucht und den Geldpunkt bei Stellenbesetzungen, die er im weitesten Maße für den Papst reservierte, und bei Gnadenerweisen allzu stark betont, so daß allgemeiner Unwille laut wurde. Besonders zwei Geschichtschreiber großen Stils, DIETRICH VON NIEHEIM und GOBELINUS PERSON, beide Westfalen, haben in ihren geschichtlichen Arbeiten gerade auf diesen unhaltbaren Zustand hingewiesen und Reformen verlangt. Das Reich war dabei stark interessiert. Aber was war von Wenzel zu hoffen? Das ungünstige Urteil, das GOBELINUS über Wenzel fällt, war durch seine Nachlässigkeit gerade in der Frage der Kirchenspaltung mit bedingt.

GOBELINUS PERSON[1]), der bedeutendste deutsche Geschichtschreiber des beginnenden 15. Jhs., hielt an der führenden Stellung von Kaisertum und Papsttum auch im äußeren Rahmen seiner Weltchronik fest. Er führt die Reichs- und Kirchengeschichte bis zum Jahre 1418 fort und bietet namentlich für die Geschichte des großen Schismas (seit 1378) unschätzbare Nachrichten. Wichtig ist für uns besonders die Beurteilung der Verhältnisse in Reich und Kirche aus dem Munde eines so welterfahrenen und gereiften Mannes, wie es GOBELINUS war. GOBELINUS wurde 1358 wahrscheinlich in Paderborn geboren, kam frühzeitig an die Kurie nach Italien und machte die Irrfahrten des Papstes Urban VI. teilweise mit. Nachdem er 1386 in Genua vom Papste selbst die Priesterweihe erhalten hatte, kehrte er als Subkollektor der apostolischen Kammer in die Heimat zurück und war dann als Rektor und Offizial in Paderborn, später aber als Dechant in Bielefeld tätig. 1418 zog er sich wegen körperlicher Gebrechen aus dem Weltleben zurück und nahm seinen Aufenthalt im Kloster Böddeken. Hier starb er am 17. November 1421. Wohl um 1404 begann er mit der Abfassung seines Cosmidromius, d. i. cursus mundi oder Weltenlauf. Bis 1406 wurde er mit der Arbeit fertig. Dann setzte er sein Werk in der Form von Annalen fort, die uns zum Teil erhalten sind. Später hat er dann diese Annalen wiederum zu einer Chronik umgearbeitet. Der Cosmidromius ist in 6 Aetates geteilt; die letzte

---

1) Gobelinus = Gottfried. Der Name Persona, wie er wohl heute noch gebraucht wird, findet sich weder in einer Hs. der Chronik noch in einer Urkunde.

Aetas umfaßt die Zeit nach Christi Geburt. Zu der Kaiser- und Papstgeschichte, die er nach Jahrhunderten geordnet aufeinander folgen läßt, hat GOBELINUS auch eine Geschichte der Paderborner Kirche in säkularen Abschnitten hinzugefügt. Das Urteil des westfälischen Historikers namentlich über Papst Bonifatius IX. ist außerordentlich freimütig, der Grundakkord seines Werkes stark pessimistisch. Nicht nur den Zustand der Kirche fand er beklagenswert, sondern auch den des Reiches, namentlich unter König Wenzel, den er als Wüterich und Tyrannen brandmarkt, so daß er seine Absetzung begreiflich findet. In seinem Werke hebt er besonders hervor, daß er sich seiner hohen Aufgabe auch deshalb unwürdig gezeigt, weil er nicht nach der Kaiserkrone gestrebt habe. Das steht nun in der offiziösen Absetzungsurkunde nicht, um so mehr aber ist es ein Zeichen, daß in weiten Kreisen gerade auf die Kaiserkrone noch sehr viel Wert gelegt wurde. Einen breiten Bericht hat GOBELINUS über die Schlacht bei Nicopoli 1396, in der die Christen gegen die Türken unterlagen. Das fällt bei der Kürze der anderen Nachrichten auf und zeigt, daß jene Niederlage einen tiefen Eindruck auf die Zeitgenossen machte. Ganz kurz erzählt GOBELINUS das Wichtigste aus der Regierungszeit Ruprechts von der Pfalz und im Zusammenhange mit der Kirchengeschichte die Tätigkeit Sigismunds bis 1417. Da das Konstanzer Konzil sich seiner großen Aufgabe so wenig gewachsen zeigte, so schließt GOBELINUS 1418 mit den prophetischen Worten, daß des Unheils erst ein Ende sein würde, wenn noch schwerere Stürme über die Kirche dahinbrausen würden.

Cosmidromius Gobelini Person und als Anhang desselben Verfassers processus translacionis et reformacionis monasterii Budecensis ed. MAX JANSEN, Münster 1900. Über das Todesjahr des GOBELINUS PERSON HJb. XXIII (1902) 76—80. Ältere Ausgabe unter dem Titel Cosmodromium Gobelini Personae bei MEIBOM SS. rer. Germ. I (1688) 61—343. Kl. LÖFFLER, Gobelinus Persons Vita Meinulphi und sein Kosmidromium HJb. XXV (1904) 190ff. SAUERLAND, Vatik. biographische Notizen zur Gesch. des 14. und 15. Jhs. (aus dem Jb. d. Ges. f. lothr. Gesch. und Altert. XV 1903 S. 474ff.) bringt den urkundlichen Beweis für meine Vermutung, daß Gobelinus camerae apostolicae subcollector gewesen sei.

Auch DIETRICH VON NIEHEIM, vielleicht der bekannteste westfälische Geschichtschreiber, befaßte sich in einer Chronik mit der Geschichte der Kaiserzeit, ohne sie jedoch bis zu seiner Zeit fortzuführen. Er wollte den Leser aus dem Elend der Gegenwart in den Glanz der alten Kaiserherrlichkeit zurückversetzen; daher schloß er, wie man annimmt, mit der Zeit der Staufer ab. Leider sind nur Bruchstücke des Werkes vorhanden.[1] DIETRICH wurde um 1340 wohl im Fürstbistum Paderborn in Nieheim geboren und verbrachte fast den größten Teil seines Lebens an der Kurie, wo er als Notar tätig war. Später erhielt er die einträglichen Ämter eines Abbreviators und Skriptors; ja es wurde ihm 1395 von Papst Bonifatius IX. das Bistum Verden übertragen. Doch hat er niemals wirklich bischöfliche Befugnisse ausgeübt. Die Verhältnisse in der Kirche waren damals außerordentlich traurig. Zwei Päpste standen, um das Pontifikat kämpfend, einander gegenüber. Und in den Diözesen, ja in den Pfarreien machte sich ein ähnlicher Zwiespalt geltend. Bischöfe und Pfarrer, mit verschiedenen Rechtstiteln ausgestattet, suchten einander zu verdrängen. Dazu gesellten sich noch Mißbräuche mit den Gnadenmitteln der Kirche; alles das war geeignet, um in ernsteren Gemütern den dringenden Ruf nach Kirchenreform wachzurufen. Bei DIETRICH ging dieser Wunsch nicht ganz aus reinem Herzen hervor; er war besonders verbittert, weil nicht alle seine ehrgeizigen Wünsche in Erfüllung gegangen waren. Er zeichnet deshalb in seiner größten historischen Schrift „über das Schisma" die Zustände an der Kurie in ganz eigenartigem Lichte; seine Arbeit gestaltet sich mehr zu einem Traktat mit bewußter Spitze gegen die päpstliche Autorität als zu einem historischen Werke. Damit verträgt

[1] Fünf Fragmente aus der Chronik des Dietrich von N. herausgegeben von H. V. SAUERLAND in MIÖG. VI (1885) 589—614. Dazu noch 4 andere, herausgegeben von MULDER s. S. 90.

sich wohl, daß DIETRICH im einzelnen fast durchweg die Wahrheit sagt. Die drei Bücher über das Schisma umfassen die Zeit von 1378 bis 1410. Bei den engen Beziehungen zwischen Kirche und Reich sind derartige Werke natürlich auch für die Reichsgeschichte heranzuziehen. Eine Fortsetzung dieser Arbeit bildet die Lebensbeschreibung Papst Johanns XXIII., in der DIETRICH ein entsetzliches Bild von der sittlichen Verkommenheit Balthassar Cossas (Johanns XXIII.) entwirft. Sachliche Irrtümer sind unserem Geschichtschreiber, der aus dem Gedächtnis arbeitete, wiederholt unterlaufen.[1])

Wichtig, wenn auch nicht erschöpfend für die Geschichte der Unionsverhandlungen zwischen Benedikt XIII. und Gregor XII. ist eine darauf bezügliche Urkundensammlung DIETRICHS, das Nemus Unionis. In den Privilegien oder Gerechtsamen des Reiches bestimmt DIETRICH die Rechte der Kaiser und Päpste namentlich hinsichtlich der Besetzung der Bistümer und Abteien. Zu erwähnen sind hier noch die Bruchstücke eines zur Zeit des Konstanzes Konzils geführten Tagebuches, das wahrscheinlich auf DIETRICH zurückgeht. DIETRICH war jedenfalls von dem Verlaufe des Konstanzer Konzils nicht befriedigt, wenn er auch die Wiederherstellung der Kircheneinheit noch erlebte. Er starb zu Maastricht im März 1418.

Über DIETRICH von Nieheim gibt es eine umfangreiche Literatur; die wichtigsten Monographien sind: H. V. SAUERLAND, Das Leben des Dietrich von Nieheim. Nebst einer Übersicht über seine Schriften. Gött. Diss. 1875. G. ERLER, Dietrich von Nieheim, Leipzig 1887. W. J. M. MULDER S. J., Dietrich von Nieheim, zijne opvatting van het concilie en zijne kroniek, Amsterdam 1907. Ausgaben: De scismate libri tres rec. et adn. G. ERLER, Leipzig 1890. Dazu H. V. SAUERLANDS Anmerkungen in HJb. VII (1886) 62 f. — Historia de vita Johannis XXIII. pontificis Romani bei MEIBOM SS. rer. Germ. I 5—55. Vgl. G. ERLER, Dietrich von Nieheim, 334—345. — Nemus Unionis, öfter als 4. Buch zu de scismate abgedruckt, so von S. SCHARD, Historiae Theoderici de Niem . . . libri quatuor. Basel 1566, wiederholt Nürnberg 1592. Sodann Theoderici de Niem . . . episcopi Verdensis Historiarum sui temporis libri 4. Straßburg 1609 und 1629. — Privilegia aut jura imperii circa investituras episcopatuum et abbatiarum restituta a papis imperatoribus Rom. bei SCHARD De iurisdict. Basel 1566, 785—859. Vgl. TH. LINDNER, Beiträge zu dem Leben und den Schriften Dietrichs von Nieheim in FDG. XXI 86—92. — Über das Tagebuch vgl. H. FINKE, Die uns erhaltenen Bruchstücke des Tagebuchs des Dietrich von Nieheim, der sich für die Autorschaft Dietrichs ausspricht, RQSchr. I (1887) 47. Dagegen ERLER, Dietrich von Nieheim 397 bis 402. — Dem DIETRICH von Nieheim wird auch der interessante Traktat De modis uniendi ac reformandi ecclesiam in consilio universali zugeschrieben, der in schärfster Weise die Hoheit des Konzils über den Papst proklamiert. Früher hielt man JOH. GERSON (s. u. S. 121) für den Verfasser, weshalb der Traktat auch unter seinen Werken (ed. Du Pin (1706) II 161—201 abgedruckt ist. Vgl. MAX LENZ, Drei Traktate aus dem Schriftenzyklus des Konstanzer Konzils 1876. H. FINKE, Neue Schriften Dietrichs von Niem in Z. f. vaterl. Gesch. und Altert. (Westf.) LV (1897) 459 mit Hinweis auf 6 Schriften in Petersburger Hs. L. SCHMITZ, Zu Dietrich v. N. RQSchr. VIII 283 teilt zwei päpstliche Schreiben Dietrich v. N. vom J. 1406 und 1408 mit. P. BLIEMETZRIEDER, Zu Dietrichs v. N. „Denkschrift" nach dem Tode Bonifaz' IX. (1. Okt. 1404) in Stud. u. Mitt. aus dem Benedikt. und Zisterzienserorden XXIII (1902) 685. Einen Brief an DIETRICH v. N über die Schlacht bei Tannenberg veröffentlichte WERMINGHOFF in Altpreuß. Monatsschrift 48. S. 333ff.

Eine Papst- und Kaiserchronik (von 1285 bis 1431), die ECCARD als ein Werk DIETRICHS herausgab (Corp. hist. medii aevi I 1461ff.), muß heute in ihrem älteren Teile als ein Werk WERNERS VON LÜTTICH bezw. WERNERS VON HASSELBECKE angesehen werden. Vgl. unten S. 109.

Die Könige Wenzel und Ruprecht haben niemanden angeregt, sie zum Mittelpunkt einer geschichtlichen Darstellung, sei es biographischer, sei es chronikalischer Art, zu machen. Dagegen fand König Sigismund, der zeitweilig den Glanz des alten Kaisertums erneuerte und auf dem Konstanzer Konzil besonders sich als die höchste irdische Macht zur Geltung brachte, einen Biographen an **Eberhard Windecke**. EBERHARD wurde 1382 als Sohn armer Eltern zu Mainz geboren. Er bildete sich zum Kaufmann

---

[1]) Eine Zusammenstellung bei RATTINGER in Kritikheft zu DAMBERGERS synchronistischen Geschichte der Kirche und der Welt im MA. XV (1863) 101—115. Wenn RATTINGER daraufhin annahm, DIETRICH habe ein Buch von solcher Gehässigkeit gegen das Papsttum gar nicht schreiben, solche Fehler gar nicht begehen können, das Buch sei in den Kämpfen der Reformationszeit protestantischerseits verfälscht worden, so weist G. ERLER, Dietrich von Nieheim, S. 327 die Unhaltbarkeit dieser Ansicht nach.

aus, machte als solcher größere Reisen und übernahm dabei auch kleinere politische Missionen, zuerst im Dienste des Herzogs von Bayern-Ingolstadt. Vom Jahre 1410 hat er nachweisbar Beziehungen zu König Sigismund gehabt; wahrscheinlich hatte er in erster Linie finanzielle Geschäfte für den König abzuwickeln. In der großen Politik scheint er niemals Verwendung gefunden zu haben. Seit Pfingsten 1423 nahm er seinen Wohnsitz wieder in der Heimat und hat dort noch über 20 Jahre gelebt. Sein Todesjahr ist nicht bekannt. Anfang der dreißiger Jahre des 15. Jhs. begann WINDECKE mit der Kompilation seines Geschichtswerkes, das die Zeit Kaiser Sigismunds enthalten sollte. Die Schrift ist ganz ungefüge, die chronologische und stoffliche Anordnung gleich mangelhaft. Vor uns liegt eine bunte Sammlung von Erinnerungen aus dem eigenen Leben. Selbsterlebtes und durch Hörensagen Empfangenes gehen von Seite zu Seite durcheinander. Trotzdem oder gerade deshalb ist das Buch reizvoll zu lesen. Denn über Vorgänge können wir uns wohl zuverlässiger aus den Akten unterrichten; den Pulsschlag der Zeit aber fühlen wir deutlicher aus so ganz persönlichen Aufzeichnungen heraus. — EBERHARD beginnt mit der Erbteilung, die Karl IV. unter seinen Söhnen und Neffen vornahm, und nimmt schon hier gerade auf Sigismund, den Markgrafen von Brandenburg und König von Ungarn Rücksicht. Darauf erzählt er von seinen Wanderfahrten, erwähnt dann die Unionsbestrebungen Wenzels und des Königs von Frankreich, worauf wieder ein Stück Selbstbiographie folgt, namentlich über eine interessante Reise mit Herzog Stephan von Bayern nach Paris und durch die Niederlande. Schon früh führten EBERHARD seine Geschäfte nach Ungarn und von da auch nach Venedig, weiterhin auch in die Mark nach Berlin. Als des Markgrafen wohlbestallter Mühlenmeister zu Berlin hielt er es aber nicht aus, weil „er kein Bier mehr trinken mochte". Darauf läßt dann EBERHARD wieder eine Reihe von Nachrichten und Anekdoten aus dem endenden 14. Jh. folgen, die zum Teil kulturgeschichtlich sehr wertvoll sind. Jetzt wird auch erst die Absetzung König Wenzels nebst den Gründen mitgeteilt, nachdem lange vorher schon von Ruprechts Wahl die Rede war. Vom Konstanzer Konzil erzählt EBERHARD in verschiedenen Bruchstücken, ohne die große Bedeutung der Kirchenversammlung irgendwie zu erfassen. Überall reizt seine Feder mehr das anekdotenhafte Beiwerk. Gelegentlich bringt er auch ganze Urkunden, wie den Anschlag des Reiches zum Hussitenkrieg von 1427, den Vertrag der Stadt Mainz mit der Geistlichkeit wegen des Weinschankes. Auch die Regierungszeit Albrechts II., des Schwiegersohnes von Sigismund, behandelt EBERHARD noch und ebenso die Jahre Friedrichs III. bis 1442. Gegen Ende seines Werkes schiebt er noch die Sage von der Gründung Triers unvermittelt ein. Manche Dinge erzählte er zwei- und dreimal. Wiederholt äußert er schweren Unwillen über die Hoffahrt und den Geiz der Geistlichen.

Eine genügende Ausgabe von EBERHARD WINDECKES Chronik liegt noch nicht vor, da auch W. ALTMANNS Ausgabe, Denkwürdigkeiten zur Geschichte des Zeitalters Kaiser Sigismunds, Berlin 1893, nicht das gesamte Handschriftenmaterial berücksichtigt. Auch die Übersetzung ins Neuhochdeutsche in den Gesch. d. dt. Vorz. von v. HAGEN, Leipzig 1886, genügt nicht. Vgl. die Nachträge von O. HOLDER-EGGER in der Neuauflage, Berlin 1899. A. WYSS, Eberhard Windecke und sein Sigmundbuch. Aus Zbl. f. Bibliothekswesen XI (1894) 433 ff., wo auch über die Fortsetzungen gehandelt ist.

Unter der langen Regierung Kaiser Friedrichs III. ging es mit dem Reichsgedanken stark bergab. Große Gedanken hat dieser Herrscher nur selten verfolgt. Sein Nachfolger Maximilian I. suchte zwar den verlorenen Boden für das Königtum zurückzugewinnen, doch vergebens. Beide Männer haben an JOSEPH GRÜNPECK einen Biographen gefunden, der von frommen Gesichtspunkten aus die Herrscher und ihre Verdienste feiert, für die Größe der Aufgaben aber, welche sie zu lösen gehabt hätten, nicht das geringste Verständnis besaß. Die beiden Lebensbeschreibungen sind daher mehr rhetorische Denkmäler als geschichtliche und enthalten mehr Charakteristik als Aufzeichnung wirklicher Vorgänge. Literarisch mögen sie interessant sein, geschichtlich sind sie fast wertlos.

Ausgabe von CHMEL in Österreichischer Geschichtsforscher I 65—97. Übers. von TH. ILGEN in Gesch. d. d. Vorz. Vgl. A. CZERNY. Der Humanist und Historiograph Kaiser Maximilians I. Jos. Grünpeck. A. f. österr. Gesch. LXXIII 317—364.

Ein Glück, daß während der ersten Regierungszeit Friedrichs III. ein Mann am Hofe lebte, der für alles, was um ihn vorging, das lebhafteste Interesse besaß und noch dazu wie selten jemand die Feder zu führen verstand. **Enea Silvio Piccolomini**, geboren 1405 in Corsignano bei Siena, gestorben als Papst Pius II. 1464, ist der bedeutendste Italiener, der sich mit der deutschen Geschichte befaßte. Sein Ruhm ist freilich noch mehr durch seine Stellung im Humanismus als durch seine Tätigkeit als Geschichtschreiber begründet. Er war durch längeren Aufenthalt in Deutschland und durch die Beschäftigung in der Kanzlei Friedrichs III. zu seiner Aufgabe wohl befähigt. Als Humanist strebt er freilich mehr eine elegante Darstellung als größte Gewissenhaftigkeit in der Erzählung der einzelnen Tatsachen an. Trotzdem zeichnet er den Hintergrund, vor dem sich das geschichtliche Leben zur Zeit Friedrichs III. abspielt, mit unvergleichlicher Meisterschaft. Sein Kommentar über das Basler Konzil, seine Geschichte Europas zur Zeit Friedrichs III., seine Tagebücher (1405 bis 1464), seine Geschichte Friedrichs III. (bis 1458) und seine Beschreibung Deutschlands sind auf jeden Fall für den Historiker und Geographen außerordentlich wichtig. ENEAS hauptsächlich für uns in Betracht kommende **Geschichte Kaiser Friedrichs** ist 1452/53 begonnen. Die eine der drei erhaltenen Redaktionen ist mit eigener Vorrede dem Kaiser selbst gewidmet. Der Verfasser bietet zuerst eine geographische Darstellung des Landes Österreich mit besonderer Rücksicht auf die herrliche Stadt Wien. ENEA scheint besondere Bewunderung für die Häuser der deutschen Städte gehabt zu haben. Ähnlich wie anderswo über Nürnberg urteilt er hier über Wien; wenn man in den Palast eines beliebigen Bürgers trete, glaube man in den Palast eines Fürsten zu kommen. Berühmt sei besonders die Wiener Hochschule mit ihren angesehenen Lehrern Heinrich von Hessen und Nikolaus von Dinkelsbühl. Auch den Theologen und Historiker Thomas Ebendorfer von Haselbach würde er mit Bewunderung nennen, wenn er nicht, so bemerkt wörtlich der elegante Italiener über den gründlichen deutschen Professor, 22 Jahre lang über das 1. Kapitel des Jesaias gelesen hätte und doch nicht fertig wäre. An die geographische Darstellung reiht ENEA eine Übersicht über die Geschichte Österreichs, wobei er seine kritische Ader gegenüber der Darstellung der ältesten österreichischen Geschichte durch GOTTFRIED HAGEN übermäßig stark hervortreten läßt. Der staufisch-welfische Konflikt über Bayern und die Mark Österreich gibt ihm dann Anlaß, die Staufergeschichte im Anschluß an OTTO VON FREISING und seine Fortsetzung, sodann in Anlehnung an die Dekaden des FLAVIO BIONDO zu erzählen. Mit dem Tode Konradins und der Ermordung der Franzosen auf Sizilien schließt er diesen Exkurs ab. Im Tode Konradins sucht er die Strafe wegen der Auflehnung gegen die Kirche, denn es steht ihm fest, daß die Verbrechen der Vorfahren häufig an den Enkeln gerächt werden. Ziemlich unvermittelt kommt ENEA dann auf Friedrich III., als dieser nach dem Tode Albrechts II. für den kleinen Ladislaus Postumus zur Regentschaft berufen wurde. Die Geschichte dieser Regentschaft und der aus ihr sich ergebenden Wirren bildet nun recht eigentlich den Inhalt des Buches. Denn Friedrich III., der inzwischen zum römischen König gewählt war, hatte die Regentschaft in Böhmen, Ungarn und Österreich schon bald gegen die zu verteidigen, welche behaupteten, daß er den wirklichen Herrscher beiseite zu schieben gedenke. In die Erzählung dieser Wirren schiebt sich als besonders breite Episode die Romfahrt Friedrichs, um die Kaiserkrone zu gewinnen und zugleich die Braut, die Portugiesin Leonore, die zur See gekommen war, heimzuholen. Den Schluß des Buches füllt dann wieder die eingehende Erzählung von der offenen Empörung der Österreicher, der Verdrängung Friedrichs III. aus der Regentschaft und dem Tode des jungen Ladislaus aus. Als besonders interessante Begebenheiten der Reichsgeschichte lassen sich aus dem Zusammenhange noch herausheben die Verhandlungen der deutschen Fürsten über den Anschluß an Papst Eugen IV.; bei dieser Gelegenheit ist namentlich Gregor Heimburg, der Sprecher der Fürsten scharf gezeichnet; weiter der Streit des Markgrafen von Brandenburg mit der Stadt Nürnberg. Innerhalb des Rahmens der fortschreitenden Erzählung bietet ENEA nun eine Fülle feiner Beobachtungen über die ehemalige und jetzige Stellung von Kaisertum und Papsttum, über die Bedeutung von Herrschern und Volk, über die ökonomische Lage einzelner Städte, so daß man das Buch nicht ohne die größte Teilnahme lesen kann und über eine Reihe sachlicher Irrtümer leichter hinwegsieht. In diesem Werke flutet reichstes Leben. ENEA SILVIO ist aber auch wegen seines Einflusses auf die zeitgenössische deutsche Geschichtschreibung bemerkenswert. Männer wie MATTHIAS VON KEMNATH und SIGISMUND MEISTERLIN suchen etwas von der belletristischen Größe des großen Italieners auch in ihre historischen Arbeiten zu verpflanzen.

Libri III de concilio Basileensi ed. ORTHUINUS GRATIUS, Fasciculus rer. exp. et fugiendarum. 1535. 1—34. Asiae Europaeque elegantissima descriptio, mira festivitate tum veterum tum recentium res memoratu dignas complectens. Paris 1534. — Commentarii rerum memorabilium, quae temporibus suis contigerunt 1405—1463 libri XII, Frankf. 1614. — De vita et rebus gestis Friderici III. sive historia Austriaca ed. Kollar, Analecta mon. Vindob. II 1—475. — De ritu, situ, moribus et conditione Theutoniae descriptio, Basel 1571. Teilweise SS. rer. Prussicarum IV 243. Gesamtausgaben Basel 1551 u. 1571 und Helmstedt 1699. Übers. der Gesch. Kaiser Friedrichs von TH. ILGEN in Gesch. d. d. Vorz. Vgl. G. VOIGT, Enea Silvio de Piccolomini als Papst Pius II. und sein Zeitalter, 3 Bde. 1857 bis 1863 gibt II 359ff. auch das Bruchstück eines 13. Buches der Kommentarien (bis April 1464). A. BERG, Enea Silvio als Geograph, Hall. Diss. 1901. A. WEISS, Äneas Sylvius Piccolomini als Papst Pius II., sein Leben und sein Einfluß auf die literarische Kultur Deutschlands. Rektoratsrede, Graz 1897. Briefwechsel herausg. von R. WOLKAN in Fontes rerum Austriacarum II. Abt. Bd. 61 ff.

Der Zug Friedrichs III. nach Rom zur letzten Kaiserkrönung in der ewigen Stadt ist in italienischen Quellen natürlich beachtet worden; besonders JOH. VON FERRARA berichtet in den Annalen der Markgrafen von Este eingehend darüber. MURATORI, Rer. Ital. SS. XX 463ff. Über die zweite Romfahrt Friedrichs III. 1468 ist heranzuziehen AUGUSTINUS VON SIENA, der als päpstlicher Zeremonienmeister gut unterrichtet war. MURATORI a. a. O. XXXIII 205—216 und FREHER-STRUVE, Rer. Germ. SS. III 19—21.

Den Werken der französischen und englischen Chronisten ist im allgemeinen nicht sehr viel für die deutsche Geschichte zu entnehmen, doch verdienen wenigstens die Geschichtschreibung in dem Benediktinerkloster St. Dénis und die großen französischen Chroniken- und Memoirenschreiber des 14. und 15. Jhs. wie JUVÉNAL DES URSINS, JEAN FROISSART, MONSTRELET und COMMYNES besondere Erwähnung.

Des WILHELM VON NANGIS, Mönches in St. Dénis, um 1300 geschriebene Chronik bietet einiges, z. B. einen interessanten Bericht über die Zusammenkunft König Albrechts mit Philipp dem Schönen zwischen Toul und Vaucouleurs 1299 und die dort getroffenen Abmachungen; vgl. MG. SS. XXVI 674ff. — Für das ausgehende 14. Jh. berichtet gleichfalls ein Mönch aus St. Dénis viele Einzelheiten über die Verhandlungen zwischen Frankreich und Deutschland zur Beseitigung des großen Schismas. Chronique du religieux de Saint-Dénis, contenant le règne de Charles VI de 1380 à 1422, publiée par M. DE BARANTE, 2 Bde. 1840. — JUVÉNAL, Chronique de Charles VI (1380 bis 1422), ed. BUCHON, Choix de chroniques et mémoires sur l'histoire de France IV. — FROISSART, Chroniques de France (1326—1400), ed. BUCHON, Choix de chroniques I—III. MONSTRELETs Fortsetzung dieser Chronik bis 1444, bei BUCHON a. a. O. III. Der bedeutendste französische Geschichtschreiber des 15. Jhs. ist der Staatsmann PHILIPP VON COMMINES († 1509). Mémoires de Philippe de Commynes (1464—1498) ed. B. DE MANDROT, 2 Bde. 1901 u. 1903 (Coll. de textes pour servir à l'étude et à l'enseignement de l'histoire). Über GEORGES CHASTELLAIN, den Geschichtschreiber der Herzoge von Burgund Philipp I. und Karl den Kühnen, vgl. GAB. PÉROUSE, Paris 1910. Im allgemeinen vgl. über die französische Geschichtschreibung des 14. und 15. Jhs. AUG. MOLINIER, Les sources de l'histoire de France IV u. V, Paris 1904.

Geschichtschreibung nach Stämmen und Territorien.

Die Geschichtschreibung im **Elsaß** knüpft in erster Linie an Straßburg an; hier gab der Stolz der Bürger auf den Sieg, den die Stadt 1262 über den Bischof errang, der Geschichtschreibung frischen Impuls. Ein Mann, der diesen Kampf auf Seite der Bürger mitmachte, ELLENHARD der Große († 1304), sorgte dann auch selbsttätig und anregend für die Aufzeichnung der Ereignisse. Auf ihn gehen die auch die Reichsgeschichte berücksichtigenden Annales Ellenhardi 1132—1297 zurück sowie die Schilderung des Bellum Waltherianum, des Kampfes der Stadt gegen Bischof Walther von Geroldseck (1260 bis 1262) von einem unbekannten Verfasser. — Von Ellenhard wurde auch eine Chronik angeregt, deren erster Teil nur ein Verzeichnis der Kaiser von Augustus bis Friedrich II. enthält, während der zweite und dritte Teil, die Gesta Rudolfi et Alberti, einige Bedeutung für die Reichsgeschichte haben. Ihr Verfasser, GOTTFRIED VON ENSMINGEN, Notar der Straßburger Diözese, ist ein Gegner König Adolfs und nimmt von ihm kaum oder nur in gehässiger Weise Notiz.

Annales Argentinenses in MG. SS. XVII 101—104. — Bellum Waltherianum seu Relatio de conflictu apud Husbergen 1260—1262 bei BÖHMER, Fontes III 120—136 und MG. SS. XVII 105 bis 114. Vgl. W. WIEGAND, Studien zur Elsäss. Geschichte und Geschichtschreibung. I. Bellum Waltherianum 1878. — Ellenhardi chronicon in MG. SS. XVII 118—141. Vgl. G. WINTER, Zur Kritik Ellenhards FDG. XIX 521 u. 595 ff. E. MICHAEL, Zur Beurteilung einiger Geschichtswerke des deutschen MA. Z. f. kath. Theol. XXVI (1902) 522 ff.

Auf ELLENHARDS Schultern steht, wenn er auch Partei gegen die Habsburger nimmt, FRITSCHE CLOSENER († zwischen 1390 und 1396) mit seiner deutsch geschriebenen „Kronika aller der bebeste und aller der romeschen Keisern, die sit Christus Geburte sint gewesen". Das Werk führt in buntem Gemisch Kaiser- und Lokalchronik vor; Angaben über Preise der Lebensmittel wechseln mit der Schilderung des Verlaufes von Naturereignissen. Die letzten Notizen weisen auf das Jahr 1362 hin.

Ausgabe in Chroniken der deutschen Städte VIII, Straßburg Bd. 1, 15—151. FR. JOSTES, FRITSCHE CLOSENER und JACOB TWINGERS Vokabularien in ZGORh. X (1895) 424—443 bringt den Nachweis, daß TWINGER von Königshofen aus dem von CLOSENER angefertigten, bisher verloren geglaubten, nun von JOSTES wieder aufgefundenen Vokabularium sein eigenes ohne große Änderungen und Zusätze entlehnt hat; dem CLOSENER komme also das Verdienst zu, das erste eigentliche deutsche Wörterbuch geschrieben zu haben.

Bedeutender und namentlich bekannter als ELLENHARD und CLOSENER ist JACOB TWINGER VON KÖNIGSHOFEN, der 1346 geboren wurde und 1420 als Kanonikus von St. Thomas in Straßburg starb. Auch dieser wollte eine Weltchronik schreiben, doch hat sein Werk eigentlichen Wert nur für die Lokalgeschichte des Elsaß und besonders Straßburgs. Nur sein Urteil über die Tätigkeit der Päpste und Kaiser ist für uns auch allgemeingeschichtlich von hohem Werte, weil er ein urteilsfähiger und bei aller Besonnenheit doch freimütiger Mann war. Er spricht offen die Absicht aus, nicht nur für einen kleinen, sondern auch für einen breiteren Kreis verständlich zu erzählen; daher auch die deutsche Sprache. Natürlich bildet das Werk in seinen früheren Partien eine wertlose Kompilation, während die Kaisergeschichte von etwa 1355 an und die Papstgeschichte von 1350 an selbständig dargestellt werden. Es zerfällt in fünf Bücher: das erste enthält die ersten Beherrscher der Welt; das zweite die römischen Kaiser bis zur Wahl Ruprechts von der Pfalz 1400; das dritte die Päpste bis zum Konstanzer Konzil 1414; das vierte die Geschichte der Straßburger Bischöfe und auch etwas von den französischen Königen bis 1393; das fünfte die Geschichte Straßburgs und des Landes bei Rhein. Zum leichteren Gebrauche und zum Nachschlagen fügte KÖNIGSHOFEN als sechstes Buch ein alphabetisches Inhaltsverzeichnis an, was wir von da an auch anderswo finden. Der Schwerpunkt der Chronik KÖNIGSHOFENS liegt in den letzten Partien des vierten und fünften Buches. — An KÖNIGSHOFEN sind nicht nur in Straßburg selbst, sondern auch in verschiedenen Städten der Nachbarschaft Fortsetzungen gemacht worden; sowohl die rheinischen wie die Schweizer Städte legten ihn ihren Chroniken gern zugrunde.

Ausgabe in Deutsche Städtechronik VIII (Straßburg 1) 155—498 und IX (Straßburg 2) 499 bis 910. G. V. D. AU, Zur Kritik Königshofens. Diss. Tübingen 1880. H. TOPF, Zur Kritik Königshofens. Diss. Göttingen 1882. ZGORh. XXXVI 1—48, 170—211. A. SCHULTE, Closener und Königshofen. Beiträge zur Gesch. ihres Lebens u. der Entstehung ihrer Chroniken, in Straßburger Studien I (1883) 277—299. — Über die Fortsetzungen vgl. MONE, Quellensammlung der Badischen Landesgesch. I 252—309; III 473ff. — Über TWINGERS Glossar, das 1887 von GENY in Schlettstadt wiedergefunden und im Bullet. ecclésiast. de Strasbourg veröffentlicht wurde, vgl. oben unter CLOSENER.

Außer Straßburg haben auch die übrigen elsässischen Städte, so Kolmar, Weißenburg und Breisach, Geschichtswerke aufzuweisen, die in ihrer allgemeinen Bedeutung aber nicht an die Straßburger Geschichtschreibung heranreichen.

Wichtig für die Geschichte des Elsasses und namentlich kulturgeschichtlich sehr interessant sind die Kolmarer Annalen, die größeren (bis 1305), sowohl wie die kleinen (bis 1300), die von einem Dominikaner herrühren, der 1221 geboren ist und nacheinander in Basel und Kolmar lebte und wohl um 1300 gestorben ist. Deshalb dürften die letzten Nachrichten aus den größeren Jahrbüchern nicht mehr von ihm herrühren. Die Annalen enthalten durcheinandergewürfelt große Staatsangelegenheiten, kleinlichen Stadtklatsch, Naturwunder, Lebensmittelpreise usw. Auch geographische Aufzeichnungen hat derselbe Verfasser, der auf seinen mehrfachen Reisen als aufmerksamer und guter Beobachter sich zeigte, hinterlassen. Ausgabe der Annales Colmarienses in MG. SS. XVII 189—232. Descriptio Alsatiae ebd. 237—238; descriptio Theutoniae ebd. 238—240. — Außer den Annalen ist auch noch eine von 1218—1304 reichende, anonyme Bearbeitung der Kolmarer Geschichte mit besonderer Rücksicht auf Rudolf von Habsburg und seine Kämpfe mit Ottokar von Böhmen erhalten; Chronicon Colmariense MG. SS. XVII 240—270. — Eine deutsche, besonders auch als Sprachdenkmal wertvolle Chronik von Kolmar reicht bis 1426; Ausgabe von A. BERNOULLI, Die älteste deutsche Chronik von Colmar, 1888. — Wichtig für die Geschichte des südwestlichen Teiles des Reiches ist die an TWINGER VON KÖNIGSHOFEN gereihte Chronik von Weißenburg (1440—1471), aufgezeichnet von EIKHART oder EUCHARIUS ARTZT, die besonders über den sog. Weißenburger Krieg 1469—1471 zuverlässige Nachrichten enthält; QF. z. bayer. u. deutsch. Gesch. II 143—208 und III 259—301. — Annales Marbacenses (715—1476), als deren Verfasser SIGISMUND MEISTERLEIN (s. u. S. 97) gilt, veröffentlichte A. M. P. INGOLD, Paris 1900. — Die Breisacher Reimchronik über den Landvogt Peter von Hagenbach und die Burgunderkriege (1432 bis 1480), herausg. von MONE in Quellensammlung der bad. Landesgesch. III 257ff.

Im Gegensatz zum Elsaß, wo wenigstens in Straßburg mit dem Ende des 13. Jhs. eine anhaltende Geschichtschreibung einsetzt, hat **Schwaben** für das 13. Jh. nur ein einziges wichtigeres Annalenwerk aufzuweisen, das in dem Kloster Sindelfingen bei Stuttgart geschrieben wurde und für die Zeit Rudolfs von Habsburg wertvolle Aufschlüsse gibt. Auf klösterlichen Ursprung geht dann noch zurück die deutsche Chronik von Reichenau, die auf Grund eines reichen Urkunden- und Aktenmaterials GALLUS OEHEM († um 1511) in der zweiten Hälfte des 15. Jhs. schrieb. Originalen Wert hat seine in drei Teilen bis 1453 reichende Arbeit für uns nur insoweit, als seine Quellen uns nicht mehr erhalten sind. Fast wertlos ist dagegen des Ulmer Predigermönchs FELIX FABRI († 1502) Ulmer Stadtgeschichte, die dieser in eine allgemeine, ganz unkritische Darstellung der Geschichte Schwabens aufnahm.

Annales Sindelfingenses 1276—1294 MG. SS. XVII 299. — K. BRANDI, Die Chronik des Gallus Oehem, Heidelberg 1893 (= QF. z. Gesch. der Abtei Reichenau. II. Bd.). Vgl. A. SCHULTE, Albrecht von Bonstetten und Gallus Oehem, ZGORh. NF. VIII (1893) 709ff. O. BREITENBACH über die Quellen in NA. II (1877) 159ff. P. A. ALBERT, Zur Lebensgeschichte des Gallus Oehem, Freiburger Diözesan-Archiv, NF. VII (1906) 259ff. — Als Palästinafahrer und Reisebeschreiber hat FABRI sich einen berühmten Namen gemacht. Seine zweimalige Pilgerfahrt nach dem gelobten Lande stellte er ausführlich in lateinischer, kürzer in deutscher Sprache dar. Ausgabe der lat. Bearbeitung von C. D. HASSLER: Evagatorium in Terrae Sanctae, Arabiae et Egypti peregrinationem, B. d. lit. Ver. Stuttgart 2—4, 3 Bde., 1843—1849; die deutsche Bearbeitung wiederholt, so Ulm 1556, 1663, gedruckt. Die Ulmer Stadtgeschichte herausg. von VEESENMEYER in der B. d. lit. Ver. 186, 1890. Diese Ulmer Stadtgeschichte erweiterte FABRI später zu einer Descriptio Theutoniae, Sueviae et civitatis Ulmensis, ein Werk, das von M. GOLDAST auszugsweise als Historia Suevorum in den SS. Suevic. rerum, Frankfurt 1605, veröffentlicht wurde. Bruchstücke auch in Q. z. Schweizer Gesch. VI (1884) S. 107—229. Vgl. G. LEIDINGER in NA. XXIII (1898) 248—259; E. NESTLE in Württemberg. Vierteljahrshefte, NF., 9. Jahrgang (1900) 438ff.

Um so reichhaltiger ist in Schwaben die städtische Geschichtschreibung. Außerordentlich eifrig ist man so z. B. in der Stadt Konstanz. Nicht nur schreibt hier HEINRICH VON DIESSENHOFEN seine Weltchronik (siehe oben S. 84), die dann weiterhin hier in der sog. Konstanzer, deutsch geschriebenen, Weltchronik (bis 1383) fortgesetzt und auch in

Ulm von dem vorhin genannten FELIX FABRI zu der Historia Suevorum ausführlich benutzt wird, auch TWINGER VON KÖNIGSHOFEN wurde hier mit lokalen Zusätzen versehen. Noch wichtiger sind die eigentlichen Stadt- und Bistumschroniken, deren eine größere Anzahl in der zweiten Hälfte des 15. Jhs. entstehen, an die sich dann Weiterführungen im 16. und 17. Jh. anschließen; allerdings ist das Verhältnis dieser einzelnen Chroniken zueinander, zumal mehrere von ihnen noch ungedruckt sind, bisher nicht genügend klar gestellt. Wohl sind wir bereits völlig unterrichtet über die Chronik ULRICHS VON RICHENTAL, die uns in die größten Tage von Konstanz, die Zeit der großen Kirchenversammlung (1413—1418) führt. ULRICH war ein angesehener Bürger der Stadt, hatte hochhinaufreichende Beziehungen und war daher wohl in der Lage, eine Geschichte des Konstanzer Konzils zu schreiben. Er dachte aber nicht an eine pragmatische Darstellung, sondern begnügte sich mit Tagebuchaufzeichnungen, die nicht in die Tiefe drangen und nur den äußeren Hergang des Konzils erzählten. Doch sind seine Angaben immerhin so anschaulich und genau, daß sie sich stets großer Beachtung erfreuten. ULRICH wird 1438 zum letztenmal urkundlich erwähnt.

Die Konstanzer Weltchronik bis 1383 heißt nach ihrem Herausgeber TH. V. KERN, Freiburg 1869, auch Kernsche Weltchronik. Von den Stadtchroniken, die PH. RUPPERT, Die Chroniken der Stadt Konstanza, Konstanz 1891, edierte, worauf TH. LUDWIG, Die Konstanzer Geschichtschreibung bis zum 18. Jh. Diss. Straßburg 1895, sie eingehend im Zusammenhang untersuchte, sind die wichtigsten: 1. Das Chronicon Constantiense 307—1466, zuerst veröffentlicht von MONE, Quellensammlung d. bad. Landesgesch. I 309 ff., daher auch Monesche Chronik genannt; 2. Chronik des GEBHARD DACHER bis 1470, fortgesetzt bis 1473 von dem Stadtschreiber KONRAD ALBRECHT; 3. Chronik des NIKOLAUS SCHULTHAISS, welch letztere nur in den Auszügen von 1252—1461, die der Chronist des 16. Jhs. MANGOLD aus ihr gibt, bekannt ist. Die von RUPPERT und LUDWIG vertretene Ansicht, daß eine verlorene Chronik (bis 1390) des Säckelmeisters JOHANN STETTER das Fundament der Geschichtschreibung der Stadt Konstanz sei, ist hinfällig geworden durch die Auffindung einer in der zweiten Hälfte des 15. Jhs. geschriebenen Bistumschronik eines Konstanzer Geistlichen durch CARTELLIERI in der Originalhandschrift des Stiftsarchivs zu St. Gallen, über die zu vergleichen W. MARTENS in ZGORh. NF. XIII (1898) 23—53; vgl. ebd. XX 345ff. und 539ff. Ausgabe der Konstanzer Chroniken in den deutschen Städtechroniken geplant. — Ausgabe der Konzilschronik von MICHAEL BUCK, B. d. lit. Ver. Stuttgart und Tübingen Nr. 158, 1882. Vgl. R. KAUTSCH, Die Handschriften von U. Richentals Chronik des Konstanzer Konzils, in ZGORh. XI (1894) 443—496. Photographische Nachbildung der Chronik in 300 Tafeln in Folio, Leipzig 1895. K. BEYERLE, U. von R., ZGORh. XIV (1899) 13—27 handelt von der Familie des Chronisten. TH. VOGEL, Studien zu Richentals Konzilschronik. Diss. Freiburg 1911.

Augsburg überragte am Ende des MA. alle Städte Schwabens an Glanz und wirtschaftlicher Bedeutung, nachdem 1368 die Zünfte die Herrschaft der Geschlechter gestürzt hatten. Das zeigt sich auch in seiner Historiographie. In einer Chronik, die die Jahre 1368—1406 umfaßt, sind nicht immer gleichwertige, meist aber interessante gleichzeitige Aufzeichnungen aneinandergereiht. Das Interesse der Stadt steht stark im Vordergrunde, doch sind auch die Beziehungen zu Kaiser und Reich berührt. Die Verfasser — denn es sind wohl mehrere anzunehmen — stehen auf seiten des Zunftregiments gegenüber den Patriziern. Die Chronik ist zwiefach bis zum Jahre 1447 fortgeführt. — In der ersten Hälfte des 15. Jhs. machte sich ERHARD WAHRAUS, wenn auch nur bescheiden, um die Augsburger Geschichte verdient, indem er eine Chronik von 1126—1445 in notizenartiger Fassung zusammenschrieb. — Wenig Bedeutung für die Quellenkunde hat des Mönches zu St. Ulrich und Afra SIGISMUND MEISTERLINS 1456 vollendete Chronographia Augustensium, die er zuerst lateinisch abfaßte (bis 1425), dann auch unter Weglassung der neueren Geschichte seit Ludwig dem Bayer in deutscher Sprache bearbeitete. Besser ist die für die frühere Zeit auf MEISTERLIN beruhende, für die Zeitgeschichte aber brauchbare Chronik von der Gründung der Stadt bis 1469, die ein unbekannter Verfasser, anscheinend ein Mitglied der 1368 gestürzten Geschlechter, schrieb. — Der bedeutendste Geschichtschreiber Augsburgs im MA. ist BURKARD ZINK, dessen Chronik in vier Büchern die Geschichte Augsburgs von 1368 bis 1468 und eine Schilderung seines eigenen bewegten Lebens enthält (= 3. Buch). Das Werk ist, wenn stilistisch auch ungeschickt, doch hochinteressant und kulturgeschichtlich eine wahre Fundgrube. ZINK arbeitete sich aus kleinen Verhältnissen heraus zum angesehenen Kaufmann empor. Gelegentliche Studien, die er in der Jugend machte, sind ihm ebenso zugute gekommen wie seine weiten Reisen als Handlungsreisender. Er starb 1474. Ungefähr derselben Zeit gehört HEKTOR MÜLICH an, dessen Chronik von 1348 bis 1487 reicht. MÜLICH († ca. 1490) gehörte im Gegensatze zu ZINK schon durch seine Geburt zu den Augsburger Großkaufleuten. In das 16. Jh. hinein begleiten uns die Tagebuchaufzeichnungen des WILHELM REM.

Über MEISTERLINS bisher ungedruckte Chronographia Augustensium spricht D. KERLER, Nachträgliches zu Sig. Meisterlin, FDG. XII (1872) 659—666. Die sonst erwähnten Chroniken sind neben anderen gedruckt in den Chroniken der deutschen Städte IV, V, XXII, XXIII, XXV (Augsburg 1—5). Vgl. F. VON WEECH, Aus alter und neuer Zeit, Leipzig 1878, 67—93. PAUL JOACHIMSOHN, Zur städtischen und klösterlichen Geschichtschreibung Augsburgs im 15. Jh. Bonn 1894.

Die Betrachtung der **Schweizer** Historiographie in dieser Zeit der Ausbildung der Eidgenossenschaft muß sich im allgemeinen an die einzelnen Kantone anlehnen. Nur einzelne Arbeiten verleugnen den Kantonsgeist.

Für die Schweizer Geschichte des 14. Jhs. ist im allgemeinen von großer Bedeutung des JOHANN VON WINTERTHUR, eines Minoriten, Chronik, die vom Tode Friedrichs II. bis zum Jahre 1348 reicht. JOHANN, der bald in Basel, bald in Schaffhausen, in Lindau und Zürich lebte, berichtet in buntem Gemisch alles, was er aus der näheren und ferneren Heimat erfahren hat. Die Regierungsdauer der Päpste und Kaiser bildet bei ihm ein rein äußerliches Schema der Einteilung. Mit besonderem Eifer spricht er stets von dem Minoritenorden, daher auch seine Vorliebe für Ludwig den Bayern. Wenn seine Chronik, die mehr eine Stoffsammlung ist als Geschichtswerk im strengen Sinne, schon für die politische Geschichte Oberdeutschlands, der Schweiz und Österreichs wertvoll ist, so gewährt sie doch namentlich dem Kulturhistoriker reiche Ausbeute. — Als letzter St. Galler Chronist ist der Bürger CHRISTIAN KUCHIMEISTER zu nennen, der die Casus St. Galli von 1226 bis 1328 führte. Während in der früheren Erzählung der Casus hauptsächlich die innere Geschichte des Klosters, seine wissenschaftliche Tätigkeit geschildert wurde, tritt dafür nunmehr die Darstellung der Entwicklung eines kleinen Territoriums ein.

Vgl. im allgemeinen G. VON WYSS, Geschichte der Historiographie in der Schweiz. Zürich 1895. OECHSLI, Quellenbuch zur Schweizergeschichte. 2. Aufl. Zürich 1902. — Johann von Winterthur, herausg. von G. VON WYSS, A. f. Schweizer Gesch. XI 1856; auch separat. Vgl. die Aufsätze MEYERS VON KNONAU im Anzeiger f. schweizer. Gesch. I (1870) 174; II (1871) 22 und in VON SYBELS HZ. XXIX 241. Derselbe gab auch KUCHIMEISTERS Nüwe oder deutsche Casus monasterii s. Galli in St. Gallische Geschichtsquellen, Abt. V, St. Gallen 1881, 3—346 heraus. — Als älteste in hochdeutscher Sprache abgefaßte Chronik und auch nur wegen dieser Eigenschaft, nicht etwa wegen ihres Inhaltes sei eine von ungenanntem Verfasser aus Basel oder Zürich (einem Augustinerchorherrn zu St. Leonhard in Basel?) herrührende Chronik über die Zeit von Rudolf von Habsburg bis zum Jahre 1335 erwähnt, herausg. von GRIESHABER, 1850.

Von den Schweizer Geschichtschreibern des 15. Jhs. ist an erster Stelle zu nennen KONRAD JUSTINGER († 1438), der im Auftrage der Stadt Bern eine annalistisch gehaltene, auch die Reichsgeschichte berücksichtigende Berner Chronik von 1191 bis 1421 schrieb. Die Verfasserschaft JUSTINGERS ist angezweifelt worden, doch findet sich sein Name schon in der der ersten Hälfte des 15. Jhs. angehörenden Winterthurer Handschrift. Bis 1470 arbeitete BENDICHT TSCHACHTLAN an der Chronik. DIEBOLD SCHILLING der Ältere führte dann die Berner Chronik bis 1484; er liefert namentlich wertvolle Beiträge zur Geschichte der Burgunderkriege, an denen er selbst teilgenommen hat. Jeder Fortsetzer hat an den älteren vorliegenden Werke Änderungen vorgenommen.

Ausgabe des JUSTINGER von G. STUDER, Bern 1870; des TSCHACHTLAN von demselben in Q. z. Schweizer Gesch. I (1877) 191—298; des SCHILLING von G. TOBLER (im Auftrage des historischen Vereins des Kantons Bern), 2 Bde, 1897 und 1901, 3. Band von BÜCHI 1913; hier auch Näheres über SCHILLINGS Leben und schriftstellerische Tätigkeit. — Die Kämpfe und das Ende Karls des Kühnen erzählt auch der als Humanist gefeierte Dechant des Stifts Einsiedeln ALBRECHT VON BONSTETTEN († ca. 1503), der zu den Großen seiner Zeit in nahen Beziehungen stand und auch eine Geschichte des Hauses Österreich bis auf Maximilian verfaßte. De proeliis et fine Karoli audacis in A. f. Schweizer Gesch. XIII 1862. Vgl. über ihn A. BÜCHI, Albrecht von Bonstetten, Briefe und ausgewählte Schriften, in Q. z. Schweizer Gesch. XIII 1893. Ders., Albrecht von Bonst., ein Beitrag zur Geschichte des Humanismus in der Schweiz, Frauenfeld 1889. A. SCHULTE in ZGORh. VIII (1893) 709ff. — Das Bern benachbarte Freiburg, das auch in bezug auf die Geschichtschreibung anfänglich ganz von Bern abhängig ist, hat erst in der zweiten Hälfte des 15. Jhs. einen bemerkenswerteren Chronisten hervorgebracht in HANS FRIES, der, nachdem er für die frühere Zeit hauptsächlich sich an JUSTINGER gehalten hatte, für die Jahre 1468 bis 1487 aus eigener Anschauung seine Chronik schrieb; diese hat neben SCHILLINGS Darstellung selbständigen Wert; über den Schwabenkrieg von 1499 fügte er später noch einen Nachtrag hinzu. Herausgegeben von A. BÜCHI bei TOBLER in der Ausgabe Schillings (s. o.) II 391—441. Eine andere Freiburger Chronik über den Schwabenkrieg, als deren Verfasser er den auch sonst als Geschichtsschreiber tätigen Notar und Stadtschreiber LUDWIG STERNER wahrscheinlich gemacht hat, gab BÜCHI in den Q. z. Schweizer Gesch. XX (1901) 552—619 heraus. Vgl. auch Derselbe, Chroniken und Chronisten von Freiburg im Uechtland, 1905.

Wenden wir uns nun nach Luzern. Hier verfaßte PETER ETTERLIN, der als Beamter der Luzerner Kanzlei 1509 starb, eine bis 1503 reichende, sehr eingehende Schweizerchronik, die mit der Gründung Luzerns im J. 503 beginnt. Vor ihm hatte bereits der Stadtschreiber MELCHIOR RUSS eine Luzerner Chronik zu schreiben unternommen, die dieser aber nur bis zum Jahre 1412 fortgeführt hat. Im engsten Anschluß an ETTERLIN hat dann noch DIEBOLD SCHILLING der Jüngere, ein Neffe des vorhin erwähnten gleichnamigen Berner Chronisten, eine Schweizer Chronik verfaßt, die an Etterlins Darstellung noch einen Bericht über die Jahre bis 1509 anfügt.

ETTERLINS Kronika von der loblichen Eydtgenoschaft erschien bereits 1507 in Basel; spätere Ausgabe von JOH. JAC. SPRENG, Basel 1752 und 1764. Ausgabe des RUSS von JOS. SCHNELLER, Schweizerischer Geschichtsforscher X. Bern 1834. Vgl. A. BERNOULLI, Die Luzerner Chronik des Melchior Ruß. Diss. Basel 1872. Ausgabe des DIEBOLD. Luzern 1862.

Auch in Zürich wurde zu Beginn des 15. Jhs. eine wichtige Chronik geschrieben, die vielfach von anderen Chronisten ausgebeutet wurde. Sie geht zurück auf einen unbekannten Bürger, der im J. 1415 ältere Lokalnachrichten, amtliche und halbamtliche Aufzeichnungen sammelte und seine Kompilation dann bis 1418 fortführte. Spätere haben sie dann fortgesetzt bis zum J. 1478.

JOH. DIERAUER, Chronik der Stadt Zürich mit Fortsetzungen (Q. z. Schweizer Gesch. XVIII). Basel 1900. — In engstem Zusammenhange mit der Züricher Geschichtschreibung steht die viel umstrittene Frage nach der Autorschaft des 1306 als Bischof von Konstanz gestorbenen HEINRICH VON KLINGENBERG an einer Habsburger Chronik, die diesem treuen Anhänger Rudolfs von Habsburg von dem bekannten Schweizer Historiker des 16. Jhs. TSCHUDI u. a. zugeschrieben wird. Die trotz reichhaltigster Literatur darüber noch immer nicht ganz erledigte Streitfrage steht augenblicklich auf dem Punkte, daß die sog. Klingenberger Chronik, die HENNE Gotha 1861 veröffentlichte, nach den Worten DIERAUERS a. a. O. S. XL nur anzusehen ist „als eine um die Mitte des 15. Jhs. angelegte Kompilation von profanen und kirchlichen, deutschen und schweizerischen, spezifisch zürcherischen und österreichisch gefärbten Stücken, die von irgendeinem in dem Gebiete der deutschen Schweiz tätigen Geschichtsfreunde zusammengestellt, zum Teil auch überarbeitet worden sind". Wenn hiernach auch diese sog. Klingenberger Chronik als Werk des Konstanzer Bischofs nicht mehr in Betracht kommen kann, so bleibt doch noch die Möglichkeit offen, daß ehemals eine jetzt verlorene Habsburger Chronik Heinrichs von Klingenberg existiert hat: für diese Annahme u. a. K. RIEGER im A. f. österr. Gesch. XLVIII (1873) 303ff. und neuerdings ganz bestimmt P. ALBERT in ZGORh. NF. XX (1905) 179ff.; dagegen V. THIEL, Die Habsburger Chronik Heinrichs von Klingenberg, MIÖG. XX (1899) 567ff.

In Basel machte sich während der zweiten Hälfte des 15. Jhs. der Stadtschreiber NIKLAUS RÜSCH und besonders der Geistliche und Notar HANS KNEBEL († 1481) um die Geschichtschreibung verdient, nachdem bereits vorher der Domherr JOST SCHÜRIN († 1421) eine für das 14. Jh. anscheinend wertvolle, aber heute nur in Resten erhaltene Chronik verfaßt hatte.

Ausgabe der Beschreibung der Burgunderkriege von RÜSCH von BERNOULLI, Basler Chroniken (herausg. von der hist. und antiquarischen Gesellschaft in Basel) III (1887) 292—332. Des lateinischen, nur unvollständig erhaltenen, ursprünglich wohl 1462 beginnenden Tagebuchs von KNEBEL 1473—1479 von VISCHER und BOOS ebd. II (1880) 3—436 u. III 3—271. Über SCHÜRIN vgl. BERNOULLI in Basler Z. f. Gesch. u. Altertumskunde 1904, 66ff. — Über die Spuren offizieller Annalen in Basel, die wahrscheinlich bei dem Brande von 1356 zugrunde gingen, siehe BERNOULLI in Basler Chroniken IV 1890, Einleitung. Was den Ratsbüchern an geschichtlichem Material zu entnehmen ist, gesammelt ebd. 17ff. mit wichtigen Beilagen. HANS BRÜGLINGERS (SPERRERS) Chronik aus dem Zunftbuche der Bäcker 1444—1446, wichtig für die in diese Zeit fallende Schlacht bei St. Jacob a. d. Birs, ebd. 174—220. Außerdem historische Notizen, um 1400 geschrieben, die sich an eine sächsische Weltchronik mit bayerischer Fortsetzung reihen. Daran schließt der Kaplan ERHARD VON APPENWILER seine Aufzeichnungen von 1447—1471, ebd. 249ff. Aus ERHARDS Materialsammlung läßt sich das Werk eines Anonymus für 1376—1415 herausschälen, ebd. 421ff. — Größere und kleinere Basler Annalen, die in Band V, S. 1—71 der Basler Chroniken abgedruckt sind, bieten nichts. Die in der Nähe Basels entstandene Rötele r Chronik von 1376—1428, vermutlich von mehreren Verfassern herrührend, die als Geistliche auf der Burg Rötelnen bei Lörrach lebten, verteilt den geschichtlichen Rest auf einzelne Bücher einer Abschrift KÖNIGSHOFENS, ebd. 120ff. HERMANN OFFENBURGS Chronik 1413—1445 ist als Verteidigungsschrift des Verfassers mit Vorsicht zu gebrauchen, gibt jedoch manche Aufschlüsse, ebd. 225ff. HEINRICHS VON BEINHEIM Basler Chroniken, von denen die eine die Basler Bischöfe von 1365 bis 1458 behandelt, während die andere, die ursprünglich lateinisch abgefaßt, nur noch in 1522 entstandener deutscher Übersetzung vorhanden ist, die Geschichte der Stadt von 1444—1451 enthält, ebd. 350ff. u. 359ff. — Anonyme Chronik der Burgunderkriege 1473—1479, ebd. 506ff. und des Schwabenkrieges 1492—1504 in Bd. VI (1902) 5ff.

In der Geschichtschreibung kaum eines anderen Landes hat die Neigung zur Sagenbildung so tiefen Einfluß geübt als in der Schweiz. Ernste Geschichtschreiber haben die Sagen von der Einwanderung der Schweizer in das Land sowie von der befreienden Tat des Tell und von dem Heldenmute des Winkelried weiter erzählt, bis die unbarmherzige Kritik so lange und gern Geglaubtes zerstörte. Wichtig für die Verbreitung dieser Sagen sind — abgesehen von den obengenannten Chroniken, wie z. B. der Luzerner Chronik des MELCHIOR RUSS — das von EULOGIUS KYBURGER, Pfarrer zu Einigen am Thunersee, um 1450 geschriebene Buch „Über den Ursprung und das Herkommen der Schwyzer und Oberhasler", das lange dem Schwyzer Stadtschreiber JOHANN FRÜND, der auch als Darsteller des sog. alten Züricher Krieges (1436—1448) tätig gewesen ist, zugeschrieben wurde, und dann die Chronik im Weißen Buch von Sarnen, ca. 1475, von unbekanntem Verfasser. Wie weit beide Bücher schon auf die Darstellung etwa der sog. alten Schwyzer Chronik des JOHANN FRÜND fußen, muß dahingestellt bleiben, da dieses Werk verloren ist.

Ausgabe des KYBURGER in St. Galler Mitteil. zur vaterl. Gesch. XIV, des Weißen Buches (so genannt nach dem weißen Einbande des Papierkodex) von F. VETTER in Schweiz. Rundschau 8, 1891.

In **Bayern** sehen wir in diesem Zeitraume noch einmal die Annalistik zu großer Blüte sich entfalten. Allerdings nur an einer Stelle überragen die damals hier entstehenden Annalen die anderen gleichartigen Aufzeichnungen an Wert durch die Masse und Zuverlässigkeit des in ihnen Überlieferten. Es sind das die Annalen des Abtes HERMANN VON NIEDERALTAICH, die in ihrem selbständigen Teile von 1146—1273 reichen. Trotz der entgegenstehenden Angabe zu dem Beginn der Annalen scheinen die Annalen in einem Zuge geschrieben und einem einzigen Verfasser, eben dem genannten Abte HERMANN, anzugehören, wenn auch zuzugeben ist, daß ihm bei der Zusammenstellung Notizen vorgelegen haben, die er sich schon vorher von Jahr zu Jahr gemacht hatte. In diesen Annalen ist nun eine Fülle guter Nachrichten über die politischen und kirchlichen Verhältnisse Bayerns, Österreichs und Böhmens enthalten. Mehrere Fortsetzungen reihen sich an das Hauptwerk an.

Ausgabe der Annales et historiae Altahenses bei BÖHMER, Fontes II 486—552, von JAFFÉ in MG. SS. XVII 381—407. Übers. in Gesch. d. d. Vorz., 2. Aufl., von HOLDER-EGGER 1898. — Als Fortsetzer HERMANNs hat man den Regensburger Archidiakon EBERHARD angenommen, der Annalen von 1273—1305 schrieb; MG. SS. XVII 592—605; doch ist es wohl richtiger, darin eine selbständige Arbeit zu erblicken. Jedenfalls gibt es wirkliche Fortsetzungen zu HERMANNS Altaicher Annalen; die eine von 1273—1291 ist in Altaich selbst entstanden, die andere von 1287—1301 weist nach Regensburg (wie JAFFÉ annimmt, während BÖHMER sie auch in Altaich verfaßt sein läßt). Alle drei haben gemeinsames Gut, und man hat darüber gestritten, ob diese Fortsetzungen (MG. SS. XVII 408—416; 416—420) den EBERHARD benützt haben, oder EBERHARD die Fortsetzungen. Nach KEHR sind diese beiden Fortsetzungen nur Auszüge aus EBERHARD. Die Frage ist jedoch ebensowenig entschieden wie die über das Verhältnis der sog. dritten Fortsetzung von 1273—1303 zu den ursprünglichen Annalen. WAITZ, der Herausgeber in den MG. SS. XXIV 54—57, sieht in ihr eine Fortsetzung; A. SCHULTE, Die sog. Chronik des Heinrich von Rebdorf, Diss. Münster 1879 S. 58 Anm. 167, ist dagegen geneigt, diese Annalen für eine selbständige Arbeit zu halten, während KEHR sie als einen Auszug aus einem verlorenen größeren Regensburger Annalenwerk ansieht. Vgl. P. KEHR, Hermann von Altaich und seine Fortsetzer. Götting. Diss. 1883. HERMANN ist nach ihm nüchtern und im allgemeinen objektiv, doch nur soweit man es von einem Schriftsteller der bewegten Zeit verlangen kann. Seine Annalen sind für Bayern und Österreich das beste Forschungswerk dieser Tage, für die großen brennenden Zeitfragen aber ohne Verständnis. Vgl. E. MICHAEL, Zur Beurteilung einiger Geschichtswerke des deutschen MA., Z. f. kath. Theol. XXVI (1902) 525ff. — Über weitere an die Altaicher Jahrbücher anschließende Annalen (des Abtes ULRICH des Klosters Osterhofen bis 1313, MG. SS. XVII 538—558, und des Klosters St. Ulrich und Afra in Augsburg bis 1300, ebd. 428—434) s. KEHR a. a. O. 85ff.

Im Kloster Fürstenfeld, dessen für die Reichsgeschichte über Ludwig den Bayern wichtige Chronik wir bereits kennen lernten, s. o. S. 81, sind nach einer Angabe AVENTINS Annalen 505—1313 geschrieben worden. S. RIEZLER glaubte sie aus AVENTINS Chronik wieder zu erkennen. Als seinen Gewährsmann und Verfasser der Annalen nennt AVENTIN den Abt VOLKMAR († 1314). Vgl. die Ausgabe von AVENTINS Annalen 1882.

Eine Chronik, deren Inhalt und Umfang aber kaum sicher bestimmt werden kann, hat auch KONRAD VON MEGENBERG (de monte puellarum), der 1374 als Kanonikus in Regensburg starb und einer der fruchtbarsten Schriftsteller seiner Zeit war (s. u. S. 120), um die Mitte des 14. Jhs. geschrieben. Doch sind wir nur aus Andeutungen, die er an anderer Stelle macht (in seinem 1354 verfaßten tractatus de limitibus parochiarum civitatis Ratisponensis, ed. PH. SCHNEIDER, Regensburg 1906) und durch die Entlehnungen des ANDREAS VON REGENSBURG davon unterrichtet; das Werk selbst ist verloren gegangen. Vgl. über die Frage PH. SCHNEIDER im HJb. XXII (1901) 609ff., der sich gegen die Existenz der Chronik ausspricht, und H. GRAUERT ebd. 631ff. und G. LEIDINGER in Festgaben für HEIGEL 1903, 161ff. für das Vorhandensein; mit neuen Einwänden SCHNEIDER, HJb. XXV (1901) 703ff.

Vielleicht der bedeutendste Geschichtschreiber Bayerns im 15. Jh. ist **Andreas von Regensburg** († nach 1439), der eine Weltchronik vom Anbeginn der Zeit bis 1422 schrieb und dann bis 1438 fortführte. Für die ältere Zeit bietet er eine wertlose Kompilation aus sonst bekannten Quellen, für die letzten dreißig bis vierzig von ihm selbst durchlebten Jahre indes bringt er schätzenswerte eigene Nachrichten, wenn ihm auch einzelne grobe Verstöße nachzuweisen sind. Wichtiger noch ist seine bis 1439 reichende Chronica de principibus terrae Bavarorum, obwohl sie in ihrem ersten Teile mehrere genealogische Fehler aufweist und fabelhafte Nachrichten über die älteste Geschichte Bayerns enthält. Ebenso wertvoll ist seine Bearbeitung der Kriegszüge gegen die Hussiten, die als sein reifstes Werk gilt. Als Vorarbeit dazu liegt auch noch eine Art Tagebuch über die Jahre 1422—1427 vor. Nimmt man hinzu, daß ANDREAS VON REGENSBURG außerdem die Akten des Konstanzer Konzils sammelte, so begreift es sich, daß man ihn wohl den bayerischen Titus Livius genannt hat.

Des ANDREAS VON REGENSBURG sämtliche Werke hat G. LEIDINGER, München 1903 (QE. z. bayer. u. deutsch. Gesch., NF. I) herausgegeben. Die Chronica pontificum et imperatorum Romanorum 1—158, 401—501. Das Buch über die bayerischen Fürsten liegt lateinisch 503—587 und deutsch 589—655 vor. Das Diarium sexennale 301—342. Chronica Husitarum von 1419—1429 ebd. 313—459. Concilium Constantiense 159—286. — Im NA. XXIV (1898) 671—717 berichtet LEIDINGER über zwei Sammlungen von Nachrichten bayerischer Klostergründungen (Fundationes monasteriorum Bavariae); die eine ist nur ein Auszug aus der Weltchronik des ANDREAS VON REGENSBURG, die andere über 40 Klostergründungen, 1390 von einem unbekannten Regensburger Sammler angelegt, hat selbständigen Wert; aus ihr teilt L. die wichtigeren Abschnitte mit.

ANDREAS VON REGENSBURG ist der letzte Geistliche, der in dieser Periode eine hervorragendere Tätigkeit als Geschichtschreiber in Bayern entwickelt hat. Wohl hat etwa 40 Jahre nach ihm noch einmal ein Mönch von Niederaltaich, GEORG HAUER, zur

Feder gegriffen, um auf Veranlassung des Herzogs Georgs des Reichen von Bayern — Landshut eine Chronik zu verfassen, die als Geschichtsquelle freilich jeglicher Bedeutung entbehrt, dafür aber um so interessanter ist wegen des Eindringens humanistischen Geistes und durch die Aufnahme eines freimütigen Fürstenspiegels. Fortan, in der zweiten Hälfte des 15. Jhs. treten Laien als erfolgreiche Geschichtschreiber auf. Für die Geschichte des Herzogs Ludwig des Reichen (1450—1479) bietet so der Ritter JOHANN EBRAN von Wildenberg gutes Material, ebenso wie des ULRICH FÜETRER Chronik von Bayern (bis 1479) für die Geschichte Albrechts IV. von Bayern — München (1467—1508), in dessen Auftrage diese 1478 begonnen und 1481 beendigt wurde. Auf ihren Schultern steht der mehr als Sammler des auf die bayerische Geschichte bezüglichen Materials denn als Historiograph oder Quellenforscher in Betracht kommende VEIT ARNPECK, der eine lateinische und eine deutsche Chronik Bayerns bis 1495 schrieb, von denen die letztere stofflich erweitert wurde und daher wertvoller ist als die lateinische. Außerdem verfaßte er eine ziemlich unbedeutende österreichische Chronik bis 1488. VEIT ARNPECK, der nach einem bewegten Leben, das ihn weit herum brachte, etwa 1495 in Landshut starb, gilt wohl als der Vorläufer des größten bayerischen Geschichtschreibers der beginnenden Neuzeit, des JOHANNES TURMAYR, gen. AVENTINUS.

Über HAUER und seine noch ungedruckte Chronik Gesta illustrium ducum Bavariae vgl. H. WALTZER in Archiv. Z. X (1902) 184—310 und in MIÖG. XXIV (1903) 633ff. — Hans Ebrans Chronik, herausg. von FRIEDRICH ROTH in QE. z. bayer. u. deutsch. Gesch. NF. II 1. Abt. 1905; FÜETRERS Chronik, herausg. von SPILLER, ebd. 2. Abt. 1909. — ARNPECKS lat. Chronicon Baioariae bei PEZ, Thesaur. anecdot. III 2, 19—472; die deutsche Chronik bei M. VON FREYBERG, Samml. histor. Schriften und Urkunden I Stuttgart 1827, 5—198. Chronicon Austriacum bei PEZ, SS. rer. Austr. I 1165—1295. Vgl. G. LEIDINGER, Über die Schriften des bayerischen Chronisten V. A., gekrönte Preisschrift. München 1893, und K. F. JOETZE, Veit Aernpckek, ein Vorläufer Aventins, in Verhh. d. hist. Ver. f. Niederbayern XXIX (1893) 49ff., auch Münchener Dissertation.

Die städtische Geschichtschreibung Bayerns ist unbedeutend. Erwähnung verdienen nur die einzig dastehende Denkschrift des Münchener Bürgermeisters JÖRG KAZMAIR (†1417) über sein Verhalten in dem nach dem Tode des Herzogs Johann (1397) zwischen dessen Erben und Verwandten ausgebrochenen Streite (1397—1403) sowie die Landshuter Ratschronik von 1439 bis 1504, an der drei Stadtschreiber nacheinander gearbeitet haben. Vgl. Städtechroniken XV 463 bis 503 (München) und 283—350 (Landshut).

Aus Passau endlich haben wir aus unserer Periode noch eine, von Späteren viel benutzte, aber doch unbedeutende Bistumsgeschichte bis ca. 1471, später fortgesetzt bis 1517 — als Catalogus archiepiscoporum et episcoporum Lauriacensis et Pataviensis ecclesiarum bei RAUCH, SS. rer. Austr. II (1793) 429—521 gedruckt —, die unter dem Namen eines gewissen SCHREITWEIN ging, bis sie WIDEMANN, HJb. XVII 505ff. und XX 357ff. als eine Überarbeitung der Passauer Bistumschronik des THOMAS EBENDORFER (s. über diesen unten S. 105), die wahrscheinlich wohl von diesem selbst herrührt, nachgewiesen hat, und außerdem ein Chronicon generale des Kanonikus JOHANN STAINDEL bis zum J. 1508 — von 700 an gedruckt bei OEFELE, SS. rer. Boic. I 417—542 —, das ebenfalls als Kompilation aus sonst bekannten Quellen wenig Wert beanspruchen kann.

Bei der Betrachtung der innerhalb **Frankens** in unserer Periode entstandenen territorialen Geschichtswerke verdient die Stadt Nürnberg, die sich durch die Menge und den Wert ihrer geschichtlichen Aufzeichnungen auszeichnet, die erste Stelle. Gemäß dem aristokratischen Charakter dieser Stadt geht hier die Geschichtschreibung von den tagebuchartigen Aufzeichnungen aus, die Mitglieder der angesehensten Nürnberger Familien sich gemacht haben, besonders ULMAN STROMER in dem „Püchel von mein geslehet und von abentewr" (bis 1406), sowie ENDRES und sein Bruder BERTHOLD TUCHER in ihren Memorialbüchern (von 1421—1440, bzw. 1386—1454). Neben diesen privaten Denkwürdigkeiten wurden zur Zeit Kaiser Sigismunds Annalen von einem unbekannten Verfasser für die Jahre 1126—1434 (mit Fortsetzung bis 1441) geschrieben. Hauptsächlich auf Grund dieser Vorarbeiten kam dann die Nürnberger Annalistik des 15. Jhs. zustande. Die Nürnberger Jahrbücher reichen bis 1469 und sind sowohl in Annalenform (sog. Tuchersche Fortsetzung bis 1499) wie auch chronikartig (Chronik des HEINRICH DEICHS-

LER bis 1506) fortgeführt. Neben diesen deutsch geschriebenen Annalen sind noch die lateinischen des KONRAD HERDEGEN zu nennen, die die Jahre 1412 bis 1479 umfassen. — Eine Chronik der Stadt Nürnberg, von ihren Anfängen bis zum Jahre 1419, dem Tode König Wenzels, verfaßte im Auftrage der Stadt der auch um die Augsburgische Historiographie verdiente SIGISMUND MEISTERLIN. Doch hat das Werk, das er zuerst lateinisch abfaßte und darauf ins Deutsche übersetzte, als die erste vollständige Nürnberger Chronik, die die Hauptquelle aller späteren Darstellungen ist, mehr literarischen als historischen Wert.

Aus einer Anzahl amtlicher historischer Aufzeichnungen verdient besonders Erwähnung die Beschreibung des Markgräflerkriegs 1449/50 (Krieg des Markgrafen Albrecht von Brandenburg gegen Nürnberg) durch den Patrizier ERHARD SCHÜRSTAB. Eine wichtige Quelle für die Zeitgeschichte ist ferner das Gedenkbuch des Bürgermeisters NIKOLAUS MUFFEL, der hoch emporgetragen, schließlich 1469 durch Henkers Hand enden sollte. Eine illustrierte Weltchronik gab 1493 bei Anton Koburger der bekannte Humanist HARTMANN SCHEDEL heraus. Eines anderen berühmten Humanisten, WILIBALD PIRKHEIMERS Aufzeichnungen über den Schweizerkönig, den er als Anführer der Nürnberger Truppen selbst mitmachte, gehören dem Stoffe nach noch in diesen, der Abfassungszeit nach (1530) in den folgenden Abschnitt.

Gegenüber Nürnberg treten die übrigen fränkischen Städte weit zurück. Nur Würzburg hat noch etwas Bedeutenderes hervorgebracht, indem hier der Domherr und bischöfliche Protonotar MICHAEL JUDDE VOM LÖWEN († 1355) zwei für die Lokalgeschichte wichtige Quellen schrieb. Außerdem entstand hier, freilich erst im 16. Jh., eine der besten Bischofsgeschichten Deutschlands in der Chronik oder Historie von den Bischöfen von Würzburg (bis 1495), die den auch als Verfasser einer Geschichte des Bauernkrieges in Ostfranken bekannten bischöflichen Kanzler LORENZ FRIES zum Urheber hat. — In Eichstädt endlich haben im 14. und 15. Jh. verschiedene Domherren bzw. bischöfliche Notare die Biographien der dortigen Bischöfe bis 1445 aufgezeichnet.

Die Nürnberger Historiographie ist zusammengetragen in den Chroniken der Deutschen Städte Bd. 1—3, 1862—1864, von THEOD. v. KERN und 10 und 11, 1872—1874, von KARL HEGEL. — PAUL JOACHIMSOHN, Die humanistische Geschichtschreibung in Deutschland, I: SIGISMUND MEISTERLIN, 1895, macht darauf aufmerksam, wie Sigismunds „Neigung zur Schilderung von Personen und Dingen, Ansätze zur Kritik. Versuch eines Pragmatismus, Gliederung und Abteilung des Stoffes nach inneren Gründen", was in der Augsburger Chronographie schon hervorgetreten sei, in der Nürnberger Chronik zur Herrschaft gelange. Die Entwickelung Sigismunds spiegele daher die Entwickelung der humanistischen Geschichtschreibung in Deutschland in ihren Anfängen wider. — Ausgabe von PIRKHEIMERS Schweizerkrieg nach dem Autographum im Britischen Museum von K. RÜCK, München 1896. — Die Aufzeichnungen MICHAEL JUDDES, gedruckt bei BÖHMER, Fontes I 451—479; a) De laudabilibus gestis Ottonis Wolfskel episcopi Herbipolensis 1333—1345 et de Alberto de Hohenlohe electo Herbip. 1345—1350; b) De cronicis temporum hominum modernorum 1266, 1332—1354. — FRIES' Chronik, herausg. von LUDEWIG, Geschichtschreiber von dem Bischoftum Würzburg, Leipzig 1713, in neuhochdeutscher Übertragung von BAUER 1848. Vgl. J. KARTELS, L. Fries, der fränkische Geschichtschreiber und seine Chronik vom Hochstift Würzburg. Quellennachweis bis Mitte des 13. Jhs. Würzburg 1899. — Gesta episcoporum Eichstetensium MG. SS. XXV 590—609.

Die Geschichte der Burggrafen von Nürnberg, die auch die Markgrafschaft in Brandenburg erworben hatten, schildert ein treuer Diener des Hauses, LUDWIG VON EYB († 1502). Seine Denkwürdigkeiten, die die Mitte einhalten zwischen einer Chronik der Hohenzollern und der tagebuchartigen Aufzeichnungen der eigenen Erlebnisse, reichen von den Tagen, da ein Hohenzollern sich um die Wahl Rudolfs von Habsburg verdient machte, bis 1486, dem Tode des Kurfürsten und Markgrafen Albrecht Achilles. Die Darstellung zeugt von Wahrheitsliebe, ist aber insofern tendenziös, als sie aus der Vergangenheit Lehren für die Zukunft ableitet. Sie will auch die Wege angeben, auf denen das Fürstenhaus, dem er dient, zu größerer Macht emporsteigen könne.

Ritter Ludwigs von Eyb Denkwürdigkeiten brandenburgischer (hohenzollerischer) Fürsten, herausg. von C. HÖFLER (Quellensamml. f. fränk. Gesch. I) Baireuth 1849.

In den heute **österreichischen** Landen blühte am Ausgange des Mittelalters die Geschichtschreibung. In fast allen Klöstern schreibt man Annalen oder setzt man bereits vorhandene Jahrbücher fort. Namentlich Melk, das Hauskloster der ersten babenbergischen Markgrafen, zeichnet sich in dieser Beziehung aus. Hier ist der Ursprung der österreichischen Annalistik überhaupt. Dadurch, daß es selber im J. 1123 die annalistische Tätigkeit aufnahm, gab es auch die Anregung, daß ungefähr von der Mitte des 12. Jhs. ab in den meisten österreichischen Klöstern und ebenso in Salzburg Annalen angelegt und weiter fortgeführt wurden. Diese gemeinsame Wurzel aller österreichischen Annalen hat ihnen auch einen gemeinsamen Charakter aufgedrückt: sie bieten, wenn sie auch die merkwürdigsten Taten der Kaiser erwähnen und noch öfter natürlich auf die Herzöge von Österreich zu sprechen kommen, weder Reichsgeschichte noch die Geschichte des österreichischen Herzogtums, sondern hauptsächlich nur das, was in irgendeiner Beziehung zu dem Interessenkreis des betreffenden Klosters stand. Mit der zweiten Hälfte des 13. Jhs. ändert sich im Zusammenhang mit den Kämpfen zwischen Ottokar von Böhmen und Rudolf von Habsburg und mit der Festsetzung der Habsburger in diesen Landen der Inhalt dieser Aufzeichnungen: Österreich wird damals für geraume Zeit zum Mittelpunkt für die Geschichte des ganzen Reiches und dementsprechend ist denn auch jetzt der Inhalt der Annalen. Zu Beginn des 14. Jhs. verlieren sie aber schon wiederum ihre reichsgeschichtliche Bedeutung und sinken auf das Niveau rein lokaler Aufzeichnungen herab. — Unter den an die Annalen von Melk sich anschließenden Fortsetzungen ist für die zweite Hälfte des 13. Jhs. die inhaltlich wertvollste die sog. Continuatio Vindobonensis von 1266—1302, von der man früher auf Grund einer handschriftlichen Angabe behauptete, daß ein Bürgerlicher, PALTRAM VATZO, dem man auch die sog. Historia annorum 1264—1279 zuschrieb, ihr Verfasser sei oder daß doch wenigstens ihre Entstehung auf die Anregung eines Bürgerlichen zurückgehe. Demgegenüber hat die neuere Forschung (REDLICH, UHLIRZ) nachgewiesen, daß sie einmal kein einheitliches Werk ist und ferner, daß ihr Ursprung wohl in einem Wien benachbarten Kloster (Heiligenkreuz oder Klosterneuburg) zu suchen ist. — Eine besonders erwähnenswerte historiographische Tätigkeit entfaltete unter den österreichischen Klöstern Kremsmünster. Nachdem es vorher auch schon Annalen im Anschluß an die Melker aufgezeichnet hatte, ließ es um 1300 durch den Kellermeister SIGMAR eine genaue Besitzaufnahme (Urbar) veranstalten und alles bei dieser Gelegenheit vorgefundene Urkundenmaterial in eine bereits vorhandene Abtsreihe einsetzen. Das Verdienst, außerdem auch noch die Geschichte des Klosters Kremsmünster in zusammenhängender Darstellung verfaßt zu haben, das ihm LOSERTH zugeschrieben hat, wird SIGMAR aber wohl an einen gewissen BERNARDUS NORICUS abtreten müssen, der vermutlich mit dem um das Jahr 1310 als Prior in Kremsmünster nachweisbaren BERNARD identisch ist, während SIGMAR inzwischen als Abt nach Lambach berufen worden war.

Annales Mellicenses 1123—1564 in MG. IX 501—535. Von den unmittelbaren und mittelbaren Fortsetzungen sind die Lambacher, Zwetler, Klosterneuburger, Heiligenkreuzer und (sog.) Wiener besonders wichtig; ebd. 535—732. Vgl. O. REDLICH, Die österreichische Annalistik bis zum Ausgang des 13. Jhs., in MIÖG. III (1882) 497—538. J. LAMPEL, Über die Benutzung von Bruns „Sachsenkrieg" in den Melker und Admonter Annalen, MIÖG. Ergbd. VI, 172 ff. — Annales S. Rudberti Salisburgenses, selbständig seit etwa 1186, bis 1286, fortgesetzt von dem Erzbischof WEICHARD V. POLHEIM bis 1307 und von anderen bis 1327 in MG. SS. IX 758—823. — Über die Continuatio Vindobonensis, ebd. 698—722, vgl. K. UHLIRZ in Bl. Ver. f. Landesk. v. Niederösterreich 29 (1895) 3—64 (auch separat Wien 1895). Die Historia Annorum wird neuerdings dem GUTOLF VON HEILIGENKREUZ zugeschrieben, dessen erst kürzlich entdeckte Translatio s. Delicianae bemerkenswerte Nachrichten aus der Zeit des Kampfes zwischen Rudolf von Habsburg und Ottokar von Böhmen enthält; vgl. REDLICH und SCHÖNBACH in SBAk. Wien 159 (1908) 2. Abhandlung; dazu MIÖG. XXIX 383 ff. — Ausgabe der Kremsmünsterer Geschichtsquellen von WAITZ in MG. SS. XXV 617—678, darunter S. 638—651 Liber de origine et ruina monasterii Cremifanensis. Vgl. FDG. XX (1880) 605—619. LOSERTH, Die Geschichtsquellen von Kremsmünster im 13. und 14. Jh. Wien 1872. Außerdem A. f. österr. Gesch. 81 (1894) 34—446. A. ALTINGER,

Bernhard oder Sigmar? MIÖG. XIX (1898) 233—243. — Über eine Chronik bis 1325, aus der ein historisch und literarisch wertvolles Fragment über den Streit von Mühldorf erhalten ist, handelt O. DOBENECKER in MIÖG. Ergbd. I 198—219. Sie ist wahrscheinlich in einem Kloster in oder bei Wien entstanden.

Als der bedeutendste Geschichtschreiber des ausgehenden Mittelalters gilt wohl JOHANN, Abt des Kärntner Klosters Victring, der am 12. November 1345 (?) starb. Aus einer Landesgeschichte von Österreich und Kärnten, die zuerst in seiner Absicht lag, erwuchs allmählich, indem er seine Arbeit mehrfach erweiterte und umgestaltete, eine allgemeine Chronik von Karl Martell bis 1343. Er begann um 1340 den Entwurf zu seinem Buche wahrer Geschichten und erzählte darin die Ereignisse in Kärnten und Österreich von 1231, dem Tode des Herzogs Leopold des Siegreichen, bis 1341, also bis zu dem Jahre, da er den Entwurf fertigstellte. Aus diesem Entwurf, der im Original in einer (jetzt) Münchener Handschrift erhalten ist, gingen die ersten Reinschriften hervor, zugleich vorn und am Ende erweitert, so daß sie die Jahre 1217 bis 1342 umfaßten. Von dieser ersten Redaktion sind aber nur Fragmente, die bis 1327 reichen, erhalten, während ihr ganzer Umfang sich aus der Vorrede ergibt. Ein Jahr nach der ersten Überarbeitung (1343) hat Johann noch einmal seine Chronik umgearbeitet und sie in Zusammenhang mit der Reichsgeschichte gebracht, die er vom Auftreten der Karolinger an erzählte. Diese Fassung bis 1343 (zweite Redaktion) ist uns nur durch die Kompilation des Leobener Unbekannten erhalten. Von einer dritten Redaktion endlich, die Johann plante, sind nur die Vorarbeiten, die sich auf die alte Geschichte erstreckten, und spärliche Überreste auf uns gekommen. — JOHANN VON VICTRING erzählt die hinter ihm liegenden Ereignisse mit gutem Verständnis für den Zusammenhang. Namentlich hat er ein offenes Auge für die Bedeutung der beiden Familien, die folgenschwer in die Verhältnisse Kärntens und Österreichs eingriffen, der Habsburger und Luxemburger. Er unterhielt nacheinander Beziehungen zu den Fürstenhäusern und war daher über die Vorgänge, die er selbst miterlebt hatte, gut unterrichtet. Obwohl er wundergläubig im höchsten Maße ist und ganz im Banne seiner Zeit lebt, zeigt er doch gelegentlich Ansätze zu gesunder Kritik. Das politische Ideal JOHANNS ist wohl eine Art Weltmonarchie, die sich an das deutsche Königtum knüpft; aber er kann sich ein gesegnetes Wirken des Imperiums nur in Freundschaft oder vielmehr in gewisser Unterordnung unter das Papsttum denken. Aus diesen Erwägungen heraus nimmt er seine Stellung z. B. zu dem Kaisertume Friedrichs II. und Ludwigs von Bayern. Für die Könige aus habsburgischem Geblüte hat er eine gewisse Vorliebe. Seiner Geschichtsauffassung läßt sich ein dem Wesen OTTOS VON FREISING verwandter Zug nicht absprechen. Nehmen wir noch hinzu, daß JOHANN VON VICTRING in der Benutzung der Quellen sorgsam zu Werke geht, daß ferner seine Darstellung gewandt ist, sein Stil den klassischen Vorbildern nachahmt, so ist das Urteil gerechtfertigt, das der beste Kenner seines Geschichtswerkes über ihn fällt: „Alles in allem eine glänzende Erscheinung und ein Stolz der germanisch-romanischen Geistesgeschichte. Dieser Abt des kärntnischen Klosters, nur wenige Meilen von der Grenze Italiens, wo damals PETRARCA die neuen Gedanken ausbildete, die, eine Macht geworden, die ganze Kunst und Wissenschaft des Mittelalters zerstören sollten."

Maßgebend die Ausgabe von FEDOR SCHNEIDER: Johannis Victoriensis liber certarum historiarum. Hannover 1909/10. 2 Bde., in den SS. rer. Germanicarum. Übers. von W. FRIEDENSBURG in Gesch. d. d. Vorz. Vgl. A. FOURNIER, Abt Johann von Victring und sein Liber certarum hist., ein Beitrag zur Quellenkunde deutscher Geschichte. Berlin 1875. F. SCHNEIDER, Studien zu Johann von Victring I in NA. XXVIII (1903) 137—191 und II ebd. XXIX 397—442, mit vielen neuen Ergebnissen, namentlich auch in bezug auf das Leben und die Arbeitsweise Johanns. Abt wurde Johann zu Victring vor dem 21. Dezember 1312. Daß er von Geburt Franzose (Lothringer) sei, glaubt auch SCHNEIDER gewichtigen Momenten entnehmen zu können. Außer der Vorliebe für französisches Wesen hebt er die Stelle (NA. XXVIII 150) besonders hervor, wo Johann von Karolus Magnus dem Francigena spricht und dann fortfährt, de cuius terre . . ., quia et ipse eiusdem sum patrie. 1330 trat Johann in persönliche Beziehungen zu seinem Landesherrn Herzog Heinrich von Kärnten, 1334 wurde er dessen Kaplan; 1341 war er auch Kaplan des Herzogs Albrecht von Österreich und dann auch des Patriarchen Bertrand von Aquileja. Daraus ergibt sich, wie gut Johann unterrichtet sein konnte. Über seine Arbeitsweise wäre noch zu berichten, daß er seine Arbeiten, sobald er sie zeitlich erweitert, textlich gern kürzt. Seine Vorliebe für klassische Zitate, mit denen er die Kapitel abschließt, fällt auf.

Als Geschichtschreiber war auch der durch Gelehrsamkeit ausgezeichnete Professor der Wiener Universität, der mutige Verteidiger ihrer Vorrechte, THOMAS EBENDORFER von Haselbach († 1401) tätig. Sein historisches Hauptwerk, Die österreichische Chronik, ist für die ältere Zeit wertlos; für das beginnende 15. Jh. aber mit seinen weltbewegenden Ereignissen geradezu hervorragend. Denn EBENDORFER stand mitten in der geistigen Bewegung, welche die großen Konzilien hervorriefen. Die Chronik ist nicht aus einem Guß. Die Jahre von 1440—1463 sind nicht verarbeitet, sondern stellen sich mehr als tagebuchartige Aufzeichnungen dar. Indes gerade diese Ursprünglichkeit macht einen Teil ihres Wertes aus. Außerdem schrieb EBENDORFER als zweites historisches Hauptwerk noch eine Kaiserchronik, die zwar in den ersten 5 Büchern nur eine Kompilation aus sonst bekannten Quellen ist, im 6. und 7. Buche aber für die Geschichte der deutschen Kaiser von Karl IV. an bis zum Jahre 1463 eine Reihe originaler Nachrichten enthält und besonders auch wegen der Urteile, die der Gelehrte über kirchliche und weltliche Personen ausspricht, Beachtung verdient, und ein Tagebuch über die Verhandlungen des Basler Konzils, an denen er im Auftrage der Wiener Universität teilnahm. Ein Liber pontificum von ihm, von Christus bis zum Jahre 1463, hat nur historiographischen Wert.

Eine sehr wichtige Quelle für die österreichische Geschichte des ausgehenden 15. Jh., und zwar besonders seit dem Jahre 1468, wo die Darstellung eingehend und genau wird, ist noch die deutsch geschriebene Chronik Österreichs des Pfarrers von St. Martin am Techelsperge in Kärnten, JAKOB UNREST, die von 1435—1499 reicht. Der Held der Darstellung ist Kaiser Friedrich III. Erwähnenswert ist hier auch noch das Tagebuch des Wiener Arztes JOHANN TICHTEL (1477—1495), das kultur-, besonders medizingeschichtlich hochinteressante Nachrichten birgt und auch freimütige Worte über die große Politik enthält.

EBENDORFERS Chronicon Austriacum 928—1463 ed. bei PEZ, SS. rer. Austr. II 689—986; seine Chronica regum Romanorum — früher meist ohne Grund Liber augustalis genannt — kritisch besprochen und davon Buch 6 und 7 herausg. von A. F. PRIBRAM in MIÖG. Ergänzungsbd. III (1890) 38—222. Diarium gestorum per legatos concilii Basiliensis pro redactione Boemorum in Monum. conciliorum saeculi XV, Acta Conc. Basil. I, Wien 1857, 701—783. A. LEVINSON, Thomas Ebendorfers Liber pontificum, MIÖG. XX (1899) 69—99 (Analyse und Quellennachweis). Die Passauer Bistumschronik EBENDORFERS ist bereits oben S. 101 erwähnt. — UNRESTS Österreichische Chronik bei S. F. Hahn, Collectio monum. vet. et recentium ... Brunsvigae 1724, I 537—803; ebd. 479—536 desselben Autors kärntnische Chronik, die bis zur Vereinigung Kärntens mit Österreich 1335 reicht, aber weniger geschichtlichen Wert hat; nur literarische Bedeutung als der älteste Versuch einer deutsch geschriebenen Prosachronik Ungarns hat das von KRONES aufgefundene Bruchstück einer Chronik Ungarns von der hunnischen Urzeit bis zum Tode Königs Gejsa II. (1162), vgl. MIÖG. I (1880) 337—372. — TICHTEL, ed. Th. G. VON KARAJAN, Fontes rer. Austr. I 1, Wien 1855, S. 1—60. — Die Denkwürdigkeiten der HELENE KOTTANERIN, der Erzieherin und Vertrauten der Königin Elisabeth von Ungarn und Böhmen, aus den Jahren 1439/40, gab ST. ENDLICHER, Leipzig 1846 heraus.

Weniger Bedeutung für die österreichische Geschichte haben die zwei großen Kompilationen aus dem Ende des 14. und des 15. Jhs., die unter dem Namen eines GREGOR HAGEN oder JOHANN SEFFNER und des HEINRICH VON GUNDELFINGEN gehen. Sie haben nur insofern einen nachhaltigen Einfluß ausgeübt, als die von ihnen erfundenen durch und durch fabelhaften Nachrichten über den Ursprung Österreichs von späteren Geschichtschreibern mehrfach verwertet worden sind. Auch die steirische Reimchronik des OTTOKAR, die, in den ersten Jahrzehnten des 14. Jhs. verfaßt, die Zeit von 1250—1309 in fast 100 000 Versen behandelt, hat mehr literarischen als geschichtlichen Wert: nur der Kulturhistoriker kann manches aus ihr lernen.

Matthaei cuiusdam vel Gregorii Hageni germanicum Austriae chronicon (bis 1398) bei Pez, SS. rer. Austr. I 1043—1158. Vgl. F. M. Mayer, Untersuchungen über die österr. Chronik des Matthaeus oder Gregor Hagen, A. f. österr. Gesch. LX (1880) 297 ff. — Aus Heinrichs von Gundelfingen Chronik (bis 1476) hat einen Teil veröffentlicht Kollar, Analecta monument. Vindobonensium I 723—824. Über sein Leben und seine Schriften J. F. Ruegg in Freiburger Hist. Studien VI, Freiburg (Schweiz) 1910. — Ottokars Reimchronik herausg. von Jos. Seemüller in MG., Deutsche Chroniken V 1 u. 2, 1890—93. Vgl. Busson, Beiträge zur Kritik der steyrischen Reimchronik und zur Reichsgeschichte im 13. und 14. Jh. SBAk. Wien XVI—XVIII und XXI. MIÖG. XXXIV 218 ff.

In **Böhmen** machte sich seit den Tagen der letzten Premysliden (Wenzel II. 1278—1305, Wenzel III. 1306 ermordet) gegen das von diesen begünstigte Deutschtum eine nationale, tschechische Gegenströmung geltend, die wie im politischen Leben so auch in der Geschichtschreibung zum Ausdruck kam. Als Vertreterin des Tschechentums zeigt sich vor allem die bis 1314, bis zur Krönung Königs Johann, des Luxemburgers, des Gemahls der Schwester Wenzels III., reichende Reimchronik des sog. Dalimil, das bedeutendste Erzeugnis altslawischer Literatur, als Geschichtsquelle aber von sehr geringem Werte. Auf der andern Seite, als Vorfechter des Deutschtums, bewährte sich das von Wenzel II. gestiftete Zisterzienserkloster Königssaal bei Prag, auf dessen Abt Peter von Zittau († um 1339) das Chronicon aulae regiae zurückgeht. Dieses umfaßt in drei Büchern die Geschichte der Jahre 1253 bis 1338. Inhaltlich von größtem Werte, zumal für die Jahre 1307 bis Schluß, ist die Chronik in der Form, sowohl was die stoffliche Behandlung als die Darstellung selbst angeht, nicht einheitlich. — Schon bald nach seiner Fertigstellung hat das Chronicon aulae regiae mit Auslassung jener Stellen, in denen sich die Hinneigung des Königssaaler Chronisten zu den Deutschen kundgab, abgeschrieben und dann in einer Neubearbeitung um 1341 mit Erweiterungen versehen der Prager Domherr Franz. Auf Veranlassung des Prager Bischofs Johann von Drazitz unternahm er diese Arbeit, die er an die in Prag vorhandenen Annalen (bis 1283) als secunda pars chronicae Pragensis anschloß. Später entschloß sich der Domherr zu einer zweiten Bearbeitung, die er bis 1353 fortführte und zusammen mit den Prager Annalen als Cronica Boemorum Karl IV. überreichte. Gerade in dieser zweiten Redaktion, die für die letzten Jahre gewiß einige eigenen Nachrichten enthält, tritt seine Vorliebe für die Tschechen wiederholt scharf hervor. — Was dann noch sonst das 14. und 15. Jh. in Böhmen an geschichtlichen Aufzeichnungen hervorgebracht hat, ist ganz vom Geiste des Tschechentums durchweht.

Dalimil ed. Jireček in Fontes rer. Bohem. III (1882) 3—224. Vgl. dazu Emler in MIÖG. II 154 ff. und Teige, Die Quellen des sog. Dalimil, ebd. IX (1888) 306 ff. A. Bachmann, Die Reimchronik des sog. Dalimil, in A. f. österr. Gesch. XCI (1902) 59 ff. analysiert den Inhalt: voll von Fabeln, Sagen, mit Erzeugnissen volkstümlicher Überlieferung geschmückt, stellt sich die Chronik mehr als literarisches Erzeugnis denn als Geschichtsquelle dar. Auch für die Zeitgeschichte ist sie unzuverlässig. Dazu kommt die Tendenz, das Tschechentum gegenüber dem Deutschtum zu stärken. Wie weit dieses Werk auf der von ihm selbst genannten Bunzlauer Chronik beruht, muß dahingestellt bleiben, da diese nicht erhalten ist. Oft wird Dalimil, über dessen Lebensumstände nichts bekannt ist, als daß er wahrscheinlich ein in Prag lebender Geistlicher gewesen ist, selbst als Bunzlauer Reimchronist bezeichnet. Vgl. auch MIÖG. XXVIII (1907) 396. Eine prosaische und gereimte Verdeutschung des Dalimil, gedruckt a. a. O., entstand unter Weglassung der deutschfeindlichen Stellen schon früh, um 1320 bzw. 1343. — Peter von Zittau mit der Fortsetzung des Domherrn Franz ed. Loserth, Fontes rer. Austr. Abt. I Bd. 8, Wien 1875. Vgl. A. Seibt, Studien zu den Königssaaler Geschichtsquellen, Prag 1900 (Prager St. aus dem Gebiete der Gw. von A. Bachmann).

Das erste Buch des Chronicon aulae regiae enthält zunächst die Vita Wenzeslai II, vom Abte Otto begonnen bis Kap. 52, von Peter von Zittau vollendet; der Rest und das 2. und 3. Buch stellen die spätere Zeit, bis 1316 als Chronik, dann bis 1337 annalistisch dar. Nach Seibt gehört der Schluß des 3. Buches einem anderen Autor an. In die Prosadarstellung sind manchmal Verse eingestreut, die nicht bloß als rhetorische Ausschmückungen zu betrachten sind, sondern auch neue Mitteilungen enthalten.

Über die Geschichtschreibung am Hofe Karls IV. s. o. S. 85 ff. Des Pribiko Pulkawa de Tradenina, von Karl IV. veranlaßt, Cronica Boemorum (700—1330) ist zwar als Quelle für böhmische Geschichte wertlos, insofern aber bedeutsam, weil eine Brandenburger Chronik, die 1373 nach Böhmen gelangte, sonst aber verloren ist, bruchstückweise in das Werk überging. Ausgabe bei Dobner, Mon. hist. Bohemiae III 72—290 und Fontes rer. Bohem. V.

Tschechisch geschriebene Annalen reichen von 1378 bis 1526; Ausgabe in SS. rer. Bohem. III, 1829. Übersetzt im Auszug bei HÖFLER, Geschichtschr. der Huss. Bewegung in Böhmen (= Font. rer. Austr. II, VI, VII) III 227ff. Aus der Zeit der Hussitenkämpfe sind bemerkenswert: Magister LAURENTIUS DE BŘEZINA (Brezowa), de gestis et variis accidentibus regni Bohemiae 1414—1422, bei HÖFLER a. a. O. I 321—527 und GOLL in Font. rer. Bohem. V; BARTOSCHEK VON DRAHONICZ, Chronik 1419—1443, bei DOBNER a. a. O. I 130—218 und in Font. rer. Bohem. V; die große Taboritenchronik des JOANNIS DE LUKAVECZ und NICOLAI DE PELHRZIMOW 1419—1443, weniger ein erzählendes Geschichtswerk, als eine Zusammenstellung von Streitschriften, bei HÖFLER a. a. O. II 475—820. Die Chronik der Universität Prag 1348—1420, gedruckt bei HÖFLER a. a. O. I 13—46 und Font. rer. Bohem. V, gewährt über die Geschichte des geistigen Lebens in Prag und namentlich über das Emporkommen des Tschechentums an der Hochschule wichtige Aufschlüsse. Hussitisch gesinnt wie diese ist auch des Magister PETRI DE MLADENOWICZ durchaus parteiisch gehaltene historia de fatis et actis Mag. Johannis Hus Constanciae, bei HÖFLER a. a. O. I 111—315 und PALACKY, Documenta magistri Johannis Hus, Prag 1869, 235—324.

Am **Mittel- und Niederrhein** wurde die Geschichtschreibung zumal in den bedeutenderen Städten gepflegt. In erster Linie kommen da die Bischofstädte in Betracht, die bereits an eine ältere Tradition anknüpfen konnten; jedoch ist das Erhaltene nur spärlich und vielfach von geringem Werte. Besser als um Worms ist es noch um Speier bestellt. Weniger befriedigt das auf Wunsch des Bischofs verfaßte Chronicon Spirense des Domvikars JOHANN SEFFRIED VON MUTTERSTADT bis 1468, das reich an sachlichen Unrichtigkeiten und chronologischen Irrtümern ist. Entschieden besser ist die sog. Speierische Chronik von 1406—1479, die zwar auch kein gut verarbeitetes Geschichtswerk, aber eine vorzügliche und sehr reichhaltige Stoffsammlung eines unbekannten Verfassers sowohl zur Reichsgeschichte als auch zu der Geschichte der mittelrheinischen Territorien darstellt. Im Mittelpunkt der Erzählung steht der Pfalzgraf Friedrich I. der Siegreiche († 1476). An dem Hofe dieses für literarische Bestrebungen empfänglichen Kurfürsten schrieb auch MATTHIAS VON KEMNATH, der in der Heidelberger humanistischen Bewegung eine Rolle spielt und als Hofkaplan in der nächsten Umgebung des Pfalzgrafen lebte, eine Chronik des Fürsten, die er zu einer natürlich wertlosen Kaiserchronik von Christi Geburt erweiterte. Auch dieses Werk bietet eine Fülle lose zusammengefügten, aber hochinteressanten Materials. MATTHIAS scheute, wie so viele andere Geschichtschreiber jener Tage, nicht davor zurück, fremde Arbeiten, ohne ihre Herkunft zu bezeichnen, in seine Chronik, die ebenso wie die gleich zu nennende Limburger Chronik zu den lesenswertesten des späteren Mittelalters gehört, aufzunehmen.

So reich die Geschichtschreibung in Mainz in den früheren Jahrhunderten ist, die sich freilich hauptsächlich mit den Bischöfen und dem Bistume beschäftigt, so arm ist hier die rein städtische der zwei letzten Jahrhunderte des Mittelalters. Abgesehen von kurzen Annalen bis 1309 haben wir nur zwei größere Darstellungen: einmal die Mainzer Chronik von 1347—1406, eines der besseren Geschichtswerke des Mittelalters überhaupt, namentlich wichtig wegen der Beurteilung der in der Kirche zur Zeit des großen Schismas herrschenden Mißbräuche. Der Verfasser beklagt tief den Riß, der durch die Kirche geht, und spricht sich namentlich über die große Zahl der Ablässe sehr scharf aus. Neben diese lateinische Chronik tritt die deutsche Stadtgeschichte unter dem Titel „Sagen von alten Dingen der Stadt Mainz 1332—1452", die sich ohne jede Berücksichtigung der äußeren Beziehungen der Stadt fast ausschließlich mit deren inneren Verhältnissen beschäftigt.

Auch Frankfurt hat neben kurzen lateinischen und deutschen Jahrbüchern des 14. Jhs. nur ein einziges für die innere Stadtgeschichte und dann auch für die Kulturgeschichte im allgemeinen wichtiges Geschichtswerk hervorgebracht in den Aufzeichnungen aus der Familie RORBACH aus dem 15. Jh.

Den Höhepunkt der Geschichtschreibung in diesen mittelrheinischen Gebieten gegen Ende des MA. bezeichnet die für die zweite Hälfte des 14. Jhs. kultur- und literargeschichtlich gleich bedeutende Limburger Chronik bis 1398. Ihr Verfasser war der kaiserliche Notar TILEMANN ELHEN VON WOLFHAGEN, der in letzterem Orte (in Hessen) geboren, in Limburg lebte und frühstens Mitte 1411 gestorben ist. Seine Chronik berichtet nicht viel von Reichsgeschichte, um so mehr aber von den in Hessen und Westfalen damals geführten Fehden und von sonstigen Begebenheiten, die TILEMANN selbst erlebt hatte. Wichtig sind besonders die Angaben über die damaligen Kleidertrachten und über die Lieder, die man in diesem oder jenem Jahre gesungen habe.

Die Annales Wormatienses von 1226 bis 1278 abgedruckt bei BÖHMER, Fontes II 158—208 und bei Boos, Q. z. Gesch. der Stadt Worms, Teil III (1893) 143—162; ebda. S. XXVIIIff. über ihren Charakter (nicht gleichzeitig). Das chronicon Wormatiense, von einem Kirschgartner Mönch um 1502 zusammengeschrieben, hat nur für das Ende des 15. Jhs. einige selbständige Nachrichten; gedruckt bei Boos a. a. O. 1—95. — Des JOH. SEFFRIED von Mutterstadt Chronicon Spirense bei BÖHMER, Fontes IV 327—349. Die Speierische Chronik bei MONE, Quellensamml. d. bad. Landesgesch. I 371—520. — KEMNATH herausg. von C. HOFMANN in QE. z. bayer. u. deutsch. Gesch. II 1—141. Vgl. K. HARTFELDER, Matthias von Kemnat, FDG. XXII (1882) 329—349. WATTENBACH in ZGORh. XXII 33ff., XXIII 21ff., XXVII 95ff., XXXIII 439. Untersucht ist namentlich des MATTHIAS Verhältnis zum Humanisten PETER LUDER, den MATTHIAS ziemlich unverfroren ausschrieb. — Annales Moguntini in MG. SS. XVII 1—3. Vgl. HOLDER-EGGER in NA. XXII (1897) 769—70. Chronicon Moguntinum d. HEGEL in Chr. d. deutsch. Städte XVIII 129—250. Verbesserte Ausgabe von demselben in SS. rer. Germ. in usum schol. 1885. Vgl. H. DIEMAR, Beiträge zur Wiederherstellung und Erläuterung des Chronicon Moguntinum, in WZ. XII (1893) 50—90. Als Verfasser glaubt SCHEFFER-BOICHORST, Der Vikar Johann Kungstein ein Geschichtschreiber des 14. Jhs., MIÖG. XIII (1892) 152—156, den genannten Mainzer Domvikar annehmen zu müssen, dessen Anteil aber nur bis 1402 reiche, worauf dann ein anderer Autor einsetze. Die Sagen von alten Dingen der Stadt Mainz herausg. von HEGEL a. a. O. XVII 1—346. Über den angeblichen Verfasser CLESSE (= Nikolaus) REISE vgl. A. WYSS in WZ. III (1884) 38ff.; dagegen HEGEL ebda. 400ff. Andere weniger wichtige Mainzer Geschichtsquellen in den Städtechroniken Bd. XVII und XVIII. — Die lat. Annales Francofurtani von 1306—1364 und die deutschen Annalen von 1306—1343 herausg. von BÖHMER-HUBER, Fontes IV 394 und von FRONING in Q. z. Frankf. Gesch. I 1—3. Das Tagebuch des BERNHARD RORBACH bis 1482, fortgesetzt von seinem Sohne JOB bis 1502 ebda. 156ff. — Ausgabe der Limburger Chronik von A. WYSS in MG. Deutsche Annalen IV 1, Hannover 1883. Vgl. E. SCHAUS in NA. XXXII (1907) 722ff., wonach TILEMANN am 2. Mai 1411 noch gelebt haben muß, während ihn WYSS bereits 1402 sterben läßt. Warum die Chronik bereits 1398 abbricht, ist nicht ersichtlich.

Während aus Metz bisher nur eine einzige Chronik aus den beiden letzten Jahrhunderten des MA. bekannt geworden ist, nämlich die französisch geschriebene Chronik des JAIQUE DEX zur Geschichte der Luxemburger Kaiser von Heinrich VII. bis auf Sigmund, und ebenso für Trier nur die Fortsetzung der wichtigen Sammlung der Bischofsleben (Gesta Trevirorum) — abgesehen von der dort verfaßten inhaltsreichen Vita Balduini archiepiscopi (s. o. S. 81) — zu erwähnen ist, hat am eigentlichen Niederrhein im besondern die Stadt Köln für ihre Geschichte bedeutende Quellenschriften aufzuweisen. Hier war die Geschichtschreibung seit dem Ende des 13. Jhs. erfüllt von den Kämpfen des Bürgertums gegen die Erzbischöfe und dann von den Kämpfen der Zünfte gegen die Geschlechter. In den siebziger Jahren des 13. Jhs. verfaßte der Stadtschreiber GOTTFRIED HAGEN sein „Boech van der stade Coelne", eine Reimchronik von mehr als 6000 Versen, die den Streit zwischen der Stadt Köln und den Erzbischöfen Konrad von Hochstaden sowie Engelbert II. behandelte. Der unglückliche Kampf der Weberzunft gegen die Geschlechter 1369—1370 ist gleichfalls in einer deutschen Reimchronik „Die Weberschlacht" von einem Unbekannten besungen worden. Den endlichen Sieg der Zünfte über die Patrizier erzählte um 1396 „dat nuwe Boich". Im Jahre 1499 erschien in Köln, mit Bildern reich geziert, die nach dem Drucker genannte KOELHOFFSCHE Chronik, eine Kompilation, die alles auf Köln bezügliche Material zusammenfaßte und dann von 1446 an selbständig wurde. Neben diesen Darstellungen chronikalischer Art läuft die Kölner Annalistik einher. Die Kölner Jahrbücher, in Kölnischer Mundart aufgezeichnet, liegen in verschiedenen Bearbeitungen vor, von denen jede folgende nicht nur eine zeitliche, sondern auch eine stoffliche Erweiterung aufweist. Die erste Rezension umfaßt die Jahre 1087—1378; allmählich ist diese Arbeit bis zum Jahre 1445 fortgeführt worden.

Von den Städten des Stifts Köln ist Neuß gegen Ende des 15. Jhs. einmal für längere Zeit in aller Munde gewesen. Seine Belagerung durch den Herzog Karl den Kühnen 1474—1475 und die endliche Befreiung durch das Reichsheer besang gleich nach den Ereignissen der spätere Stadtsekretär CHRISTIAN WIERSTRAAT in seiner „Histori des beleegs van Nuis". Seine lebendige Darstellung in Versen geht hervor sowohl aus genauer Kenntnis des amtlichen Materials wie aus persönlicher Anschauung.

Die Metzer Chronik des Jaique Dex (Jacques d'Esch) über die Kaiser und Könige aus dem Luxemburger Hause. Herausg. von G. WOLFRAM (Q. z. lothr. Gesch. IV), Metz 1906. Der Verfasser, † 1455, bekleidete hohe Stellungen im Stadtregiment; daher stehen die Metzer Ereignisse auch im Vordergrunde seiner Darstellung, bei der 3 Teile zu unterscheiden sind: a) franz. Heldenepos auf den Römerzug Heinrichs VII, s. o. S. 81; b) ein ebenfalls franz. gleichzeitiges Gedicht über den sog. Vierherrenkrieg gegen die Stadt 1324—1326, vielleicht herrührend von dem Metzer Bürger JEAN DE LA COUR, ohne größeren historischen Wert; c) eine franz. Prosachronik von 1307—1435, in die a) und b) eingestreut sind, mehr Materialsammlung als Ausarbeitung. — Für die Kölner Quellen vgl. Chroniken der Deutschen Städte XII (1875) und XIII (1876), herausg. von H. CARDAUNS. E. DORNFELD, Untersuchungen zu Gottfried Hagens Reimchronik der Stadt Köln (Germanistische Abh. 40), Breslau 1912. Derselbe bereitet eine neue Ausgabe in den Publik. der Gesellschaft für rheinische Geschichtskunde vor. Die KOELHOFFsche Chronik trägt den Titel: Chronica van der hilliger stat von Coellen. — In Köln entstand auch eine Cronica presulum et archiepiscoporum Coloniensis ecclesie, deren erste Redaktion bis 1370 läuft; herausg. von ECKERTZ in Annalen d. hist. Ver. f. d. Niederrhein II (1857) 181—244 und Fontes rer. Rhenarum 1—64. Ausgabe des WIERSTRAAT in Chr. d. Deutschen Städte XX (1887) 509—614. Vgl. A. ULRICH, Acten zum Neußer Kriege 1472—1475, in Annalen d. hist. Ver. f. d. Niederrhein XLIX (1891). J. WEISS, Ein Brief aus dem Feldlager zu Neuß 1475. Bericht eines Augenzeugen. ZGORh. NF. IX (1894) 717—721. — In Neuß in dem Augustinerchorherrenkloster entstand auch die groß angelegte Kompilation des Chronicon magnum Belgicum von 54 n. Chr. bis 1474. Dieses Chronicon gilt heute nicht mehr als Originalkompilation, sondern als Auszug und Fortsetzung des Florarium temporum, einer in Belgien entstandenen umfassenden Geschichtsdarstellung. einer Weltchronik von Adam bis zum Jahre 1468, die von 1464 an selbständig wird. Das Chronicon magnum Belgicum führt die Erzählung bis zur Belagerung von Neuß 1474 fort und bietet gute Nachrichten. Ausgabe bei PISTORIUS, Rer. Germanic. SS. III, Frankfurt 1607, 1—420 und die folg. Auflagen. Vgl. K. E. H. MÜLLER, Das Magnum Chronic. Belgic. und die in ihm enthaltenen Quellen. Ein Beitrag zur Historiographie des 15. Jhs. Berlin 1888.

In der Historiographie der Niederlande steht an erster Stelle ein Werk, das uns den Kampf verschiedenartigster Interessen, französischer, deutscher und englischer auf Flanderns Boden widerspiegelt: die Annalen von Gent, geschrieben von einem Minoriten; sie reichen von 1296—1310 und bieten für diese Zeit sehr schätzbare Nachrichten. Annales Gandenses ed. LAPPENBERG, MG. SS. XVI 555—597; bessere Ausgabe von Fr. FUNCK-BRENTANO, Paris 1896 (Collection de textes pour servir à l'étude et à l'enseig. de l'histoire 18). Dagboek van Gent von 1447 tot 1470 mit Fortsetzung bis 1515 gab V. FRIS, Gent 1901 heraus. Die Reimchronik des MELIS STOKE, der in holländischen Diensten stand, reicht von 694 bis 1305. Ausgabe von W. G. BRILL, Utrecht 1885 (Werken van het historisch Genootschap te Utrecht 2te Serie 40 und 42); Bruchstücke von 1247—1256 bei BÖHMER, Fontes II 416—432. — Eine Papstgeschichte, die früher als Werk des DIETRICH VON NIEHEIM galt (s. o. S. 90), schrieb der Lütticher Kanoniker WERNER VON HASSELBECKE, der aus Essen stammte. Vitae pontificum Romanorum bei ECCARD, Corp. hist. I 1461—1550. Vgl. Th. LINDNER in FDG. XII 238—259, 656—658. LUDW. SCHMITZ-KALLENBERG in NA. XXII (1897) 771—775. — Das Chronicon de episcopis Ultraicetinis des JOHANN VON BEKA reicht von 698—1346, von späteren fortgesetzt und erweitert. Ausgabe von A. BUCHELIUS, Ultraicti 1643; Bruchstücke von 1247—1256 bei BÖHMER, Fontes II 432—449. Neuausgabe geplant. — Lütticher Chroniken des 15. Jhs veröffentlicht von SYLV. BALAU, Chroniques Liégeoises. I. Bruxelles 1913. — Über einige niederrheinische Chroniken (Köln, Utrecht, Geldern, Mark, Cleve) berichtet A. MEISTER, Annalen f. d. Gesch. d. Niederrheins 1901. Heft 70 S. 43ff.

Westfalen weist für das ausgehende MA. vier in der Historiographie bedeutende Namen auf: GOBELINUS PERSON, DIETRICH VON NIEHEIM, die bereits oben (S. 88ff.) erwähnt wurden, dann HEINRICH VON HERFORD und WERNER ROLEVINCK. HEINRICH von Herford, der 1370 im Dominikanerkloster zu Minden starb, gehört zu den fruchtbarsten mittelalterlichen Schriftstellern Westfalens. Seine Weltchronik oder Liber de rebus memorabilioribus, nach Weltaltern geordnet, reicht von der Erschaffung der Welt bis 1355, der Kaiserkrönung Karls IV. Soweit seine Quellen bekannt sind, ist sie wertlos. Aus eigener Beobachtung bietet HEINRICH sehr wenig. Trotzdem wurde seine Chronik in der Folgezeit sehr geschätzt. — Keinen Quellenwert besitzt, aber „als der erste wohlgelungene Versuch eines bequemen, übersichtlichen und billigen Handbuches der Weltgeschichte" ist bemerkenswert des Karthäusers WERNER ROLEVINCK († 1502 in Köln) Fasciculus temporum, ursprünglich bis 1468 reichend, dann mehrfach erweitert. Um so wertvoller ist aber sein Buch „Vom Lobe des alten Sachsenlandes, jetzt Westfalen genannt", worin ROLEVINCK von dem Wesen, den Sitten und Gebräuchen seiner Landsleute eine so lebendige und anziehende Schilderung gibt, wie sie von keinem einzigen deutschen Volksstamme aus jener Zeit vorhanden ist.

Ausgabe des Heinrich von Herford von AUG. POTTHAST, Göttingen 1859. Vgl. FR. DIEKAMP, Über die schriftstellerische Tätigkeit des Dominikaners H. v. H., in Z. f. vaterl. Gesch. u. Altertumskunde 57 (1899) 90—103. — Über die zahlreichen Ausgaben der beiden erwähnten Werke ROLEVINCKS sowie über seine sonstigen Schriften vgl. H. WOLFFGRAM, Neue F. zu W. R.s Leben und Werken, ebda. 48 (1890) 85—136 und 50 (1892) 127—161.

Innerhalb der geistlichen Gebiete Westfalens setzt die Geschichtschreibung am frühesten in dem Bistum Münster ein; sie knüpft hier an die Chronik des Bischofs FLORENZ VON WEVELINGHOVEN an, der seit 1364 auf dem münsterischen Bischofstuhle saß und 1379 nach Utrecht als Bischof versetzt wurde. WEVELINGHOVENS Arbeit, die bis in die ältesten Zeiten des Bistums, ja bis auf das Jahr 772 zurückgreift und wohl von dem Bischof selbst (d. h. auf seine Veranlassung) bis in seine Regierungszeit hinein geführt worden ist, wurde von anderen fortgesetzt bis zum Jahre 1424, bis zum Tode des Bischofs Ottos IV., Grafen von Hoya, und bis zu demselben Zeitpunkt auch ins Deutsche übersetzt. Daran schließt sich die — besonders für die Münsterische Stiftsfehde wertvolle — lateinische Chronik der Jahre 1424—1458 von einem unbekannten Autor und weiterhin das deutsch geschriebene Chronicon Monasteriense 1424—1466 des münsterischen Bürgers und Aldermanns der Gilden ARND BEVERGERN, der als Augenzeuge durchaus selbständig ist. — Wie in der Hauptstadt des Landes die Chronik WEVELINGHOVENS die Grundlage der Geschichtschreibung bildete, so wurde diese auch in dem zum Bistum Münster gehörigen Zisterzienserkloster Marienfeld (Kreis Warendorf) neu bearbeitet, wahrscheinlich von dem Mönche HERMANN ZOESTIUS, der später als Kalenderreformator und Anhänger der konziliaren Partei in Basel hervortrat. Jedenfalls rührt von diesem das Chronicon campi sanctae Mariae bis 1422 her.

Die Geschichte des Bistums Osnabrück schrieb am Ende des 15. Jhs. ERTWIN ERTMANN, der in seiner Vaterstadt als Bürgermeister und dazu als Vertrauensmann des Bischofs eine angesehene Stellung einnahm und daher für die Zeitgeschichte besser unterrichtet ist als für die Vergangenheit, für die es ihm an Quellen gefehlt zu haben scheint. Er starb 1505.

Als Paderborner Geschichtschreiber, der auch die Paderborner Geschichte eingehend berücksichtigte, wurde bereits (s. o. S. 88 ff.) GOBELINUS PERSON erwähnt. Das Bistum Minden aber fand zu Beginn des 15. Jhs. seinen bedeutendsten Geschichtschreiber an dem Dominikaner HERMANN VON LERBECK. Das Chronicon episcoporum Mindensium reicht bis 1480, kann also nur in seinem ersten Teile von HERMANN, der, etwa 1355 geboren, um 1416 starb, geschrieben sein. HERMANN schrieb auch eine bis 1407 reichende Chronik der Grafen von Schaumburg (von ihrer Erhebung im J. 1030 an).

Ausgabe der Chronik Wevelinghovens mit den Fortsetzungen und Umarbeitungen von J. FICKER in Geschichtsquellen des Bistums Münster I (1851) 1 ff.; Die anonyme Chronik von 1424 bis 1458 ebda. S. 188—241; ARND BEVERGERN ebda. 244—288. — Ausgabe des Chronicon campi sanctae Mariae von ZURBONSEN, Paderborn 1884 (= Münst. Beiträge von TH. LINDNER V). Vgl. WATTENBACH in SBAk. Berlin 1884, II 93—109. ZURBONSEN, Hermannus Zoestius, Programm Warendorf 1884. Über die sonstige Schriftstellerei des Hermann Zoest siehe FINKE in Z. f. vaterländ. Gesch. u. Altertumskunde 47 (1889) 218.

Ertwini Ertmanni Chronica sive catalogus episcoporum Osnaburgensium 772—1453 ed. H. FORST in Osnabrücker Geschichtsquellen I (1891) 21—173.

Chronicon episc. Mind. bei LEIBNIZ, SS. rer. Brunsvic. II 157—211; Neuausgabe in den Veröffentl. der hist. Kommission für Westfalen steht bevor. Chronicon comitatus Schawenburgensis bei MEIBOM, SS. rer. Germanic. I 497—521. Eine niederdeutsche Bearbeitung dieses Werkes gab FUCHS im Progr. des Gymnasiums Bückeburg 1872 heraus. Vgl. H. FINKE, Zur Biographie der Dominikaner Hermann von Minden, Hermann von Lerbeck und Hermann Korner, MIÖG. XI 447—450. Ungenügende Rostocker Diss. von ED. ECKMANN, H. v. L., Hamm 1879. Daß das von PAULLLINI im Syntagma Rer. Germ. 1698 abgedruckte Chronicon Mindense des BUSSO WATENSTED eine Fälschung sei, hat H. LÖVINSON, Die Mindensche Chronik des B. W., eine Fälschung Paullinis, Paderborn 1890, nachgewiesen; über andere Fälschungen desselben Geschichtschreibers vgl. J. BACKHAUS, Die Corveyer Geschichtsfälschungen des 17. und 18. Jhs., bei PHILIPPI, Abhandlungen zur Corveyer Geschichtschreibung, Münster 1906.

Von den weltlichen Territorien Westfalens war das wichtigste die Grafschaft Mark, deren Inhaber 1368 durch Heirat auch die Grafschaft Cleve erwarb, die 30 Jahre später endgültig mit der Grafschaft Mark verbunden wurde. Die Geschichte der Grafen von der Mark bis 1358 schrieb LEVOLD VON NORTHOF, der aus ritterlichem Geschlechte geboren, als Geistlicher und ehemaliger Erzieher des regierenden Grafen in die diesem gewidmete Darstellung eine Fülle politischer Lehren einstreut. Interessant ist diese Chronik namentlich deshalb, weil sie auch auf die Reichsgesetzgebung wiederholt Bezug nimmt und auch am eingehendsten von allen zeitgenössischen Quellen sich mit der Goldenen Bulle von 1356 befaßt. — LEVOLD ist weiterhin auch die Hauptquelle — wenigstens für die Geschichte der Mark — gewesen für die Chronik von Cleve und Mark bis 1450, die ein Jahrhundert später GERT VAN DER SCHÜREN, Beamter der clevischen Kanzlei, verfaßte.

Die bedeutendste Stadt in der Grafschaft Mark war das ganze MA. hindurch zweifellos Dortmund: hier setzt die Geschichtschreibung erst im 15. Jh. mit dem Ratsherrn JOHANN KERKHÖRDE und dem Dominikaner JOHANN NEDERHOFF ein, um im 16. Jh. mit DIETRICH WESTHOFF den Höhepunkt, allerdings in nicht gerade glänzender Weise, zu erreichen.

Auch Soest, die früher kölnische Stadt, kam um die Mitte des 15. Jhs. an die Grafschaft Mark. Seine Geschichte gipfelt in dem Kampfe, den es seit 1444 gegen den Kölner Erzbischof Dietrich von Mörs zu bestehen hatte. Die Soester Fehde, die den endgültigen Anschluß der Stadt an Cleve-Mark zur Folge hatte, hat anschaulich geschildert der Soester Stadtschreiber BARTHOLOMÄUS VON DER LAKE. Sein Werk galt freilich wegen der sich hier und da aufdrängenden Tendenz als unzuverlässig, bis der letzte Herausgeber nachwies, daß der Bericht sich durch einen reformierten Geistlichen (POLLIUS?) eine teilweise entstellende Bearbeitung im 16. Jh. habe gefallen lassen müssen.

Levolds Chronicon comitum de Marca et Altena ed. L. TROSS, Hamm 1859. Eine deutsche Übersetzung ist beigefügt. Vgl. WEBER, Die Quellen Northofs, in Z. d. berg. Geschichtsver. XXII (1886) 81—106. M. JANSEN, Eine chronikalische Erwähnung der goldenen Bulle, HJ. XVI (1895) 587—589. F. FITTIG, L. v. N. Diss. Bonn 1900. LEVISON in NA. XXXII (1907) 385f. — Gert van der Schüren ed. R. SCHOLTEN, Cleve 1884. Vgl. O. BEHM, Die ältesten clevischen Chroniken und ihr Verhältnis zueinander. Diss. Bonn 1908.
Kerkhördes Chronik von 1405—1465 ist nur durch einen Auszug des DETMAR MÜLHER aus dem 17. Jh. bekannt. Vgl. die Ausgabe von J. FRANCK und J. HANSEN in Chroniken der deutschen Städte XX (1887) 25—146. Nederhoffs Cronica Tremoniensium (bis 1389) ed. EDM. ROESE, Dortmund 1880. Westhoffs Chronik von 750—1550 im Auszug von J. HANSEN in Chroniken der deutschen Städte XX 177—462. Im allgemeinen über die Dortmunder Chroniken siehe RÜBEL in Beiträge z. Gesch. Dortmunds u. der Grafschaft Mark I (1875) 30ff. und J. HANSEN, Einleitung zu der Ausgabe in den Städtechroniken a. a. O. S. IX—XXXIV.
Historia der Twist, Veede und Uneinicheit tuschen dem heren Dyderyck Ertzbyschop tho Collen und der ersam und erliken stad Soyst 1415—1447 ed. SEIBERTZ, Q. z. westfäl. Gesch. II 1860, 264—397; ferner als Kriegstagebuch der Soester Fehde heraug. von J. HANSEN in Chr. d. deutsch. Städte XXI (1889) 3—152; wichtig hier besonders die Einleitung.

In bezug auf Zahl und Reichhaltigkeit seiner Geschichtsquellen kann sich Thüringen mit allen deutschen Landschaften messen. Die Grundlage der ganzen Geschichtschreibung bilden hier die beiden Klosterchroniken von Erfurt und Reinhardsbrunn. In Erfurt nämlich wird an der bereits in der Stauferzeit angelegten Peterschronik, der Cronica St. Petri Erfordensis moderna, von unbekannten Autoren weitergearbeitet und zwar von 1276 an in sechs Absätzen bis 1335. An das Hauptwerk schließen sich noch drei Fortsetzungen, die bis 1355 reichen. Wenn diese Chronik schon wichtig für die Reichsgeschichte ist, so ist sie geradezu unentbehrlich für die Landesgeschichte. In dieser Beziehung wird sie vielleicht nur noch von der Chronik von Reinhardsbrunn bis 1338 übertroffen, einer Kompilation, die infolge des Verlustes der originalen Quellen zum Teil unschätzbar ist.

Beide Chroniken herausgegeben von HOLDER-EGGER, MG. SS. XXX 1; Die Erfurter auch in den Monumenta Erphesfurtensia in us. schol. 1899, S. 117 ff. Vgl. oben S. 65 und 80. Die Cronica Reinhardbrunnensis (früher auch annales oder historiae Reinh. genannt), die zwischen 1340 und 1349 angefertigt wurde, ist nur in Verbindung mit einer Magdeburgischen Bischofschronik, in die sie absatzweise eingeschoben wurde, erhalten. Herausgeschält ist sie zuletzt durch O. HOLDER-EGGER. Als Quellen benutzt sie die Erfurter Cronica moderna und die ebenfalls in Erfurt entstandene sog. Cronica minor, d. h. eine um 1261 von einem Erfurter Minoriten verfaßte Chronik, die in Abschnitten bis 1299 fortgeführt wurde und beachtenswerte Nachrichten für die Zeit des Interregnums enthält (herausg. in den Monum. Erphesfurt. 524—704); außerdem stützt der Chronist sich noch auf nicht mehr erhaltene Quellen, die er meist wörtlich abschrieb. Hierdurch sowie durch die eigenen Nachrichten ist die Kompilation wertvoll.

Sifridi presbyteri de Balnhusin historia universalis (bis 1304) und in vermehrter Bearbeitung bis 1306 nochmals herausgegeben als compendium historiarum ed. (auszugsweise) O. HOLDER-EGGER in MG. XXV 679—718. Der Verfasser war Pfarrer von Ballhausen bei Weißensee, nicht Dominikaner, wie man früher angenommen hat, also gehört er nach Thüringen, seine frühere Bezeichnung als presbyter Misnensis ist unberechtigt. Wenn er auch als Historiker „von untergeordneter Begabung" ist und über seine eigene Zeit nur dürftige Mitteilungen bringt, so spiegelt sein Werk doch gut den Geist seiner Zeit wieder. Vgl. C. WENCK in Z. d. Ver. f. thüring. Gesch. u. Alt. NF. II (1880) 416—420.

Der bald darauf entstandene Liber chronicorum (bis 1327) eines Eisenacher Dominikaners hat dadurch Wert, daß er uns das Emporwuchern der Sagen auf thüringischem Boden zum erstenmal deutlich veranschaulicht. Ausgaben von C. WENCK in Z. f. thüring. Gesch. NF. IV (1885) 216—251 und teilweise von LORENZ in Geschichtsquellen der Provinz Sachsen I (1876), Abt. I 195 bis 214 (als Werk eines Erfurter Dominikaners).

Das beliebteste Volksbuch der thüringischen Geschichte wurde des in Eisenach lebenden Geistlichen, später als Stadtschreiber dort tätigen JOHANNES ROTHE († 1434) thüringische Chronik, die bis 1427 reicht, später aber bis 1467 fortgeführt wurde. ROTHE trägt chronologisch einfach alles zusammen, was er in fremden Quellen fand, erzählt aber in gemütvoller, zu Herzen gehender Sprache. Wichtig ist diese Chronik, wie auch schon die Reinhardsbrunner, für die Fortbildung der Sagen in Thüringen, die hier wie nirgendwo seit dem 13. Jh. emporwucherten. Unter ihren mehrfachen Umarbeitungen und Fortsetzungen ist die wichtigste die bis 1468 von HARTUNG CAMMERMEISTER, Bürgermeister von Erfurt. Auch der Vikar KONRAD STOLLE schloß an einen Auszug aus ROTHE eine für die Zeitgeschichte ergebnisreiche Thüringisch-Erfurtische Chronik von 1436—1499 an, die freilich mehr eine Sammlung von Geschichtchen als fortlaufende Geschichtsdarstellung und deshalb zumal für Kulturgeschichte wichtig ist.

Im allgemeinen vgl. M. BALTZER, Zur Kunde thüringischer Geschichtsquellen des 14. und 15. Jhs., in Z. d. Ver. f. thüring. Gesch. NF. 10 (1897) 1—60.
Rothe herausgeg. von LILIENCRON in Thüringischen Geschichtsquellen Bd. III, Jena 1859; jedoch gibt diese Ausgabe ebensowenig den originalen Text wieder wie die modernisierte Ausgabe, von E FRITSCHE, Eisenach 1888. Eine kritische, genügende Ausgabe fehlt. Vgl. F. BECH, Mitteilung und kritische Beleuchtung eines bisher übersehenen längeren Akrostichon des Joh. Rothe aus Kreuzburg. Programm des Gymnas. Zeitz 1861. HELMBOLD, Joh. Rothe und die Eisenacher Chronik des 15. Jhs. Jahresbericht des Karl-Friedrich-Gymnas. Eisenach 1911/12 und Z. d. Ver f. thüring. Gesch NF. 21 (1913) S. 392 ff. — Ausgabe des Hartung von R. REICHE 1890 in Geschichtsquellen der Prov. Sachsen XXXV. — Stolles Chronik oder richtiger „Memoriale" herausg. teilweise von L. F. HESSE in B. d. liter. Ver., Stuttgart XXXII 1854; vollständig von R. THIELE in Geschichtsquellen der Provinz Sachsen, XXXIX, 1900.

Für die Kirchengeschichte, aber auch für die allgemeine Geschichte Thüringens im 15. Jh., zumal seit etwa 1440, ist die Kirchenchronik Thüringens des Erfurter Benediktiners NIKOLAUS VON SIEGEN heranzuziehen. Da NIKOLAUS 1495 starb, müssen die letzten Jahre der bis 1502 reichenden Chronik, die auch wichtige Mitteilungen über die Bursfelder Kongregation bringt, von einem anderen zugefügt sein.

Des Nikolaus von Siegen Chronicon ecclesiasticum ed. F. X. WEGELE, Jena 1855 (= Thüringische Geschichtsquellen II).

Für Thüringisch-Meißnische Geschichte sind noch zu verzeichnen die sog. Annales Veterocellenses (des Zisterzienserklosters Altzelle) (785—1375—1422) bei MENCKE, SS. rer. Germ. II 378 bis 416, die wohl besser, da es sich um eine Chronik der Wettiner handelt, zu nennen sind Chronica marchionum Missnensium. Vgl. O. LANGER, Die sog. Annales Vetero-Cellenses, in NA. f. sächs. Gesch. XVII (1896) 75—120. L. SCHMIDT teilt in Z. d. Ver. f. thüring. Gesch. NF. X (1897) 462—486 eine bald nach 1493 entstandene Fortsetzung mit, die sich besonders an ROTHES Chronik anschließt. Verwandt damit ist auch das Chronicon Thomaeum Lipsiense bis 1486 bei MENCKE, SS. rer. Germ. II 313—376.

Nachdem infolge des Todes des „Pfaffenkönigs" Heinrichs Raspe, des letzten männlichen Sprosses des thüringischen Hauses, im J. 1247 die Verbindung zwischen Thüringen und **Hessen** gelöst war, erlangte letzteres politische Selbständigkeit. Aber erst im folgenden Jahrhundert entsteht hier eine selbständige Geschichtschreibung, indem um die Mitte des Jahrhunderts JOHANN RIEDESEL eine (lateinische?) Chronik (bis 1330) verfaßte. Diese ist indes ebenso verloren gegangen wie eine andere Hessenchronik in deutscher Sprache, die dem 15. Jh. angehört hat. Auf beide Werke stützte sich hauptsächlich der bedeutendste hessische Chronist des ausgehenden Mittelalters WIGAND GERSTENBERG in seiner Landeschronik von Thüringen und Hessen bis 1247 und von Hessen seit 1247, die mit Alexander d. Gr. beginnend bis in den Beginn des 16. Jhs. (1515) reicht.

GERSTENBERG, geb. 1457, gestorben 1522, war Geistlicher in Frankenberg. Daher kam es, daß er auch eine Stadtchronik von Frankenberg schrieb, bei deren Abfassung er „in maiorem gloriam civitatis" zum Mittel der Urkundenfälschung griff. Der Wert seiner Hessenchronik, mit deren Abfassung er bereits 1493 begonnen hat, besteht in erster Linie darin, daß sonst verlorene Quellen in ihr erhalten sind. Ausgabe: H. DIEMAR, Die Chroniken des Wigand Gerstenberg von Frankenberg, Marburg 1909 (= Veröffentl. der hist. Kommission für Hessen u. Waldeck I). Vgl. J. PISTOR, Der Chronist W. G., nebst Untersuchungen über ältere hessische Geschichtsquellen, Z. f hess. Gesch. 27 (1892) 1—120; Ders., Untersuchungen über den Chronisten Joh. Nuhn von Hersfeld. Ebda. 28 (1893) 113—187. Die chronikalischen Werke des JOH. NUHN wird JÜLICHER in den Veröffentl. der genannten Kommission herausgeben.

In **Sachsen** bildet Magdeburg den Mittelpunkt der historiographischen Tätigkeit. Dort wurde die Geschichte der Magdeburger Erzbischöfe bis 1371 fortgeführt und dann noch von mehreren Bearbeitern sehr ungleichmäßig, aber doch in reicherer Berichterstattung bis zum J. 1513 hinabgeleitet. An Wert über dieser, als Ganzes betrachtet, nur mittelmäßigen Chronik der Erzbischöfe steht die Magdeburger Schöppenchronik, so genannt, weil sie im Auftrage der Schöppen wahrscheinlich von dem jeweiligen Stadtschreiber geführt wurde. Der erste Verfasser wäre dann wohl der Stadtschreiber HEINRICH VON LAMMESPRINGE gewesen. Der erste und größte Teil der Chronik reicht bis 1372, in fünf Fortsetzungen wurde sie bis 1516 geführt. Das Werk ist meist in einfachster Form geschrieben, aber durchaus zuverlässig und daher, abgesehen von den ältesten Zeiten, eine Quelle ersten Ranges sowohl für die Geschichte der Stadt als auch des Erzbistums und der angrenzenden Gebiete.

Für die Geschichte der Stadt Halle ist hochinteressant das ausführliche Tagebuch des Ratsmeisters MARCUS SPITTENDORFF über die Jahre 1474—1480.

Gesta archiepiscoporum Magdeburgensium ed. SCHUM in MG. SS. XIV 374—484; Die Schöppenchronik herausg. von JANICKE in den Chroniken der deutschen Städte VII (1869) 1—421. Der vorletzte Fortsetzer dieser Chronik war der aus Brandenburg an der Havel gebürtige ENGELBERT WUSTERWITZ, der um 1420 als Syndikus nach Magdeburg kam und dann später auch eine märkische Chronik verfaßte (s. u.).

Denkwürdigkeiten Spittendorffs herausg. von JUL. OPEL in Geschichtsquellen der Provinz Sachsen XI, 1880.

Wohl in Halberstadt verfaßte zur Zeit Karls IV. der Dominikaner KONRAD, Magister der Theologie, eine breitangelegte Chronographia summorum pontificum et imperatorum, die als Kompilation nur sehr geringen Wert hat, aber dadurch merkwürdig ist, daß die Ereignisse der Kaiser- und Papstgeschichte in sonderbarer Weise als Memorabilia geordnet sind. Sie reicht bis 1353. Vgl. K. WENCK, Die Chronographie Konrads von Halberstadt, FDG. XX (1879) 280—302.

Die Chroniken und Annalen, die in der Mark **Brandenburg** im 13. und 14. Jh. entstanden sind, sind bis auf geringe Bruchstücke verloren gegangen. Auch von der märkischen Chronik, die ENGELBERT WUSTERWITZ um 1430 verfaßte, sind nur Auszüge bekannt, die in die geschichtlichen Darstellungen des ANDREAS ANGELUS (ENGEL) und PETER HAFFTITZ übergegangen sind. ANGELUS, um 1590 Konrektor am Berlinischen Gymnasium zum grauen Kloster, beruft sich in seinen Annales Marchiae Brandenburgicae für die Jahre 1388—1423 sehr viel auf WUSTERWITZ, während ihn HAFFTITZ, † um 1602 als Rektor an der Petrischule zu Cölln a. d. Spree, ohne ihn zu nennen, in seinem Geschichtswerk ausschreibt. Im allgemeinen wird der Historiker gerade für die Geschichte der Mark auf das reiche Urkundenmaterial angewiesen sein, das besonders in RIEDELs Codex diplomaticus Brandenburgensis gesammelt ist.

Wusterwitz' Märkische Chronik nach Angelus und Hafftitz herausg. von JUL. HEIDEMANN, Berlin 1878. — Ein gleichzeitiger Bericht wegen des Überganges der Mark Brandenburg von Bayern an Böhmen nebst einer Beschreibung der damaligen Zubehörungen der Mark vom J. 1373 bei RIEDEL, Codex diplomat. Brandenburgensis, 2. Hauptteil, Bd. III (1846) 1—7. Beinahe annalistische Aufzeichnungen enthält die Klageschrift und Schadenrechnung des Erzbischofs GÜNTHER von Magdeburg wider den Markgrafen Friedrich von Brandenburg über die seit dem Jahre 1412 durch Untersassen des Markgrafen erlittenen Landschädigungen, abgefaßt am 26. Mai 1420, ebda. 264ff. — Über die Reste einer Chronik des Bistums Brandenburg siehe oben S. 70. — Eine märkische Chronik soll in die böhmische Chronik des PULKAWA (s. o. S. 106) übergegangen sein; die betreffenden Teile bei RIEDEL a. a. O., 4. Hauptteil I 1ff. — Über die publizistische Tätigkeit des Minoritenprovinzials MATTHIAS DÖRING, der 1469 zu Kyritz in der Mark starb, siehe unten S. 115 und 122. — Über LUDWIG VON EYB siehe oben S. 103. — Sehr kurze Berliner Annalen, um 1434 geschrieben, mit nur lokalhistorischer Bedeutung bietet WILH. MEYER in Nachrichten von der Kgl. Gesellsch. der Wiss. zu Göttingen 1895, Philol.-historische Klasse 256—271. K. HOFMEISTER, Neue Reste der ältesten Brandenburg. Geschichtschreibung, NA. XXXVI 83ff.

Um die Geschichte des Herzogtums **Braunschweig** und seiner Fürsten hat sich besonders das von Heinrich dem Löwen gegründete Stift St. Blasii in Braunschweig verdient gemacht. Hier entstand um den Beginn des letzten Viertels des 14. Jhs. (zwischen 1269—1277) eine Braunschweiger Fürstenchronik, deren Existenz man aus ihren Ableitungen schon länger festgestellt hatte, die aber erst von HOLDER-EGGER, freilich auch nur in einem Bruchstücke, das die Jahre 1090—1261 umfaßt, aufgefunden worden ist. An diese Chronica principum Brunsvicensium schließt sich die weitere Geschichtschreibung in Braunschweig an. Zunächst benutzte sie der dem Namen nach unbekannte Verfasser — wir wissen nur, daß er Geistlicher war — der braunschweigischen Reimchronik, die von Herzog Widukind von Sachsen bis zum Tode Albrechts des Großen (1279) geführt ist und der Verherrlichung des Welfenhauses dient; auf die Stadt Braunschweig ist wiederholt in ihr Rücksicht genommen. Um 1282 ist dann auch die lateinische Cronica ducum de Brunswick geschrieben, die auch weit abliegende Ereignisse berücksichtigt.

Die Chronica principum Brunsvic. ediert in MG. SS. XXX 21—27; die Reimchronik und die Chronica ducum herausg. von L. WEILAND, ebda. Deutsche Chroniken II 430—574 und 574—586. Vgl. R. KOENIG, Stilistische Untersuchungen zur Braunschweig. Reimchronik, Hallens. Diss. 1911. — Für die Braunschweiger Stadtgeschichte sind eigentliche zusammenhängende Geschichtserzählungen nicht vorhanden; um so wichtiger sind deshalb die originalen Aufzeichnungen aus dem 13., besonders aber aus dem 14. Jh., die in den Merkbüchern des Rates niedergelegt sind; veröffentlicht (Fehdebuch, Heimliche Rechenschaft) in den Chroniken der deutschen Städte VI, Braunschweig 1 und (Papenbok, Schichtspiel, Schichtbuch) ebda. XVI, Braunschweig 2.

In **Niedersachsen** entstand zu Beginn des 15. Jhs. eine der letzten großen Weltchroniken, die Nova Chronica des DIETRICH ENGELHUS aus Einbeck, der 1434 in dem

Augustinerchorherrenstift Wittenburg bei Hildesheim starb. Mit gutem Verständnis hat der Verfasser eine Unmasse von Chroniken verarbeitet. Das Werk, das in den letzten Partien eine starke lokalhistorische Färbung annimmt, reicht bis 1422, mit Zusätzen bis 1433. Da die Chronik sich als brauchbares Handbuch der Weltgeschichte bewährte, wurde sie später von dem Brandenburger Franziskaner MATTHIAS DÖRING bis 1464 fortgeführt, während sie gleichzeitig auch eine deutsche Bearbeitung erfuhr.

Ausgabe des Engelhus bei LEIBNIZ, SS. rer. Brunsvic. II 977—1143. Vgl. K. GRUBE, Beiträge zu dem Leben und den Schriften des D. Engelhus, HJb. III (1882) 49—66, wo eingehend die reiche literarische Tätigkeit Dietrichs besprochen wird; ebda. S. 59 über die deutsche Bearbeitung der Chronik. Döring bei RIEDEL, Codex Diplomat. Brandenburgensis IV 1, 209—256.

Aus dem übrigen niedersächsischen Gebiete haben wir noch ein deutsches Chronicon Luneburgicum aus dem 15. Jh., gedruckt bei LEIBNIZ, SS. rer. Brunsvic. III 172—199. Für Goslar die Reste einer dort gegen Ende des 13. Jhs. entstandenen Chronik bis 1292, die sich erhalten haben in der in lateinischer und deutscher Bearbeitung vorliegenden Chronik des dortigen Stifts St. Simon und Judas, gedruckt in MG. Deutsche Chroniken II 586—608. Für Hildesheim die von dem Rektor PETER DIEPPURCH aufgezeichneten Annalen des Lüchtenhofes von 1440—1493, herausg. von R. DOEBNER, Annalen und Akten der Brüder des gemeinsamen Lebens im Lüchtenhofe zu Hildesheim (= Quellen und Darstellungen zur Gesch. Niedersachsens IX), Hannover und Leipzig 1903; vgl. dazu G. BOERNER, Die Annalen und Akten der Brüder des gemeinsamen Lebens (vervollständigte Berliner Dissert.), Fürstenwalde 1905. DOEBNER, Studien zur Hildesheimer Geschichte, Hildesheim 1902. Für das Bistum Verden ein gegen Ende des 15. Jhs. angefertigtes Chronicon episcoporum Verdensium, gedruckt bei LEIBNIZ, SS. rer. Brunsvic. II 211—222; ferner Chronicon ecclesiae Hamelensis des JOHANN VON PÖLDE aus dem 14. Jh., gedruckt bei MENCKE, SS. rer. Germ. III 819—826.

Die Geschichtschreibung in Oldenburg geht auf das Benediktinerkloster Rastede zurück. In diesem im 12. Jh. gegründeten Hauskloster der Oldenburgischen Grafen hat man seit dem 14. Jh. mehrfach geschichtliche Aufzeichnungen gemacht, die sich mit der Vergangenheit der Grafschaft im allgemeinen und des Klosters im besonderen befassen. Sie bildeten dann auch die Grundlage, auf der fußend der Augustinermönch JOHANNES SCHIPHOWER in Oldenburg das Chronicon archicomitum Oldenburgensium bis 1508 verfaßte; gedruckt bei MEIBOM, SS. rer. Germanic. II 123 bis 194. Vgl. H. ONCKEN, Zur Kritik der oldenburg. Geschichtsquellen im MA. Diss. Berlin 1891.

Unter den **Hansastädten** hat Bremen für diese Periode zwar kein der Darstellung des Domscholasters ADAM (s. o. S. 51 ff.) gleichwertiges Werk aufzuweisen, aber immerhin ist man hier nicht ganz untätig gewesen. Denn sowohl die Geschichte der Erzbischöfe als auch die der Stadt wurde aufgezeichnet. Die Historia archiepiscoporum Bremensium reicht in ihrem ersten Teile (von Karl d. Gr.) bis 1307, bis zum Tode des Erzbischofs Florenz von Bronkhorst, und ist dann von zwei Bearbeitern zum Teil in Versen bis 1411 fortgeführt. Von diesen beiden Fortsetzern hat der erstere, der bremische Kanzler FRANKO, Scholaster des Stifts Meschede, um die Mitte des 14. Jhs. die Geschichte der Erzbischöfe Johann Grant und Burkhard Grelle (1307—1327, bzw. 1327—1344) geschrieben, während der zweite Fortsetzer erst im 15. Jh. tätig war und bereits die niederdeutsche Bremer Stadtchronik bis 1406 bzw. 1418 der zwei Bremer Domgeistlichen GERHARD RYNESBERCH und HERBORD SCHENE benutzte. Diese Bremer Chronik hat dann noch bis 1428 (1430) der Bürgermeister und Dombaumeister JOHANNES HEMELING, der auch schon seine Vorgänger mit amtlichem Material unterstützt hatte, fortgeführt, indem er gleichzeitig das bereits Vorliegende überarbeitete. Noch wertvoller würde diese Chronik sein, wenn nicht HEMELING seine Darstellung allzu tendenziös in bremischem Interesse gefärbt hätte. — Weiter bis 1436 ist die Geschichte Bremens von HEINRICH WOLTERS, Kanonikus an St. Ansgarii, bearbeitet.

Die Historia archiepiscop. Brem. ed. LAPPENBERG, Geschichtsquellen des Erzstiftes und der Stadt Bremen, Bremen 1841, 7—54; Die Chronik ebda. 55—176. Über Tendenz und Fälschungen HEMELINGs vgl. JOSTES in Z. d. Ver. f. rheinisch-westfäl. Volkskunde I 1904 und W. STEIN, Die bremische Chronik von R. u. Sch., in Hans. GBll. 1906, XII 139—212. WOLTERS ed. MEIBOM, SS. rer. Germ. II 19—82. Neue Ausgabe der Bremer Chroniken in den deutschen Städtechroniken demnächst zu erwarten.

So unbedeutend die Historiographie Hamburgs ist, um so reicher ist die der Hansastadt Lübeck, die der Bedeutung der Stadt entsprechend einen großen Zug aufweist. An der Spitze stehen hier die in dem Franziskanerkloster St. Catharina aufgezeichneten Annales Lubicenses von 1264—1324. Als erstes Erzeugnis der amtlichen städtischen Geschichtschreibung verfaßte der Ratsnotar JOHANN RODE († 1349) eine Chronik der Stadt Lübeck von ihren Anfängen bis zum Brande der Stadt 1276; eine zweite Chronik, die sogenannte Stadeschronik führte RODE dann bis 1349. Sie ist nur in Auszügen und Ableitungen bekannt. Mit dem Tode RODES trat eine Stockung in der offiziellen Geschichtschreibung ein, und erst der Aufstand des Jahres 1384 gab Veranlassung, daß der Franziskanerlesemeister DETMAR im Auftrage der damaligen Gerichtsherren eine lübeckische Chronik in niederdeutscher Mundart schrieb im engen Anschluß an die Stadeschronik, die er zunächst bis 1386, dann weiter bis 1395 fortführte. Diese Chronik DETMARS ist in verschiedenen Rezensionen erhalten; für die frühere Zeit ist sie in der Hauptsache Kompilation; für seine Zeit bemüht sich aber DETMAR möglichst gewissenhaft zu berichten; doch steht sein Können mit seinem Wollen nicht ganz in Einklang.

Zu Beginn des 15. Jhs. ist dann DETMAR im Katharinenkloster fortgesetzt worden für die Jahre 1395—1399 und 1400—1413. Eine dritte Fortsetzung liegt vor in der sogenannten Lübischen Ratschronik von 1401—1482, an der mehrere Verfasser in amtlichem Auftrage arbeiteten. Der Verfasser der Partie von 1401—1469 ist der Protonotar und späterer Ratmann JOHANN HERTZE, von 1469—1480 der Protonotar JOHANN WUNSTORP und des Schlusses 1480—1482 der Ratssekretär DIETRICH BRANDES.

In Lübeck verbrachte auch ein anderer Mönch, der für die Geschichtschreibung zweifellos höhere Befähigung mitbrachte als der Franziskaner DETMAR, einen Teil seines Lebens, der Dominikaner HERMANN KORNER (geboren um 1365 in Lübeck, gestorben daselbst 1438). Man hat ihn den Proteus unter den Historikern genannt, weil er, sooft er eine neue Handschrift seiner Chronica novella verfertigte, den Text anders gestaltete. In fünf verschiedenen Rezensionen, die alle ein anderes Endjahr haben, hat KORNER diese Chronik bearbeitet; dazu verfaßte er auch noch eine deutsche Chronik von Erschaffung der Welt an, die aber, abgesehen von ganz kurzen Auszügen, nur in dem zweiten Teil von Karl d. Gr. an bis 1438 erhalten ist. Mit Genauigkeit in Einzelheiten plagte KORNER sich nicht, und so lauten bei ihm die Berichte über dasselbe Ereignis in den einzelnen Redaktionen wiederholt ganz verschieden. Durch unzählige Flüchtigkeiten ist die Chronik entstellt; und doch bietet KORNER für die von ihm durchlebte Zeit gute Nachrichten; nur darf ihm gegenüber die kritische Vorsicht nie außer acht gelassen werden.

Eine Kompilation schließlich aus der verlorenen Stadeschronik des JOHANNES RODE, aus der Chronik DETMARS (bis 1395) und einer Rezension der Chronica novella stellt dar die sogenannte Rufus-Chronik (1105—1430), als deren Verfasser ohne jeden triftigen Grund ein gewisser JOHANNES RUFUS genannt wird, der zu Anfang des 15. Jhs. Franziskaner im St. Katharinenkloster gewesen sei.

Hamburgische Chroniken, herausg. von J. M. LAPPENBERG, Hamburg 1861. — Annales Lubicenses in MG. SS. XVI 411—429. Die verschiedenen Lübecker Chroniken mit orientierenden Einleitungen in den Chroniken der deutschen Städte 19, 26, 28 und 30 = Lübeck 1—4; noch nicht gedruckt ist der Schluß der Lübischen Ratschronik von 1466—1482, der in Band Lübeck 5 erscheinen wird. Vgl. K. KOPPMANN, Übersicht über die Historiographie Lübecks von 1298—1438, in Chroniken 26 (= Lübeck 2) S. IX—XVII.

Die Chronica novella des Hermann Korner, herausg. von JAK. SCHWALM, Göttingen 1895. Zuerst sind hier in übersichtlicher Weise die lateinischen Redaktionen gedruckt; als Anhang folgt dann die deutsche Bearbeitung.

In **Holstein** entwickelt sich, wenn wir absehen von kurzen holsteinischen Annalen des 14. Jhs., eine eigene Geschichtschreibung erst um die Mitte des folgenden Jahrhunderts, indem ein Priester der Diözese Bremen eine Darstellung der holsteinischen Geschichte, von Adam beginnend, in dem Chronicon Holsatiae bis 1428 gab. Etwas später entstand dann die volkstümliche, von Späteren viel benutzte „Kronik der nortelbischen Sassen, der Diethmarschen, Stormarn und Holsten" bis 1483, deren Verfasser bisher unbekannt ist.

<small>Über die Holst. Annalen vgl. HOLDER-EGGER in NA. XXIII (1897) 244—247. Der Presbyter herausg. von WEILAND in MG. SS. XXI 253ff., Die Kronik von LAPPENBERG in Quellensammlung der Schleswig-Holstein-Lauenburgischen Gesellsch. für vaterl. Gesch. III, 1865. Vgl. W. FRICKE, Untersuchungen zur älteren holst. Gesch. Diss. Jena 1907. Dazu SCHMEIDLER in NA. XXXIII 561ff.</small>

Geringfügig sind auch die darstellenden Quellen in **Mecklenburg**. Erwähnung verdient nur die Mecklenburgische Reimchronik, die der Thüringer ERNST VON KIRCHBERG, veranlaßt durch die Heirat des Herzogs Albrecht mit einer thüringischen Prinzessin, schrieb und die von Karl d. Gr. bis 1337 reicht. — Von den mecklenburgischen Städten hat Wismar in dem Stadtschreiber HINRIK VON BALSEE 1384 einen Chronisten gefunden, während eine Rostocker Chronik erst aus dem Beginn des 15. Jhs. erhalten ist.

<small>Chronicon Mecklenburgicum ed. WESTPHALEN, Monument. inedita IV, 593ff. Hinrik von Balsee, herausg. in Jb. f. Meckl. Gesch. 43 (1878) 165—186; die Rostocker Chronik in Beitr. zur Meckl. Gesch. I 826ff.</small>

<small>Für Pommern genügt es hinzuweisen auf die für Stettin wichtige, an der dortigen St. Jakobikirche entstandene Chronik von 1183—1487, die als Gesta priorum s. Jacobi, Der älteste chronikalische Rest Stettins, von G. HAAG, Progr. des Städt. Gymnas., Stettin 1876, herausgegeben ist.</small>

Für die Geschichte **Schlesiens** ist wegen des — zumal durch die Herrschaft des polnischen Piastengeschlechtes bedingten — engen Zusammenhanges mit Polen stets auch die polnische Geschichtschreibung neben den lokalen Quellen heranzuziehen. Erst im 14. Jh. entstehen auf schlesischem Boden wichtigere historiographische Darstellungen: so als erster Versuch einer zusammenhängenden schlesischen Landesgeschichte eine polnisch-schlesische Chronik bis 1278, die ein Deutscher (?), wahrscheinlich Geistlicher in Liegnitz, bald nach 1301 verfaßt hat. Sie ist wohl formlos, bringt aber für die Zeit nach 1227 sehr gute Nachrichten, während sie für die frühere Zeit sich hauptsächlich auf die polnische Chronik des VINCENZ KADLUBEK, Bischofs von Krakau († 1223), stützt. In Anlehnung an sie schrieb vor 1386 der Kanoniker des Brieger Hedwigstifts PETER BICZCZIN die Cronica principum Polonie, die bis 1384 reicht. Wenn sie auch als Quelle insbesondere für das 14. Jh. wertvoll ist, so verfolgt sie doch anderseits eine unverkennbare Tendenz, indem sie sich gegen die böhmische Oberherrschaft der deutschen Luxemburger über Schlesien richtet und gleichsam „einen Grabgesang von dem Untergange der Selbständigkeit und Freiheit der piastischen Fürsten Schlesiens" anstimmt.

<small>Das Chronicon Polono-Silesiacum herausg. von ARNDT in MG. SS. XIX 553—570, mit dem handschriftlichen Namen Chronica Polonorum bei STENZEL, SS. rer. Siles. I 1—32. Vgl. dazu GUMPLOWICZ in MIÖG. XXIII (1902) 568ff. — Die Cronica principum Polonie bei STENZEL a. a. O. 38—172. Vgl. W. SCHULTE, Die politische Tendenz der Cronica usw. Breslau 1906 (Darstellungen und Quellen zur schles. Gesch. I).
Von kleineren Quellen wären noch zu erwähnen: der Liber fundationis claustri S. Mariae in Heinrichow, herausg. von STENZEL, 1854, der für die schlesische Geschichte bis 1310 wichtig ist; Annales Cisterciensium in Heinrichow (Heinrichau) und Annales Henrichowenses in MG. SS. XIX 543—549 und als Breve chronicon Silesiae in SS. rer. Sil. I 33—37. — Breslauer Aufzeichnungen aus dem Ende des 13. Jhs. und im 14. und 15. Jh. z. T. in Annalenform in MG. SS. XIX 527—533. Annales Glogavienses (Glogau) bis 1493 in SS. rer. Sil. X 1—66. Dürftige, deutsche, Görlitzer Annalen aus dem 15. Jh. in SS. rer. Lusaticarum I 215—226; bessere Görlitzer Jahrbücher von 1487—1496 ebd. II 1—390. — Die böhmische Chronik des BENEDIKT JOHNSDORF, Abtes der Augustiner-Chorherren zu St. Maria auf dem Sande in Breslau, reicht bis 1490; der selbständige Teil 1468—1490 in SS. rer. Sil. XII 109—123. — Descriptio tocius Silesie et civitatis regie Vratislaviensis per M. Bartholomeum Stenum, herausg. von MARKGRAF, ebd. XVII (1902). Dieser B. STEIN lebte als Mitglied des Johanniterordens um die Wende des 15. Jhs. und verfaßte diese Schrift um 1510; vgl. BAUCH in Z. f. Gesch. u. Altert. Schlesiens XXVI 225ff.</small>

Zu Beginn des 15. Jhs. hat Schlesien auch einen Geschichtschreiber aufzuweisen, dessen Blick nicht durch territoriale Schranken beengt wird. Es war der gut kirchlich gesinnte Abt LUDOLF von Sagan († 1422), der durch die traurigen Zustände während der großen Kirchenspaltung seit 1378 veranlaßt, in einem Traktate De longevo scismate meist treffende Betrachtungen über seine Zeit niederschrieb. Die Kirchenpolitik um die Wende des 14. und 15. Jhs. beurteilt er richtig, auch bringt er gute Nachrichten über die hussitische Bewegung. Außerdem hat LUDOLF, der Sachse von Geburt war und wohl aus Einbeck, der Heimat des DIETRICH ENGELHUS, stammte, auch noch eine Geschichte seiner Kirche bis 1398, Catalogus abbatum Saganensium, verfaßt, die über ihre lokale Bedeutung hinaus für die Geschichte Niederschlesiens und der Niederlausitz wichtig ist und von anderen bis ins 17. Jh. fortgesetzt wurde.

Für den Hussitenkrieg ist besonders wertvoll des MARTIN KOTBUS von Bolkenhain Geschichte, die zum Teil auf Grund persönlicher Erlebnisse niedergeschrieben ist; denn MARTIN kam als Kaufmann weit herum und lernte daher die Schrecken der Hussitenkriege genau kennen. Seine Arbeit umfaßt die Jahre von 1425—1444.

In die Zeiten nach den Hussitenkriegen führt uns dann die Historia Wratislaviensis des Breslauer Stadtschreibers PETER ESCHENLOHER von 1438—1472, ein, wenn auch nicht auf der Höhe stehendes, so doch für die Zeitgeschichte wichtiges Werk, dessen Wert zumal durch die eingestreuten Akten und Briefe noch erhöht wird. Auch eine Übertragung dieser Geschichte ins Deutsche mit selbständigen Zusätzen, aber unter stärkerer Betonung einer Tendenz zugunsten des Breslauer Rates hat ESCHENLOHER veranstaltet.

De longevo seismate des LUDOLF von Sagan herausg. mit ausführlicher Einleitung von LOSERTH in A. f. Österr. Gesch. LX (1880) 402—551; Der Catalogus abbatum von STENZEL in SS. rer. Siles. I 173—248, die Fortsetzungen ebda. 249—528. — MARTIN von Bolkenhain herausg. von HOFFMANN VON FALLERSLEBEN in SS. rer. Lusat. I 351—373 und von WACHTER in SS. rer. Siles. XII 1—18. Über den Verfasser vgl. BR. KRUSCH in Zeitschr. des Ver. für G. u. Alt. Schles. XXXVII 310ff. — ESCHENLOHER herausg. von H. MARKGRAFF in SS. rer. Siles. VII.

Als Quelle für die ältere Geschichte des Ordenslandes **Preußen** liegt die Cronica terre Prussie des Ordenspriesters PETER VON DUSBURG (aus Duisburg, Rheinprovinz?) vor. Sie reicht ursprünglich bis 1326, ist dann aber bis 1330 fortgeführt. PETER erzählt die Geschichte der Entstehung des Deutschritterordens und seiner Kämpfe gegen die Heiden in Preußen. Für diese kriegerischen Begebenheiten ist seine Darstellung die wichtigste Quelle, während sie über die inneren Verhältnisse, über die Verwaltung und Kolonisation des Ordenslandes kaum Aufschluß gewährt. Diese Chronik, die schon bald nach dem Tode ihres Verfassers auf Veranlassung des Hochmeisters von dessen Kaplan NIKOLAUS VON JEROSCHIN als „Kronike von Pruzinlant" in deutsche Reime gebracht wurde, erhielt dann 100 Jahre später eine Fortsetzung bis 1435 durch KONRAD BITSCHIN, Stadtschreiber von Kulm. Bis 1410 bietet dieser nur dürftige Notizen, die auch sonst bekannt sind; dann wird er reichhaltiger.

Verloren ist in ihrer ursprünglichen Gestalt die Chronik des JOHANN VON POSILGE, Offizials von Pomesanien, die die Jahre 1360—1405 umfaßte; nur in einer gleichzeitigen deutschen Übersetzung und daran gefügten Fortsetzung bis 1419 ist sie bekannt.

Während diese Chronik großen Quellenwert beanspruchen darf, kann man dieselbe Bedeutung nicht den sogenannten Hochmeisterchroniken zumessen, trotzdem sie sich großer Beliebtheit erfreuten, weil sie die Geschichte des Ordens in bequemer und geschickter Verarbeitung — nach den einzelnen Hochmeistern geordnet — boten. Die ältere Hochmeisterchronik reicht bis 1433, die jüngere ist in Holland geschrieben worden und geht bis 1466. Nur die erste Fortsetzung der älteren Chronik bis 1455 ist wertvoll, da sie uns in die politischen Kämpfe einführt, die schließlich den Untergang des Ordens verschuldeten.

Für diese Kämpfe, in deren Verfolg das Ordensland durch den Frieden von Thorn 1466 an Polen fiel, sind sehr wichtig „Die Geschichten von wegen eines Bundes von

Landen und Stetten wider den Orden Unser Lieben Frauen", eine Schrift, die tagebuchartig die Ereignisse aus den Jahren 1440—1462 verzeichnet. Während der unbekannte Verfasser dieser Schrift für den Orden Partei ergreift, steht auf der Seite der Städte die Danziger Chronik des PETER BRAMBECK, die das Vorgehen des Städtebundes im Verein mit dem Adel gegen den Orden zu rechtfertigen sucht.

Alle Quellen zur Geschichte des Ordenslandes sind herausgegeben von HIRSCH, TÖPPEN und STREHLKE in den SS. rerum Prussicarum, 5 Bde., Leipzig 1861—1874. Hier DUSBURG I 21—213 bzw. 219; JEROSCHIN 291—624; BITSCHIN III 478—506. Dieser KONRAD BITSCHIN ist außerdem bekannt durch seine Schrift De vita conjugali, ebd. 507—512, und eine Anzahl anderer Schriften. Die Übersetzung der Chronik des JOHANN VON POSILGE, die man früher die Chronik des JOHANN LINDENBLATT nannte, ebd. III 79—388. Die Hochmeisterchroniken: Die ältere ebd. III 540—637, die Fortsetzung 637—700; die jüngere V 43—148. Die Geschichten ebd. IV 75—211; die Danziger Chronik BRAMBECKS (1439—1469) ebd. 409—444. Danziger Geschichtsaufzeichnungen im allgemeinen ebd. IV 299—800; erwähnt seien davon des Danziger Stadtschreibers JOHANN LINDAU Geschichte des 13jährigen Krieges 1454—1466, dann des Kaufmanns CASPAR WEINREICHS Chronik von 1461—1496. — Die Chroniken von Oliva in SS. rer. Prussic. I 649—726 und V 591—647. Die ältere (bis 1349) neu herausg. in Monument. Polon. hist. VI. — Aus Thorn Franciscani Thorunensis annales Prussici 941—1410 in SS. rer. Pruss. III 57—316. Außerdem noch bemerkenswert die Thorner Denkwürdigkeiten 1345—1547, herausg. von A. VOIGT in Mitt. des Copernicusvereins für Wiss. und Kunst in Thorn, Heft 13, 1904.

Angeschlossen seien hier die livländischen Quellen: Die Reimchronik des BARTHOLOMAEUS HOENEKE von 1315—1348, herausg. von KONST. HÖHLBAUM, Leipzig 1872, und die wichtigste Quelle für die Geschichte Livlands im 14. Jh., des HERMANN VON WARTBERG (Warburg in Westfalen) Chronicon Livoniae bis 1378, in SS. rer. Pruss. II 21—116.

Für den Historiker ist es unerläßlich, nicht nur die Fakta der Geschichte aus den Quellen kennen zu lernen, sondern auch in den Ideengehalt einer Zeit und in die geistigen Gegensätze, die sie beherrschen, einzudringen. Deshalb bilden die politischen und kirchenpolitischen **Traktate** des MA. einen hervorragenden Teil des Materials, auf dem wir unsere Kenntnis der geistigen Strömungen in der Vergangenheit aufbauen müssen. Hierher gehören die bedeutendsten Publizisten des späteren MA.

Den überspannten Ansprüchen der Kurialen hinsichtlich der Oberherrlichkeit des Papstes über die Welt auch in temporalibus trat 1280/81 ruhig und besonnen JORDANUS VON OSNABRÜCK in Verbindung mit dem Kölner Kanoniker ALEXANDER VON ROES entgegen, indem die Machtsphären der drei mächtigsten Nationen des Abendlandes so abgegrenzt wurden, daß den Italienern das Papsttum, den Deutschen das Kaisertum und den Franzosen die Herrschaft im Reiche der Wissenschaft auf Grund der Pariser Universität zugewiesen wurde. Etwas später, zur Zeit des Romzuges Heinrich VII., schrieb DANTE, der Sänger der göttlichen Komödie, seinen Traktat de monarchia, in dem er die Gleichordnung von Kaisertum und Papsttum verfocht: beide hätten von Gott die wichtige Aufgabe überkommen, dafür zu sorgen, daß die Gläubigen den Weg zum Himmel fänden.

In den MGH. ist eine Sammlung der einschlägigen Schriften geplant unter dem Titel: Tractatus de iure imperii saec. XIII et XIV selecti, bis zu deren Erscheinen noch auf die älteren Ausgaben zurückzugehen ist.
Die Schrift De praerogativa Romani imperii als „Des Jordanus von Osnabrück Buch über das Römische Reich" herausg. von G. WAITZ in Abh. der Kgl. Ges. der Wiss. zu Göttingen, Hist.-Philol. Klasse XIV, 1868; auch separat ebda. Den Anteil des JORDANUS an dieser Schrift hat die neuere Forschung beschränkt auf das erste Kapitel, während der einleitende Begleitbrief und der ganze Rest des Textes (Kap. 2—11) dem ALEXANDER VON ROES zukommen soll, der den Traktat an der Kurie schrieb, um Stimmung zu machen gegen die französischen Aspirationen auf das Kaisertum. Von demselben Autor rühren auch wohl die früher dem JORDANUS zugeschriebenen Schriften Pavo und Noticia saeculi her. Vgl. W. SCHRAUB, Jordanus von Osnabrück und Alexander von Roes, Heidelberg 1910 (Heidelberger Abhandlungen Heft 26) und den Artikel von R. SCHOLZ über Jordanus von Osnabrück in Realenzyklopädie für prot. Theol. und Kirche, Bd. 23 (1913) 698ff., wo die umfangreiche einschlägige Literatur verzeichnet ist. — DANTES De monarchia libri III ed. C. WITTE, Halle 1863—1871 und Wien 1874. Ältere Ausgabe bei SCHARD, Syntagma tractatuum de imperiali iurisdictione (1609) 80—104. Vgl. W. C. SCHIRMER, Dante Alighieris Stellung zu Kirche und Staat,

Kaisertum und Papsttum, Düsseldorf 1891. H. GRAUERT, Zur Danteforschung, HJb. (1895) 517ff. widerlegt sehr nachdrücklich die Behauptungen von A. MAASS (Dantes Monarchie, Tübinger Diss. 1891) und L. PROMPT (Les oeuvres latines apocryphes de Dante, Grenoble 1893), nach denen DANTE als Autor der Monarchie nicht in Frage komme. Als Entstehungszeit der Monarchie (nach SCHEFFER-BOICHORST um 1320, nach GRAUERT 1300/1) sucht neuerdings DAVIDSOHN, Gesch. von Florenz III 540, das Jahr 1313 zu erweisen, weil die Schrift in enger Beziehung zu den römischen Vorgängen im Sommer 1313 stehe. Dagegen FLORI in Rendiconti del R. istituto Lombardo etc. II 45 S. 516ff. und SAUTER in der Einleitung zu seiner Übersetzung (Freiburg 1913).

Während ENGELBERT, Abt des Benediktinerklosters Admont in Steiermark († 1331), in seiner Schrift De ortu, progressu et fine Romani imperii (c. 1307—1310) nicht mit der Begeisterung eines JORDANUS-ALEXANDER, aber mit besonnener Kritik die Rechte und die Würde des Kaisertums als einer für sich bestehenden Macht untersucht, steigert auf der einen Seite der Augustinereremit AUGUSTINUS TRIUMPHUS die Stellung des Papstes ins Ungemessene, und drückt auf der anderen Seite der Pariser Professor MARSILIUS VON PADUA in Gemeinschaft mit JOHANN VON JANDUN das Papsttum zu der bescheidenen Rolle eines Kultusministers des die Volkssouveränität repräsentierenden Kaisers herab (1324). MARSILIUS VON PADUA war mit seinem Defensor pacis vielleicht der schneidigste Gegner der Päpste zu der Zeit, als Ludwig von Bayern und Johann XXII. einander gegenüberstanden. Ebenfalls für Ludwig von Bayern tritt KONRAD VON MEGENBERG in seinem Planctus ecclesiae in Germaniam aus den Jahren 1337/1338 ein. Später ist KONRAD, gereizt wohl durch die scharfen Angriffe des Minoriten WILHELM VON OCCAM auf Johann XXII., Anhänger weitgehender papalistischer Anschauungen geworden, denen er namentlich gegenüber Karl IV. in dem Buche De translatione Romani imperii (1354) Ausdruck gab. Im Gegensatze zu KONRAD betont LUPOLD VON BEBENBURG († 1363 als Bischof von Bamberg) die Rechte des Kaisertums.

Zur Beurteilung ENGELBERTS von Admont, die sehr verschieden ist, vgl. S. RIEZLER, Die literarischen Widersacher der Päpste, Leipzig 1874, ein Buch, das auch für die folgenden heranzuziehen ist. Sodann E. MICHAEL, Geschichte des deutschen Volkes vom 13. Jh. bis zum Ausgang des MA. III (1903) 274ff. De ortu usw. herausg. von BRUSCHIUS, Basel 1553 und GOLDAST, Politica imperialia, Frankfurt a. M. 754—773. — Reiches neues Material über die Literatur der kirchenpolitischen Traktate hat beigebracht RICH. SCHOLZ, Unbekannte kirchenpolitische Streitschriften aus der Zeit Ludwigs des Bayern (1327—1354). Analysen und Texte. Teil 1: Analysen. Rom 1911 (B. d. Kgl. Preuß. hist. Instit. IX). Teil 2, der eine große Anzahl bisher unbekannter Texte bringen wird, in Vorbereitung. Hier findet sich auch die gesamte Literatur verzeichnet, so daß es genügen mag, nur auf weniges noch besonders hinzuweisen. Des AUGUSTINUS TRIUMPHUS († 1328 als Erzbischof von Nazareth in Neapel) Summa de potestate ecclesiastica ad papam Johannem XXII. erschien erst Rom 1584. — Der Defensor pacis bei GOLDAST, Monarchia sancti Romani imperii II 154 bis 312. Neue Ausgabe (des 1. Buches) der Editio princeps (Basel 1522) von CARTELLIERI, Leipzig 1913; ferner demnächst von RICH. SCHOLZ in Quellensammlung zur deutschen Geschichte. — WILHELM VON OCCAM, Compendium errorum papae, bei Goldast, Monarchia II 957. — Bisher unbekannte Streitschriften des OCCAM bei SCHOLZ a. a.O. 141—189. — Über KONRAD VON MEGENBERG (s. auch oben S. 100) vgl. GRAUERT in HJb. XXII (1901) 631—687 und SCHOLZ a. a. O. 79ff. Auszüge aus seinem tractatus de electione Caroli IV. bei C. HÖFLER, Aus Avignon. Abh. d. böhm. Ges. der Wiss. VI 2 (1868) 29—31. Über De translatione Romani imperii bei SCHOLZ a. a. O. S. 95 bis 127. — LUPOLD VON BEBENBURG, De iuribus regni et imperii Romani ed. JAC. WIMPHELING, Straßburg 1509 und sonst mehrfach. Vgl. HERMANN MEYER, L. v. B., Studien zu seinen Schriften. Freiburg 1909 (= Studien u. Darstell. aus dem Gebiete der Gesch., herausg. von GRAUERT, VII. Heft 1 u. 2). Über sein Verhältnis zu KONRAD von Megenberg vgl. SCHOLZ a. a. O. S. 236ff. — Außerdem wäre noch zu erwähnen der ganz auf päpstl. Seite stehende anonyme Traktat de origine ac translacione et statu Romani imperii, den der Herausgeber, M. KRAMMER, Hannover 1909, dem J. 1308 und dem THOLOMEUS VON LUCCA zuschreibt, während P. MÜLLER, HVSchr. XIV (1911) 552ff. ihn dem J. 1324 und dem LANDOLF VON COLONNA zuweisen will.

Der Streit der Meinungen über die Gleichordnung von Papsttum und Kaisertum oder die Unterordnung der einen Würde unter die andere erhielt sich noch eine Weile; dann trat er zur Zeit, da die Kirche in dem großen Schisma (seit 1378) von ihrer Höhe heruntergleitt, zurück vor der Erörterung, wie man die Kircheneinheit wiederherstellen könne. Die einen hielten das nur im Einvernehmen mit den Päpsten für möglich; andere proklamierten die konziliare Theorie, d. h. das Papsttum stehe unter einem allgemeinen Konzile und dieses könne also durch Beseitigung halsstarriger Päpste der Zerrissenheit der Kirche ein Ende machen. In dieser Richtung bewegen sich zuerst die Schriften des KONRAD VON GELNHAUSEN und HEINRICH HEMBUCHER von Langenstein aus dem Ende des 14. Jhs. Während des Konstanzer Konzils aber taten sich besonders französische Kanonisten in dieser Beziehung hervor.

Im allgemeinen vgl. BLIEMETZRIEDER, Das Generalkonzil, Paderborn 1904. Vgl. H. KAISER. Der kurze Brief des Konrad von Gelnhausen (geschrieben 1379) in HVSchr. III (1900) 379ff. Die Epistola concordiae Konrads (1380) bei MARTENE et DURAND, Thesaurus anecdotum II (1717) 1200—1226. — K. WENCK, K. v. G. und die Quellen der konzilianen Theorie, in HZ. XI (1876) 64. Inhalt der Epist. conc. bei SCHEUFFGEN, Beiträge zu der Geschichte des großen Schismas, Freiburg 1889, S. 77—82. Nach MULDER, Dietrich von Nieheim 1907, S. 113ff. ist nicht K. v. G., sondern vielmehr schon OCCAM als der Urheber der konzilianen Theorie anzusehen. Langensteins Concilium pacis de unione ac reformatione ecclesiae in concilio universali quaerenda ed. v. D. HARDT, Magnum Constant. Conc. II 1, 3—60; Auszüge bei SCHEUFFGEN a. a. O. 61—75. Auszüge aus der bisher nur in 3 Programmen Helmstadt 1778 und 1779 gedruckten Epistola pacis ebda. 43—58. Zwei andere Schismatraktate Langensteins ediert von SOMMERFELDT in MIÖG. Erg.-Bd. VII 436—469. Vgl. O. HARTWIG, Henricus de Langenstein dictus de Hassia, Marburg 1857. A. KNEER, Die Entstehung der konzilianen Theorie. Zur Gesch. des Schismas und den kirchenpolitischen Schriftstellern Konrad von Gelnhausen und Heinrich von Langenstein. Rom 1893 (RQSchr. Erstes Suppl.-Heft).

Die Tendenz der in dieser Zeit entstandenen Schrift des MATTHAEUS VON KRAKAU († als Bischof von Worms 1410) ergibt sich aus dem Titel De squaloribus Romanae Curiae, gedruckt bei WALCH, Monimenta medii aevi I (1757) 1—100. — Der Kanzler der Pariser Universität, JOHANN GERSON († 1429), trat besonders auf dem Konstanzer Konzil hervor. Von seinen Schriften seien nur genannt die Traktate De unitate ecclesiastica und De auferibilitate papae ab ecclesia, abgedruckt in Opera Johannis Gerson, ed. DU PIN, Antwerpen 1706, II 113—121 und 209—224. — Die Schrift De modis uniendi ac reformandi ecclesiam in concilio universali, die sehr scharf die Superiorität des Konzils über den Papst vertritt und die von v. D. HARDT dem GERSON zugeschrieben und Opera II 161—201 (auch bei v. d. Hardt I 5, 68—142) gedruckt ist, hat wohl DIETRICH VON NIEHEIM zum Verfasser; anderer Meinung ist MULDER a. a. O. 198. Vgl. oben S. 90/91.

Die Zerfahrenheit des Reiches und der Kirche zeigte sich besonders während des Baseler Konzils. Die besten Schriften, die damals die Reform behandelten, beschäftigten sich daher in gleicher Weise mit Staat und Kirche. Des NIKOLAUS VON KUES Schrift De concordantia catholica (1433) schließt in sich eine Lehre von der verfassungsmäßigen Gestaltung des kirchlichen und staatlichen Lebens. Für das Staatsrecht stellte NIKOLAUS damals bereits Forderungen auf, deren Erfüllung erst eine spätere Zeit sehen sollte. Jährliche Reichstage, Kreiseinteilung, ewiger Landfriede, stehendes Reichsheer finden sich in dem Programm des NIKOLAUS, der die glänzende Kaiserherrlichkeit der Ottonenzeit seinen Zeitgenossen vor Augen rückt. — Als Reformprojekt Kaiser Siegmunds, mit dem sie freilich nichts zu tun hatte, trat um dieselbe Zeit eine Schrift hervor, deren Forderungen eine radikale Umgestaltung der Staats- und Kirchenordnung bedeutet hätten.

Eine Sammlung der publizistischen Schriften zur Reichsgeschichte aus der ersten Hälfte des 15. Jhs. bereitet die hist. Kommission bei der Kgl. Bayer. Ak. der Wiss. vor. — Ausgabe der Concordantia bei SCHARD, Syntagma tractatuum 285—390 und De iurisdictione imperii 465—676. Vgl. TH. STUMPF, Die politischen Ideen des Nikolaus von Cues, Köln 1865. Nikolaus Krebs wurde 1401 zu Kues an der Mosel geboren, war später Bischof von Brixen und Kardinal († 1464).

Die Reformation des Kaisers Siegmund, die 1476 zum ersten Male im Drucke erschien und dann häufig aufgelegt wurde, verlangte u. a. Säkularisierung des geistlichen Besitzes, Anweisung der Geistlichen auf ein bestimmtes Einkommen, für die Laien möglichst gleiches Einkommen bei gleichem Berufe usw. Als ihren Verfasser glaubte W. BOEHM, Friedrich Reisers Ref. des Kaisers Sigmund, Leipzig 1876, den 1458 in Straßburg als Ketzer hingerichteten hussitischen Agitator FRIEDRICH REISER nachweisen zu können, ohne indes allgemeine Zustimmung zu finden. Nach C. KOEHNE in NA. XXIII 689ff., ZSozWG. VI (1899), NA. XXVII 371ff., XXVIII 139ff. soll der Verfasser ein Pfarrgeistlicher in Augsburg sein. Dagegen kommt H. WERNER, Über den Verfasser und den Geist der sog. Ref. K. S. in HVSchr. V (1902) 467ff. zu dem Ergebnis, daß die Schrift von einem Augsburger Laien und wahrscheinlich von dem Augsburger Stadtschreiber VALENTIN EBER herrühre, der sie 1439 verfaßt habe. Neueste Ausgabe von H. WERNER, Die Ref. des Kais. S. Die erste deutsche Reformschrift eines Laien vor Luther. Berlin 1908. (A. f. Kulturgesch., 3. Erg.-Heft.) Endgültig entschieden ist die Verfasserschaft noch nicht.

Einer der schärfsten und gewandtesten Gegner des Papstes Pius II. und des Kardinals NIKOLAUS VON KUES war im 15. Jh. der Staatsmann und Humanist GREGOR HEIMBURG († 1472). In seiner Apologia für König Georg Podiebrad von Böhmen (1467) verteidigt er aufs schärfste die Rechte der Königsgewalt gegenüber dem Papsttum. Deshalb wurde ihm auch seit den Tagen des Flacius Illyricus (1550) die Verfasserschaft der Flugschrift Confutatio primatus papae zugeschrieben. Doch gilt diese heute als ein Werk des sächsischen Minoritenprovinzials MATTHIAS DÖRING, der seinen Traktat in der zweiten Hälfte des Jahres 1443 aus dem Defensor pacis des MARSILIUS von Padua und der Weltchronik des DIETRICH ENGELHUS zusammenarbeitete. — Die päpstlichen und die kaiserlichen Ansprüche miteinander zu versöhnen, sah PETER VON ANDLAU (Elsaß) als seine Aufgabe an. Er bestritt prinzipiell das größere Recht des Papstes nicht, aber aus patriotischen und praktischen Gründen hielt er eine Einmischung des Papstes in die weltliche Sphäre nicht für angezeigt.

Heimburgs Apologie in Fontes rer. Austri ac. 2. Abt. XX (1860) 647—660. Über HEIMBURG im allgemeinen P. JOACHIMSOHN, Gregor Heimburg, Bamberg 1891 (H. Abh. aus dem Münch. Seminar, Heft 1). Vgl. auch HJb. XVII (1896) 554ff. — Die Confutatio zuerst von FLACIUS ILLYRICUS 1550 herausgegeben; auch u. a. bei GOLDAST, Monarchia s. Romani imp., Hanau 1612, 557—563. Auf MATTHIAS DÖRING als Verfasser wies erstmals BR. GEBHARDT, HZ. 59 (1888) 248ff.: Matthias Döring, der Minorit, hin. Dann stützte P. ALBERT diese Behauptung in seiner eindringenden Untersuchung: Die Confut. prim. papae, ihre Quellen und ihr Verfasser, HJb. XI (1890) 439—490. — Des PETER VON ANDLAU Libellus de Caesarea monarchia auf Fridericum III. ist wiederholt herausgegeben, zuletzt von Jos. HÜRBIN in ZSavStRG. NF., Germ. Abt. XII 34ff. u. XIII 163ff.; Ergänzung dazu ebda. XVI 41ff. Über die Quellen des Libellus ebda. XVIII 1ff. Vgl. HÜRBIN, P. v. A., die Verfasser des ersten deutschen Reichsstaatsrechts. Straßburg 1897. Jos. KNEPPER, Nationaler Gedanke und Kaiseridee bei den elsäss. Humanisten 1898, 150ff.

Außerordentlich zahlreich sind für die beiden letzten Jahrhunderte des Mittelalters die **Überreste** verschiedenster Art, die auf uns gekommen sind und die in der stetig wachsenden Zahl neuer Publikationen bequem zugänglich gemacht werden. Gegenüber den früheren Perioden des MA. sind jetzt nicht nur die Urkundenbücher der Städte immer reichhaltiger, sondern als neue reichfließende Quelle für das geistige Leben kommen jetzt auch die Universitätsakten in Betracht. Nur auf einige wichtigere hierher gehörende Veröffentlichungen kann an dieser Stelle hingewiesen werden; genaue Angaben finden sich bei DAHLMANN-WAITZ, 8. Aufl. von P. HERRE S. 413—542.

Die Akte der Reichsgewalt in bequemer Zusammenstellung bei BÖHMER, Regesta Imperii (s. o. S. 5) und seinen Fortsetzern. CHMEL veröffentlichte die Regesten Ruprechts von der Pfalz und Friedrichs III., ALTMANN die Sigmunds. Von den Constitutiones et acta publica in den MGH. liegen in den Bänden III—VIII die aus der Regierungszeit Rudolfs von Habsburg bis Karl IV. (teilweise) vor. Die Reste des Archivs Heinrichs VII. sind als Acta Henrici VII. imperatoris Romanorum von DÖNNIGES, Berlin 1839 und BONAINI, Florenz 1877 herausgegeben. Reichhaltiges Material zur Geschichte dieser Zeit enthält namentlich das päpstliche Archiv; deshalb wetteifern, seitdem dieses allen Forschern erschlossen ist (1880), die historischen Institute fast aller Länder miteinander, die großartige Publikation vatikanischer Akten, die in den Annales ecclesiastici von BARONIUS und RAYNALD vorliegt, durch Spezialforschungen zu ergänzen. So gab KALTENBRUNNER 1889 die Aktenstücke zur Geschichte des Deutschen Reiches unter den Königen Rudolf I. und Albrecht I. heraus; S. RIEZLER im Auftrage der histor. Kommission bei der Kgl. Bayer. Akad. der Wiss. 1891 Die Vatikanischen Akten zur deutschen Geschichte in der Zeit König Ludwigs des Bayern; WERUNSKY 1885 das Excerpta ex registris Clementis VI. (1342—1352) et Innocentis VI. (1352—62). Vom Repertorium Germanicum, Regesten aus den päpstlichen Archiven zur Geschichte des Reiches und seiner Territorien im 14. und 15. Jh., sind bisher (Berlin 1897) nur die Regesten des Papstes Eugen IV. während des ersten Pontifikatsjahres (1431/32) erschienen.

Ein hervorragendes Quellenwerk für das ausgehende 14. und das 15. Jh. bilden die deutschen Reichstagsakten, bisher 15 Bde. von 1378—1438, die bereits oben S. 6 erwähnt sind. Frankfurts Reichskorrespondenz nebst anderen verwandten Aktenstücken von 1376—1519 gab JOH. JANSSEN, Freiburg 1863—1873, heraus. Das wichtigste Gesetz des MA., die Goldene Bulle, ist am besten veröffentlicht bei K. ZEUMER, Die Goldene Bulle Kaiser Karls IV. 2 Teile. Weimar 1908 (Quellen u. Studien zur Verfassungsgesch. des Deutschen Reiches II). Auch bei ALTMANN und BERNHEIM, Ausgewählte Urkunden zur Erläuterung der Verfassungsgesch. Deutschlands im MA.[3] Nr. 38, S. 54ff. und ZEUMER, Quellensammlung zur Gesch. der deutschen Reichsverfassung im MA. und NZ. (1904) 159 Nr. 130. Bei beiden auch (Nr. 131 bzw. 148) der ewige Landfriede Kaiser Maximilians vom 7. August 1495. Das Wiener Konkordat vom 17. Februar 1448, das für lange hinaus die Beziehungen zwischen Staat und Kirche regelte, ebda. Nr. 72 und Nr. 146.

BACHMANN gab Urkunden und Aktenstücke zur österreichischen Geschichte im Zeitalter König Friedrichs III. und König Georgs von Böhmen (1440—1471) in Fontes rer. Austriac. 2. Abt. 42 heraus. CHMEL, Urkunden, Briefe und Aktenstücke zur Geschichte Maximilians I. und seiner Zeit, Stuttgart 1845, und Wien 1854—1858 (Monument. Habsburgica. 1. Abt. 1—3). Die politische Korrespondenz des Kurfürsten Albrecht Achilles von PRIEBATSCH, 3 Bde., Leipzig 1894—1898. Die Urkunde des schwäbischen Bundes von KLÜPFEL, 2 Bde., Stuttgart 1846 und 1853 (Bibliothek des lit. Vereins). Über die Urkundenliteratur im einzelnen vgl. das alphabetische Verzeichnis bei OESTERLEY, Wegweiser durch die Literatur der Urkundensammlung, 2 Bde., 1885/86, sodann DAHLMANN-

WAITZ, Quellenkunde, 8. Aufl. von HERRE, 1912, S. 70ff., wo nach Ländern und Provinzen geordnet die Urkundensammlungen von Territorien und Städten angegeben sind; vgl. auch ebda. S. 420ff. und 450ff.

Eine Abhandlung über die Wahl und Krönung des Königs (14. Jh.) ist von A. WERMINGHOFF in ZSavStRGGA. XXIV 330ff. herausgegeben.

Über die Camera apostolica, deren Geschichte und Einfluß für die Beziehungen der Kirche zu den christlichen Ländern und besonders zu Deutschland so verhängnisvoll werden sollte, vgl. GOTTLOB, Aus der Camera apostolica des 15. Jhs., Innsbruck 1889. MAX JANSEN, Papst Bonifatius IX., Freiburg 1904, S. 117ff. KIRSCH, Die päpstl. Annaten in Deutschland während des 14. Jhs., Paderborn 1903. Ders., Die päpstl. Kollektorien in Deutschland, Paderborn 1894. Ferner Vatikanische Quellen zur Gesch. der päpstl. Hof- und Finanzverwaltung 1316—1378, herausg. von der Görresgesellschaft. Bd. I: E. GÖLLER, Die Einnahmen der apost. Kammer unter Johann XXII.; II: K. H. SCHÄFER, Die Ausgaben usw., Paderborn 1910—1911.

Die Akten der großen Reformkonzilien des 15. Jhs. von Konstanz und von Basel sind wiederholt gesammelt worden. H. V. D. HARDT, Magnum Constantiense Concilium, 6 Bde., Frankfurt und Leipzig 1697—1700. Bd. 7: Index von BOHNSTEDT, Berlin 1742. MANSI, Sacrorum conciliorum nova et amplissima collectio, 31 Bde., 1759—1798 (s. o. S. 4). Für Basel Monumenta conciliorum generalium saeculi XV, im Auftrage der Kaiserl. Akademie Wien (von PALACKY, BIRCK und BEER) 4 Bde., Wien 1857—1896. Neuerdings haben sich besonders verdient gemacht H. FINKE durch seine Forschungen und Quellen zur Geschichte des Konstanzer Konzils, Paderborn 1889, und seine Acta concilii Constantiensis I, Münster 1896, sowie JOH. HALLER durch sein Concilium Basiliense, Studien und Quellen zur Gesch. des Konzils von Basel, bisher 6 Bde. (5. von G. BECKMANN, R. WACKERNAGEL u. G. COGGIOLA; 7. von H. HERRE), 1896—1904. Ungedruckte Akten zur Gesch. der Päpste, vornehmlich im 15., 16. u. 17. Jh., die auch für Deutschland wichtig sind, gab L. PASTOR heraus, 1 (1904) 1376—1464.

Über die in den letzten Jahren zahlreich veröffentlichten Formelbücher, die manchmal sehr wertvolles historisches Material enthalten, vgl. jetzt FR. SCHILLMANN, Formelbücher als Quellen für die Landesgeschichte (D. Geschichtsbl. 1912, XIII, 8. Heft), wo S. 181ff. eine Zusammenstellung der bisher edierten Formelbücher.

Für die Universitätsgeschichte bieten namentlich die Matrikeln gutes Material. Eine Übersicht über die bereits gedruckten von W. FALKENHEINER in den Beiträgen zur Kenntnis des Schrift-, Buch- und Bibliothekswesens VII, 1902, 23ff. Seitdem sind noch erschienen die Matrikel von Tübingen von HERMELINK, Stuttgart u. Berlin 1906, Freiburg von H. MAYER, Freiburg 1907 bis 1909, während die von Ingolstadt, bearbeitet von G. WOLFF, zwar gedruckt, aber noch nicht ausgegeben ist. Viel neues Material auch in den Beilagen und Noten bei H. DENIFLE, Die Entstehung der Universitäten des MA. bis 1400, 1 Berlin 1885, und G. KAUFMANN, Die Geschichte der deutschen Universitäten, 2 Bde., Stuttgart 1888, 1896. Die gesamte Bibliographie der deutschen Universitäten, ein systematisch geordnetes Verzeichnis aller Druckschriften über das deutsche Universitätswesen bis 1899 haben ERMAN und HORN 1904 in 2 Teilen (allgemeiner und besonderer) erscheinen lassen. Eine Fortsetzung für die Jahre 1900—1909 plant HORN. Für 1910/11 ist die Literatur verzeichnet bei EBERT und SCHEUER, Bibliograph. Jahrbuch für deutsches Hochschulwesen Bd. 1, Wien 1912. Eine Zusammenstellung der Depositionsliteratur bietet W. FABRICIUS in Z. f. Bücherfreunde III (1900) 99—105. Als ältestes Zeugnis für die Deposition sieht er die im Manuale scolarium von 1481 enthaltenen Angaben an. Manuale scolarium, qui studentium universitates aggredi ac postea in eis proficere instituunt, ed. ZARNCKE 1857 in „Die deutschen Universitäten im MA. 1."

Für die Geschichte des Schulwesens ist vieles zu entnehmen einer Dichtung des NIKOLAUS VON BIBRA, Lehrers an der Erfurter Schule aus den Jahren 1281—1283 (Nicolai de Bibera, Occulti Erfordensis carmen satiricum, ed. TH. FISCHER in Geschichtsquellen der Prov. Sachsen 1 (1870) 2. 37ff.), ferner den Selbstbiographien des BURKARD ZINK (s. o. S. 96), des späteren Benediktiners JOHANN BUTZBACH (Chronica eines fahrenden Schülers, übersetzt von J. BECKER, Regensburg 1869), des ehemaligen Minoriten und späteren Züricher Professors KONRAD PELLICANUS (eig. Kürschner) (Chronikon herausg. von B. RIGGENBACH, Basel 1877 und VULPINUS, Straßburg 1892) und des Schweizer Humanisten und Buchdruckers THOMAS PLATTER (ed. DÜNTZER 1882 [Kollektion Spemann 18] und HEMANN).

Für das religiöse Leben A. FRANZ, Die Messe im deutschen MA. 1902, mit Beilagen. Ders., Die kirchlichen Benediktionen im MA. 1905.

Für die Geschichte des deutschen Handels und Verkehrs in dieser Zeit reiches Material bei A. SCHULTE, Geschichte des mittelalterlichen Handels und Verkehrs zwischen Westdeutschland und Italien, Leipzig 1900. H. SIMONSFELD, Der Fondaco dei Tedeschi in Venedig, 1887. Hanserecesse 1256—1530 von KOPPMANN, VON DER ROPP, SCHÄFER, TECHEN 1870—1913. Hansisches Urkundenbuch von HÖHLBAUM, KUNZE und STEIN, 10 (9) Bde. 1876—1907. Aus den Reisebeschreibungen des MA. läßt sich vielerlei für die Kultur entnehmen. Gute Zusammenstellung dieser Literatur bei L. PASTOR, Die Reise des Kardinals Luigi d'Aragona, beschrieben von Antonio de Beatis, Freiburg 1905 (Erläut. und Ergänz. zu JANSSENS Gesch. des deutschen Volkes IV 4).

Eine Sammlung der historischen Volkslieder ist für die MGH. geplant. Bis diese erscheinen, ist heranzuziehen R. v. LILIENCRON, Die hist. Volkslieder der Deutschen vom 12. bis zum 16. Jh., herausg. von der hist. Kommission bei der Kgl. Ak. der Wiss. zu München. 4 Bde. und Nachtrag. 1865—1869. JOH. HUEMER, Historische Gedichte aus dem 15. Jh. Nicolaus Petschacher, MIÖG. XVI 633—652.

Kunstgeschichtliche Überreste für den letzten Teilabschnitt, aber auch für die früheren in den großen staatlichen und privaten Sammlungen (vgl. das nach den Städten geordnete Verzeichnis in der jährlich erscheinenden Minerva), aus denen sie wiederum durch Abbildungen in Katalogen und Atlanten weiteren Kreisen zugänglich werden. — G. DEHIO, Handbuch der deutschen Kunstdenkmäler, bisher 5 Bde., Berlin 1905—1912. Viel bisher unbekanntes Material hat auch zutage gefördert die in den letzten Jahrzehnten fast in allen deutschen Landschaften in Angriff genommene Inventarisation und Veröffentlichung der Bau- und Kunstdenkmäler. Vgl. DAHLMANN-WAITZ[8] 216 ff.

Kunstgeschichte in Bildern, Abt. 2 (MA.) und Abt. 4 (15. und 16. Jh.) von DEHIO, 1900 ff. MOLLER-HESSEMER, Denkmäler der deutschen Baukunst[4], 2 Bde. 1854. Monumenta Germaniae architectonica, herausg. von ALBR. HAUPT, bisher 2 Lieferungen, Leipzig 1913. Gute Abbildungen auch bei G. STEINHAUSEN, Geschichte der deutschen Kultur[2], 1912. Städtebilder bei G. v. BELOW, Das ältere deutsche Städtewesen und Bürgertum[2]. Bielefeld 1906. O. PIPER, Bürgerkunde, Bauwesen und Geschichte der Burgen zunächst innerhalb des deutschen Sprachgebietes. 1. Aufl. 1895 (mit etwas anderem Nebentitel). 2. Aufl. 1905. H. WEISS, Kostümkunde II, Geschichte der Tracht und des Geräts des MA. 2. Aufl. 1883. Reiches Bildermaterial in den Monographien zur deutschen Kulturgeschichte, die G. STEINHAUSEN seit 1900 herausgibt.

J. H. HEFNER-ALTENECK, Trachten, Kunstwerke und Gerätschaften vom früheren MA. bis zum Ende des 18. Jhs., 2. Aufl., 10 Bde. Frankfurt 1879 ff. Interessante bildliche Darstellungen nebst begleitendem Text im Anzeiger des Germanischen Nationalmuseums (Nürnberg) seit 1884. Ein historisches Porträtwerk des MA. bereitet die hist. Kommission bei der Kgl. Bayer. Akad. der Wiss. vor.

Register.

Abdinghof, Kloster 65
Ablavius 15
Acerbus Morena 67
Acta Murensia 71
Adalbert, Erzbischof von Magdeburg 38
Adalbold von Utrecht 45
Adalhard 37
Adam von Bremen 51ff.
Adhemar 31
Ado von Vienne 21, 34
Agidius von Orval 70
Agius 28, 36
Agnellus 37
Agrestius 19
Albertinus Mussatus 86ff.
Albertus Aquensis 73
— Argentinensis 83ff.
— Milioli 74
Albert von Beheim 76
— — Stade 64
Albinus s. Alcuin
Albrecht von Bonstetten 96, 98
— von Hohenberg 83
Alcuin (Alchuin, Albinus) 21, 22, 29, 35
Alexander von Roes 119
Alpert von Metz 43
Altfried 36
Amatus von Monte Cassino 55
Ammianus Marcellinus 11
Anastasius 37
Andreas Engel 114
— von Bergamo 37
— — Regensburg 100
Angelus s. Andreas Engel 114
Angilbert 29
Annales (Jahrbücher) Alamanici 23
— Altahenses (Altaich) 48, 100
— s. Albani (Mainz) 48
— Alderpach 79
— s. Amandi 23
— Argentinenses imperiales 65
— Augustani (Augsburg) 48
— Basel 99
— Bergomates 68
— Berliner 114
— Bertiniani 32, 33ff., 43
— Boemorum 69
— Breslau 117
— Colonienses 43
— Col. maximi 63ff.
— Colmar 95
— Corvey 48

Annales Cremifanenses (Kremsmünster) 103ff.
— Cremona 68
— s. Disibodi 66
— Einhardi (sog.) 25ff.
— Ellenhardi 94
— s. Emmerami (Regensburg)
— Erfurt 59, 65   [43
— Flodoardi 43
— Frankfurt 108
— Fürstenfeld 100
— Fuldenses 32ff.
— s. Galli 43
— Gandenses (Gent) 109
— Garstenses 66
— Genua 67
— Glogavienses (Glogau) 117
— Görlitz 117
— Gradicenses (Hradisch) 70
— Guelferbytani 23
— Hannoniae 65
— Heinrichau 117
— Hersfeld 42, 48
— Hildesheim 42, 48
— Holstein 117
— Januenses (Genua) 67
— Iburg 48
— der Karolingerzeit 5
— Kölner 108
— Lobienses 43
— Lodi 67
— Lorsch 23ff.
— Lubicenses 116   [115
— Lüchtenhof in Hildesheim
— Lüttich (St. Jakob) 65
— Magdeburg 65
— Mailand 67
— Mainz 107, 108
— Marbacenses 65ff., 95
— s. Maximini (Trier) 43
— Mellicenses (Melk) 48, 66,
— Mettenses 35   [103
— Mosellani 23
— Murbacenses 23
— Nazariani (Lorsch) 23
— s. Nazarii (Lorsch) 43
— Nürnberg 101
— Österreichische 103ff.
— Opatowicenses 70
— Osnabrück 48
— Osterhofen 100
— Ottobeuren 48, 66
— Paderborn 48, 65
— Palidenses (Pöhlde) 65
— Patavienses (Passau) 66

Annales Pegau 65
— Petaviani 23ff.
— Pisani 68
— Placentini 67
— Polnische 56
— Posonienses 56
— Prag 55ff., 106ff.
— Quedlinburg 42
— Regensburg 48, 66
— regni Francorum 25ff.
— Reichersberg 66
— Reinhardsbrunn 59, 112
— Romualdi 68
— Rosenfeld 48   [66, 103
— s. Rudperti Salisburgenses
— Salzburg 79
— Schäftlarn 66
— Sindelfingenses 95
— Sithienses 35
— Stederburgenses 65
— Straßburg 65, 80
— Stuhlweißenburg 74
— Thorn 119
— s. Udalrici et Afrae (Augsburg) 100
— Ungarische 56
— Vedastini 35   [112
— Veterocellenses (Altzelle)
— Weingartenses 43
— Wormatienses 66, 108
— Xantenses 35
Annalista Saxo 59ff.
Annolied 52
Anonymus Valesianus 15
Ansbert 73
Ansegis 37
Anselm von Gembloux 51
— — Lucca 55
— (von Mainz) 70
Apollinaris Sidonius 17
Arbeo, Bisch. von Freising 22
Arnd Bevergern 110
Arnold von Lübeck 69
Arnulf von Mailand 55
Astronomus 31
Audoin 22
Augustinus 13
— von Siena 93
— Triumphus 120
Autobiographie Karls IV. 85ff.
Aventin 3, 100ff.

Balderich, Scholaster von Trier
Balnhusin, Sifrid 112   [61
Balther 21

Bartholomaeus Anglieus 59
— Hoeneke 119
— von der Lake 111
— Stein 117
Bartoschek von Drahonicz 107
Baudonivia 21
Beauvais, von, s. Vincenz
Beda 37, 46
Beka, von, Johann 109
Bellum Waltherianum 94
Bendicht Tschachtlan 97
Benedictus Levita 37
Benedikt von St. Andreas 43
— Johnsdorff 117
Benesch Krabice 86
Beno, Kardinal 54
Benzo von Alba 54
Bernardus Noricus 103
— Marango 68
Bernhard von Clairvaux 75
— Rorbach 108
Bernold von St. Blasien (Konstanz) 48, 54
Berthold von Reichenau 48
— Tucher 101
Biographien der Bischöfe von Eichstädt 102
Bistumschroniken von Magdeburg (Tagino?) 43
— Passau 101
— Würzburg 102
Bobolenus 22 [118
v. Bolkenhain, Martin Kotbus
Bonifatius 29
Bonizo von Sutri 55
Briefsammlungen 75 ff.
Bruno (von Merseburg) 49
— von Querfurt 45
Burchard von Worms 57
Burkard von Ursberg 64
— Zink 78, 96, 123
Busso Wattensted 111

C. J. Caesar 8 [76
Caesarius von Heisterbach 70,
Cafaro 67
Canaparius, Joh. 45
Carmen de bello Saxonico 50
— Purchardi de gestis Witigowonis 45
Carmina Burana 76
Caspar Weinreich 119
Cassiodorus Senator 15 ff., 17
Cassius Dio 9, 11
Casus s. Galli 97
Catalogus archiep. Coloniensium 70
— archiep. et episc. Lauriac. et Petav. eccl. 101
Chastellain, Georges 93
Christian Kuchimeister 97
— von Mainz (von Lithauen?) 70
— Wierstraat 109
Chronica, Chronicon, Cronica, Chronik usw.
— Altinate 43
— Aulae regiae (Königsaal) 106

Chronica campi s. Mariae (Marienfeld) 111
— de ducibus Bavariae 81
— magnum Belgicum 109
— Benedicti de s. Andrea 43
— Boemorum 56, 69, 106 ff.
— episcopatus Brandenburgensis 70
— Brandenburger 106
— ducum de Brunswich 114
— principum Brunsvicensium 114
— der Burgunderkriege 99
— Colmariense 95
— Colmarer 79
— presulum et archiep. Coloniensis eccl. 109
— regia Coloniensis 63 ff.
— Constantiense 96
— St. Petri Erfordensis moderna 80, 112
— Fürstenfelder 77, 81
— St. Gallener 71
— Gosecense 71
— Goslar 115
— Halberstadense 70
— Hamburgische 116
— Hannoniense 69
— Hohenburg 65
— Holsatiae 116
— Klingenberger 98
— Laureshamense 71
— Lauterberg s. montis Sereni
— Limburger 108
— Lipsiense Thomaeum 113
— Lobbes 71
— Lorsch 71
— Lübecker 116
— Lütticher 109
— Luneburgicum 115 [113
— Magdeburger Erzbischöfe
— magnum Belgicum 109
— Mainz 107
— episc. Merseburgensium 70
— universalis Mettensis 72
— minor 112
— moderna 80, 112 [108
— Moguntinum (Mainz) 70,
— Moissiacense (Moissac) 35
— Monasteriense (Münster i. W.) 110
— monasterii s. Michaelis (Hildesheim) 71 [71
— montis Sereni (Lauterberg)
— Münsterische 110
— Muri 71
— Niederrheinische 109
— novella 116
— Nürnberg 102
— Oliva 119
— Pöhlder 59
— principum Polonie 117
— Polonorum 56
— Polono-Silesiacum 117
— Prag. Universität 107
— presulum etc. Coloniensis ecclesie 109
— von Pruzinlant 118
— Reinhardsbrunn 112

Chronica, Röteler 99
— Rostocker 117
— Salisburgense 66
— der nortelbischen Sassen usw. 117
— Schirense 71
— des Schwabenkrieges 99
— Slavorum 69
— Speierische 107
— Stederburg 65
— Tagino 43
— Thietmar 42 ff.
— Thomaeum Lipsiense 113
— Ungarisch-Polnische 74
— universale 34
— Urspergense 3, 64 ff.
— Venetum 43 [115
— episcoporum Verdensium Wirziburgense 47
— Wormatiense 108
Chronographia pontif. et imp. 114
Chronographus von 354 12
— Saxo 65
Clesse Reise 108
Closener s. Fritsche, 94
Codagnellus 67, 74
Codex Balduini Trev. 81
— Udalrici 57
Commynes, Philipp 93
Confutatio primatus papae 122
Constantin 45
Continuatio Martini Poloni 79
— Vindobonensis 103 ff.
Continuator Reginonis 38
Cusa, s. Nikolaus von Kues 121

Dagboek van Gent 109
Dalimil 106
Dante 80, 119 ff. [57
Decretum Burchardi Wormat.
Desiderius von Monte Cassino
Detmar 116 [55
— Mülher 111
Deusdedit, Kardinal 55
Dialogus clerici et laici contra persecutors ecclesiarum 76
— de pontificatu s. R. eccl. 76
Diebold Schilling der ältere 97
— — der jüngere 98
Dietrich Brandes 116
— Engelhus 114 ff.
— von Nieheim 89 ff., 121
— Westhoff 111
Dino Compagni 88
Donatus 22
Donizo 55

Ebendorfer, Thomas 101, 105
Eberhard, Archidiakon von Regensburg 99 ff.
Eberhard Windecke 90 ff.
Eide, Straßburger 32
Eigil, Abt von Fulda 36
Eiko von Repgow 72
Eikhart Artzt 95
Einhard 4, 26 ff., 33, 36
Ekkehard von Aura 50 ff.

Register

Ekkehard IV. von St. Gallen 29, 53
Ellenhard der Große 79, 94
Emo, Abt 71
Endres Tucher 101
Enea Silvio Piccolomini 92ff.
Engelbert, Abt von Admont
— Wusterwitz 113   [120
Engelhus, Dietrich 114ff.
Epistola de morte Friderici I imp. 73
Erchempert 37
Erhard von Appenwiler 99
— Schürstab 102
— Wahraus 96ff.
Erlung von Würzburg 50
Ermoldus Nigellus 31
Ernst von Kirchberg 117
Ertwin Ertmann 110
Etterlin, Peter 98
Eugippius 14
Eulogius Kyburger 99
Eusebius von Caesarea 12
Eutropius 11, 30
Eyb, Ludwig v. 102, 114

Familiengeschichte des Hauses Welf 66
Felix Fabri 95ff.
Ferreto von Vicenza 88
Flodoard 43
Florarium temporum 109
Florenz von Wevelinghoven 110
Flores temporum 79
Folkwin, Abt von Lobbes 43
Fortsetzungen des Martinus Polonus 79
— des Regino 38
Fragmentum de Arnulfo duce Bavariae 43
Franko, Scholaster von Meschede 115
Franz, Domherr zu Prag, 106
Frechulf von Lisieux 34
Fredegar 19   [65
Friedrich, Propst in Straßburg
— Reiser 121
Fritsche Closener 94
Frotharius 29
Fründ, Johann 99
Frutolf 50ff.
Fulcher von Chartres 73
Fundationes monasteriorum Bavariae 101

Gallus Oehem 95
Gebhard Dacher 96
— von Salzburg 54
Georg Hauer 100
Gerhard, Propst von Stederburg 65
— Rynesberch 115   [76
Gerhoh, Abt von Reichersberg
Gerlach 69
Gerold 26
Gerson, Johann 90, 121
Gerstenberg, Wigand 113
Gert van der Schüren 111

Geschichten von wegen eines Bundes von Landen usw. 118
Gesta abbatum Fontanellensium 35
— — Lobiensium 43
— archiepiscoporum Magdeburgensium 70, 113
— — Mediolanensium 55
(—) Trevirorum 52, 70, 108
— episcoporum Cameracensium 53
— — Eichstetensium 102
Hammaburgensium 51
Leodiensium 53, 70
Mettensium 21, 30, 70
Trajectensium 70
paiorum s. Jacobi (Stettin) 117
— regum et imperatorum:
— Cunradi II imp. 47
— Dagoberti I 21
— Federici I imp. 67
— Friderici in expeditione sacra 73
Rudolfi et Alberti regum 94
— regum Francorum 19
— Francorum et aliorum Hierosolymatarum 73
— Romanae ecclesiae 54
— Ungarorum 56
Giovanni Villani 84, 88
Giselbert von Mons 69
Giselmar 21
Gobelinus Person 3, 88ff.
Gottfried von Ensmingen 94
— Hagen 108
— von Viterbo 71ff.
— — Würzburg 73
Gottschalk von Aachen 50
Gregor von Catina 55
— Hagen 105
— Heimburg 121
— von Tours 2, 17ff.
— VII Register 55
Günther von Magdeburg 114
Günther von Pairis 72, 74
Gutolf von Heiligenkreuz 103

Hagen s. Gottfried u. Gregor
Haimo, Prior in Hirschau 53
Hans Brüglinger 99
— Fries 98
— Knebel 98
— Sperrer, s. Brüglinger
Hartmann Schedel 102
Hartung Cammermeister 112
Hartwig, Abt von Hersfeld 49
Heinrich von Beinheim 99
— Deichler 102
— Truchseß von Diessenhofen 84ff., 96
— von Gundelfingen 105
— Hembucher 121
— von Herford 109
— — Klingenberg 98
— — Lammespringe 113
— — Langenstein 121
— — Lettgalen 70
— — Rehdorf s. Taub

Heinrich Taub 83ff.
— Wolters 115
Heinricus de Antwerpe 70
Hektor Mülich 97
Helene Kottanerin 105
Helmold 68ff.
Henmann Offenburg 99
Herbord Schene 115
Hermann Korner 116
— der Lahme (Contractus) von Reichenau 47
— von Lerbeck 110
— — Niederaltaich 99
— — Wartberg 119
— Zoestius 110
Herodot 2
Hessenchronik 113
Hieronymus 12, 13, 46
Hilduin 25
Hinkmar von Reims 21, 33, 37
Hinrik von Balsee 117
Historia annorum 103
— archiepisc. Bremensium 115
— der Twist, Veede usw. 111
— gentis Langobardorum 30
Hochmeisterchroniken 118
Hrabanus Maurus 29
Hrosvith von Gandersheim 3, 40 ff.
Hucbald von St. Amand 36
Hugo von Flavigny 51
— — Fleury 56
Humbert von Silva Candida 55

Ibn Ja'qub 46
Idacius 13
Inventio Memmii episc. 22
Isidor von Sevilla 13, 37 [66
Isingrim, Abt von Ottobeuren
Ivo von Chartres 55

Jacobus de Guisia 65
Jahrbücher s. Annalen
— Kölner 109
Jaique Dex 108ff.
Jakob Twinger von Königshofen 94ff.
— Unrest 105
Jean de la Cour 109
— Froissart 93
Joachim von Fiore 76
Job Rorbach 108
Jörg Kazmair 101
Johann, Johannes
— Antoni, Prior in Mainz 70
— Aventinus (Turmayr) 3, 101
— von Beka 109
— — Bielaro 13
— — Butzbach 123
— Canaparius 45
— von Cermenata 88
— Codagnellus 67ff.
— Diaconus 43
— Ebran von Wildenberg 101
— von Ferrara 93
— Fründ 99
— Gerson 90, 121
— Hemeling 115

Johann Hertze 116
— von Jandun 120
— Kerkhörde 111
— Kungstein 108
— Lindau 119
— Lindenblatt 119
— de Lukavecz 107
— Nederhoff 111
— Nuhn 113
— von Pölde 115
— Porta de Annoniaco 88
— von Posilge 118
— Riedesel 113
— Rode 115
— Rothe 112
— Rufus 116
— Schiphower 115
— Seffner 105
— Seffried 107
— Staindel 101
— Stetter 96
— Tichtel 105
— Turmayr (Aventinus) 3,101
— von Viktring (Victoriensis)
— von Winterthur 97 [104ff.
— Wunstorp 116
— Xiphilinos 11
Jonas 20ff.
Jordanes 15ff.
Jordanus von Osnabrück 119ff.
Joseph Grünpeck 91
Jost Schürin 98
Julian 22
Justinger, Konrad 98
Juvénal des Ursins 93

Kaiserchronik, deutsche 71
— sächsische 59, 71
Karl IV. 85 ff.
Kazmair, Jörg 101
Kernsche Weltchronik 96
Keza 56
Koelhoffsche Chronik 108
Königsaal 106ff.
Konkordat, Wiener 122
— Wormser 57
Konrad Albrecht 96
— Bitschin 118
— de Fabaria 71
— von Gelnhausen 121
— (von Halberstadt) 114
— Herdegen 102
— Justinger 97
— von Lichtenau 64
— von Megenberg 100, 120
— von Nienburg 59
— Pellicanus 123
— der Pfaffe 71
— Stolle 112
Korner, Hermann 116
Kosmas von Prag 56, 70
Kyburger, Eulogius 99

Lake, von der, Bartholomäus
Lambert der Kleine 65 [111
Lampert von Hersfeld 49ff.
Landfriede, ewiger 122
Landshuter Ratschronik 101
Landulf von Colonna 120

Landulf 55
Laurentius de Březina 107
Leo von Ostia 55
Lerbeke, Hermann von 110
Levold von Northof 77, 111
Libellus de facetiis Rudolfi
  regis 84
— de imperatoria potestate 37
Liber ad amicum 55
— chronicorum 112
— de bello Saxonico 49ff.
— de unitate ecclesiae conservanda 54
— diurnus 37
— fundationis claustri in Heinrichow 117
— historiae Francorum 19
— pontificalis 12, 34, 37
Ligurinus 3, 72
Lindprand von Cremona 41ff.
Livius 2, 8, 9
Lorenz Fries 102
— von Verdun 70
Ludolf von Sagan 118
Ludovicus Bavarus 88
Ludwig von Eyb 102, 114
— Sterner 98
Lupold von Bebenburg 120
Lupus 29

Magnus von Reichersberg 66,73
Mainardino von Imola 68
Malaspina 68
Manegold von Lauterbach 54ff.
Manuale scolarium 123
Marango 68
Marcellinus Comes 15
Marcus Spittendorff 113
Marianus Scottus 51
Marius von Avenches 13
Marsilius von Padua 120
Martin Kotbus 118
Martinus Gallus 56
— Minorita 79
— von Troppau (Polonus) 78
Martyrologium Hieronymianum 23
Matteo Villani 88
Matthäus von Krakau 121
— Hagen = Gregor Hagen
— Paris 75
Matthias Döring 114ff., 122
— von Kemnath 93, 107
— — Neuenburg 82ff. [15
Maximian, Bischof von Ravenna
Meginhard 33
Meisterlin s. Sigmund
Melchior Ruß 98ff.
Menco, Abt 71
Michael Judde 102
Miracula Martini abbat. 21
Mönch von St. Denis 93
— — St. Gallen 2, 28
Monesche Chronik 96
Monstrelet 93
Monte Cassino 37
Monumenta Germ. hist. 4ff.
Morena s. Otto u. Acerbus
Mülich, Hektor 97

Muffel, Nikolaus 102
Mussato, Albertinus 87ff.

Narratio de electione Lotharii
Nederhoff, Johann 111   [59
Nennius 37
Nikolaus von Bibra 123
— — Butrinto 80ff.
— — Cues (Cusa) 121
— — Jamsilla 68
— — Jeroschin 118
— Muffel 102
— de Pelhrzimow 107
— Rüsch 98
— Schulthaiß 96
— von Siegen 112ff.
Nithard 31ff.
Notker der Stammler 20, 28
— der Deutsche 45

Odo de Deogilo 75
Ochem, Gallus 95
Offenburg, Henmann 99
Oliverius 74
Ordericus Vitalis 56
Othlo 45
Otto von St. Blasien 62ff.
— — Freising 2, 4, 5, 7, 61ff.
— Morena 67
Ottokar von Steiermark, Reimchronik 106

Pactum Ottonianum 45
Paltram Vatzo 103
Passiones s. auch unter Vitae
Passio Adalberti 45
— Haimhrammi ep. 22
— Kiliani 22
— Leudegarii 22
— Praejecti ep. 22
— Ragneberti 22
— s. Sigismundi regis 20
— Thrudperti 21
Paul (von Bernried) 50
Paulus diaconus 2, 21, 29ff., 43
— Orosius 8, 12
Peter (Petrus) von Andlau 122
— Bertrandi de Columbario 88
— Biezczin 117
— Brambeck 119
— Crassus 54
— Diaconus 55
— Dieppurch 115
— von Dusburg 118
— — Ebulo 68
— Eschenloher 118
— Etterlin 98
— Grammaticus 29
— Hafftitz 114
— de Mladenowicz 107
— — Vineis 76
— von Zittau 106
Petrarca 104
Philipp Commynes 93
— Mousket 75
— Villani 88
Plinius der ältere 7
Plutarch von Chäronea 3, 8
Poeta Saxo 28

Polybius 8
Pontificale Romanum 12
Posidonius von Apamea 8
Přibiko Pulkawa 106, 114
Prokopius von Caesarea 16
Prudentius 33
Pseudo-Hermenbart 22
Ptolemaeus von Lucca 85
Pulkawa 106, 114
Pytheas von Massilia 7

Radbertus Paschasius 36
Rahewin 62ff., 76
Rainald 56
Ratio de cathecizandis rudibus 37
Ratschronik, Lübische 116
von Rebdorf s. Heinrich Taub 83ff.
Reformation des Kaisers Siegmund 121
Regino von Prüm 34ff. [55
Registrum Gregorii VII papae
Regula, s. Benedicti 29
Reichsannalen, fränkische 24ff.
Reimchronik, Braunschweigische 114
— Bunzlauer 106
— Breisacher 95
— Kölner 108ff.
— Mecklenburgische 117
— Steierische 105ff.
Reinbolt Slecht 79
Reiner 65
Relatio de conflictu apud Husbergen 94 [17
Renatus Profuturus Frigiredus
Richard von S. Germano 68
Richer von St. Remy 43ff.
Rigord 75
Rimbert 36
Roger von Wendover 75
Rolandslied 71
Rolevinck, Werner 110
Romuald 68
Rorbach 107
Rudolf von Fulda 33, 36ff.
Ruotger 44
Ruß, Melchior 98ff.

Saba Malaspina 68
Sagan, Ludolf von 118
Sächsische Weltchronik 72
— — bairische Fortsetzung 80
Sagen von alten Dingen der Stadt Mainz 107
Salimbene 68
Salvian 14
Saxo Grammaticus 74
Schedel, Hartmann 102
Schilling, Diebold 98 [113
Schöppenchronik, Magdeburger
Schreitwein 101
Sedulius Scottus 29
Seffried von Mutterstadt 107
Sicard von Cremona 68
Sifried von Ballhausen 112
Sigebert von Gembloux 51

Sigismund Meisterlin 78, 93.
Sigmar 103ff. [96, 102
Simon von Marville 81
Sisebut 21
Speculum historiale 72
Spittendorff, Marcus 113
Stadtchronik, Bremer 115
Steierische Reimchronik 106
Stenus, Bartholomaeus 117
Sterner, Ludwig 98
Streit von Mühldorf 104
Streitschriften (Investiturstreit) 53ff.
Stromer, Ulman 101
Suetonius Tranquillus 3, 11
Sulpicius Alexander 18

Taboritenchronik 107
Tabula Peutingeriana 17
Tacitus 2, 10
Tageno von Passau 73
Tagino 43
Taub, Heinrich 84ff.
Thangmar 44
Thegan 30ff.
Thietmar von Merseburg 42ff.
Tholomeus von Lucca 120
Thomas Ebendorfer 101, 105
— Platter 123
— Tuscus, der Minorit 79
— Wykes 75
Thukydides 2
Tilemann Elhen 108
Tiro Prosper 13
Traktate, politische und kirchenpolitische 119ff.
Translationes 36ff.
— s. Alexandri 37
— s. Delicianae 104
— s. Marcellini et Petri 37
— s. Viti 37
Tucher, Berthold u. Endres 101
Turmair-Aventinus, Joh. 3, 100ff.

Ulman Stromer 101
Ulrich Füetrer 101
— Abt von Osterhofen 100
— von Richental 96
— — Steinfeld 75
Umno 21
Unrest, Jakob 165
Urbarien 58

Valentin Eber 121
Vatzo, Paltram 103
Veit Arnspeck 101
Velleius Paterculus 9
Venantius Fortunatus 21
von Vietring, Johann 104ff.
Villani, Giovanni 84, 88
— Philipp 88
Vincenz von Beauvais 72
— Kadlubek 117
— von Krakau 74
— — Prag 69
Victor von Tunnuna 13
Visio Baronti monachi 22

Vita Adalberonis archiep. Treverens. 60ff.
— Adalberti ep. Pragensis 45
— II archiep. Magunt. 70
— Adalhardi 36 [21
— Adelphii abbat. Habendens.
— Afrae 23
— Alberonis II ep. Mettensis 45
— Alberti de Brabantia ep. Leodiens 70
— Altmanni ep. Pataviens. 53
— Amandi 22
— Amati abbat. Habend. 21
— Annonis archiep. Coloniens.
— Ansberti 22 [52
— Ansgarii 35
— Apollinaris 21
— Aridii abbat. 21
— et martyrium Arnoldi archiep. Mogunt. 70 [70
— Arnoldi archiep. Trevirens.
— s. Arnulfi 21
— Audoini 22
— Audomari 22
— Austrigisili ep. 21
— Aviti conf. 21
— Balduini archiep. Treverens. 81
— s. Balthildis 21 [52
— Bardonis archiep. Magunt.
— Bavonis 22
— Bennonis ep. Osnaburg 5, 52
— Bernhardi abb. Clavaevallensis 75
— Bernwaldi ep. Hildes. 44
— Bertini 22
— Bertholdi de Bucheck ep. Argent. 83
— Betharii 21
— Bonifatii 35ff.
— Brunonis arch. Coloniens. 44
— Burchardi ep. Wormat. 45
— Caesarii ep. Arelat. 21
— Carileffi abbat. 21
— Caroli IV imp. 85ff.
— s. Chlodovaldi 21
— s. Chrothildis 20
— Columbani 20
— Condedi 22
— Conradi arch. Salisburg. 71
— s. Corbiniani 22
— Cuonradi II imp. 46
— Dagoberti III 21
— Dalmatii ep. 21
— Desiderii ep. Viennens. 21
— Desiderii Cadurc. urb. ep. 22
— Droctovei abbat. 21
— Eligii 22
— Engelberti archiep. Col. 70
— Eparchii 21
— Eptadii 21
— Erembeiti ep. 22
— Ermenlandi 22
— Favonis 22
— Fidoli 21
— Filiberti 22
— Floriani 23
— Friderici II imp. 68

Vita Fridolini 21
— Frodoberti 22
— Fursei abbat. 22
— s. Galli 20
— Gaugerici ep. Cameracc. 21
— Genovefae 21
— Geremari 22
— Geretrudis 21
— Germani 22
— Goëris conf. 22
— Godefridi comit. Cappenberg. 60
— Goswini ep. 44 ff., 52
— Gregorii VII papae 50
— Hathumodis 36
— Heinrici II reg. 45
— Heinrici IV imp. 50
— Hemmonis Halberstad. 45
— Hilini archiep. Trev. 70
— Hugonis Cluniac. 56 [21
— Johannis abbat. Reomens.
— Juniani 21
— Karoli Magni 27
— Lamberti 22
— Lebuini 35
— Leonardi 21
— Liobae 36
— Ludewici comit. de Arnstein 60
— Ludg'di 35
— Ludovici imp. 81
— Lulli 49
— Lupi 21
— Marciae s. Rusticulae
— Mathildis comitissae 55
— — reginae 45
— Mauricii 84
— Meinwerci ep. Poderb. 52
— Melanii ep. 21

Vita Menelei 22
— Nicetii ep. 21
— Nivardi 22
— Norberti 60
— Othmari 36
— Popponis abbat. Stabul. 53
— Quirini 23
— Radegundis 21
— Remacli 22
— Remigii 21
— Richarii 22
— Rimberti 36
— Romariei 21
— Ruperti Salisburg. 22
— Rusticulae sive Marciae 21
— Sadalbergae 22
— Severini 44
— Sigiramni 22
— Sturmii 36
— Sulpicii ep. Biturigi 21
— Theudarii abbat. 21
— Tigris virg. 21
— Ualrici 45
— Vedastis 21
— Vincentiani conf. 22
— Vulframni 22
— Wake 36
— Walarici abbat. 21
— Wambae 22
— Wandregiseli 22
— Wenzeslai II reg. 107
— Wiboradae 45
— Willehadi 35
— Willebrordi 35
— Wolfhadi 35 ff.
— Winoci 22   [45
— Wolfkangi ep. Ratisponen.
Volkmar, Abt von Fürstenfeld
Volkold 52   [100

Walafrid Strabo 27, 29, 36
Walram von Naumburg 54
Waltharilied 45
Walther von der Vogelweide 58, 75 ff.
Weberschlacht, Die 108 ff.
Weichard von Polheim 103
Weißes Buch von Sarnen 99
Weltchronik, sächsische 72
— von Konstanz 95 ff.
— schwäbische 47
— des Sicard von Cremona 68
Wenrich von Trier 54
Werner von Hasselbeck 77, 90, 109
— — Lüttich s. Hasselbeck
— Rolevinck 110
Werricus von Lobbes 70
Wetti 20
Wibald von Corvey 75
Wido, Bischof von Ferrara 54
— von Osnabrück 54
Widukind 38 ff.
Wigand Gerstenberg 113
Wilhelm Britto 75
— von Malmesbury 56
— — Nangis 93
— — Occam 120
— Rem 97
— von Tyrus 74
Wilibald Pirkheimer 102
Willibald 36
Wipo 46 ff.
Wolfhere 45, 48, 52

Zink, Burkard 78, 96, 123
Zonaras 11
Zosimus 11, 12